엘리어트 파동이론 마스터

엘리어트 파동이론의 탁월한 재발견

엘리어트 파동이론 마스터

글렌 닐리 지음 | 정인지 옮김

읽에읽북

엘리어트 파동이론의 개념은 엘리어트에 의해 1930년대 초반 처음으로 투자 세계에 소개되었다. 이 책은 과학적이고 객관적인 시장 분석 방법을 통해 엘리어트 파동이론의 실제 적용 가능성을 높이기 위한 의도로 저술되었다. '닐리 방법론(Neely Method)'으로 널리 알려진 이 혁신적인 접근법은 10여 년간의 트레이딩, 교육, 그리고 광범위한 연구의 결과물이다.

당신은 이 책을 읽어 가면서 여기에 담긴 내용들이 지금까지 알고 있던 여타의 시장 분석 방법과는 다르다는 사실을 깨닫게 될 것이다. 이 책은 최초로 엘리어트 파동이론의 단계적 접근법을 다루고 있다. 여기에는 당신이 고려해야 하는 어떠한 내용도 생략하거나 버리지 않았다. 모든 세부사항이 자세히 설명되어 있고, 〈코모디티 트레이더스 컨슈머 리포트(Commodity Trader's consumer Reports)〉에 실린 기사 표현을 빌리자면 "모든 문장은 어떤 중요한 내용을 담고 있다."

모든 사물은 자연의 법칙에 따라 움직인다. 우리는 이런 법칙을 일부 이해하고 일부는 그렇지 못하다. 그것을 이해하는 만큼 미래를 전망할 수 있다. 예를 들면 지구가 태양 주변을 공전하는 현상을 앎으로써 계절의 변화와 그것이 반복된다는 것을 예상할 수 있다. 경제적인 현상을 전망하는 데 있어서도 가장 주된 힘은 심리적인 것이다. 사람들이 행동하는 것과 그들이 미래에 대해 느끼는 방식은 개인심리가 직접적으로 반영된 결과다.

시장에서 형성된 가격 수준은 현재 사람들이 어떻게 느끼고 미래에 대한 전망을 어떻게 하느냐에 직결되어 있다. 수많은 사람들이 상품과 서비스를 사고파는 등 행동의 결과에 따라 대중심리를 반영하는 경제적인 현상은 일정한 패턴으로 형성된다. 따라서 사람들이 상품과 서비스에 제공하고자 하는 수준의 부산물로 형성된 시장가격의 움직임은 사람들의 심리 상태를 나타내는 기준이 된다.

시장에서의 가격 움직임은 결국 대중심리를 시각적으로 표현한 것이라 할 수 있다. 1930년대 초반에 엘리어트는 파동이론을 소개하면서 일견 무작위로 움직이는 듯한 대중심리의 움직임을 정의하고, 계량화하고 분류해 시작적인 가격 패턴으로 변화시켰다. 엘리어트는 심리적인 진행 과정을 일반적인 수리 법칙을 따르는 반복적인 현상으로 규정했기 때문에, 가격의 움직임을 연구해 현재 시장의 위치와 대중의 심리 상태, 그리고 미래 경제의 움직임을 전망할 수 있었다.

하지만 불행하게도 원본이 존재하는 엘리어트 파동이론을 실시간으로 적용하는 많은 개념과 아이디어들은 애널리스트들이 직접 발견해야 하는 숙제로 남았다.

　10년간의 치열한 연구와 실시간 매매, 교육을 통해 필자는 처음에 엘리어트가 발견한 개념들을 정화해서 실제 거래와 투자 및 기업 활동에 적용시킬 수 있도록 발전시켰다. 처음으로 이런 개념들이 논리적이고 순차적으로 실시간 차트에 적용되도록 심혈을 기울인 결과, 엘리어트 파동이론을 통해 시장을 해석하는 과정에서 하던 추측은 더 이상 안 해도 되게 되었다.

　만약 시장가격의 움직임에 대해 깊이 이해하고자 하는 열망이 있고, 미래의 시장 움직임을 예측하고자 하는 간절한 바람이 있다면, 이 책은 그 무엇보다 목표를 달성하는 데 도움이 될 것이다.

　이 책은 엘리어트의 발견을 넘어서는 새로운 기법과 원칙들, 그리고 시장가격 패턴들을 담고 있다. 이러한 새로운 발견들은 당신이 시장을 예측하는 데 있어 정확성을 극적으로 높여주고 트레이딩에 자신감을 불어넣어줄 것이다.

　이 책은 '닐리 방법론'의 내용과 적용 방법을 매우 자세하게 다루고 있다. 이는 지속적으로 시장을 정확하게 예측하고 트레이딩에 성공하기 위해서는 경제적이고 재무적인 측면에서 복잡하게 뒤얽힌 가격 움직임에 대한 이해가 필요하기 때문이다. 또 다른 집필 이유는 몇 년이 지난 후에도 이 책이 훌륭한 지침서가 될 수 있도록 하기 위해서다.

만약 당신이 복잡하게 오르고 내리기를 반복하는 시장 움직임을 예측하고, 또 그 가운데서 수익을 거두기를 바란다면 이 책은 그 어떤 것보다 확실하게 도움이 될 것이다. 게다가 이 책은 실질적으로 적용할 수 있는 학습 환경을 조성하기 위해 상당한 노력을 기울였기 때문에, 당신은 이 책을 공부하면서 동시에 실제 시장 움직임을 분석해볼 수도 있을 것이다.

이제 '닐리 방법론'의 매력을 알게 될 것이며, 이 책에 소비한 시간이 얼마나 보람 있는 일인지를 깨닫게 될 것이다. 이제 책장을 넘기고 새로운 모험에 나서라. 당신은 고도의 시장 분석 기법의 세계로 들어선 것이다.

글렌 닐리

엘리어트 파동이론은 기술적 분석가들에게는 해결하기 어려운 숙제와 같다. 주식시장의 움직임을 하나의 자연현상으로 보고, 일반적인 자연현상에서 관찰되는 피보나치수열을 이용해 주식시장을 설명하고 전망하는 것이 엘리어트 파동의 기본 철학이라고 할 수 있다. 주식시장은 결국 인간의 심리가 반영되어 형성되고 인간이 자연의 일부라고 추론하게 되면, 피보나치수열로 시장을 설명한다는 엘리어트 파동이론을 적용했을 때 상당히 의미 있는 결과가 나올 것을 기대할 수 있다.

일반적인 엘리어트 파동이론 서적에는 이 파동이론으로 시장을 설명하는 사례들이 나오지만, 파동이 진행되는 과정에 실전적으로 적용하는 일은 쉽지 않다. 왜냐하면 대부분의 책에서는 기본적인 파동의 원칙이나 이상적인 몇 가지 도안을 그렸을 뿐 실제 주가가 움직이는 과정에서 형성될 수 있는 다양한 사례들을 구체적으로 설명하지 않고 있기 때문이다.

이 책은 '엘리어트 파동이론'이라기보다는 '엘리어트 파동이론을 근간으로 시장의 패턴을 분석한 닐리의 패턴 분석' 책이라고 보는 것이 타당할 것이다. 굳이 엘리어트 파동이론의 개념을 차용하지 않더라도 일반적으로 시장에서 볼 수 있는 패턴들이 논리적이고 체계적으로 정리되어 있기 때문이다.

또한 일반적인 엘리어트 파동이론 책들이 하향식(top down) 방식으로 파동을 매기는 것과 달리 이 책에서는 철저하게 상향식(bottom up) 방식을 사용한다. 가장 기본적인 파동 단위인 모노파동을 중심으로 주변 파동과의 관계를 통해서 충격파동 또는 조정파동 여부를 판단하고, 어떤 패턴이 진행되는지 단계적으로 구성해 나간다.

일반적으로 한국의 투자자들은 주로 각종 디스플레이에 나타나는 주가 차트를 보면서 분석하는데, 이 책에서는 철저하게 손으로 차트를 그려서 파동을 분석해 나가는 방식을 사용한다. 특히 3장에서 모노파동을 구성할 때는 책에서 지시하는 대로 차트를 그려 나가지 않는 한 따라가기 어려울 것이다.

IT강국이라는 한국에서 주가 데이터를 손으로 그린다는 게 미련스러워 보일 수 있지만, 컴퓨터 화면상에서 나타나는 차트는 화면 비율에 맞춰 시간과 가격 비율이 자동으로 변하기 때문에 주가의 움직임을 사실적으로 표현하는 데 한계가 있다. 실제로 일정한 시간과 가격의 비율로 큰 종이에 차트를 그려 보면 컴퓨터 화면에서 보는 것과 사뭇 다름을 알 수 있을 것이다.

어쨌든 한국 독자들에게 익숙하지 않은 방식으로 파동을 그려 나가기 때문에 3장에서 이 책에 대한 좌절 또는 실망감을 가질 수도 있으리라 생각한다. 가장 바람직한 것은 저자가 권하는 방식대로 차트를 그려 나가는 것이지만 그렇게 하지 못하더라도 책 읽기를 포기할 필요는 없다.

3장 이후의 내용은 일반적인 엘리어트 파동이론에 대한 설명과 더불어 시장에서 나타나는 다양한 패턴, 엘리어트 파동이론을 적용할 때 범하기 쉬운 실수 등을 다루고 있다. 직접 손으로 차트를 그리지 않더라도 3장 이후의 내용만 파악해도 시장의 흐름을 해석하는 데 큰 도움을 받을 수 있으리라 생각한다.

일반적으로 주식 관련 책, 특히 기술적 분석에 관한 책을 읽을 때는 책의 내용이 바로 돈이 되기를 바랄 수 있다. 그러나 이 책은 그런 부류의 책이 아니다. 누구나 매매에 활용할 수 있는 기법이라기보다는 시장을 읽을 수 있는 기본기를 키워주는 책이라고 생각한다. 다소 고루하게 들릴 수 있지만 어떤 분야든 기본기가 중요한 법이다. 차트를 분석하는 데 기본기가 확실하면 어떤 매매 기법도 자신에게 맞게 응용해서 적용할 수 있는 힘이 생기기 때문에, 어느 정도 이상 내공이 쌓이면 큰 힘을 발휘하게 된다.

따라서 독자분들에게 이 책을 시간을 두고 천천히 음미하면서 여러 차례 읽기를 권하고 싶다. 1990년에 미국에서 출간된 책이지만 지금 한국 시장에서 나타나는 차트의 모양이 이 책에 있는 내용과 일치할 때를 적지 않게 경험한다.

이 책의 내용과 실제 진행되는 차트를 보면서 나름대로 체계를 잡아 나가면 남다른 경쟁력을 갖는 데 큰 도움이 되리라 믿는다.

미국 아마존에서도 이 책에 대한 서평은 크게 엇갈린다. 지나치게 학문적이고 난해하다는 비판에서 빼놓을 문장이 하나도 없다는 극찬까지 다소 극단적인 평가를 받고 있다. 기술적 분석 전문가라고 할 수 있는 역자도 쉽게 이해되지 않는 부분이 있었기 때문에, 일반 독자분들이 읽어 나가기에 다소 어려운 부분이 있으리라 생각된다.

또한 이 책은 피보나치수열이나 엘리어트 파동이론의 일반론에 대해서는 자세히 다루지 않는다. 이런 이유로 엘리어트 파동이론이 생소한 독자라면 일반적인 엘리어트 파동이론에 관한 책을 어느 정도 숙지한 후에 이 책을 읽기를 권한다.

2007년에도 이 책의 번역서를 낸 적이 있었는데, 책의 난해함으로 인해 독자들이 어려움을 겪었다는 말을 들은 바 있다. 따라서 이번에는 역자의 말을 빌려 이 책의 개략적인 내용을 정리해 이해를 쉽게 하고자 한다. 모쪼록 책에 대한 접근이 조금이나마 쉬워질 수 있는 디딤돌이 되기를 바란다.

정인지

이 책의 개요

1장 엘리어트 파동이론에 대한 기본 논의

대부분의 책이 그러하듯 이 책도 1장은 도입부로서의 성격을 갖는다. 엘리어트 파동이론이 무엇인가에서부터 시작해 엘리어트 파동이론의 장점과 논란이 되는 지점, 저자가 생각하는 올바른 접근법 등을 담고 있다. 아울러 이 책의 독창성과 이후에 다룰 내용에 대해서 언급한다. 처음 책을 접하는 독자들에게는 다소 공허하게 들릴 수 있지만, 책 내용을 읽고 다시 보면 닐리의 엘리어트 파동이론의 차별성을 인정할 수 있을 것이다.

2장 엘리어트 파동이론의 일반적인 개념

2장에서는 본격적인 파동이론 설명 전에 정의해야 할 기본적인 개념을 설명한다. 파동의 개념과 발생 이유, 파동이 중요한 이유 등을 다룬다. 이후에 파동을 범주화하는 방법을 설명하는데, 가장 일반적인 충격파동과 조정파동, 그리고 파동의 등급에 대해서 알려준다. 구조기호와 진행기호는 이 책에서 파동을 설명할 때 계속해서 나오는 개념인데, 2장에서 그 개념을 자세히 설명하고 있다.

마지막으로 파동을 매기는 데 필요한 데이터를 구성하는 방식에 대해서 다룬다. 일반적으로 한국에서는 주가 분석 시 봉차트를 활용하지만, 이 책에서는 일간 최고가와 최저가의 중앙값, 또는 하루에 2개의 데이터를 표시한다면 전반부의 중앙값 및 후반분의 중앙값을 표시하거나, 일간 최저가와 최고가를 발생 순서대로 나열하는 방식을 사용하고 있다.

3장 엘리어트 파동에 대한 예비적 분석

3장에서는 모노파동을 규정하고, 그 모노파동을 이용해 해당 파동 진행기호와 구조기호를 추정해 파동 분석의 기본 틀을 만드는 방법을 제시한다. 여기서 진행기호는 1번, 2번, 3번, 4번, 5번 파동 또는 파동 a, b, c 등 파동이 나타나는 위치에 대한 기호이고, 구조기호는 조정파동과 충격파동을 구분하는 기호다. 일반적으로는 내부 파동의 숫자와 움직임을 중심으로 충격파동과 조정파동을 구분하는데, 여기서는 내부 파동이 없는 모노파동에 대해서도 분석하고자 모노파동 전후의 파동의 비율을 통해 진행기호와 구조기호를 추정하는 방법을 설명한다.

일단 파동 분석을 위해서 1년 이상의 월간 단위의 모노파동을 그리고, 그 파동의 중심부에 해당하는 달을 찾고, 그달의 중심부에 해당하는 날을 찾는다. 이날 이후로 약 60개 정도의 데이터에 해당하는 기간 동안 최고점 또는 최저점을 찾아서 그 가격대에서 분석을 시작한다.

이후에 모노파동을 그리는 방법을 설명한다. 모노파동은 가격 데이터가 방향을 바꾸기 전까지를 하나의 모노파동으로 보고, 방향을 바꾸면 다음 모노파동이 형성되는 것으로 본다. 이런 모노파동을 이용해 주가흐름을 방향성 움직임과 비방향성 움직임으로 구분한다. 방향성 움직임은 첫 번째 모노파동이 다음 모노파동에 의해서 61.8% 이상 되돌려지지 않을 때 시작되고, 모노파동이 완전히 마감될 때 종료된다. 이 방향성 움직임이 진행되는 가격과 시간의 비율을 45°로 규정하고 이 각도를 중심으로 중립성 법칙을 적용한다.

중립성 법칙은 모노파동이 끝나는 시점을 결정하기 위한 것인데, 모노파동의 방향이 바뀌더라도 위에서 도출한 45°보다 높은 기울기로 하락하지 않으면 모노파동이 끝나지 않았다고 보는 것이다. 또한 모노파동의 방향이 바꿔지 않았을 때도 적용되는데, 이는 모노파동의 종료 시점을 조금 더 명확하게 하기 위함이다.

이상의 과정을 통해서 모노파동을 결정하게 된다. 이런 모노파동들은 다시 관측의 법칙에 따라서 정리해야 한다. 분석 대상이 되는 모노파동을 m1이라 하고 그전의 파동은 순서대로 m0, m(-1), m(-2) 등으로 규정하고, 이후의 파동은 m2, m3, m4 등으로 이름을 부여한다. 그런데 여기서 m1 전후의 파동을 그대로 사용하는 것이 아니다. m1 이후의 파동은 m1의 시작점을 돌파하거나 m1의 종점을 돌파했을 때 m2가 확인되고, 비슷한 방식으로 m0도 규정한다. 이때 m0과 m2 등은 하나의 모노파동이 될 수도 있지만 여러 개의 파동들이 모여서 파동 그룹을 형성할 수도 있다.

이렇게 형성된 m0, m1, m2 등의 파동을 중심으로 m1과 m2의 비율을 법칙(rule)이라 하는데, 그 비율에 따라서 7개의 법칙이 존재한다. 각각의 법칙에서는 m1과 m0의 비율에 따라서 a에서 e까지 조건(condition)을 규정한다. 또한 m2와 m3의 관계를 통해서 i, ii, iii 등의 범주를 구성한다.

이제 분석하고자 하는 파동(m1)의 법칙과 조건, 범주에 따라서 해당 파동이 어떤 파동인지 규정한다. 그것이 '논리적 사전 구성법칙'에 나오는 내용이다. 각각의 법칙과 조건, 범주에 해당하는 내용을 찾아 분석하고자 하는 파동과 비교하면서 책에서 제시한 몇 가지 포지션 지표를 선택한다. 이 책의 내용을 전체적으로 숙지하지 않은 독자라면 이 부분에서 무슨 말을 하는지 감조차 잡기 어려울 수 있다. 따라서 이 부분은 가볍게 읽고 넘어가고, 이후 4~12장까지의 내용을 읽어본 후에 다시 이 부분을 꼼꼼히 읽을 필요가 있다.

각 파동에 대해서 포지션 지표들이 기입되었다면 하나 이상의 포지션 지표를 가진 경우가 많을 것이다. 여기서 파동을 마지막을 나타내는 ":L5" 또는 ":L3"이 나타날 때까지 기다리고, 그 파동에서 이전 파동으로 옮겨가면서 첫 번째 파동을 나타내는 ":F3" 또는 마지막을 나타내는 포지션 기호를 찾아서 파동 그룹을 분리하는 과정을 거친다.

4장 엘리어트 파동이론의 중간적 관찰

4장에서는 3장에서 찾아낸 파동 그룹들을 엘리어트 파동의 패턴으로 구성하는 과정을 담았다. '모노파동 그룹' 절에서는 엘리어트 파동 패턴들이 어떤 형태를 보이는지 나열하면서 현재 다루고 있는 파동 그룹들이 이들 패턴 중 어느 것과 유사한지 찾을 수 있는 기준을 설명한다.

다음으로 '유사성과 균형의 법칙' 절에서는 파동 그룹 내의 인접한 파동들 간에 시간 또는 가격상 큰 것이 작은 것의 3배를 넘어서는 안 된다고 밝힌다. 시간과 가격의 모든 관점에서 이 범위를 벗어나면 두 파동은 패턴 내의 같은 등급의 파동으로 보기 어렵기 때문에 작은 파동들은 다시 하나의 파동 그룹으로 묶는 과정을 거쳐야 할 것이다.

여기서 저자는 파동 그룹을 묶어서 더 큰 단위의 엘리어트 파동으로 구성하는 과정을 3단계로 제시한다. 1단계는 모노파동들을 결합해 다음 단계인 폴리파동으로 구성하는 것이다. 2단계는 이런 폴리파동들을 결합해 더 높은 등급의 파동을 구성하는 것이고, 3단계는 다시 이들 파동을 결합하는 과정을 거치는 것이다. 이런 일련의 방법론에 대해서는 이후에 다시 자세히 설명될 것이다.

5장 엘리어트 파동이론의 중점 고려사항

5장의 내용은 일반적인 엘리어트 파동이론에서 가장 중요하게 여겨지는 것들이다. 엘리어트 파동은 충격파동과 조정파동으로 나눌 수 있는데, 이들 파동의 특징을 자세히 나열하고 모노파동을 결합해 더 높은 등급의 엘리어트 파동으로 구성할 수 있는 이론적인 토대를 제공한다.

먼저 충격파동에 관해서 7개의 필수적인 구성법칙을 설명한다. 그리고 충격파동에서 필수적인 연장의 법칙을 설명한다. 다음으로 조건적 파동 구성법칙을 설명하는데, 거기에는 파동 변화의 법칙, 파동 균등의 법칙, 파동 중첩의 법칙 등을 들 수 있다.

그리고 실제 충격파동을 적용하는 데 고려할 몇 가지 사항을 설명한다. 첫 번째로 충격파동 형성 시에 채널을 어떻게 활용할지를 설명한다. 채널을 잘 활용하면 충격파동을 판단하고 적용하는 데 큰 도움을 받을 수 있다. 다음으로 각 파동 간의 피보나치 비율을 설명하고 파동의 등급을 적용하는 방식도 기술한다. 마지막으로 충격파동의 구체적인 사례를 보여준다. 실제 차트를 보면서 비교해보면 현실적으로 자주 볼 수 있는 패턴임을 알 수 있을 것이다.

다음으로 조정파동에 관해서 설명한다. 조정파동은 달리 정해진 기준이 없고, 충격파동이 아닌 모든 파동을 조정파동으로 본다. 조정파동에서 가장 일반적으로 나타나는 형태로는 플랫과 지그재그와 삼각형이 있는데, 이들 패턴의 특징을 설명한다. 특히 수렴형 삼각형에서 제한 삼각형과 무제한 삼각형을 구분한 것은 저자의 고유한 발견이라고 할 수 있다. 다음으로 '조건별 파동 구성법칙' 절에서는 조정파동에 있어서 파동의 변화를 설명하고, 이후에는 채널을 통한 실제 조정파동의 형태, 조정파동 내에서의 피보나치 비율, 파동의 등급 등을 다룬다.

5장은 이 책에 있어서 가장 핵심적인 내용을 담은 부분이라고 할 수 있으므로, 특히 꼼꼼하게 읽어볼 필요가 있다.

6장 엘리어트 파동이론의 논리적 사후 구성법칙

논리적 사후 구성법칙은 파동 해석의 타당성을 검증하기 위한 과정이다. 앞서 제시한 방법에 따라 파동을 해석한 후에 그것이 올바른 것인지 확인하는 데 필요한 조건들을 제시한다. 충격파동에 대해서는 연장된 파동에 따른 기준을 제공하고, 조정파동 역시 플랫과 지그재그, 삼각형에 대해서 잘못 해석할 수 있는 가능성과 올바른 해석을 위한 기준들을 제시한다.

7장 엘리어트 파동이론의 결론

6장까지의 내용은 주가 데이터를 모노파동으로 만들고, 그것들의 관계를 통해 모노파동들의 성격을 규정하고, 그것들을 의미 있는 폴리파동으로 묶어내고, 검증하는 과정에 대한 것이다. 이제는 그렇게 묶은 파동을 하나의 구조기호로 집약해서 그것을 더 높은 등급의 파동으로 다시 집약하는 방법을 설명할 것이다.

특히 여기서는 저자가 고안한 복잡성의 법칙을 설명하는데, 이 법칙에 따라 복잡성 단계 Level-0에서 Level-1, Level-2 등으로 복잡성 레벨이 높아지는 과정을 기술한다. 단기 차트에서 중장기 차트로 분석 범위를 확대하는 과정에서는 이런 파동의 복잡성 단계를 구분하는 기준은 매우 중요하다. 파동의 등급이라는 관점에서 모노파동은 복잡성 단계 Level-0, 폴리파동은 복잡성 단계 Level-1, 멀티파동은 복잡성 단계 Level-2인 파동을 의미한다. 또한 멀티파동보다 등급이 높은 파동은 매크로파동이라고 한다.

8장 복합 폴리파동 및 멀티파동의 구성

8장에서는 복합 폴리파동과 멀티파동에 대해서 다룬다. 복합 폴리파동은 표준형과 비표준형으로 나뉜다. 표준형은 폴리파동의 내부 파동 중 조정파동이 폴리파동인 경우를 의미하고, 비표준형은 조정파동들이 x파동으로 연결된 파동을 의미한다. 표준형보다는 비표준형 복합 폴리파동에 대한 설명이 더 길다. 먼저 x파동이 나올 수 있는 조건을 설명하고, x파동을 포함한 복합 폴리파동의 다양한 형태를 설명한다. 비표준형 복합 폴리파동은 플랫과 지그재그, 삼각형이 x파동을 통해서 2개 또는 3개의 파동이 연결된 것이다. 같은 조정파동이 연결되기도 하고 다른 조정파동이 연결되기도 하는데, 같은 패턴이 연결되면 이중 또는 삼중 지그재그 또는 플랫이라고 하고, 다른 패턴이 연결되면 이중 또는 삼중 조합이라고 명명한다.

본문에서는 각 파동의 형태와 특징을 자세히 언급하고 있어 조정파동에 대한 이해를 크게 높일 수 있는 부분이라 생각된다. 특히 조정파동이 연결된 복합 폴리파동을 충격파동 등 다른 파동들로 착각할 수 있는 부분을 자세히 설명한 점도 유용해 보인다. 이들 파동들은 복잡해 보이지만 결국은 플랫조정으로 구조기호 ":3"으로 집약될 수 있을 것이다.

다음으로 멀티파동의 구성을 다룬다. 멀티파동은 내부 파동 중 충격파동이 폴리파동인 파동이다. 멀티파동의 내부 파동 중 1번, 3번, 5번 파동 중 하나가 폴리파동이다. 조정파동 중에서는 내부 파동 중 충격파동이 폴리파동이라면 파동 c가 폴리파동일 것이다. 이후에는 내부 파동이 폴리파동이 되면서 복잡성이나 구성에서 파동 변화의 법칙이 더 명확하게 드러나는 경우를 설명하고, 충격파동의 연장에 있어서 연장된 파동이 반드시 폴리파동일 필요는 없다는 점을 기술한다. 또한 파동 마감에 있어서 상승 파동의 종점이 최고점이 아니고, 하락 파동의 종점이 최저점이 아닐 수 있는 이유에 대해서 내부 파동의 흐름을 통해 밝히고 있다.

9장 닐리 방법론에서 추가된 기본 내용

9장에서는 저자가 발견한 몇 가지 법칙을 나열한다. 먼저 추세선의 접점에 대해서 설명한다. 추세선의 접점을 통해 충격파동과 조정파동을 구분하고, 표준 조정과 비표준 조정을 판단하는 기준을 제시한다. 또한 시간 법칙을 통해 파동 해석의 신뢰성을 높이는 방법을 설명하고, 독립성의 법칙과 동시적 발생에 대한 설명을 통해 파동에 관한 법칙들이 적용되는 형태를 추가로 설명해준다. 또한 법칙의 예외를 설명하는데, 이를 통해 파동 법칙을 적용하는 팁을 제시한다. 마지막으로 파동의 구조를 고정하는 것에 대해서 알려준다. 궁극적으로 폴리파동 또는 멀티파동 등의 상급 파동도 하나의 구조 기호로 집약되고, 그것이 타당한 결론이라면 이후에 다시 변화시켜서는 안 된다는 것을 강조한다.

10장 엘리어트 파동이론의 고급 논리법칙

10장에서는 완결된 패턴의 상호 관계에 대해서 논한다. 즉 패턴이 마감된 후 나타나는 움직임은 마감된 패턴 이후에 나타날 수 있는 영역을 벗어나서는 안 된다는 것이다. 또한 지금까지 다룬 조정파동의 강도에 대한 순위를 매겨 이후 나타날 수 있는 되돌림 수준에 대한 설명을 이어 가고, 각 조정파동이 가지고 있는 함의와 발생 가능한 위치에 대해서 기술한다.

특히 삼각형에 대해서는 한 절에 걸쳐서 설명하는데, 수렴형 삼각형 중에서 제한과 무제한 삼각형을 설명하고, 확산형도 제한과 무제한으로 나눠서 설명한다. 특히 제한과 무제한의 개념은 저자가 만들어낸 것으로 형성 위치와 이후의 움직임에 대해서 자세히 설명하고 있다.

11장 엘리어트 파동이론의 고급 진행기호 적용

11장은 5장에 대한 심화학습으로 볼 수 있다. 진행기호를 매기는 과정에서 충격파동과 조정파동에 속하는 각각의 패턴들의 세부적인 기준이나 상호관계 등을 기술해 파동 매김을 조금 더 정확하게 할 수 있는 구체적인 내용들을 자세히 설명하고 있다.

충격 패턴에서는 일반적인 충격 패턴과 터미널 패턴으로 나눠 설명한다. 충격 패턴에서는 1번, 3번, 5번 중 어느 파동이 연장된 파동인가에 따라 나타나는 패턴의 특성을 자세히 설명하고, 미달형 5번 파동도 기술하고 있다.

터미널 패턴은 엘리어트 파동이론에서 대각 삼각형이라고 명명한 파동을 저자가 충격파동으로 재해석한 파동이다. 터미널 패턴 역시 1번, 3번, 5번 중 특정 파동의 연장에 따른 특성과 이에 따라 2번, 4번 조정파동에서 나타날 수 있는 현상들을 설명한다.

조정 패턴에서는 플랫과 지그재그, 삼각형 패턴을 조금 더 자세히 다루고 있다. 플랫조정에서는 내부 파동인 파동 a와 파동 b, 파동 c의 관계에 따라서 미달형 파동 b와 c, 일반형, 이중 미달형, 연장형, 불규칙형, 불규칙 미달형, 강세조정 등의 패턴으로 구분해 각 패턴의 특징과 함의를 다룬다. 지그재그는 많은 변형을 가진 것은 아닌데, 패턴이 형성되는 데 파동 a와 파동 c의 가격 비율, 세분화 정도를 중요하게 고려해야 한다. 삼각형은 수렴형과 확산형으로 나뉘고, 각각의 형태는 제한 삼각형과 무제한 삼각형으로 분류된다. 수렴형 삼각형에서 제한 삼각형은 수평형 삼각형과 불규칙 삼각형, 강세 삼각형으로 나눠지는데, 본문에서는 이들 삼각형의 특징과 함의를 설명한다. 또한 확산형 삼각형에 있어서 제한 삼각형과 무제한 삼각형의 특징을 기술하고 있다.

독자들은 11장을 통해 각각의 엘리어트 패턴에 대해서 더 심도 있는 이해
를 할 수 있을 것이다.

12장 닐리에 의해 새롭게 확장된 고급 이론

12장은 제목에서와 같이 저자가 발견한 개념들을 3가지 관점에서 정리한
다. 첫 번째는 채널을 활용해 엘리어트 패턴을 판별하는 것이고, 두 번째는
피보나치 비율에 대한 내적 관계와 외적 관계에 관한 것이며, 마지막으로 숨
겨진 파동에 대한 이론을 다룬다. 채널과 피보나치 비율에 대한 내용 역시
5장과 8장에서 기본적으로 다룬 내용이지만 12장에서는 더 구체적이고 자
세하게 다루고 있다. 숨겨진 파동에 대해서는 앞에서 간헐적으로 언급했지
만 자세한 내용은 12장에서 나온다. 이는 저자의 고유한 발견으로, 본래 존
재하지만 파동상으로 안 나타나는 파동을 의미하는 것이다. 만약 더 짧은 단
위의 파동을 다룬다면 나올 수 있었겠지만 시간 단위가 커져서 파동이 없는
것으로 보일 수 있는 경우의 파동을 숨겨진 파동이라 한다. 숨겨진 파동이
있을 경우 보이는 파동에 착시 현상이 있을 수 있는데 이럴 경우의 대응 방안
에 대해서도 다루고 있다.

차례

1장 엘리어트 파동이론에 대한 기본적 논의

2장 엘리어트 파동이론의 일반적인 개념

3장 엘리어트 파동이론에 대한 예비적 분석

4장 엘리어트 파동이론의 중간적 관찰

5장 엘리어트 파동이론의 중점 고려사항

6장 엘리어트 파동이론의 논리적 사후 구성법칙

7장 엘리어트 파동이론의 결론

8장 복합 폴리파동 및 멀티파동 등의 구성

9장 닐리 방법론에서 추가된 기본 내용들

10장 엘리어트 파동이론의 고급 논리법칙

11장 엘리어트 파동이론의 고급 진행기호 적용

12장 닐리에 의해 새롭게 확장된 고급 이론

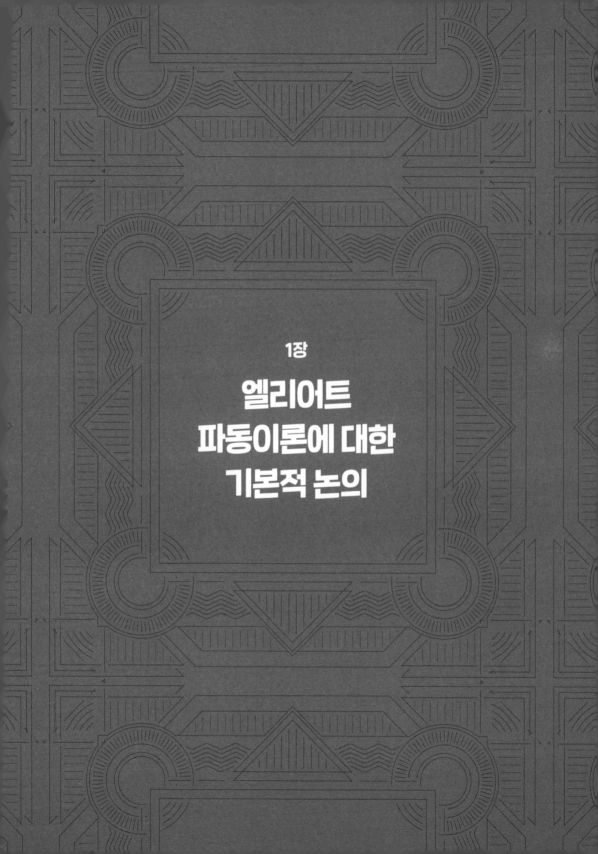

1장

엘리어트
파동이론에 대한
기본적 논의

엘리어트 파동이론이란
무엇인가?

집단심리를 반영하는 가격 패턴

엘리어트 파동이론(Wave Theory)의 관점에서, 시장에서 가격변동을 나타내는 그래프는 곧 군중심리(crowd psychology)가 표현된 것이다. 엘리어트 파동이론은 어느 한 부분의 데이터들이 주변의 데이터들과 어떻게 연관되는지, 다양한 파동 조건 속에서 가격은 어떻게 움직이는지 설명한다. 또한 엘리어트 파동이론은 심리적인 추세가 언제 어떻게 시작되고 끝나는지, 하나의 심리적 환경이 다른 심리적 환경에 어떠한 영향을 주는지, 그리고 가격 움직임이 끝날 때 나타나는 일반적인 가격 패턴은 어떤 형태를 보이는지 밝히고자 한다. 다시 말해 엘리어트 파동이론은 얼핏 보면 무작위로 움직이는 듯한 시장가격의 움직임을 집단심리의 자연스러운 전개 과정 속에서 식별 가능한, 더 나아가 예측 가능한 패턴으로 구조화한다.

개인들은 현재 그들이 가진 생각과 느낌에 따라 각기 특정한 방식으로 행동한다. 같은 사람이라도 성공에 고무되어 한껏 들떠 있을 때와 실패의 쓴맛을 본 후 위축되어 있을 때 행동은 명백하게 다르게 나타난다. 어떤 한 사람이 자신의 미래를 생각할 때 기대에 찰 수도 있고 근심할 수도 있는 것과 마찬가지로, 사회적으로도 동일한 감정적 분위기가 형성되고 표출될 수 있다. 대다수 사람들이 자신 또는 그들이 속한 사회의 장래에 비슷한 느낌(호의나 비호의 또는 무관심 등)을 가지고 있다면, 개인들의 유사한 행동들이 축적되며 예측 가능한 패턴이 전개된다. 게다가 시간이 지나면서(때로는 매우 급작스럽게) 개인이 마음을 바꿀 수 있는 것과 마찬가지로 군중도 마음을 바꿀 수 있다.

'1987년 증시 대폭락(The Crash of 1987)'은 미국 경제와 주식시장의 미래에 대한 군중심리가 일시에 바뀔 수 있음을 보여주는 좋은 사례다. 이처럼 특정한 심리적 분위기가 끝나갈 때쯤, 사람들은 기존에 갖고 있는 아이디어나 사고방식에 싫증을 느끼고(때로는 그로 인해 돈을 잃게 되면서) 새로운 아이디어에 집착한다. 이처럼 어떤 분위기에서 다른 분위기로 변화하면 하나의 심리적 추세(가격 패턴)가 끝나고 새로운 추세가 시작되는 것이다.

비주기적이고 자연스러운 현상

사회 전반의 특정한 분위기가 얼마나 오랜 시간 지속될 수 있는가와 관련해서 '절대적인' 기준은 없지만, 어느 정도 일반적인 제한은 존재한다. 기존에 지나간 패턴을 분석해 여기에 시간 행동(time behavior)의 특정 법칙을 적용하면, 하나의 패턴이 완성되기 위한 최적의 기간을 추정할 수 있다. 필자는 지난 10년간 개발해온 이러한 기법들을 이후의 장에서 설명할 것이다.

거의 항상 시간 자체를 관찰하지 말고 시장 움직임의 '구조'를 관찰해야 한다. 어떤 사람들은 매매를 '언제' 해야 할지를 미리 알고 싶어하기 때문에 이론적인 구조의 관찰을 귀찮은 것으로 생각하기도 한다. 엘리어트는 정확하게 시장 움직임을 예측하는 것이 사실상 불가능함을 입증했다. 한 번의 시장 움직임이 끝난 바로 직후에 가장 높은 수준의 예측 가능성이 발생한다. 다시 말해 당신은 한 번의 패턴이 끝날 때까지 기다렸다가 행동을 취해야 한다는 것이다.

고유한 분석 도구

기술적 분석에 사용되는 대부분의 기법과는 달리 엘리어트 파동이론은 철저하게 가격 움직임의 관점에서 개발되었다. 엘리어트 파동이론을 통해 시장이 어떠한 움직임을 보이든 간에 거기에는 이유가 존재한다는 사실을 깨달을 수 있다. 시장 움직임에는 우연도, 예외도, 구분이 어려운 어떤 가격 행동도 존재하지 않는다.

기술적 분석가의 다수는 '마법처럼' 딱 들어맞는 지표를 찾아내기 위해 가격 데이터를 이리저리 조작하는 데 상당한 시간을 할애한다. 그렇지만 변형된 가격 데이터가 어떻게 본래의 것보다 좋을 수 있겠는가? 다시 말해 가격은 그 자체로서 궁극의 지표가 되어야 한다. 가격은 시장 움직임을 설명하는 데 있어 절대적으로 신뢰할 수 있으면서, 여러분의 손익계산에 직접적으로 영향을 미치는 유일한 지표다. 누가 어떻게 생각하든지 또는 어떤 지표가 무슨 매매 신호를 내든지 이런 것은 중요하지 않다. 중요한 것은 '시장이 어떻게 움직였는가?'이다. 당신이 매수한 후 가격이 오르면 돈을 벌고, 가격이 떨어지면 돈을 잃게 되는 것이다.

엘리어트 파동이론의 특징적인 모습들은 다음과 같다.

✓ 신기술의 개발과 예상치 않은 펀더멘털 관련 뉴스에 적용 가능성

✓ 발생 가능한 모든 시장 움직임을 기술할 수 있다는 완전성

✓ 연속적이고 동태적인 성격

엘리어트 파동이론은 본질적으로 사람과 사람이 속한 시장이 행동하는 양식을 지속적으로 차트로 그려 나간다고 지적한다. 이 이론은 역사의 어떤 시점도 시장 행동이나 심리적 환경이 다른 시점과 동일하지 않다고 명시하고 있다. 즉 유사할 수는 있지만 복제된 것처럼 정확하게 같은 움직임이 나타날 수는 없다.

이러한 점은 트레이더, 특히 시스템 개발자들에게는 문제가 될 수 있다. 이들은 과거의 가격 행동과 움직임에 기반해서 전략을 수립하려 하기 때문이다. 대다수의 다른 분석 시스템이나 분석 형태와는 달리 엘리어트 파동이론은 '변화'를 찾도록, 그리고 시장은 언제 어디서 과거와는 달리 행동할 수 있는지 알려준다. "역사는 똑같이 되풀이되지 않는다."라는 엘리어트의 관점은, 기계적인 시스템 트레이딩과 대부분의 과거가 동일하게 반복될 것이라는 가정에 기반한 다른 기법들이 왜 실패로 돌아가는지 잘 설명해준다. 이러한 현상은 특히 시장이 강세에서 약세로(또는 약세에서 강세로) 변화하는 시점에서 분명하게 나타난다.

컴퓨터 시대는 트레이딩 환경을 극적으로(그리고 아마도 영원히) 바꿔 놓았고, 이에 따라 시장 행동도 바뀌었다. 이는 과거의 데이터를 가지고 '어느 시점에 이 일이 발생할 것인지' 파악하는 데 있어 왜 기계적인 시스템이 더 낫지 않은지를 보여주는 예다. 과학기술은 계속 발전하면서 시장의 의사결정자인 사람들을 지속적으로 변화시키고 있다. 사람들이 어떻게 새로운 과학기술에 반응하고 사용하고 학습하는지, 역사적 연구를 통해서는 알아낼 수 없다. 따라서 반복의 관점이 아닌 발전의 과정을 설명하고, 범주화하고 구조화할 수 있는 분석 기법이 필요하다. 이것이 바로 엘리어트 파동이론이 해낼 수 있는 기법이다.

추가 사례

1987년 증시 대폭락은 과거에 대해 연구해도 1987년 10월 19일에 일어날

일에 대비할 수는 없었다는 것을 보여주는 완벽한 사례다. 1929년 증시가 폭락했을 때 가장 크게 하락했던 날의 하락률은 1987년 하락률 대비 절반 정도에 불과하다. 만약 누군가가 1929년의 하락률을 기준으로 활용했다면, 1987년 10월 19일에 주가가 10% 정도 빠졌을 때 더 이상의 하락은 없으리라 생각하고 매수 결정을 했을 것이다. 물론 그 사람은 참담한 결과를 피할 수 없었을 것이다.

1987년 주가 상승기에 사람들은 1982년에서 1987년까지의 주가흐름이 1920년에서 1929년까지의 주가흐름과 매우 유사할 것이라고 말했고, 이런 내용의 광고까지 있었다. 그들은 1920년에서 1929년까지 이어진 9년간의 상승장이, 상승 기간과 상승률까지 1980년대에 그대로 반복될 거라 예상했다. 하지만 불행하게도 그렇게 과거와 현재를 단순 비교함으로써 자신들이 부자가 되리라 생각했던 이들은 아마 지금쯤 주식투자 말고 다른 일을 하며 살고 있을 것이다.

왜 엘리어트 파동이론을
배우는가?

Mastering Elliott Wave

처음 엘리어트 파동이론을 배우는 사람들은 이론의 복잡성과 패턴의 다양한 변이, 파동에 대한 또 다른 설명 가능성, 주관성이 개입될 여지 등으로 인해 도저히 이해할 수 없다고 생각하거나, 이론의 타당성이 떨어진다고 여길 수 있다. 왜냐하면 엘리어트 파동이론을 분석하기 위해서는 세부적인 사항까지도 철저하게 분석해야 하기 때문에 이렇게 생각하는 것이다.

엘리어트 파동이론에서 모든 일반적인 패턴 범주들과 각각의 변이들은 서로 다른 관계를 형성한다. 채널의 진행과 가격의 움직임, 기술적인 특성들도 제각기 다른 양상으로 나타난다. 바로 이 점 때문에 엘리어트 파동이론은 지극히 주관적이라고 하거나, 어떤 사람의 의견에 맞추기 위해 만들어질 수 있다는 오해가 생긴다. 이 책이 출간되기 전에는 이러한 오해도 충분히 생길 수 있었겠지만 이제는 그렇지 않다. 3장과 6장 '논리적 사전 구성법칙' 및 '사후 구성법칙'을 필자가 수년에 걸쳐 완벽하게 개발한 여러 새로운 기법들과 함께 사용하면 주가흐름을 하나의 특정한 파동 패턴으로 결론 내릴 수 있는 능력을 키울 수 있을 것이다.

단, 이러한 파동 분석 기법들과 세부 사항들은 너무나 방대하고 다양하기 때문에 이 기법들을 적절하게 적용하기 위해서는 수년에 걸친 훈련과 실시간 트레이딩이 필요할 수도 있다. 따라서 이 책에 나와 있는 내용들을 완전히 이해하기 전에는 당신이 내린 결론이 종종 틀릴 수도 있다.

엘리어트 파동이론이 주는 다양한 이점

장기적인 관점에서 엘리어트 파동이론이 주는 이점들은 매우 많다. 사업가로서, 투자자로서 당신은 경제 환경의 중요한 변화를 예측함으로써 대재앙을 피할 수도 있고, 또는 큰 변화가 찾아오는 시점에서 오히려 수익을 볼 수도 있을 것이다. 또한 엘리어트 파동이론의 근간이 되는 군중심리를 충분히 이해함으로써 당신은 경제의 주기가 끝나가는 시점에서 재산에 큰 위험을 초래할 수 있는 사업상의 거래를 단행하는 어리석음을 범하지 않게 될 것이다.

다양한 적용 영역

엘리어트 파동이론은 주식시장, 상품시장, 부동산시장, 소비재와 서비스 시장 등 사실상 모든 시장 영역에 적용할 수 있다. 이 모든 시장은 정확하고 일관된 가격 데이터를 요구한다. 엘리어트 파동이론이 다양한 시장을 분석하는 데 도움을 준다는 사실은 의심의 여지가 없다.

많은 기법이 필요한 것은 아니다

엘리어트 파동이론의 기본 법칙들과 더불어 '닐리의 방법론(Neely Method)', 그리고 이 책에서 소개하는 새로운 기법들을 통합함으로써, 당신은 사실상 모든 시장의 움직임을 종합적으로 기술하고 판독할 수 있을 것이다. 이를 통해 당신은 대부분의 경우 가격 정보만 가지고도 시장이 현재 어떠한 상태에 놓여 있는지 파악할 수 있게 된다. 이제는 더 이상 수많은, 때로는 주관적이기까지 한 지표들을 쫓아다니며 시간을 낭비할 필요가 없다.

과거 특정 기간 동안 어떤 기계적 시스템이나 지표가 아무리 시장의 움직임을 잘 맞췄다 하더라도, 시스템이 형성되는 동안 나타나는 패턴이 끝나는 바로 그 순간 이 시스템이나 지표는 더 이상 쓸모가 없다는 사실을 반드시 기억해야 한다. 엘리어트 파동이론에 따르면 어떤 지표가 특정 환경에서 완전히 맞아떨어지도록 고안되었다면, 이후에 그런 환경은 다시 나타나지 않을 것이다.

다른 지표들의 설명력을 판단해주는 도구

만약 당신이 파동 계산을 명확하게 할 목적으로 엘리어트 외의 다른 지표들을 적용시켜보기로 했다면, 엘리어트 파동이론은 실제로 그 특정 지표들이 언제 어느 지점에서 잘 맞고 잘 맞지 않는지 알려줄 수 있다.

예를 들어 투자자 심리지표의 경우는 보통 과매수 또는 과매도 구간에 있을 때만 시장이 주요 변곡점에 위치해 있음을 의미한다(일반적으로 각 75%, 35% 정도에서 과매수·과매도 구간으로 간주한다). 하지만 필자는 엘리어트 패턴을 심도 있게 이해함으로써 1986년과 1987년처럼 시장이 주요 변곡점을 형성하더라도 심리지표들이 중립적인 수준에서 등락을 거듭할 수 있다는 사실을 알게 되었다. 이것은 '수평 삼각형(Horizontal Triangles: 1986년 1~6월 사이 금 시세)'과 '터미널(Terminal: 1987년 1~9월 S&P500 지수)' 패턴들에 대한 이해를 기반으로 논리적으로 추론된 것이었다.

1987년 시장이 상승세를 형성하면서 심리적인 흥분이 나타나지 않아 사람들이 혼란에 빠졌을 때, 필자는 고객들에게 1986년 4분기부터 시작된 터미널 충격파동[Terminal Impulsive wave(대각 삼각형 diagonal triangle)]이 1986년 4분기에 시작되었다는 신호로, 3개월 또는 그 이내에 다우지수가 1,900포인트까지, S&P500 지수가 230포인트까지 폭락할 수 있다고 지속적으로 경고했다.

자주 나타나지 않지만 신뢰할 수 있는 신호

반드시 확실한 패턴이 완성된 후 포지션에 진입하는 것이 안전하고 또 바람직하다. 이렇게 하면 과다한 매매를 피할 수 있고, 성공 가능성이 거의 없을 때

진입하는 것을 막을 수 있다. 한편 성공 가능성이 높고 투자 리스크는 최소가 되는 매매를 더욱 많이 할 수 있다.

엘리어트 파동이론을 이용하게 되면 어느 시점에 어떤 가격대에서 당신의 판단이 잘못되었는가를 파악할 수 있어 상당히 객관적인 스톱(stop) 포지션 설정이 가능해진다. 트레이더에게 그것 말고 무엇이 더 필요하겠는가?

왜 논란이 일어나는가?

—— Mastering Elliott Wave

엘리어트 파동이론의 복잡성 ——————————

엘리어트 파동이론은 현재까지 고안된 시장 분석 기법 중에서 아마도 가장 복잡하고 포괄적인 형태일 것이다. 그래서 엘리어트 파동이론을 완전히 숙지하기 위해서는 굉장히 많은 연습과 시간이 필요하다. 하지만 결과적으로 사람들은 대부분 엘리어트 파동이론을 올바로 학습하거나 적용할 만한 시간도, 의욕도 상실하고 만다.

엘리어트 파동이론을 완성하기 위해서는 사람들이 투자하고자 하는 시간보다 더 많은 시간이 필요하다. 게다가 시장의 변곡점을 하루, 심지어 시간 단위로 예측할 수 있다고 하는 분석 기법의 아이디어는 대다수의 사람들에게 터무

니없거나 최소한 수상한 것으로 간주된다. 대다수의 투자자가 실제 시장이 어떻게 전개될지 알 수 없어 갈팡질팡하고 있는 상황에서, 추세의 최고점이나 최저점을 찾아내는 일은 불가능한 일이라고 여겨진다. 이러한 놀라운 결과를 이끌어 낼 수 있다고 공언하는 이론은 항상 반대론자들을 양산할 것이고, 실제로 이 이론을 접해본 적 없는 사람들은 회의적인 태도를 보일 것이다.

대중적인 사고방식

엘리어트 파동이론을 적용해 수익을 내기 위해서는 일반적인 사람들이 가진 사고방식에서 벗어나야 한다. 시장의 변곡점을 정확히 맞추기 위해서는 사람들이 대부분 어떤 사건이 일어날 것이라고 믿는 바로 그 시점에 일반 대중과 반대로 가야 한다(때로는 당신이 올바른 분석을 통해 가지게 된 믿음 때문에 사람들의 비웃음을 살 수도 있다).

이때 확고한 자기 신뢰는 필수다. 탐욕에 대한 통제, 철저한 자금관리와 위험관리, 개방적인 사고, 필요할 경우 눈 깜박할 사이에 상승장에서 하락장으로, 그리고 하락장에서 상승장으로 시장 전체에 대한 관점을 전환할 수 있는 능력 등은 성공하는 애널리스트나 트레이더가 되기 위해 반드시 갖춰야 할 덕목들이다.

하지만 한 사람이 이런 덕목들을 모두 갖추기는 지극히 어렵기 때문에 정확한 예언자 또는 성공한 투자자가 되는 일 또한 어렵다. 많은 사람들은 자기 돈이 직접 위험에 처해 있지 않은 상황에서는 미래의 시장 움직임을 잘 예측할 수 있지만, 실제로 자기 돈이 개입되면 모든 상황이 변하고 만다.

수년간의 수련

　당신이 앞에서 언급한 여러 가지 덕목들을 모두 갖췄다고 하더라도, 엘리어트 파동이론을 정확하고 자신 있게 실시간으로 적용하기 위해서는 수년간의 훈련이 필요하다. 하지만 사람들은 대부분 엘리어트 파동이론을 습득하는 데 필요한 시간을 투자하지 않으려 하기 때문에, 실제 시장에 참여했을 때 이 이론을 잘못 적용하고 돈을 잃고 만다. 이러한 사람들은 엘리어트 파동이론에 불만을 품고 공부를 집어치우며, 자신의 불운을 엘리어트 파동이론 탓이라고 비난하기 때문에 논란은 계속된다.

적용에도 시간이 걸린다

　정신적 소양을 갖추고 있고, 다년간의 경험과 지식을 가지고 있다고 하더라도 여전히 당신은 매일 시장을 분석하는 데 시간을 투자하고 시장의 현재 움직임을 추적하기 위해 연습을 지속해야 한다. 만약 당신이 여러 개의 시장을 분석하고 있다면 그것만으로도 매일 몇 시간을 분석하는 데 할애해야 할 것이다.

　필자는 가격 패턴에 적절한 파동 매김을 하기 위해서 하나의 차트를 가지고서 주말을 다 써버린 경우도 많았다. 대부분 사람들은 시장이든 어디서든 쉽게 돈을 벌고 싶어한다. 그들은 직장에서 온종일 일하고 외식하고 영화까지 보고 나서, 밤에 잠자리에 들기 직전에 5분 또는 10분 정도 차트를 보고 내일 시장이 어떻게 움직일지 '결론을 내린다'.

　이것이 대부분의 사람들이 매매로 돈을 벌지 못하는 수많은 이유 중 하나다. 만약 당신도 이러한 부류에 속한다면 투자나 매매를 전업으로 해서 먹고사는 전문가들과 싸우고 있는 셈이다. 파트타임을 투자하는 사람들이 이런 소수의 전문가들보다 지속적으로 잘할 가능성은 매우 낮다. 만약 시장을 제대로 추적할 만한 시간을 낼 수 없다면 투자를 도와줄 전문가를 찾는 것이 낫다.

끝없이 이어지는 특수 상황

어떤 환경에서도 엘리어트 파동이론을 적절하게 적용하기 위해서는 특수 상황에 적합한 구체적인 기준을 거의 끊임없이 배열시켜 나가야 한다. 어떤 패턴을 파동 매김으로 꿰어 설명하기 위해서는 관계, 채널, 전체 그림에서 어떤 변곡점이 갖는 유의성, 충격(impulsion)이나 조정(correction)과 같은 구조 등을 모두 고려할 필요가 있다.

많은 양의 정보 암기

앞에서 언급한 바와 같이 주요 엘리어트 파동이론과 닐리의 분석 기법을 가격 흐름에 재빨리 적용하기 위해서는 많은 양의 정보를 암기하고 있어야 한다. 암기 문제는 많은 학습자들이 엘리어트 파동이론을 실시간으로 적용하기 어려워 하는 중요한 장애물이다.

빈번하게 나타나는 불확정성의 문제

엘리어트 파동 패턴이 거의 완료되기 전까지 가격이나 추세의 종료 시점을 자신 있게 예측하기란 불가능하다. 때로는 패턴이 완성된 후라도 자신이 없을 수 있다. 이런 사실로 인해 많은 사람들이 엘리어트 파동이론에 지속적으로 의구심을 갖는다. 도대체 왜 그럴까?

만약 패턴이 완성 단계에 진입하기 전에 엘리어트 파동이론가에게 미래의 시장 움직임에 대해 질문한다면, 최소한 부분적으로라도 그의 예측이 틀릴 가능성은 매우 높다. 시장이 패턴의 막바지에 도달할수록 진행 중인 패턴은 더 명확해진다. 시장이 이전 패턴의 확인된 변곡점에서 멀어지고 새로운 패턴의 중간 부분으로 이동하면서 진행 중인 패턴의 가능성은 더욱 많아진다. 이것이 숙달된 엘리어트 파동분석가들조차도 특정 기간 동안에는 시장의 흐름에 대한 의견이 갈리는 이유다. 분석가들은 제각기 가능한 여러 패턴들 중에서 그들이 해석할 수 있는 최선의 시나리오라고 생각하는 것들을 선택한다.

같은 분야에 있는 전문가들이 동일 주제에 대해 지속적으로 의견이 갈릴 때 논쟁이 발생한다. 2장에서는 이러한 불확실성의 문제를 다루기 위해 필자가 개발한 완전히 새로운 개념들을 소개할 것이다(12장 552쪽의 '가능성의 확장' 참조).

자동화의 어려움

엘리어트 파동이론은 극도로 복잡하고 미묘하며 많은 수고를 요하기 때문에, 대다수의 사람들은 파동 분석에 대한 연구를 지속하지 못한다. 또한 1장 전반에 걸쳐 제시한 대부분의 이유들 때문에 엘리어트 파동이론을 완전히 자동화하기도 어렵다.

엘리어트 파동이론을 적용하기 위해서는 때때로 컴퓨터 영역의 전문성보다는 추상적인 사고가 필요하다. 예를 들어 특정한 상황에서 어떤 법칙을 적용할 때 어떤 명쾌한 가능성도 존재하지 않는다고 가정해보자. 이런 상황에서는 개인적으로 다양한 가능성을 총동원해 설명을 찾아내거나, 또는 인내심을 갖고 상황이 스스로 설명력을 가질 때까지 그냥 기다려야 할 때도 있다. 이러한 형태의 분석을 완전히 숙달하면 평생 적용이 가능하다. 많은 대중이 이 이론을 공부하고 적용한다고 해서 걱정할 필요는 없다. 왜냐하면 사람들은 대부분 이 이론을 잘못 적용할 것이기 때문이다.

엘리어트 파동이론이 유명해졌지만 이를 보상하듯 대부분의 시장에서 파동의 패턴은 더욱 복잡해져서, 이제는 아마추어 엘리어트 파동이론가들이 시장 움직임을 정확하게 해석하는 것이 매우 힘들어졌다. 이러한 현상은 엘리어트 파동이론 반대론자들에게 이 이론이 불충분하거나 주관적이라는 선입견을 고착화시키기도 한다.

이 책이 더욱 논쟁을 유발할 수 있는 이유

———————————————————————— Mastering Elliott Wave

이 책은 엘리어트 파동이론을 매우 상세하게 다루기 때문에 이 이론을 적용시키기 위해 기억해야 할 중요 법칙들과 가이드라인이 엄청나게 늘어난다. 대부분의 사람들은 엘리어트 파동이론과 관련해서 이미 너무 많은 법칙들이 존재한다고 생각한다. 경험이 풍부한 많은 실무가들은 필자의 파동 움직임에 대한 기준이 너무 특수하고, 실시간 시장 움직임에 적용시키기 위해서는 지나치게 요구하는 것이 많기 때문에 이 책에서 제시한 내용에 동의하지 않을 것이다. 이는 확실히 사실이 아니지만, 그들이 왜 이런 생각을 가지게 되었는지는 이해할 수 있다.

많은 실무가들이 수년에 걸쳐 부정확하거나 적절하지 않은 방법으로 차트를 그려왔기 때문에 타당성이 없는 결론에 도달할 수밖에 없었던 것이다. 이러한 점이 분명 엘리어트 파동이론에 대한 그들의 인식에 영향을 미쳤을 것이다. 데이터의 일관성이 없는 경우(이러한 문제는 데이터를 수집할 때와 수집된 데이터를 그림으로 잘못 표현할 때 발생할 수 있다), 시장의 움직임을 정확하게 분석하는 것은 불가능하다(좋은 데이터를 구성하는 요소와 그것을 그림으로 표현하는 방법에 대한 논의는 2장에서 자세히 다룰 것이다).

엘리어트 파동이론은
왜 독특한가?

Mastering Elliott Wave

관점의 완전성

엘리어트 파동이론은 대부분의 기계적인 시스템이나 많은 분석 기법들과는 달리 시간, 일간, 주간, 월간, 연간 등 어떤 시간 단위에서도 연구가 가능하다. 더 흥미로운 점은 애널리스트가 모든 시간 단위에 대해 동시에 연구해 현재 어떤 시간 단위에서 가장 훌륭한 매매 환경이 이루어지는지 판단하고, 장기와 단기의 시장 움직임이 어떻게 상호 작용하는지 알 수 있게 해준다는 것이다.

대중심리의 계량화

어떤 시스템이나 분석 기법을 통해 시장에서 무엇을 해야 할지 알 수 있게 된다고 하더라도, 그것들을 통해 사회 전반의 경제 전망이나 시장 움직임에 드리워진 심리를 읽어낼 수는 없다. 하지만 엘리어트 파동이론은 대중심리를 수적으로 계량화하는 성격을 가지고 있으므로, 당신은 이 이론을 통해 경제적 호황과 불황 현상에 흥미를 가지고 더 깊이 이해하게 될 것이다.

세분화된 범주화 체계

엘리어트 파동이론은 그 자체로 시장의 움직임을 몇 초 단위에서부터 몇백 년까지도 범주화시킬 수 있다. 가격 차트상의 모든 움직임은 더 큰 패턴의 진화에 영향을 주게 되고, 각각의 움직임이 가지는 특수한 영향력에 따라 구분할 수 있다. 만약 당신이 현재 어떤 종류의 패턴이 진행되고 있는지 안다면, 시장의 움직임이 어떤 속도와 복잡성을 가지게 될지, 어느 정도의 폭으로 진행될지 더 잘 알 수 있을 것이다. (이 부분에 대해서는 이후에 더욱 상세히 설명한다.)

거대한 단순성

전체적인 엘리어트 파동의 분석 과정은 작은 가격 패턴을 판독하는 것에서부터 시작해, 수많은 작은 가격 패턴들을 결합해 더 큰 패턴으로 만들고, 그러고 나서 다시 복잡한 패턴들을 더 단순한 패턴 형태로 만들어내는 과정을 포함한다. 이러한 분석 과정 때문에 엘리어트 파동이론이 특별한 것이며, 어떠한 시간 단위를 기준으로 분석하더라도 동일하게 적용된다.

가격 움직임의 명확한 묘사

아무리 크거나 작거나 상관없이 일단 추세라는 것이 확인되면 시장의 움직임을 명확하게 표시할 수 있다. 예를 들어 하락 추세에서의 상승 조정, 상승 추세에서의 하락 조정 등과 같이 말이다.

어떻게 엘리어트 파동이론을 공부해야 하는가?

Mastering Elliott Wave

이 책을 읽기로 한 것은 아주 좋은 출발이다. 엘리어트 파동이론을 익히기 위해서는 많은 실시간 훈련이 필요하다. 먼저 기본적인 개념을 확실히 이해할 때까지 우선 단기적인 관점에서 차트를 구축하는 연습부터 시작해야 한다.

엘리어트 파동이론의 일반적인 형태와 채널을 이해하는 것과 더불어 수많은 법칙을 외울 필요도 있다. 기본 법칙들을 외워서 실시간으로 진행되고 있는 시장에 재빨리 적용할 수 있을 정도로 숙달될 때까지는 일단 하나의 시장에 대해서만 분석하는 것이 바람직하다.

왜 엘리어트 파동이론에 관한 새로운 책이 필요했는가?

Mastering Elliott Wave

추가로 필요한 분석 기법들

이 책은 엘리어트 파동이론을 더 객관적으로 적용하는 데 필요한 새롭고 기본적인 방법들을 소개하는 것을 목적으로 한다. 더 정교하고 수준 높은 기법들은 책의 뒷부분에서 논의할 것이다. 경험이 풍부한 애널리스트들도 파동을 더 정확하게 추적하기 위해서는 이러한 기법들이 필요할 것이다. 이 기법들은 시장이 매우 복잡하게 움직이더라도 적용 가능하며, 신뢰성이 낮은 다른 지표나 분석 기법은 더 이상 필요 없어질 것이다.

특수한 절차에 대한 기술

엘리어트 파동이론에 대해 시중에 많은 정보가 있음에도 불구하고, 이 주제에 관심 있는 사람들도 실시간 차트에 적용시키려면 어디서부터 손을 대야 할지 알 수가 없다. 이 책은 가장 단순한 개념에서부터 출발해 파동 분석의 각 단계를 이해함에 따라 점차 복잡한 수준으로 전개된다. 또한 파동 분석의 정확한 시작 절차와 데이터를 차트로 표현하는 방법을 자세히 설명하고 있다.

전에 없던 현실적인 그림 예시

엘리어트가 직접 쓴 저서조차 시장의 움직임을 표현하는 도표가 매우 빈약하고 실시간 시장을 정확하게 나타내지 못하고 있었다. 필자도 이 이론과 씨름하던 초기에는 이런 도표가 필자의 생각에 크게 영향을 주었다. 일반적으로 제시되는 이상적인 패턴의 그림들은 실제 시장 움직임을 전혀 반영하지 못했다.

엘리어트의 원저작에 익숙했던 사람들은 이 책에 나와 있는 현실적인 도표들을 통해 많은 도움을 받을 수 있을 것이다. 이 책의 초반부에서는 엘리어트 패턴의 일반적인 형태를 이해시키기 위해 엘리어트가 사용했던 전형적인 도표들을 사용하지만, 이후에는 시장 움직임을 정확히 표현하기 위해 이 도표들은 더 이상 사용하지 않을 것이다.

고급 개념들에 대한 소개

많은 책들이 엘리어트의 파동이론의 핵심적인 사항에 대한 일반론을 소개하고 있지만, 고급 기법들과 구체적인 적용 방법에 대해 다룬 책은 거의 없다. 이 책이 다른 책보다 진정 우월한 부분은 바로 이 부분이다.

독창적인 엘리어트 파동이론의 설명 방식

엘리어트 파동이론을 처음 배우는 단계에서 대부분의 사람들이 어려움을 겪는 이유는 주로 표준화된 설명이 제시되기 때문이다. 엘리어트 파동이론에 관한 대부분의 출판물에서는 필자가 '1, 2, 3, 4, 5, a, b, c'와 같이 '진행기호(progress label)'라고 부르는 것들에 대해 초반부터 너무 지나치게 강조하는 경향이 있다. 하지만 이에 관한 지식들은 학습 초기 단계에서는 그다지 중요하지 않다. 오히려 너무 일찍 설명한다면 혼란만 가중시킬 수도 있다.

또한 엘리어트의 저작물과 관련 책들을 보면 파동의 등급(degree)과 관련된 내용에 너무 크게 초점을 두고 있다. 만약 엘리어트 파동이론에 주관적인 측면이 있다면 그것은 파동의 등급에 관한 것이다. 이러한 이유로 이 2가지 개념은 기본적인 개념을 설명한 후에 소개할 것이다.

새로운 용어 정립

고객들과 전화로 엘리어트 파동이론에 대해 이야기하거나 책을 쓰려고 할 때마다 겪는 어려움은 정확한 의미를 전달하기 위한 용어를 만드는 것이었다. 또 새로운 발견과 기법 들을 묘사하기 위해서도 새로운 용어가 필요했다. 게다가 기존에 사용되던 몇몇 용어들도 의미를 명확히 하기 위해 새로운 이름을 붙이기도 했다. 많은 '표준적인' 엘리어트 패턴들과 '비표준적인' 엘리어트 패턴들은 더 특수한 하위 범주로 쪼개었다. 이는 패턴의 특수성(pattern specific) 법칙과 가이드라인을 적용함으로써 예측의 정확성과 패턴 해석 가능성을 증진하기 위한 것이다.

필자에 의해 새롭게 발견,
확장된 내용들

처음에 이 책을 집필하면서 채널, 피보나치(Fibonacci), 가격, 시간, 구조, 패턴, 정도, 상대성, 모멘텀 등 필자가 수년에 걸쳐 새롭게 발견한 모든 내용들을 하나의 분리된 장으로 다루고자 했었지만 이 작업은 너무나 어려웠다. 각 장의 완결성을 위해서는 먼저 기존의 정보를 다루고 나서 새로운 정보를 다시 설명해야 하는데, 이렇게 되면 동일한 범주의 내용을 2번씩 언급해야 하는 문제가 생기기 때문이다. 따라서 내용의 연속성을 유지하면서도 지면을 절약하기 위해 각각의 새로운 기법과 개념, 또는 새롭게 발견된 내용들을 적절한 위치에서 소개했다. 이것은 독자들이 이전에 제시하지 않은 새로운 정보를 추적해 낼 수 있다는 가정하에 이루어진 것이다.

이처럼 엘리어트 파동이론을 확장시키는 작업이 얼마나 가치 있는 일인지 이를 적절하게 적용하는 사람들은 알게 될 것이다. 다만 새로운 기법, 개념, 발견들 중 글의 흐름상 미처 포함하지 못한 내용들이나 이전에 상세히 다루지 못한 내용들을 모두 포함시키기 위해 책의 말미에 몇 개의 장을 추가했다.

어떻게 필자는
새로운 개념과 기법 들을 발견했는가?

전화 강의

필자가 처음 엘리어트 파동이론을 연구하기 시작했을 당시 엘리어트 파동이론을 다룬 저서들에서는 많은 내용이 누락되어 있었다. 본격적으로 연구를 하는 동안 '어느 시점에서부터 차트를 그려 나갈 것인가?' '어떤 방식으로 차트를 구성할 것인가?' '어떻게 가격 움직임을 표시해 나갈 것인가?' '가격이 거의 수직으로 상승하거나 하락하는 경우, 이를 어떻게 다루고 분석해야 하는가?'와 같은 의문들이 생겨나기 시작했다.

시장 움직임의 방향성을 잘못 예측해 겪는 좌절감 때문에 필자는 계속해서 답을 찾고자 노력했다. 시장이 나보다 한 수 앞설 수 있다는 사실을 부정하면서, 스스로 충분한 시간과 노력을 들인다면 모든 시장의 움직임을 설명할 수 있고 미래의 움직임도 예측할 수 있는 과학적인 접근이 가능하리라고 믿었다. 필자의 목표는 분석 과정에서 그 어떤 주관적인 측면도 제거함으로써, 이성적이고 논리적인 매매 의사결정이 이루어질 수 있도록 하는 것이었다.

기존에 엘리어트가 설명했던 파동이론과 부합하지 않는 시장 움직임을 설명하기 위해 필자는 계량화되지 않은 모든 측면을 계량화하는 작업부터 시작했다. 이러한 연구의 일환으로 8년여에 걸쳐 모든 형태의 시장 움직임을 기록해 나갔는데, 이는 전통적인 엘리어트 파동이론이 설명하지 못했던 시장의 움직임들을 새롭게 분류하고 결합하기 위해서였다.

필자가 새롭게 발견한 대부분의 내용은 1983년 이후 엘리어트 파동이론에 대한 일종의 전화 강의를 통해 나왔다. 이 강의의 매우 상세한 프로세스 덕분에 초보자들에 대한 이론 교육, 중요하고 때로는 매우 미묘하고 특수한 파동 움직임을 발견하는 방법, 채널 기법, 피보나치 비율을 적용시키는 방법과 차트를 그리는 방법 등을 새롭게 도출해낼 수 있었다. 필자는 지속적인 연구와 적용을 통해 엘리어트 파동이론 중에서 계량화되지 않았던 대부분의 측면을 지금까지 계량화하는 데 성공했다고 생각한다.

기나긴 연구 시간 ──────────

필자는 1980년 이후로 이 주제에 대해 하루 10~15시간씩 일주일에 7일을 연구해왔는데, 아마 엘리어트 파동이론을 연구하는 데 3만 시간 이상을 쏟아부었다고 추정된다. 이러한 기나긴 연구 시간만으로도 새로운 아이디어들을 생각해낼 수 있는 토양이 되었다.

엘리어트 파동이론은
어디에 적용시킬 수 있는가?

Mastering Elliott Wave

  엘리어트 파동이론은 대중들이 광범위하게 관여하고 개입하는 시장에서 명확하게 나타난다. 날씨나 다른 자연적인 변수에 영향을 받는 시장은 엘리어트 파동이론을 적용하기가 쉽지 않은데, 날씨는 인간의 생각이나 행동에 따라 결정되는 요소가 아니기 때문이다. 또한 많은 개별 주식의 이슈들은 군중심리의 자연법칙을 이끌어 낼 만큼 광범위한 기반을 가지고 있지 않기 때문에 엘리어트 파동이론으로 일관성 있는 결론을 이끌어 내지 못할 수도 있다.

  반면에 금이나 주가지수, 부동산(부동산의 경우 신뢰할 만한 가격 데이터를 확보하는 것이 더 어렵긴 하지만)과 같은 시장에서는 인간의 행동을 제외하고는 가격을 변화시킬 요인이 거의 없기 때문에 엘리어트 파동이론이 잘 작동한다. 사실상 일관성 있고 신뢰할 만한 데이터가 존재하는 한, 대중의 열망이 반영된 어떠한 시장도 예측 가능한 흐름으로 진행될 것이다.

엘리어트 파동이론을
어떻게 받아들이고 연구할 것인가?

세심하고 꼼꼼하게

시장의 움직임을 해석하고 수익을 내기 위해서는 모든 시장의 움직임들을 설명하고 분류할 필요가 있다. 파동을 세는 것은 가장 기본 단위에서부터 진행해야 한다. 장기 차트를 먼저 해석함으로써 시장을 분석하려 하면 안 된다. 이러한 장기 파동에 대한 분석은 모든 단기 파동에 대한 연구의 부산물이다. 단기 파동에 대한 분석을 지속적으로 정확하게 한다면 장기 파동의 가능성은 자연스럽게 드러날 것이다.

일단 일간·주간·월간 단위로 차트들을 구성하고 나면, 애널리스트는 인내심 있게 단기 데이터를 가지고 명확하게 식별할 수 있는 패턴이 나타날 때까지 작업해 나가야 한다. 그 이후에 완성된 패턴을 어떻게 분석하고, 전체 패턴 중에서 어느 부분에 해당하는지 논할 수 있게 될 것이다.

엘리어트 파동이론은 인간의 집단적인 움직임이 나타나는 모든 영역에서 항상 작용하고 있는 자연의 법칙을 도식화해 나타낸 것이다. 애널리스트가 엘리어트 파동이론을 활용할 때는 자신이 갖고 있는 시장의 방향성 예측에 맞도록 파동의 진행 시나리오를 만들어내거나 시장을 패턴에 끼워 맞추려고 해서는 안 된다. 패턴이 전개되는 그대로를 받아들이고, 최대의 가능성에 기반해 어떻게 이 패턴이 더 큰 흐름에 부합하는지 객관적으로 추론해야 한다.

엘리어트 파동이론을 잘 활용하면 중요한 변곡점을 바로 당일 또는 바로 그 시간에 파악함으로써 지적으로나 재산상으로나 기쁨을 맛볼 수도 있다. 이런 시점에서 당신은 '숲속의 외로운 목소리'가 될 것이다. 만약 당신이 확신에 따라 행동할 수 있는 용기를 가지고 있다면, 엘리어트 파동이론은 그에 합당한 결과를 가져다줄 것이다.

항상 열려 있는 마음가짐으로

엘리어트 파동이론을 적절하게 적용하기 위해서는 모든 가능성에 대해 열린 마음으로 대할 필요가 있다. 시장 분석을 시작할 때 특정한 시나리오를 가정해서는 절대 안 되며, 개인적인 견해를 정당화하기 위해 파동에 손을 대도 안 된다. 오직 신중하게 이루어진 파동 분석을 통해서만 결론을 도출해야 한다. 또한 낙관주의나 비관주의 같은 모든 충동적인 감정들을 피해야 한다. 모든 분석 기법들이 바르게 적용된다면, 시장의 움직임을 추측할 필요 없이 완성된 패턴이 사실상 가격이 어느 시간 간격에서 어느 수준까지 도달할 것인가를 알려줄 것이다.

앞으로
다루게 될 내용은?

2장 '엘리어트 파동이론의 일반적인 개념'은 독자들이 엘리어트 파동이론에 대한 기본적이지만 지금까지 아무도 답해주지 않았던 질문들에 답한다. 3장 '엘리어트 파동이론에 대한 예비적 분석'에서는 차트 데이터를 준비하고 유지하는 방법, 파동을 식별하는 방법, 파동 간의 상호 작용을 적절하게 관찰하는 방법 등을 다루었다. 또한 3장에서는 가격 분석에 대한 가장 완결되고 구체적인 방법론을 다루고 있다. 이러한 기법들을 이용하면 초보자들도 복잡한 시장 상황에 대해서 정확하게 파악할 수 있을 것이다.

4장 '엘리어트 파동이론의 중간적 관찰'에서는 개별적인 파동들을 표준적인 엘리어트 패턴으로 결합하는 방법을 소개한다. 5장 '엘리어트 파동이론의 중점 고려사항'에서는 한발 더 나아가 보다 구체적인 엘리어트 파동으로 구성해 나가는 과정에서 잘못된 파동 매김을 방지하는 방법을 설명한다. 6장 '엘리어트 파동이론의 논리적 사후 구성법칙'에서 설명된 내용은 필자가 새롭게 발견한 것이다. 여기서 다루는 법칙들을 통해 당신이 찾아낸 패턴들의 신뢰성 여부를 확인할 수 있을 것이다.

7장 '엘리어트 파동이론의 결론'에 대한 내용은 분석한 파동 패턴을 더욱 공고하게 하는 동시에 단순화하고, 나중의 분석을 위해 준비할 수 있도록 도와준다. 9~12장에서는 방대한 분량의 새로운 패턴 형성, 실험 및 검증기법들을 다룬다.

2장

엘리어트
파동이론의
일반적인 개념

파동이란 무엇인가?

지금까지 필자가 아는 한에서는 엘리어트 파동이론을 다룬 어떤 책에서도 파동이론의 기본이 되는 '파동(wave)' 개념에 대해 정의 내린 바가 없는데, 이것은 매우 놀라운 일이다. 파동을 이해하고 적용하기 위해서는 파동이 절대적인 제한 조건들과 함께 구체적인 용어들로 묘사되어야 한다. 앞으로 몇 가지 부가적인 개념을 소개한 후 파동의 일반적인 정의를 설명할 것이다.

파동을 정의하기 위해서는 가장 단순한 형태의 파동부터 살펴볼 필요가 있다. 파동은 시장의 움직임을 나타내고 시장의 움직임은 가격으로 측정되기 때문에, 결국 파동에 대한 정의는 가격의 움직임을 통해 설명할 수 있다. 차트상에 그려지는 가장 단순한 가격의 움직임은 x-y 두 축으로 이루어진 평면에서 y축에 평행하지 않은 모든 형태의 직선으로 나타날 수 있을 것이다(그림 2-1).

그림 2-2에서 나타나는 움직임은 이 책 전반에 걸쳐 가장 중요한 논의가 되는 형태다. 이러한 움직임을 묘사하기 위해 '모노파동(Monowave)'이라는 새로운 용어를 만들어냈다. 모노파동은 가격의 방향이 바뀐 이후에 다음번 방향을 바꾸기 전까지의 움직임으로 가장 단순한 형태의 파동이다.

그림 2-3a에서 시작점 m은 가격이 이전의 흐름에서 방향을 바꾼 지점이다. 어떠한 가격 단위와 시간 단위에 대해서도 나타낼 수 있다. n으로 표시된 지점은 가격 움직임의 다음 변화가 발생하는 지점이다. 어떤 m과 n이든 그 사이는

그림 2-1

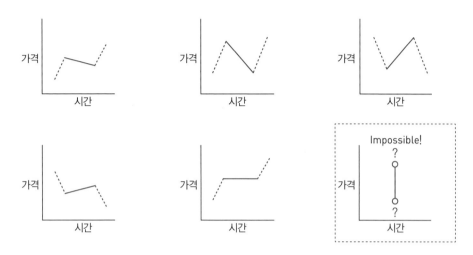

맨 아래 우측에 위치한 그림을 제외하고 여기에 나와 있는 모든 그림은 신뢰성 있는 가격 움직임을 나타낸 것이다. 가격 움직임을 그림으로 나타내기 위해서는 '시간 단위'(이에 관해서는 본 장의 후반부에서 다룬다)가 한 축이 되어야 하며, 이 때문에 완전히 수직으로 가격이 이동하는 일은 발생할 수 없다.

그림 2-2

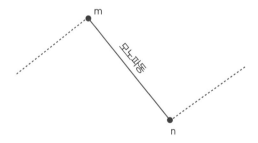

모노파동에 가격이나 시간의 제약은 없다. 가격이 반대 방향으로의 간섭 없이 지속적으로 상승하거나 하강하는 한, 그 파동은 모노파동으로 간주된다. 엘리어트 파동이론 분석가로서 배워야 할 가장 중요한 일은 모노파동을 올바르게 분석하는 것이다. 전체적인 이론은 모노파동을 적절히 규명하는 것을 기본으로 하고 있다.

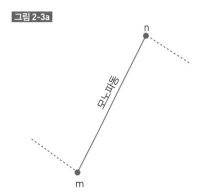

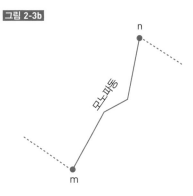

일반적으로 모노파동은 완전한 직선으로 표시되지만, 그림 2-3b와 같이 그렇지 않은 경우도 있다.

상승 움직임이 완전한 직선으로 표시되지 않는다고 하더라도 가격 움직임의 방향이 변하지 않는 한 여전히 '하나의' 모노파동으로 간주된다.

직선 방향으로 나타난다. 3장에서 설명하는 중립성의 규칙이 적용될 때를 제외하고 가격 움직임이 일시적으로 둔화되었다가 다시 속도가 빨라지는 경우에도 (그림 2-3b) 전반적인 가격의 상승이나 하락은 하나의 모노파동으로 간주된다. 그리고 가격 움직임이 방향을 실제로 바꾸는 경우 파동은 종료된다.

   모노파동들은 모든 파동 패턴을 이루는 세부 구성 요소들이다. 엘리어트 파동이론을 이해하는 첫 번째 단계는 모노파동을 판독하는 방법을 배우는 것이다. 모든 시장 움직임의 패턴들과 추세는 그것이 아무리 크더라도 하나의 파동으로부터 시작된다는 것을 기억해야 한다. 시장이 만들어내는 모든 움직임을 정확히 분석하는 것은 불행히도 몹시 따분한 일이지만, 더 큰 시장의 움직임을 정확하고 일관성 있게 해석하기 위해 꼭 필요한 작업이다.

파동은 왜 발생하는가?

Mastering Elliott Wave

파동이란 어떤 이유에서건 공개 시장에서 매수세와 매도세 간에 불균형이 발생할 때 나타나는 결과다. 공급에 비해 수요가 상대적으로 증가할 때(상품의 경우 매수 주문의 총량이 매도 주문의 총량을 넘어설 때) 가격은 올라가게 되는데, 우리는 이를 '상승 파동'이라고 부른다. 공급에 비해 상대적으로 수요가 감소할 때(상품의 경우 매도 주문이 매수 주문보다 더 강력할 때) '하락 파동'을 형성하며 가격이 떨어진다.

한쪽의 힘이 다른 쪽의 힘보다 강력해지면, 그것이 아주 짧은 시간이라 할지라도 가격의 방향이 변화하게 되고, 이는 새로운 파동이 시작되는 것이다. 이처럼 수요와 공급의 힘은 지속적으로 다양한 크기와 범위에서 균형과 불균형을 넘나든다.

왜 파동이 중요한가?

수익의 원천

시장의 움직임은 결합된 파동들로 구성된다. 이 파동들은 지속적으로 결합되어 더 큰 파동을 만들고, 그에 대한 반작용으로 파동이 형성된다. 시장의 파동 패턴을 정확하게 분석한다면 현재의 경제 상황을 조망할 수 있을 것이다.

사업가나 투자자, 또는 투기적 거래자로서 당신이 이러한 상황을 이해한다면, 사람들이 거의 수익을 기대할 수 없는 상황에서도 수익을 거두게 되어 당신의 재정 상태와 삶의 수준도 향상될 것이다.

심리적 측면

시장이 장기간에 걸쳐 일정한 방향으로 움직이게 되면 언론의 주목을 받게 되고, 언론은 대중들에게 이 사실을 환기시킨다. 시장이 한 방향으로 길게 움직일수록 대중들은 그 추세가 멈추지 않거나 현재 수준보다 더 길게 진행될 것이라고 믿기 쉽다. 이런 느낌은 사람들의 사업 방식에 영향을 미치며, 특히 개인적 이익과 직접적으로 관련되어 있을 때 더 그러하다. 이런 느낌은 사람들이 투자하고, 자금을 조달하고, 즐기고, 소비하는 방식에 영향을 미친다. 사람들이 얼마나 많은 돈을 소비하고, 어디에 소비하느냐가 다른 사람들과 산업 전반에 걸쳐 영향을 준다. 이는 투기적 거래나 투자와 아무런 관련이 없는 사람들조차도 주식시장, 상품시장에서 발생하는 사건에 영향을 받을 수 있음을 의미한다.

패턴들

각각의 모노파동들을 정확히 결합하면 더 큰 패턴들이 만들어져 패턴을 식별할 수 있다. 엘리어트는 특정한 패턴이 발생했을 때 그다음 어떤 주가 움직임이 나타난다는 사실을 발견했다. 많은 훈련을 쌓고 열심히 공부하면 당신도 때로 매우 높은 정확성을 가지고 시장에서 가격이 움직이는 정도와 진행 기간을 예측할 수 있는 경지에 도달할 수 있을 것이다. 물론 일상적으로 이런 기술을 남에게 선보이고 적용할 수 있다면 큰 수익을 창출할 수도 있을 것이다.

파동을 어떻게
범주화할 것인가?

Mastering Elliott Wave

파동의 종류

엘리어트 파동이론에서 모든 시장 움직임은 논리적으로 다음의 2가지 종류,

즉 충격파동과 조정파동으로 분류된다.

먼저, 충격파동[추세 및 터미널(terminal) 패턴]은 추세와 동일한 방향으로 진행되는 패턴을 말한다. 단기적인 시장 움직임을 분석할 때 충격파동도 모노파동이 될 수 있다. 만약 충격파동이 모노파동보다 복잡하게 형성될 때는 5개의 모노파동이 결합된 형태로 나타날 것이다.

둘째, 조정파동(비추세 패턴)은 추세에 역행하는 패턴이다. 조정파동 역시 모노파동이 될 수 있지만, 모노파동보다 복잡한 형태로 진행된다면 일반적으로 가격 차트에서는 3개의 모노파동이 결합되어 횡보하는 양상을 보일 것이다.

이러한 개념들은 독자들이 학습 진도를 나감에 따라 앞으로 더 구체적으로 다루게 될 것이다.

파동의 등급

파동의 등급(Degree)은 광범위하면서도 다소 애매한 용어로, 가격과 시간의 상호 관계에 기반해 파동을 수직으로 계층화한 것이다. 여러분이 어떤 시장의 가격 차트를 자세히 연구하다 보면 어떤 파동은 긴 시간에 걸쳐 형성되고, 어떤 파동은 그렇지 않다는 것을 확실히 알 수 있을 것이다. 또 어떤 파동은 큰 폭으로 가격이 움직이지만, 어떤 파동은 그렇지 않을 것이다. 다른 파동에 비해 긴 기간에 걸쳐 형성되고 큰 폭으로 움직이는 파동은 더 높은 등급의 파동으로 간주될 수 있다. 파동 등급에 대한 자세한 정의는 여러분이 개념을 더 쉽게 이해할 수 있도록 앞으로 몇 개의 장에 걸쳐 점진적으로 소개될 것이다.

한 차트상에 서로 다른 크기의 파동들을 동시에 나타내려면, 가격 움직임의 복잡성과 시간의 지속성에 대한 상대적인 고려가 반드시 필요하다. 파동의 등급은 결코 절대적인 기준으로 설명되거나 적용될 수 없기 때문이다. 다시 말하면 한 파동이 일주일, 한 달, 또는 일 년에 걸쳐 형성되었고, 1달러, 10달러, 또는 100달러의 폭으로 변동했다고 하더라도 이것이 특정 파동의 등급을 결정하는 것은 아니라는 것이다. 한 달의 기간 또는 100달러의 가격을 통해 형성된 패턴이 있다고 했을 때, 이 패턴에서 유추할 수 있는 사실은 같은 등급의 패턴은 아마도 그와 유사한 정도의 시간과 가격대에 걸쳐 형성될 수 있다는 것이 전부다. 파동 등급의 일반화 가능성에 대한 구체적인 제약 조건은 세부적인 계량화 법칙과 더불어 4장의 '유사성과 균형의 법칙(229쪽)'에서 부분적으로 논의될 것이다.

일단 특정한 움직임에 대해 파동의 등급이 결정되고 나면, 등급은 더 구체적인 의미를 갖게 된다. 왜냐하면 다른 모든 움직임들과 비교를 가능하게 하는 준거의 틀이 형성되었기 때문이다. 이 준거의 틀은 특정 움직임에 특정한 이름을 붙이기 시작하는 데 필요한 충분한 정보를 제공할 것이다. 우리가 붙인 각각의 이름은 하나의 움직임이 다른 움직임과 어떻게 연관되어 있는가를 보여주는 것이며, 얼마나 크거나 작은 움직임인지를 나타내는 것은 아니다. 엘리어트 파동이론에서 파동 등급은 매우 심오한 개념이기 때문에 엘리어트 파동이론을 배우기 시작한 초보자라면 더 중요한 기본 개념들을 완전히 숙지하기 전까지는 이 개념을 이해하려고 너무 많은 시간과 노력을 들이지 않는 것이 바람직할 것이다.

파동에는 이름을
어떻게 붙이는가?

———————————————————— Mastering Elliott Wave

각각의 모노파동을 확인한 후에는 그것들은 일정한 기준으로 분류해야 하는데, 여기에는 구조기호를 적용하는 작업이 포함된다.

구조기호(Structure Labels) ————————————————————

지난 절에서 언급한 바와 같이 모든 시장의 움직임은 2개의 범주 중 하나에 넣을 수 있다. 이때 가격의 움직임이 어떠한 범주에 해당하는지를 나타내기 위해 각각의 범주를 의미하는 특정한 표시가 필요하다. 이를 통해 특정한 시장 움직임이 어떤 범주에 속하는지를 빠르게 인식할 수 있다.

파동 구조를 나타내는 기호를 결정하는 것은 어렵지 않았다. 앞서 기술한 바와 같이 충격 패턴은 항상 5개의 세부 파동으로 이루어지며, 조정 패턴은 대개 3개의 세부 파동으로 형성된다. 그래서 충격 패턴을 나타내는 기호는 숫자 5 앞에 콜론을 붙여 ":5"를 사용하고, 조정 패턴을 나타내기 위해서는 ":3"을 사용한다. 숫자 앞에 기록된 콜론은 이후의 분석 과정에서 다른 추가적인 형태의 기호와 직접적으로 연결되지 않게 하기 위해 사용한 것이다.

구조기호는 엘리어트 파동이론을 적용하는 모든 단계에서 결정적인 역할을 한다. 구조기호는 모든 형태와 크기, 그리고 복잡성을 가진 파동들에 적용되어야 한다. 구조기호는 현재의 파동이 한 단계 높은 등급의 추세와 같은 방향으로 진행되는지 추세 방향과 반대로 움직이는지 알려준다. 구조기호에 적절한 주의를 기울이면 시장에서 언제나 궁금해하는 질문인 '시장은 어느 방향으로 움직이고 있는가?'에 대한 답을 찾는 데 도움이 될 것이다.

조직화(Organization)

차트상에서 수많은 모노파동에 ":3" 또는 ":5"와 같은 기호를 명시하고 나면, 시장의 전개 과정을 추적해 더욱 발전된 단계로 진입하게 될 것이다. 이를 달성하기 위해 일련의 ":3"으로 표시된 파동들과 ":5"로 표시된 파동들을 그룹으로 묶는 작업이 필요하다.

이렇게 일련의 과정으로 형성된 그룹들은 구조기호 이상의 다른 분류의 형태로서, 단지 충격파와 조정파를 구분하는 것뿐만 아니라 일반적인 형태까지도 나타낼 수 있는 다른 이름을 붙이게 될 것이다.

진행기호(Progress Labels)

이 책에서 제시되는 기호화에 대한 기본 개념들에 숙달됨에 따라 궁극적으로는 더 깊이 있는 형태의 기호화를 숙지할 필요가 생길 것이다. 진행기호를 매기는 것은 초보자들에게 극적인 발전을 가져다줄 수 있는 단계다. 이 주제는 매우 복잡하므로 이후에 한 단원 전체를 할애해 소개할 것이다. 여기에서는 이 개념에 친숙해지기 위해서 간단히 소개할 테니 완전한 이해를 위해서는 이후의 내용을 참고하자.

진행기호들은 한 그룹의 파동들이 적절하게 전개되는지를 검증하는 데 필수적이고 결정적인 역할을 한다. 이 기호들은 현재의 환경에 관련한 어떤 조건(condition)과 관찰(observation) 결과를 통해 애널리스트들을 하나의 오솔길로 이끌 것이다. 진행기호들은 시장의 움직임에 질서와 한계를 제공함으로써, 숙련된 기술적 분석가들이 의견을 확정하고 미래에 '반드시 발생할' 움직임을 이용할 수 있는 전략을 준비할 수 있도록 한다.

해당 패턴이 가지는 세부 파동의 숫자를 나타내는 구조기호(:3, :5)와 달리 진행기호는 표준화된 패턴 내에서 각 세부 파동의 위치를 확인하기 위해 사용된다. 충격 패턴의 5개 세부 파동은 '1, 2, 3, 4, 5'와 같이 나타낼 수 있다. 조정파동의 경우 일반적으로 3개만의 세부 파동을 갖지만, 예외도 존재한다. 이 때문에 모든 형태의 조정 행동을 표현하기 위해서 때로는 3개 이상의 기호가 필요하다. 조정시장의 다양한 세부 파동은 'a, b, c, d, e, x'로 나타내며, 앞에서부터 3개 이상의 알파벳으로 표시한다.

시장의 움직임을 진행기호로 나타낼 때는 기호 앞에 '파동'이라는 말을 사용해야 한다. 예를 들면 진행기호 '1'이 될 수 있는 모든 기준과 내재적인 특성을 갖춘 파동이 있을 때, 우리는 이것을 '파동 1'이라고 한다. 이것은 숙달된 엘리어트 파동이론가들에게는 당연하게 보일지라도 초보자들에게는 불명확할 수 있기 때문에 확실하게 표시하는 것이다.

덧붙여 파동을 명확하게 표시하기 위해 각각의 진행기호는 그것이 나타내는 파동이 끝나는 지점 바로 옆에 적는다. 진행기호는 각각 파동이 전개될 때 왼쪽에서 오른쪽으로 적혀 나간다. 다시 말해 2번 파동은 1번 파동이 완성되기 전에는 적힐 수 없다.

마지막으로 진행기호를 붙이는 일은 이 책에서 소개된 많은 사전적인 단계와 부차적인 단계에 익숙해질 때까지 수행되어서는 안 된다. 이런 이유로 진행 기호에 대한 논의와 적용에 대해서는 5장에서 다룰 것이다.

파동 분석에
어떤 데이터를 사용할 것인가?

Mastering Elliott Wave

종가 데이터의 부적절성

엘리어트 파동이론의 관점에서 월간, 주간, 일간 또는 시간 단위의 종가 데이터를 사용해 시장 움직임을 추적하는 것은 가장 신뢰성이 낮은 방법이다. 시장의 종가는 월간, 주간, 일간 또는 시간 단위 내에서 시장이 어떻게 움직였는지를 나타내지 못한다. 즉 종가를 이용할 경우 특정한 기간 내에 시장이 얼마나 높게 올라갔는지 또는 얼마나 낮게 떨어졌는지를 나타내지 못하기 때문에 이 책에 소개된 '패턴의 특성(pattern specific)' 기준을 폭넓게 적용하는 것은 사실상 불가능해진다(그림 2-4a와 그림 2-4b). 예를 들어 시장이 장 초반 1시간 동안 10포인트 상승한 후 다시 하락해 저가 부근까지 떨어졌고, 다음 1시간 동안에는 20포인트 하락한 후 다시 상승해 하락폭을 모두 회복했다고 가정해보자. 이런 상황에서는 종가 데이터가 현실의 시장 움직임을 정확하게 나타낼 수 없다.

그러므로 어떤 시간 단위든 간에 다른 데이터를 전혀 사용할 수 없는 경우를

그림 2-4a

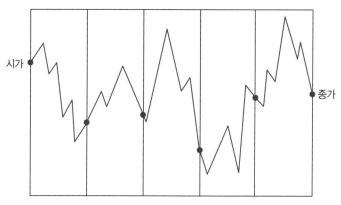

시간 단위로 구분한 일중 가격 움직임

각각의 큰 점들은 개별 시간 단위의 종가를 의미한다(그림 2-4a). 개별 시간 단위 안에서의 가격 움직임을 생략하고 점만 직선으로 연결해서 다시 그려보면 그림 2-4b와 같이 나타난다. 매 시간의 종가가 직선으로 연결된 것이다. 하지만 그림 2-4b의 결과물은 그림 2-4a를 대신할 수조차 없다. 시장 움직임의 패턴이 특정한 시간 단위에 따라 전개되는 것은 아니기 때문에 한 시간 단위가 끝나는 그 1초의 순간이 패턴이 끝나는 지점과 정확히 일치한다고 보는 것은 비논리적이다. 단순히 확률에 기반했을 때, 각 시간의 종가가 사실상 일중 고점과 저점에서 나타날 가능성은 거의 없다. 앞으로 우리가 다루게 될 내용들에서 파동의 패턴을 확인하기 위해 파동 간 관계를 확인할 때 실제 고점과 저점, 또는 이들 고점과 저점을 대신할 신뢰성 있는 대표값을 기록하는 것은 매우 중요한 일이다. 여기에 예시로 나온 그림을 보면 시간 종가를 이용해 가격 움직임을 나타내는 것이 부적절하다는 것을 확실히 알게 될 것이다.

그림 2-4b

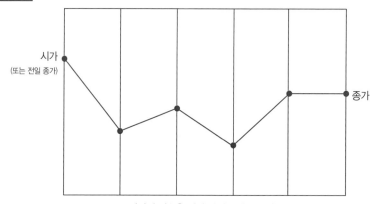

각각의 점들은 시간 단위 종가를 나타냄

제외하고 종가 데이터는 결코 사용되어서는 안 된다. 만약 여러분이 시간 단위의 데이터를 사용하고자 할 때 데이터를 수집하는 올바른 방법은 '파동 차트를 그리는 데 가장 적절한 현물 데이터(80쪽)'를 참고하는 것이다. 어떤 시간 단위를 사용하든 수집한 데이터를 차트에 적절하게 표시하는 방법은 '어떻게 데이터를 그림으로 그릴 것인가?(86쪽)'에서 논의된다.

봉차트의 문제점

봉차트는 시간을 표준화된 비율로 나누고 그 기간 내에 형성된 거래의 범위를 하나의 세로줄로 표시해 시장이 어떻게 움직였는지를 나타낸다(그림 2-4c). 엘리어트 파동이론의 관점에서 봉차트의 문제는 절대적인 의미의 파동 분석을 위해서 필요한 가격 정보를 가지고 있지 않다는 점이다. 일정한 가격 움직임에 대해 고점 또는 저점만을 이어 선을 그려보면, 그림 2-4d에 보이는 것처럼 일련의 가격 움직임을 알 수 있을 것이다. 이 생각이 틀린 것은 아니지만, 전체적인 일간 가격 움직임을 가장 잘 나타내는 것은 아니다. 시장 움직임을 나타내는 것도 중요하지만 시장의 움직임을 정확하게 해석하기 위해서는 하나의 속성으로 되어 있는 데이터가 필요하다. 봉차트에 보이는 가격의 움직임은 고점과 저점이라는 두 요소로 구성된다.

단위 시간당 오직 하나의 숫자만 사용되어야 각각의 숫자가 시장에 대한 현재의 기대와 가능성에 어떤 변화를 줄 수 있는지 판단할 수 있다. 이것은 하루에 하나의 숫자만 사용해야 한다는 뜻이 아니라, 단순히 하루든 일주일이든 한 시간이든 여러분이 분석하고자 하는 일정한 시간 단위에 하나의 데이터가 사용되는 것이 최적이라는 것이다. 그렇게 함으로써 여러분은 현재의 시장 상황과

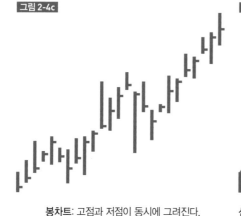

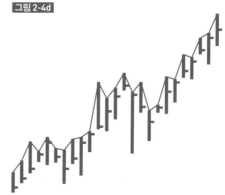

봉차트: 고점과 저점이 동시에 그려진다.

선차트: 봉차트에서 고점만 연속적인 하나의 선으로 연결한다.

미래의 기대에 대한 명확한 결론을 얻을 수 있다. 봉차트에 있는 봉선을 의미하는 가격밴드를 사용하면 여러분은 미래 시장의 움직임이 어떻게 될지 즉각적이고 확고한 결론을 내릴 수 없게 된다(그림 2-5).

이에 대한 예를 들어보겠다. 어느 날 시장의 변동성이 매우 컸다고 가정해보자. 차트를 보고 일간 고점이 전일 고점보다 높고 저점이 전일 저점보다 낮았다는 사실을 확인했을 때 딜레마가 발생한다. 고점과 저점 중 어느 것이 먼저 나타났는지를 알아야 가격 움직임이 본래 예상한 대로 움직이고 있는지, 아니면 예상된 진로를 벗어났고 이에 따라 의견을 변경할 필요가 있는지 적절히 분석할 수 있다. 따라서 엘리어트 파동이론을 적용할 때 봉차트를 사용하는 일은 피해야 한다. 이에 대한 이유는 이 책을 따라 계속 진도를 나가면서 더 명확히 알게 될 것이다.

그림 2-5

고점과 저점 중 어느 것이 먼저 출현했는지에 따라 상승국면인지 하락국면인지 판단이 달라진다. 예를 들어 만약 저점이 먼저 출현한 경우에는, 새로운 고점은 5번 파동이 계속 진행 중인 것으로 해석할 수 있다. 반대로 고점이 먼저 출현했다면 이전의 x지점부터 y지점 사이의 상승 움직임은 세 부분으로 이루어진 조정 파동일 수 있고, y지점 이후의 하락은 새로운 하락 추세의 시작일 가능성이 높아진다. 이 사례는 고점과 저점의 형성 순서를 아는 것이 얼마나 중요한지를 보여주며, 데이터가 1가지 값을 기반으로 분석되어야 트레이더들에게 실시간 데이터로서의 가치를 가진다는 개념을 확실히 알려준다.

선물 차트의 문제점

선물 차트들은 엘리어트 파동이론을 적용하는 데 있어 고유한 문제를 가지고 있는데, 이는 선물이 '가치의 감소'라는 요소를 포함하고 있기 때문이다. 대부분 상품에서 선물의 만기가 길게 남은 경우 현물시장에서는 선물 가격보다 상당히 낮은 가격으로 거래된다. 선물 계약의 만기가 도래하면서 선물 가격은 현물 가격에 근접하게 되고, 만기 시점이 되면 대부분의 시장에서 선물 가격은 현물 가격과 같아진다.

경우에 따라 일부 농산물 가격에서 수요와 공급 요인이 심각하게 불균형해지면 만기에도 선물 가격이 현물 가격과 일치하지 않게 되는 사례도 있다. 운송비용 및 여타 다른 비용들이 일간 단위로 선물 가격에서 차감되므로 선물 계약이 존재하는 전 기간에 걸쳐 지속적이고 완만한 가격 감소가 나타나게 된다.

일정한 기간에 걸쳐 선물시장이 내포하고 있는 가격의 왜곡으로 인해 장기 파동 분석에 문제가 발생할 수 있다. 게다가 일부 선물시장에서는 대중의 참여가 제한되어 있기 때문에 유동성이 부족해 거대 자본을 갖춘 '강한 세력'에 의해 의도적이든 사고에 의한 것이든 조작될 여지가 있다. 이런 점들 역시 엘리어트 패턴을 분석하는 데 큰 어려움을 야기할 수 있다.

파동 차트를 그리는 데 가장 적절한 현물 데이터

현물시장을 조작하는 것은 선물시장보다 훨씬 어렵고, 레버리지를 사용할 수 없기 때문에 엄청난 자본과 시간이 요구된다. 따라서 현물시장을 조작함으로써 얻는 수익은 투자에 비해 적다. 또한 현물 포지션은 선물 포지션만큼 유동성이 높지 않다. 이런 이유로 현물시장에 대한 조작은 좀처럼 시도되지 않고, 시도된다 하더라도 성공하기 어렵다.

시장 조작의 잠재적인 가능성을 막아 엘리어트 파동이론이 효과를 발휘하기 위해서는 많은 사람들의 참여가 필요하다. 현물시장은 상품시장이 그렇듯 직접적인 구매와 소비를 통해 항상 선물시장보다 많은 사람들이 참여하고 있으므로, 현물 데이터를 사용할 때 파동은 보다 표준적이고 예측 가능한 형태로 형성된다. 따라서 여러분은 일련의 데이터를 구축할 때 가능한 한 현물 데이터를 사용하도록 한다.

이제부터는 또 다른 문제를 3가지 논의로 나눠 다룰 것이다. 앞서 언급한 바와 같이 적절한 분석을 위해서는 미리 정해진 시간 단위에 하나의 가격 데이터만을 사용해야 한다. 어떻게 이런 데이터를 수집하고, 적절하다고 판단할 수 있을까? 다음의 3가지 구분을 통해 이 문제를 논의해보자.

1 | 현물시장

대부분의 현물시장에서는 특별히 데이터를 결정할 필요가 없다. 하루에 하나의 입찰가만 제공되기 때문이다. 하루에 하나의 데이터만 사용 가능할 경우에는 분석의 기준이 되는 시간 단위를 일간으로 정하고, 차트상에 일간 데이터를 사전에 정해진 대로 수평 거리를 일정한 간격으로 그려가면, 그것이 전체 거래일 하나를 나타내게 된다. 차트상에 어떤 시간의 틀을 사용하든지 상관없이 각각의 새로운 데이터 지점은 다음 지점으로부터 동일한 거리상에 그려진다.

2 | 하루 종일의 연속적인 현물 데이터를 사용할 수 있는 경우

S&P500, NYSE, MAXI, Value Line 등과 같이 하루 종일의 연속적인 현물 데이터를 사용할 수 있는 경우 조금 더 어려운 문제가 발생한다. 먼저 여러분은 분석하고자 하는 최소 시간 단위를 결정해야 한다. 시간 단위가 짧아질수록 데이터를 추적하기 위해 더 정교한 장비와 소프트웨어가 필요하고, 더 많은 차트를 그려서 분석해야 한다. 점점 더 짧은 시간 단위의 시장 움직임을 추적하면서 매매에 임하고자 하는 경우 엘리어트 파동이론을 깊이 있게 이해하고 있어야 하고, 기억 정보들은 차곡차곡 정리했다가 꺼내어 쓸 수 있어야 한다. 또한 시간 단위가 짧아질수록 거래일의 급박함과 흥분 때문에 상당히 중요하지만 미묘한 요인들을 간과함으로써 적절한 파동 분석을 하지 못할 가능성이 높아진다.

우리는 이것을 '엘리어트 파동이론의 시간 단위 문제(Elliott time crunch)'라고 부를 수 있다. 모든 사람들이 이 문제에 영향을 받으며, 어떤 사람들은 상대적으로 더 심하게 영향을 받는다. 현실적으로 다룰 수 있는 시간 단위보다 더 짧은 시간 단위를 이용해 매매하는 위험에 빠지지 않도록 스스로를 잘 다잡아야 한다. 그렇게 하지 않으면 예상치 못하게 불리한 시장 움직임 때문에 정신이 번

쩍 들게 될 것이다.

만일 여러분이 포지션을 하룻밤 정도만 유지하면서 짧은 시간 단위로 시장을 추적한다고 할 때, 가장 큰 이점은 언제 패턴이 마감될 것인가에 대한 판단력을 높여준다는 점이다. 개인적으로 필자는 가장 위험도가 낮은 진입 시점을 찾으려 하거나 가격 패턴이 완성 단계에 임박했을 때 한해서만 필자의 차트 도구로서 일간 시장 움직임을 활용한다.

애널리스트로서, 트레이더로서, 투자자로서 여러분은 본인의 니즈(needs)에 가장 적합한 시간 단위를 결정할 필요가 있다. 만약 여러분이 하루에 1가지 값만 사용하기로 결정했다면, 여러분은 몇 주에서 몇 달에 걸쳐 진행되는 시장 움직임에 관심을 두기로 했다는 것을 의미한다. 하루에 하나의 값만을 사용할 경우에는 데이트레이딩을 할 수 없을 것이기 때문이다.

연속적으로 거래되는 현물시장에서 하루에 하나의 값을 구하기 위해서는 매일의 실거래가 중 최고가와 최저가를 더해서 2로 나누면 된다. 그림은 다음에 나오는 '어떻게 데이터를 그림으로 그릴 것인가?(86쪽)'에서 설명하는 방법을 따라 그린다.

만약 일간 가격 움직임을 더 자세히 나타내기 위해서 하루에 2개의 값을 사용하고자 한다면 다음의 2가지 방법을 사용할 수 있다. 첫 번째는 하루의 거래를 전반부와 후반부로 나눈 후 각 부분의 최고가와 최저가의 평균을 취하는 것이고, 두 번째는 하루 거래 전체의 최고가와 최저가를 발생 순서대로 나열하는 것인데, 후자가 더 좋은 방법이다. 즉 장중 고점이 먼저 발생했다면 고가를 먼저 기록한 후 저가를 다음에 기록하는 것이다.

주식을 기반으로 하는 주가지수 현물시장에서 실제 고가와 저가를 추적하는데는 작은 문제가 있다. 모든 주식이 같은 시간에 첫 거래가 이루어지지 않는다는 점이다. 관행적으로 대부분 거래소에서는 많은 주식들이 전일 종가 상태로 남아 있는 가운데 일찍 거래되는 몇몇의 주식을 기반으로 지수상의 시가를 결정한다. 이러한 이유로 선물시장에서는 갭이 발생하더라도 현물시장에서는 거의 항상 전일 종가 부근에서 시가가 형성된다. 기본적으로는 이렇게 가격표가 작성됨으로 인해 발생하는 중대한 가격 왜곡을 평균값을 사용함으로써 대부분 제거할 수 있다.

그러나 아무런 조정 없이 현물지수의 '실제' 고가와 저가를 사용하게 되는 경우, 선물시장에서 몇백 포인트에 가까운 갭 상승 또는 갭 하락으로 출발하는 경우에도 현물지수는 장이 열리는 기간 동안 횡보하는 모습을 보이기도 한다. 이런 상황을 피하는 유일한 방법은 기록된 일간 데이터 중에서 장 초반 10~15분 동안의 데이터를 삭제하고 장중 고가와 저가를 계산하는 것이다. 이렇게 함으로써 대부분의 주식 거래가 시작되었을 때, 전일 종가가 아닌 당일 거래 시작가를 기반으로 지수가 산정되었음을 확신할 수 있을 것이다.

3 | 24시간 거래되는 시장

차트를 그리는 데 있어 마지막으로 다룰 문제는 24시간 거래되는 시장에 대한 것이다. 시장은 미국뿐만 아니라 다른 나라에도 존재하기 때문에 사실상 24시간 내내 세계 전역에서 거래가 지속된다. 외환시장이 바로 이러한 경우다. 그렇다면 어떻게 해야 이런 시장을 적절히 추적할 수 있을까?

한때 필자는 금, 은, 미국 달러 대비 호주 달러, 호주 달러 대비 스위스 프랑 등의 현물시장을 다양한 방법으로 그려보는 실험을 했다. 이때 미국, 런던(영국), 호주 등 특정 국가에서의 거래 시간 동안에만 발생하는 데이터를 가지고 그림을 그리면 파동의 패턴은 분석할 수 있었고 전형적인 엘리어트 패턴의 흐름을 따랐다.

　다른 접근법은 가격의 움직임을 일정한 간격으로 위치하게 하고, 그 상품이 거래되는 모든 시장의 가격을 순서대로 나타내면서 24시간의 흐름을 연속으로 그리는 것이다. 또 다른 방법은 각국의 시장을 동일한 양의 시간대별로 구분하고, 세계 주요 시장을 기준으로 그 시간대에 해당하는 일련의 가격 움직임을 이어서 그리는 것이었다. 그러나 이 2가지 접근법에서 나타난 파동의 패턴은 일반적인 엘리어트 패턴의 흐름과 일치하지 않았고 분석이 불가능한 경우가 많았다.

　가능할 것으로 보이지만 필자가 시도해보지 못한 유일한 접근법은 매 24시간 간격으로 전 세계에서 거래된 고점과 저점의 범위를 추적하는 것이다. 이를 위한 가장 쉬운 방법은 당신이 속한 시장의 거래가 종료되는 시점을 24시간 단위가 종료되는 시점으로 보는 것이다. 즉 당신이 속한 시장이 마감되는 시점이 곧 다음의 매매기준일이 시작하는 시점이 된다는 것이다. 이렇게 하면 고점과 저점이 있는 다른 시장을 분석할 때와 마찬가지로 하루에 하나의 값만을 사용하는 대신 고점과 저점의 평균을 낼 수도 있고, 고점과 저점을 발생한 순서대로 그릴 수도 있다.

　이상의 실험을 통해 각각 시장은 하나의 국가만을 따라야 한다는 것이 증명되었다. 하나의 시장에서 활동하는 사람들은 대부분 동일한 통화를 이용해 자신의 포지션에 들어가고 나온다. 이것은 각 국가의 각 통화에 대해 여러 가지 폐쇄 순환의 거래 환경을 창출한다. 요약하자면 세계시장과 이름이 유사하더라도 개별 나라의 시장은 해당 국가 내부의 고유한 기술적·근본적 요인들에 대한 인식이 시장에 영향을 미쳐 이에 따라 거래가 이루어진다. 또 각각의 거래일이 지남에 따라 개별 국가는 다른 국가들의 시장에서 거래 시간 중에 경험한 시장 상황에 대한 변동성을 줄이며 완화한다. 일정한 시간이 흐른 뒤에는 기술적이거나 근본적인 조건이 발현됨으로써 각각의 시장들은 다른 시장들과 같이 발맞춰 움직인다. 이런 조건하에서 선도적인 하나의 시장이 존재하면 다른 시장들은 개장과 동시에 선도적인 시장을 따라간다.

이 문제의 근원은 24시간 거래되는 시장을 다루는 방식에 있다. 당신이 분석하고자 하는 시장의 현물 차트를 그려 나가되, 여러분이 매매하는 특정 국가의 시장 거래 시간 동안만을 대상으로 해야 한다. 만약 해당 외환이나 상품에 대해 당신이 속한 국가의 시장 거래량이 매우 적다면 거래량이 더 많은 나라의 현물 시장을 추적할 수 있고, 그 나라의 선물시장을 추적할 수도 있을 것이다.

다른 나라에서 시작되는 중요한 움직임으로 인해 발생할 수 있는 피해를 막기 위해 당신이 거래하고 있는 선물(증권)회사의 야간 데스크를 이용하는 것도 필요하다. 이를 통해 개장 초 당신이 거래하는 선물시장에서 시가에 발생하는 갭으로 인한 피해를 막을 수 있을 것이다.

이는 어떻게 작용하는가? 야간 데스크에서는 글로벌 시장의 거래 내역을 추적한다. 한 국가의 시장에서 다른 국가의 시장 개장으로 이어졌을 때 당신의 스톱(stop) 범위를 넘어서는 어떤 움직임이 나타나면 바로 반대 거래가 이루어져야 한다. 그래야 그 움직임이 강하게 형성된 후 미국 시장이 열리고 큰 손해가 발생하더라도, 당신은 그전에 포지션을 청산할 수 있을 것이다. 또 이렇게 함으로써 당신이 포지션을 청산하고자 하는 가격보다 악화된 상태로 시장이 개장했을 때의 손실 가능성을 기본적으로 막을 수 있다.

마지막으로 24시간 동안 움직이는 시장 환경에서 만약 여러분에게 야간 데스크에서 스톱 주문을 내줄 수 있는 브로커가 없다면, 하룻밤 이상 걸쳐 포지션을 유지하지 않는 장중 매매만 하거나 아니면 중장기 거래만 할 것을 권한다.

야간 데스크의 도움 없이 하룻밤만 유지할 목적으로 포지션에 진입하거나 단기간, 즉 며칠만 보유하기 위해 포지션에 들어가는 것은 매우 위험한 일이다.

어떻게 데이터를
그림으로 그릴 것인가?

Mastering Elliott Wave

당신이 분석하고자 하는 시장과 필요한 데이터가 결정되었다면, 차트상에 표시될 시간 단위를 선택해야 한다. 데이터를 그림으로 적절하게 나타냈다면 그림 2-6과 같은 모양을 가질 것이다. 이 그림에서 점으로 표시된 하나의 값은 그 값이 나타내는 시간 단위의 중앙에 그려질 것이다.

모든 값들이 표시되고 난 후에는 직선을 이용해 각각의 점들을 연결한다. 그러면 모노파동이 나타날 것이다(그림 2-7).

그림 2-6

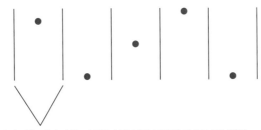

가장 작은 시간 단위, 가격은 시간 단위 중간에 점으로 표시된다.

그림 2-7

얼마나 많은 차트가 필요한가? ─────────────

　일반적으로 하나의 시장을 추적하기 위해서는 최소한 일간·주간·월간 단위, 이렇게 3가지 종류의 차트가 필요하다. 필자는 선호하는 몇몇 시장에 대해서 장기 로그 차트를 포함해 다양한 크기, 형태, 범위를 가진 약 20개의 차트를 보유하고 있다.

파동들이 얼마나
복잡하게 진행되는가?

지금까지의 모든 논의는 오직 모노파동에 대해서만 이루어졌다. 모노파동은 가장 단순한 형태의 파동이다. 물론 더 복잡한 형태의 패턴도 발생한다. 3장을 통해 시장 진행에서의 모노파동 단계를 분석하는 방법을 이해하고 나면 그다음 단계로 4장에서 모노파동을 그룹으로 결합하는 방법을 다룰 것이다.

3개 또는 5개의 모노파동을 결합하면 모노파동보다 한 단계 높은 파동인 '폴리파동(Polywave)'이 만들어진다. 3개 또는 5개의 폴리파동을 결합하면 '멀티파동(Multiwave)'이 된다. 또 그리고 3개 또는 5개의 멀티파동을 결합함으로써 '매크로파동(Macrowave)'이 만들어진다. 이 매크로파동이 필자가 명명한 가장 높은 등급의 파동이다. 그 위 단계의 모든 파동들은 모두 매크로파동이라고 부를 것이다.

모든 작은 파동들은 더 큰 파동의 한 부분이 된다는 것을 기억해야 한다. 그리고 이런 과정은 무한히 계속된다. 따라서 '파동들이 얼마나 복잡하게 진행되는가?'에 대한 대답은 엘리어트 패턴이 형성할 수 있는 파동의 크기나 진행 시간, 복잡성 등에는 한계가 없다는 것이다. 이런 사실에도 불구하고 시장의 모든 움직임은 파동이론의 한계 범위 내에서 설명 가능하다.

시장을 분석하는 대부분의 이론과 기법에서는 분석 대상 기간이 증가할수록 시장의 움직임을 판단하기 더욱 어려워진다고 할 수 있다. 하지만 이와 반대로 엘리어트 파동이론에서는 파동의 크기가 커질수록 파동의 구조가 더 확실해지기 때문에 단기적인 전망보다는 장기적인 전망이 보다 용이해진다.

파동을 어떻게
분석에 이용할 것인가?

Mastering Elliott Wave

충격 또는 조정 모노파동을 구분하는 가장 중요한 이유는 이를 통해 특정 시장의 추세를 추론할 수 있기 때문이다. 앞으로 파동 패턴에 영향을 미치는 모든 법칙과 요소를 포괄적으로 이해하게 된다면 시장이 어떤 방향으로 얼마나 멀리, 그리고 대략 얼마나 오래 움직일지 예측할 수 있게 될 것이다.

또한 예상된 패턴이 진행되는 동안 어떠한 심리적인 환경이 형성되는가를 정확하게 기술할 수 있을 것이다. 더 실용적이고 인상적인 것은, 현재 시장 상황에 대해 정확한 관점이 생겨 여러분이 시장 움직임을 일간 단위로 정확하게 예측하는 것도 가능해진다는 것이다. 마지막으로 7장에 소개된 집약의 과정을 통해 더 큰 추세에 관해서도 추론하고 이를 활용하는 것이 가능해질 것이다.

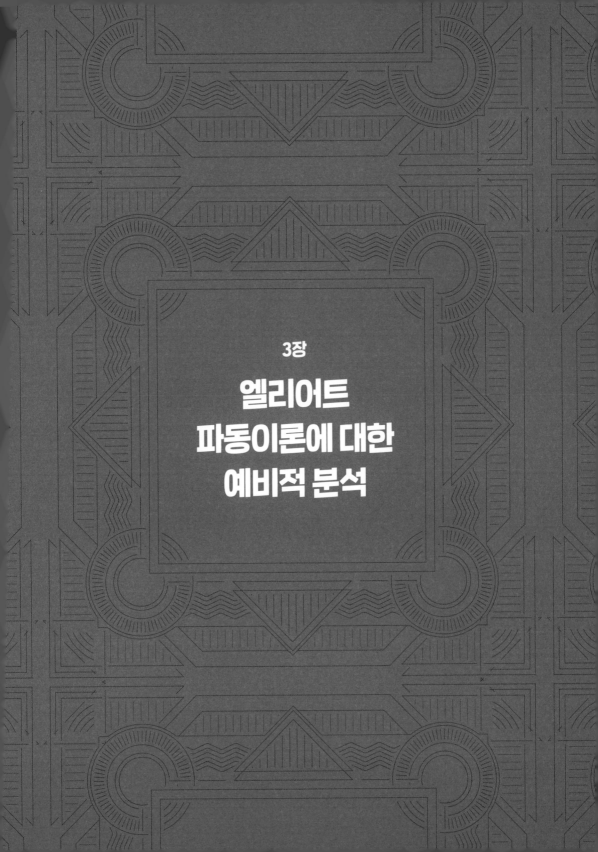

3장

엘리어트
파동이론에 대한
예비적 분석

가장 기본이 되는
모노파동

당신이 엘리어트 파동이론에 관한 초보자든 상당히 배운 후든, 정확한 장기 분석을 위해서는 반드시 단순한 파동 패턴을 면밀하게 분석해야 한다. 모노파동은 차트상에서 일어날 수 있는 가장 단순한 가격 움직임으로, 시장을 관찰하는 데 가장 기본이 되는 파동이다.

만약 간접적으로 모노파동을 두 종류의 범주(충격파동 또는 조정파동)로 나누는 법을 먼저 익히지 않는다면 엘리어트 파동이론을 깊이 있게 익히기 어렵다. 먼저 적절한 차트를 만드는 것에서 시작하자. 그런 후에 관측과 수리적 방법을 통해 각 모노파동이 충격파를 나타내는 것인지 조정파를 나타내는 것인지를 구분할 수 있을 것이다.

차트 구성과
데이터 관리

여러분이 이 책을 처음 접했을 때는 아마 그저 이 책에 있는 그림만 훑으려 했을 것이다. 그러나 이 부분을 읽고 난 후에는 이 책에서 지시한 대로 실시간으로 직접 차트를 그리기를 권한다.

차트를 작성하는 첫 번째 단계는 여러분이 분석하고자 하는 시장을 선택하고 관측의 시작점을 정하는 것이다. 특정한 시작점을 결정하지 못한다면 이번 장에서 기술된 기법들은 아무런 의미가 없어진다.

여러분이 할 일은 바로 이것이다. 매월의 고점과 저점으로만 나열된 데이터를 발생 순서대로 연간 차트에 그린 다음(이때 75쪽의 '파동 분석에 어떤 데이터를 사용할 것인가?'와 86쪽의 '어떻게 데이터를 그림으로 그릴 것인가?'에 설명된 기법을 이용한다), 파동 차트를 전반적으로 살피고 전체 1년간의 최저점과 최고점 범위의 중심에 가장 가까운 월간 모노파동을 선택한다.* 그다음으로는 그달의 월간 모노파동의 중심 가격과 가장 가까운 날을 선택한다.

일단 날짜가 정해지면 첫 번째 일간 파동 차트를 적절한 방법으로 그리기 시

---

* 역사적으로 중요한 변곡점이 아닌 시점을 시작점으로 선택하는 것이 바람직하다. 왜냐하면 중요한 변곡점들은 일반적으로 일상적이지 않은 행동들과 연결되어 있기에 엘리어트 파동이론으로 분석이 쉽지 않기 때문이다. 학습을 목적으로 하는 특성상 최대한 상황을 단순하게 접근하는 것이 좋다.

그림 3-1

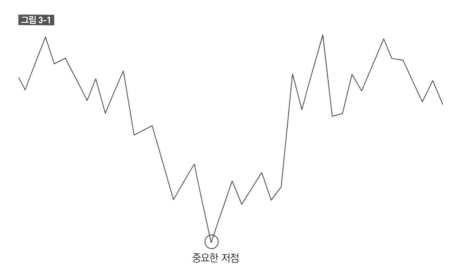

중요한 저점

그림 3-1에서 중요한 저점은 전체 기간의 중앙 부근에서 만들어졌다. 이 지점에서 시작해서 다시 새로운 차트(그림 3-2a)를 그리는데, 이때 그림 3-2a는 그림 3-1의 약 절반에 해당하는 기간을 확대해서 그리는 것이다.

그림 3-2a

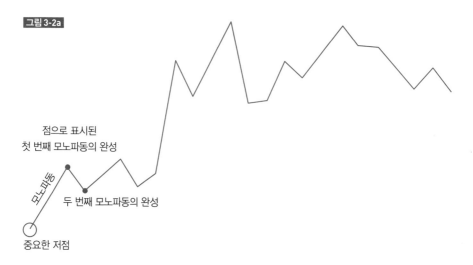

점으로 표시된
첫 번째 모노파동의 완성

모노파동

두 번째 모노파동의 완성

중요한 저점

이 예에서 시장의 움직임은 중요한 저점에서부터 진행된다. 물론 중요한 고점에서 하락으로 진행되는 경우에도 동일한 법칙이 적용된다.

작한다. 이때 약 60개의 현물 데이터 지점을 약 20cm 폭의 모눈종이에 표시한다. 이 정도 크기로 그리면 모노파동이 쉽게 구분된다. 첫 번째 차트를 구축한 후에 가장 먼저 나타난 중요한 고점 또는 저점을 찾는다(그림 3-1).

찾은 지점에서부터 첫 번째 차트에 비해 두 번째 차트를 2배 더 세밀하게 그린다(그림 3-2a는 그림 3-1에 표시된 중요한 저점에서 시작된다. 그림 3-2a의 단위 시간당 길이는 확대되었는데, 이는 모노파동의 움직임을 더 정밀하게 보기 위한 것이다). 말하자면 두 번째 차트에서는 첫 번째 차트와 같은 20cm 폭의 크기의 모눈종이를 사용해, 첫 번째 차트에서 나타난 시간의 절반, 그리고 첫 번째 차트에 표시한 데이터의 절반 정도인 30개 데이터 지점을 차트에서 나타낸다는 것이다.

모노파동의 확인

적절한 차트가 그려진 다음, 분석 과정의 다음 단계는 각각의 모노파동을 확인하는 것이다. 그림 3-2a를 예로 들자면, 가장 먼저 발생한 저점(즉 '중요한 저점')에서 시작한다. 가격의 움직임의 상승 과정에서 각각의 데이터 지점을 따라가다 보면, 이전 가격보다 아무리 작은 양이라도 조금 낮아지는 지점이 나타난다. 일단 가격이 움직이는 방향이 변하면 하나의 모노파동을 확인한 것이다. 첫 번째 모노파동의 끝에 점을 찍는다(그림 3-2a).

점으로 표시된 모노파동의 고점에서 아래로 따라 내려간다. 이 과정에서 이전 데이터보다 조금이라도 높은 값이 나타나면 두 번째 모노파동이 완성되었다는 의미다. 두 번째 모노파동의 저점에 점을 찍는다(그림 3-2a). 이런 모노파동 확인 과정을 마지막 모노파동에 점을 찍을 때까지 계속한다.

그림 3-2b는 모든 모노파동을 확인하고 점으로 표시한 것이다. 이때 마지막

그림 3-2b

중요한 저점

차트상에서 가격 움직임의 방향이 변하는 것은 점으로 확인되는데, 이 점들은 각각의 모노파동의 시작점과 끝점을 표시한다. 하지만 이러한 극단값은 어떠한 가격 움직임이 '중립성의 법칙'이 적용되면 모노파동의 시작과 완성 지점은 수정될 수 있다(중립성의 법칙은 후술한다). 일단 중립성의 법칙이 적절하게 고려되고 적용되었다면, 점으로 모노파동을 표시하는 작업은 종료된다.

모노파동의 끝에는 점을 찍지 않았는데, 가격 방향의 변화가 발생하지 않았기 때문이다.

비율의 법칙

차트를 그릴 특정한 가격과 시간 단위를 선택할 때, 여러분은 동시에 어떤 엘리어트 파동을 시각화하고 어떤 파동을 시각화하지 않을 것인지를 결정하는 것이다. 다시 말하자면 각각의 패턴은 자신의 고유한 가격과 시간 단위를 통해 전개된다. 특정한 엘리어트 파동 패턴을 추적하고 분석하기 위해서는 여러분의 차트 또한 적절한 비례로 그려져야 한다. 패턴이 전개됨에 따라 시장 움직임의 적절한 비율도 알 수 있다. 비율의 법칙(Rule of Proportion)은 중립성의 법칙(Rule of Neutrality)을 정확하게 적용하고 가격 패턴을 표준화해서 나타내기 위해 반드시 지켜야 한다.

분석을 하는 데 있어 시간 단위를 어느 하나로 정해서 사용하지 않는 이유는 시간의 유연성 때문이다. 아인슈타인의 상대성 이론에서 밝혀진 바와 같이 시간은 절대적인 것이 아니라 가변적인 것이다. 상대성 이론에서 시간은 관찰자의 속도에 따라 달라진다. 엘리어트 파동이론에서 시장 움직임과 관련해 이야기하자면, 시간은 대중의 심리에 달려 있다. 경제나 주식에 대한 대중들의 희망과 두려움이 시장에서 매매를 통해 나타나기 때문에, 심리적인 영향으로 시간은 늘어나기도 하고 줄어들기도 한다. 어떤 하나의 가격 단위가 범용적으로 사용될 수 없는 것도 엘리어트 파동이론에서의 가격 움직임이 역동적이고 부분이 전체를 닮는 자기 유사성(fractal; 일봉상의 패턴이 60분봉에도 나타나고, 60분봉상의 패턴이 5분봉에도 나타나는 주식시장의 현상)이 있기 때문이다. 가격 패턴은 작은 차원과 큰 차원에 걸쳐 동시에 진행된다.

이상적인 엘리어트 파동 차트의 비율을 논하기 전에, 일정한 시간을 통해 형성되는 2가지의 가격 움직임의 진행, 즉 방향성 파동과 비방향성 파동을 논할 필요가 있다. 가격 움직임은 방향성을 가진 것(Directionally)과 방향성을 갖지 않은 것(Non-Directionally)으로 나눌 수 있다(조정파동 및 충격파동과는 혼동되지 않도록 한다). 모든 엘리어트 패턴과 마찬가지로 만약 방향성 또는 비방향성 움직임이 저점에서 시작되었다면 그 움직임은 고점에서 끝나게 되며, 그 반대도 마찬가지다.

방향성 움직임은 일련의 모노파동이 결합되어 나타나며, 평균적으로 그리고 전체적으로 시장의 가치가 증가하거나 감소하게 한다(그림 3-3). 일반적인 규칙

그림 3-3 방향성 움직임

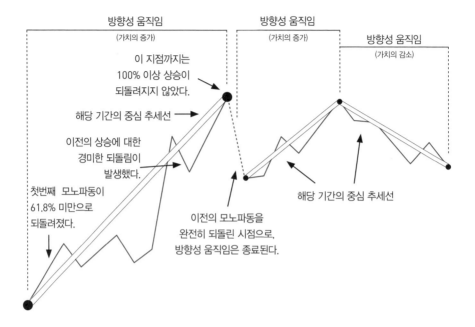

은 방향성 형성 기간의 첫 번째 모노파동은 61.8% 이상은 되돌려지지 않는다는 것이다. 방향성 움직임은 보통 중심 추세선(Central Oscillation line)의 진행 방향과 같은 방향의 모노파동이 100% 이상 되돌려지면 종료된다.

비방향성 움직임은 평균적으로, 그리고 전체적으로 시장의 가치가 정체되는 국면에서 일련의 모노파동이 이어지는 모습을 의미한다(그림 3-4). 비방향성으로 진행된 구간의 첫 번째 모노파동은 반드시 61.8% 이상으로 가격 되돌림이 발생한다. 비방향성의 가격 움직임은 일반적으로 가격 움직임이 전체 비방향성 움직임의 기간 동안 형성된 범위의 161.8% 이상 벗어나 움직임으로써 마감된다(그림 3-4).

이번 장과 이 책 전반에 걸쳐 설명되는 닐리의 엘리어트 파동 분석 방법을 이

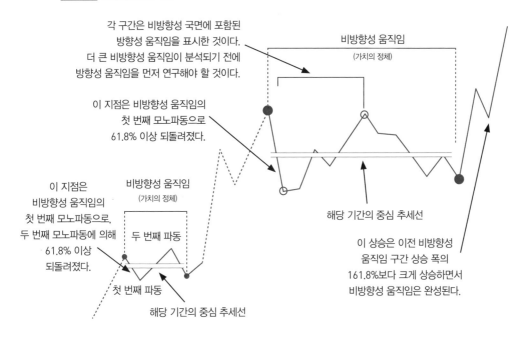

그림 3-4 비방향성 움직임

각 구간은 비방향성 국면에 포함된
방향성 움직임을 표시한 것이다.
더 큰 비방향성 움직임이 분석되기 전에
방향성 움직임을 먼저 연구해야 할 것이다.

비방향성 움직임
(가치의 정체)

이 지점은 비방향성 움직임의
첫 번째 모노파동으로
61.8% 이상 되돌려졌다.

이 지점은
비방향성 움직임의
첫 번째 모노파동으로,
두 번째 모노파동에 의해
61.8% 이상
되돌려졌다.

비방향성 움직임
(가치의 정체)

두 번째 파동

첫 번째 파동

해당 기간의 중심 추세선

해당 기간의 중심 추세선

이 상승은 이전 비방향성
움직임 구간 상승 폭의
161.8%보다 크게 상승하면서
비방향성 움직임은 완성된다.

용해 적절하게 시장을 연구하기 위해서는, 나타나고 있는 시장의 유형에 따라 상승 또는 하락의 각도를 형성하는 시간 대비 가격 움직임의 비율을 찾도록 노력해야 한다. 패턴을 형성하는 데 소요된 시간이나 가격에 상관없이, 이 각도의 크기는 중요한 분석의 근거로서 차트상에 표시되어야 한다.

엘리어트 파동 현상의 관점에서 필요한 이 특정 진행 각도는 무엇일까? 방향성을 갖는 가격 움직임을 차트에 그릴 때 정사각형의 왼쪽 하단에서 오른쪽 상단까지 또는 왼쪽 상단에서 오른쪽 하단 구석까지 가격 움직임이 이어지도록 구성한다. 시작에서 끝까지 45°의 각도를 갖는 대각선을 중심으로 주가가 오르내리도록 데이터를 구성한다(그림 3-5). 이것은 시장 자체를 통해 차트 구성 방식이 결정되어야 한다는 중요한 사실을 확실히 보여준다. 또 그로 인해 차트를

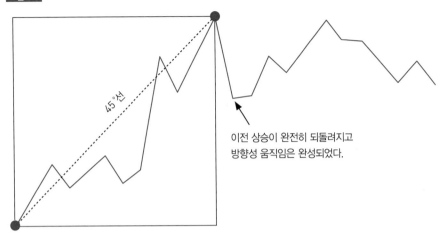

45°선

이전 상승이 완전히 되돌려지고
방향성 움직임은 완성되었다.

그리는 데 필요한 변수들을 주관적으로 찾아내려 할 필요가 없어진다.

이것은 시장의 기울기나 방향이 변화될 때마다 기존의 차트를 버리고 새로운 것을 만들어야 한다는 뜻은 아니다. 이전의 모든 차트를 계속 업데이트하되, 시장에서 이전의 진행 각도와 급격하게 달라지기 시작하는 시점에는 지금보다 짧은 기간의 차트를 새로 그려야 한다. 예를 들어 방향성 움직임에서 비방향성 움직임으로 변하거나 또는 그 반대의 변화를 들 수 있다. 장기 차트를 사용하면 이러한 중요한 변화를 쉽게 파악할 수 있게 될 것이다.

실시간 데이터를 다루는 과정에서 상승 또는 하락의 각도가 정확히 45°일 필요는 없고, 이상적인 수준에서 일정한 정도의 오차는 허용될 수 있다는 것은 알아둬야 한다. 그림 3-6은 가격 움직임의 비율을 조정하는 데 허용 가능한 가격 및 시간의 오차 범위를 나타낸다. 차트에서 볼 수 있듯이 사각형의 가로 또는 세로 한 변의 길이에서 25% 이내의 오차를 갖도록 하는 것을 목표로 해야 한다. 하락 방향으로 기울어진 방향성 움직임에 관한 사례는 그림 3-7에서 찾을

그림 3-6

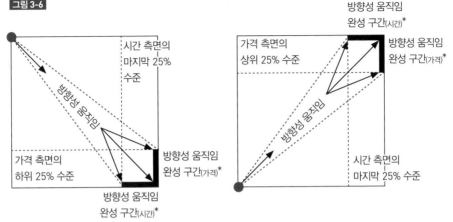

방향성 움직임
완성 구간(시간)*

방향성 움직임
완성 구간(가격)*

가격 측면의
상위 25% 수준

시간 측면의
마지막 25%
수준

방향성 움직임
완성 구간(가격)*

가격 측면의
하위 25% 수준

시간 측면의
마지막 25% 수준

방향성 움직임
완성 구간(시간)*

* 시장 움직임은 반드시 사각형의 둘레 부분까지 도달해야 한다.

수 있다. 종료 지점이 이상적인 수준보다 조금 오른쪽에 있어 약간 지연되었지만 그것은 허용 가능한 범위 내에 잘 위치해 있다. 그림 3-8은 방향성을 형성하는 기간이 이상적인 수준보다 왼쪽에서 끝나 조금 일찍 종료된 사례다.

그림 3-9는 비율의 법칙이 잘못 적용된 사례를 보여주고 있다. 시장이 정사각형의 오른쪽 위로 상승하는 과정에서 대각선을 중심으로 등락하기는 했지만, 방향성을 형성하는 움직임이 너무 빨리 종료되었다(그림 3-9에서 방향성 형성 움직임은 별표로 표시된 시점에 끝났다). 그림 3-9의 오류를 바로잡으면 그림 3-5와 같은 모양으로 다시 그릴 수 있다(100쪽).

비방향성인 가격 움직임을 분석할 때는 상승 구간과 하락 구간을 반복하면서 형성하는 가격대가 정사각형의 약 50% 정도 되어야 한다(그림 3-10). 그림 3-10(정사각형 A)에서와 같이 비방향성 움직임은 정사각형 세로 길이의 50% 수준의 되돌림 비율을 갖도록 구성했을 때 정사각형이 끝나는 시점에 횡보 기간은 종료된다. 비방향성 움직임이 보다 많은 시간이 걸리고 보다 많은 모노파동

그림 3-7 지연된 완성(수용 가능한 수준의 오차)

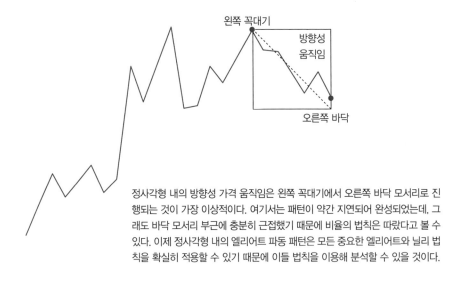

정사각형 내의 방향성 가격 움직임은 왼쪽 꼭대기에서 오른쪽 바닥 모서리로 진행되는 것이 가장 이상적이다. 여기서는 패턴이 약간 지연되어 완성되었는데, 그래도 바닥 모서리 부근에 충분히 근접했기 때문에 비율의 법칙은 따랐다고 볼 수 있다. 이제 정사각형 내의 엘리어트 파동 패턴은 모든 중요한 엘리어트와 닐리 법칙을 확실히 적용할 수 있기 때문에 이들 법칙을 이용해 분석할 수 있을 것이다.

그림 3-8 이른 완성(수용 가능한 수준의 오차)

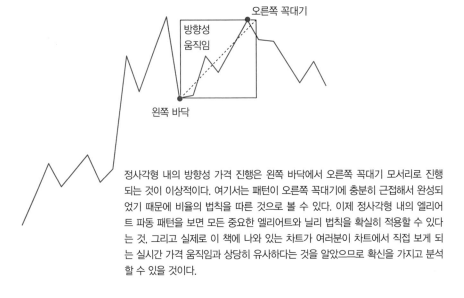

정사각형 내의 방향성 가격 진행은 왼쪽 바닥에서 오른쪽 꼭대기 모서리로 진행되는 것이 이상적이다. 여기서는 패턴이 오른쪽 꼭대기에 충분히 근접해서 완성되었기 때문에 비율의 법칙을 따른 것으로 볼 수 있다. 이제 정사각형 내의 엘리어트 파동 패턴을 보면 모든 중요한 엘리어트와 닐리 법칙을 확실히 적용할 수 있다는 것, 그리고 실제로 이 책에 나와 있는 차트가 여러분이 차트에서 직접 보게 되는 실시간 가격 움직임과 상당히 유사하다는 것을 알았으므로 확신을 가지고 분석할 수 있을 것이다.

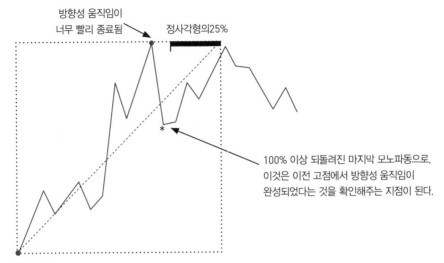

그림 3-9 적절하지 못한 완성(수용할 수 없는 오차)

방향성 움직임이
너무 빨리 종료됨

정사각형의25%

*

100% 이상 되돌려진 마지막 모노파동으로,
이것은 이전 고점에서 방향성 움직임이
완성되었다는 것을 확인해주는 지점이 된다.

이 정사각형 내의 방향성 가격 움직임은 오른쪽 꼭대기 모서리 부근에서 완성되지 않았다. 만약 이 가격 움직임을 분석하고자 한다면 별도의 종이에 시간 단위를 더 확장해 다시 그려야 한다.

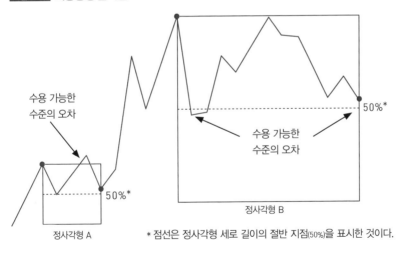

그림 3-10 비방향성 움직임

수용 가능한
수준의 오차

50%*

수용 가능한
수준의 오차

50%*

정사각형 A

정사각형 B

* 점선은 정사각형 세로 길이의 절반 지점(50%)을 표시한 것이다.

정사각형 A와 B는 비방향성 가격 움직임을 다룰 때 지켜져야 하는 시간과 가격 비율의 예시다.

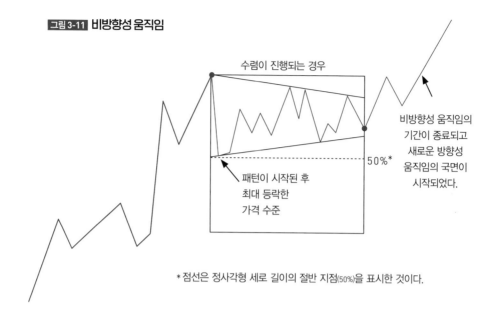

그림 3-11 비방향성 움직임

수렴이 진행되는 경우

비방향성 움직임의
기간이 종료되고
새로운 방향성
움직임의 국면이
시작되었다.

50%*

패턴이 시작된 후
최대 등락한
가격 수준

*점선은 정사각형 세로 길이의 절반 지점(50%)을 표시한 것이다.

을 포함하더라도 결과는 동일하다(그림 3-10의 정사각형 B). 때로는 시간이 경과하면서 패턴들이 축소되는 양상을 나타내어 정사각형 횡보와 같은 결과를 얻는 것이 불가능할 수도 있다. 이런 상황에서는 패턴의 시작점에서 가격의 최대 등락 폭이 50%까지 떨어졌는지 확인하면 된다(그림 3-11을 보라).

요약하겠다. 새로운 차트를 구축하고자 할 때 비율의 법칙을 사용하면 형성되는 패턴에서 요구하는 바에 맞도록 시간과 가격의 단위를 설계할 수 있다. 이런 과정을 통해 당신의 차트를 이 책에 나오는 것과 같은 형태로 만들 수 있고, 이를 통해 시장의 움직임을 이 책의 내용과 직접 비교하면서 정확하게 분석할 수 있다. 또한 이러한 과정을 통해 중립성의 법칙이 적용될 수 있도록 차트의 데이터를 구축할 수 있을 것이다.

중립성의 법칙

    차트상에서 모든 가격 변화를 표시한다면 대부분의 모노파동은 가격/시간 축에서 대각선으로 움직인다는 사실을 발견할 것이다. 그런데 가끔은 수직보다는 수평에 가깝게 진행되는 가격 움직임이 포함된 모노파동도 있음을 발견할 수 있다. 이런 유형의 움직임들은 중립성의 법칙이 적용되는 대상이다. 중립성의 법칙을 이용하면 이처럼 경계를 정하는 데 문제가 되는 모노파동들과 점들을 어떻게 다룰 것인지 알 수 있을 것이다.

    96쪽의 그림 3-2b를 다시 살펴보면 다소 의문이 발생하는 몇몇 횡보 구간이 있다. 이런 부분은 그림 3-12에서 빈 원으로 표시되어 있다. 나중에 이 부분을 다시 분석할 것이다. 이보다 먼저 중립성의 법칙에 관한 자세한 논의와 함께 이를 어떻게 실시간 차트에 적용할지 다룰 필요가 있다.

    수평적 가격 움직임은 반대 방향(역방향)으로 움직이는 파동(그림 3-13a)과 같은 방향으로 움직이는 두 파동(그림 3-13b)으로 나눌 수 있다. 이러한 두 종류의

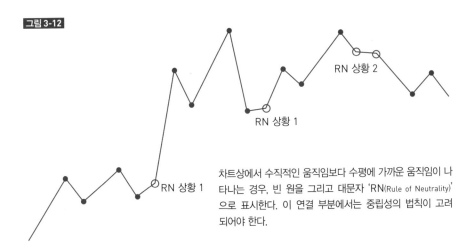

그림 3-12

RN 상황 2

RN 상황 1

RN 상황 1

차트상에서 수직적인 움직임보다 수평에 가까운 움직임이 나타나는 경우, 빈 원을 그리고 대문자 'RN(Rule of Neutrality)'으로 표시한다. 이 연결 부분에서는 중립성의 법칙이 고려되어야 한다.

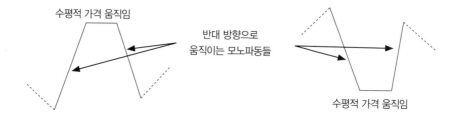

그림 3-13a

수평적 가격 움직임

반대 방향으로
움직이는 모노파동들

수평적 가격 움직임

그림 3-13b

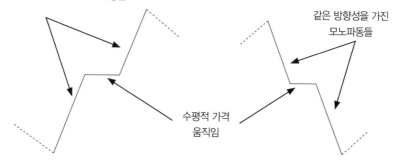

같은 방향성을 가진 모노파동들

같은 방향성을 가진
모노파동들

수평적 가격
움직임

움직임을 구분하고, 중립성의 법칙을 유용하고 적용 가능하게 하기 위해서는 '수평적(horizontal)'이라는 개념이 반드시 정의되어야 한다. 완전히 수평적인 가격 움직임은 같은 가격이 2번 연속 발생하는 경우다.

완전히 수평적인 가격 움직임만이 중립성의 법칙이 적용되는 대상은 아니다. '수평적'이라는 용어는 위든 아래든 완전한 수평에서 일정한 범위 이상 각도가 벗어나지 않는 것을 포함한다. 이러한 각도의 일정 범위를 알아보자.

만약 수직보다는 수평에 가까운 가격 움직임을 발견했을 경우 다음과 같은 기법을 적용한다. 의심되는 가격 움직임의 시작점에서 차트에 수평선(0°)과 수직선(90°)을 그린다. 다음으로는 만약 모노파동이 아래쪽으로 움직인다면 해당 시작점에서 4분면의 오른쪽 하단을 통과하는 선을 긋고(그림 3-14a와 그림 3-14b의 왼쪽 참조), 위쪽으로 움직인다면 4분면의 오른쪽 위를 통과하는 선을 긋는다(그림 3-14a와 그림 3-14b의 오른쪽 참조). 이 선은 시간 축(0°)에서 45°의 각을 형성하고, 이는 해당 4분면을 정확히 둘로 나누는 결과를 가져온다.

만약 45°선(그림 3-14a와 그림 3-14b의 왼쪽 상단) 이상의 각도로 가격이 하락하는 경우, 45°선(그림 3-14a와 그림 3-14b의 오른쪽 상단) 이상의 각도로 가격이 상승하는 경우에는 중립성의 법칙을 고려할 필요가 없다. 만약 시장이 하락하고 있는데 그 각도가 45° 이하이거나(그림 3-14a와 그림 3-14b의 왼쪽 하단), 상승하고 있는데 그 각도가 45° 이하라면(그림 3-14a와 그림 3-14b의 오른쪽 하단) 중립성의 법칙을 반드시 고려해야 한다. 가격이 가로축에 가깝게 움직일수록 중립성의 법칙이 영향을 미칠 가능성은 더 크다.

만약 가격 움직임을 볼 때 중립성의 법칙을 고려해야 하는 상황이라면, 수평 이전과 이후의 움직임을 관찰함으로써 현재 상황에서 법칙의 어떤 부분을 적용할지 판단한다. 만약 수평적 가격 움직임이 역방향으로 진행되는 모노파동 사이에 위치한다면, 중립성의 법칙에서 상황 1(그림 3-15a)이 적용된다. 만약 수평적 움직임이 같은 방향으로 진행되는 2개의 모노파동 사이에 위치한다면 상황 2(그림 3-16)가 적용된다.

참고로 어떤 상황에 중립성의 법칙 중 어떤 부분이 적용되는가를 판단하는 가장 쉬운 방법은 수평적 가격 움직임을 나타내는 빈 원의 수를 세는 것이다. 만약 차트에서 하나의 빈 원만 존재한다면 상황 1이 적용되고, 2개의 빈 원들이 그려진다면 상황 2가 효과적이다(이 개념에 대해서는 그림 3-12를 다시 공부한다).

상황 1을 적용하면 모노파동은 고점보다 낮거나 저점보다 높은 곳에서 종료된다(그림 3-15a). 상황 2는 상황 1을 적용한 후에 고려하게 되는데, 상승 또는

그림 3-14a 반대 방향으로 움직이는 모노파동들

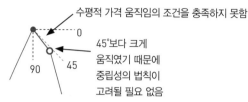

수평적 가격 움직임의 조건을 충족하지 못함

45°보다 크게 움직였기 때문에 중립성의 법칙이 고려될 필요 없음

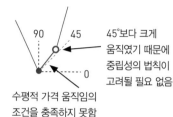

45°보다 크게 움직였기 때문에 중립성의 법칙이 고려될 필요 없음

수평적 가격 움직임의 조건을 충족하지 못함

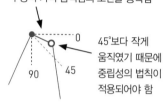

수평적 가격 움직임의 조건을 충족함

45°보다 작게 움직였기 때문에 중립성의 법칙이 적용되어야 함

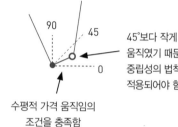

45°보다 작게 움직였기 때문에 중립성의 법칙이 적용되어야 함

수평적 가격 움직임의 조건을 충족함

그림 3-14b 같은 방향으로 움직이는 모노파동들

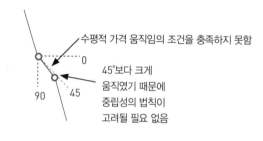

수평적 가격 움직임의 조건을 충족하지 못함

45°보다 크게 움직였기 때문에 중립성의 법칙이 고려될 필요 없음

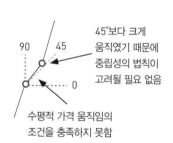

45°보다 크게 움직였기 때문에 중립성의 법칙이 고려될 필요 없음

수평적 가격 움직임의 조건을 충족하지 못함

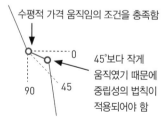

수평적 가격 움직임의 조건을 충족함

45°보다 작게 움직였기 때문에 중립성의 법칙이 적용되어야 함

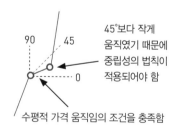

45°보다 작게 움직였기 때문에 중립성의 법칙이 적용되어야 함

수평적 가격 움직임의 조건을 충족함

그림 3-15a 상황 1

이전 모노파동은
고점보다 낮은
이 지점에서 완성됨

이전의 모노파동은
저점보다 높은
이 지점에서 완성됨

그림 3-16 상황 2

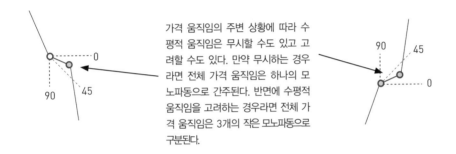

가격 움직임의 주변 상황에 따라 수평적 움직임은 무시할 수도 있고 고려할 수도 있다. 만약 무시하는 경우라면 전체 가격 움직임은 하나의 모노파동으로 간주된다. 반면에 수평적 움직임을 고려하는 경우라면 전체 가격 움직임은 3개의 작은 모노파동으로 구분된다.

하락 방향으로 진행되는 하나의 모노파동을 (적정한 조건이 충족되었을 경우) 3개의 작은 부분으로 나눌 수 있다(그림 3-16). 주의할 점은 상황 1은 점을 이동하고자 하는 모노파동의 되돌림 비율이 61.8% 이하이고, 이전 모노파동의 종료 지점 가격이 돌파될 경우에는 적용하면 안 된다는 것이다(그림 3-15b).

간단히 말하면 상황 1은 "서로 반대 방향으로 진행되는 2개의 모노파동 사이에 있는 수평적(또는 수평에 가까운) 가격 움직임을 대상으로 하며, 첫 번째 모노파동의 종료 지점을 수평적 가격 움직임의 종료 지점까지 한참 오른쪽으로 이동하게 한다."라는 것이다. 상황 2는 "수평적(또는 수평에 가까운) 가격 움직임이 같은 방향으로 진행되는 2개의 모노파동 사이에 발생할 때 적용할 수 있고, 수평적 가격 움직임을 무시하고 하나의 큰 모노파동만 남겨 다루거나, 하나의 모노

그림 3-15b **상황 1이 적용되지 않는 경우**

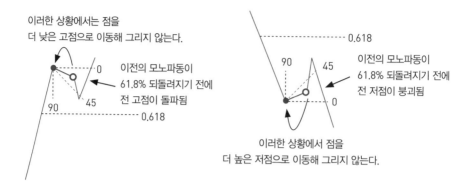

파동을 3개의 작은 모노파동으로 나눌 수도 있다."라는 것이다.

상황 2에서 수평적 가격 움직임은 실제로 양옆에 위치한 파동들과 역방향으로 움직이는 경우에는 적용되지 않는다. 수평적 가격 움직임은 양옆에 위치한 2개의 파동과 같은 방향으로 진행되어야 한다. 예를 들어 시장이 상승 방향으로 진행되다가 잠시 주춤하지만 이전 상승 파동의 고점을 이탈하지 않고 그 이후 다시 시장이 상승할 경우에, 중립성 법칙의 상황 2가 적용될 수 있다. 상승 과정에서 어떤 경우라도 하나의 데이터 포인트가 이전 저점보다 낮아진다면 상황 2의 법칙은 적용될 수 없다.

주의할 점은 언제든 한 단위 시간을 초과하는 수평적인(또는 수평에 가까운) 가격 움직임이 같은 방향으로 진행되는 2개의 파동 사이에 나타날 경우 상황 2를 반드시 적용해 수평 구간을 삼등분해야 한다는 것이다.

중립성의 법칙을 적용하는 데 종종 예외 상황도 발생한다. 시장이 수평적 가격 움직임을 단 하나의 시간 단위에서만 나타냈을 때, 중립성 법칙의 상황 2는 종종 과거와 미래의 시장 움직임이 현재의 움직임과 어떤 관계에 놓일 것인지

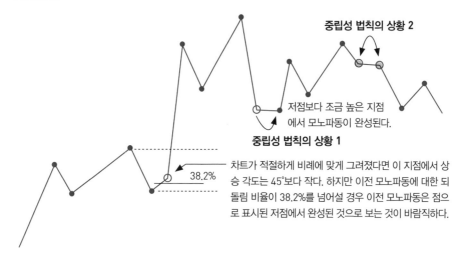

그림 3-17

중립성 법칙의 상황 2

중립성 법칙의 상황 1

저점보다 조금 높은 지점
에서 모노파동이 완성된다.

38.2%

차트가 적절하게 비례에 맞게 그려졌다면 이 지점에서 상
승 각도는 45°보다 작다. 하지만 이전 모노파동에 대한 되
돌림 비율이 38.2%를 넘어설 경우 이전 모노파동은 점으
로 표시된 저점에서 완성된 것으로 보는 것이 바람직하다.

- **중립성 법칙의 상황 1**: 서로 역방향으로 진행되는 두 파동 사이에서 가격이 거의 수평으로 움직이는 경우 첫 번째 파동은 좀 더 오른쪽으로 진행되어 완성된 것으로 본다. 이때 모노파동이 최저점보다 조금 높은 지점에서 완성되거나, 최고점보다 조금 낮은 지점에서 완성된다고 하더라도 이 법칙은 적용되어야 한다.
- **중립성 법칙의 상황 2**: 여기에서 나타나는 거의 수평에 가까운 움직임을 무시하고 2개의 검은 점을 연결해 하나의 긴 모노파동으로 간주할 수 있다. 그렇지 않으면 2개의 회색 점을 기준으로 하락하는 파동을 세 부분으로 나눌 수도 있다. 전후의 가격 움직임에 따라 가장 적절하다고 생각되는 방법을 선택하면 된다.

에 따라 다르게 적용된다.

예를 들어 복잡성의 변화가 증가하거나, 패턴 사이의 복잡성 수준이 높아지거나, 또는 상황 2를 적용함으로써 '숨겨진' 파동이 아예 제거된다면 중립성 법칙의 상황 2는 반드시 적용되어야 한다. 만약 이 법칙을 사용함으로써 표준적인 패턴 형성 과정에서 이와 같거나 다른 문제를 유발한다면 법칙을 무시해야 한다. 만약 모노파동의 종료 지점이 이전에 형성된 모노파동의 38.2%를 초과해 되돌려진 지점에서 형성된다면 상황 1을 적용시키면 안 된다(그림 3-17 설명 참조).

이 책을 다 읽고 중립성 법칙의 상황 1과 상황 2를 적용하면 안 되는 경우에 대해 위 단락에서 논의된 복잡한 개념들을 이해하게 되기 전까지, 최선의 접근 방법은 극단적으로 단순하게 중립성의 법칙을 적용하는 것이다. 만약 당신의 차트가 비율의 법칙(96쪽)에 맞게 적절한 비율로 그려졌고, 가격 움직임의 진행이 가로축으로부터 상하 각도가 45° 미만이면서, 동시에 현재 상황에서 중립성의 법칙이 적용될 수 있을 때, 중립성의 법칙을 사용한다. 45°를 넘는 기울기를 형성하면서 수평적인 진행이 이루어진다면 중립성의 법칙을 무시한다.

앞서 소개한 그림 3-12에서는 중립성의 법칙을 고려할 필요가 있는 몇 개의 '수평' 구간이 존재한다. 여기에서 소개한 개념들을 해당 기간에 적용하면 수평적 움직임의 성격이 규명되고, 이를 그림 3-17과 같이 정리할 수 있을 것이다.

모노파동에 번호 매기기

모노파동에 번호를 매겨두면 필자의 온라인 수업이나 필자가 간행하는 발간물인 〈웨이브와치(WaveWatch)〉 등에서 필자가 하듯이 전화나 이메일 등을 통해 다른 사람들과 파동 분석을 논의하는 데 매우 유용하다. 여러분이 다른 사람들과 파동 해석을 논의할 계획이 없다면 모노파동에 번호를 매길 필요는 없다.

번호를 매길 때는 검증된 진행기호가 없는 모든 모노파동들의 번호를 발생한 순서대로 부여할 것이다. 각각의 모노파동에 번호를 적절히 부여하기 위해서는 차트의 가장 왼쪽에서부터 숫자를 매겨야 한다(그림 3-18). 그림 3-18의 13번 모노파동과 같은 중립적인 구간도 상황 2의 적용 여부를 결정하기 전에 번호를 매긴다는 점에 주목할 필요가 있다.

그림 3-18

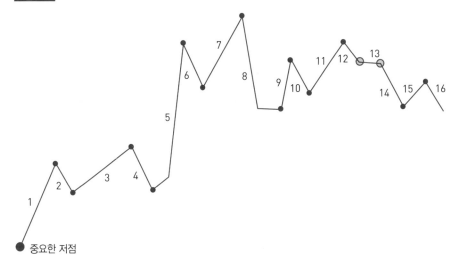

중요한 저점

관측의 법칙(모노파동의 상대적 위치 결정)

아무리 크든 작든 모든 파동의 움직임은 2개의 범주, 즉 충격파동(:5)과 조정파동(:3)으로 분류할 수 있다. 충격파동이란 추세의 방향대로 움직이는 것을 의미하고, 조정파동은 추세에 역행하는 방향으로 움직이는 것을 말한다. 나중에 설명하게 될 여러 가지 이유로 충격파동은 ":5"로, 조정파동은 ":3"으로 줄여서 표시한다. 이러한 수치화된 표현 혹은 기호를 구조기호(Structure Labels)라고 하는데, 이러한 구조기호는 실시간 차트 분석을 시작할 때 매우 유용하다(구조기호에 대한 일반적인 개념은 72쪽에 설명되어 있다).

몇몇의 새로운 분석적인 개념, 기법, 법칙들은 실제 차트상에서 정확히 구조기호를 붙일 수 있도록 필자가 개발한 것이다. 여러분이 엘리어트 파동이론에 내재된 복잡성을 완전히 이해하지 못했더라도 할 수 있다. 필자가 개발한 기법들을 바로 전에 확인된 각각의 모노파동(그림 3-18)에 적용해볼 것이다. 만약 여러분이 실제 자신의 차트를 가지고 있다면 제시되는 순서에 따라 동일한 기법을 적용시키도록 한다.

모노파동 자체로는 특별한 의미가 없으므로, 그 구조(:3 또는 :5)는 간접적으로 파악되어야 한다. 그것은 모노파동이 발생한 전후의 시장 움직임을 관찰함으로써 파악할 수 있다. 구조기호를 실제 가격 움직임에 부여하기 전에, 현재 분석 대상이 되는 모노파동을 이전과 이후 움직임에 연결하는 방법을 확실히 배워야 한다. 이 개념들을 제시하기 위해서는 필자가 '상대적인 관점(relative perspective)'이라고 부르는 도표가 필요하다.

그림 3-19

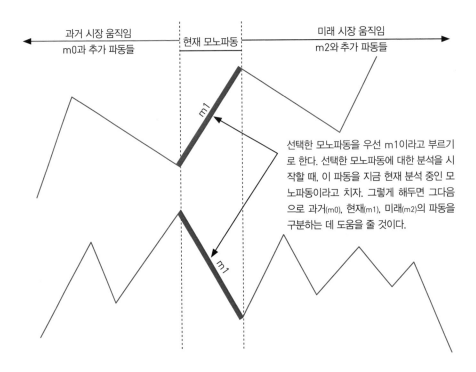

과거 시장 움직임
m0과 추가 파동들

현재 모노파동

미래 시장 움직임
m2와 추가 파동들

m1

m1

선택한 모노파동을 우선 m1이라고 부르기로 한다. 선택한 모노파동에 대한 분석을 시작할 때, 이 파동을 지금 현재 분석 중인 모노파동이라고 치자. 그렇게 해두면 그다음으로 과거(m0), 현재(m1), 미래(m2)의 파동을 구분하는 데 도움을 줄 것이다.

어떤 상황에서든 간접적인 모노파동의 분석은 현재의 모노파동과 주변의 모노파동의 관계에 따라 결정된다. 차트를 연구할 때는 항상 현재 분석 대상이 되는 모노파동을 1번 모노파동(m1)으로 한다(그림 3-19).

m1 직후에 나타나는 모노파동은 m2와 추가적인 모노파동으로 이루어진다. m1 직전에 나타나는 파동은 m0과 추가적인 모노파동들로 나타난다. 그림 3-19는 차트상에서 특정한 파동을 선택하고 해당 파동에 m1이라는 상대적인 기호를 붙이는 방법을 나타낸다.

그림 3-20a는 m2가 모노파동일 때 m2가 끝나는 시점을 확인하는 데 필요한 조건을 나타낸다. 또한 그림 3-20a는 m2가 완성되기 전에 m1의 고점이나 저점을 돌파하는 것이 중요함을 보여준다. 그림 3-20b는 비슷한 방법으로 m0의 종료를 확인하기 위한 과정을 보여준다. 이러한 기법들은 다음에 나오는 '되돌림 법칙'(123쪽)에서 m1부터 m2, m0부터 m1, m0부터 m2 등의 비율 관계를 계산하는 데 사용될 것이다.

그림 3-20a와 3-20b에서 m0과 m2는 모노파동이다. 반드시 모노파동(또는 집약된 엘리어트 파동 패턴)이어야 하는 m1과는 달리, m0과 m2는 집약되었든 그렇지 않든 간에 하나 이상의 어떤 홀수의 모노파동들로 구성될 수 있다. m0과 m2의 구성은 m1의 고점과 저점의 범위 안에서 발생한 시장 움직임의 양에 달려 있다. 이 사례에서 상승 방향으로 기울어진 m1의 경우, 그림 3-21a의 오른쪽 부분은 m2가 하나 이상의 모노파동으로 이루어졌을 때 m1 이후의 시장 움직임이 어떤 모양인지 나타내고 있다. 같은 그림의 왼쪽 부분은 m0이 하나 이상의 모노파동으로 이루어졌을 때 m1 이전의 시장 움직임이 어떤 모양인지 보여주는 것이다.

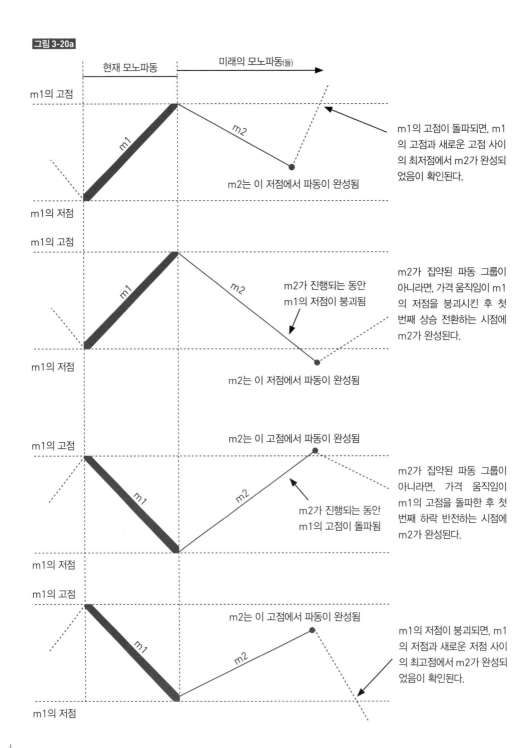

그림 3-20a

현재 모노파동 | 미래의 모노파동(들)

m1의 고점

m1

m2

m2는 이 저점에서 파동이 완성됨

m1의 저점

m1의 고점이 돌파되면, m1의 고점과 새로운 고점 사이의 최저점에서 m2가 완성되었음이 확인된다.

m1의 고점

m1

m2

m2가 진행되는 동안 m1의 저점이 붕괴됨

m2는 이 저점에서 파동이 완성됨

m1의 저점

m2가 집약된 파동 그룹이 아니라면, 가격 움직임이 m1의 저점을 붕괴시킨 후 첫 번째 상승 전환하는 시점에 m2가 완성된다.

m1의 고점

m2는 이 고점에서 파동이 완성됨

m1

m2

m2가 진행되는 동안 m1의 고점이 돌파됨

m1의 저점

m2가 집약된 파동 그룹이 아니라면, 가격 움직임이 m1의 고점을 돌파한 후 첫 번째 하락 반전하는 시점에 m2가 완성된다.

m1의 고점

m2는 이 고점에서 파동이 완성됨

m1

m2

m1의 저점

m1의 저점이 붕괴되면, m1의 저점과 새로운 저점 사이의 최고점에서 m2가 완성되었음이 확인된다.

그림 3-20b

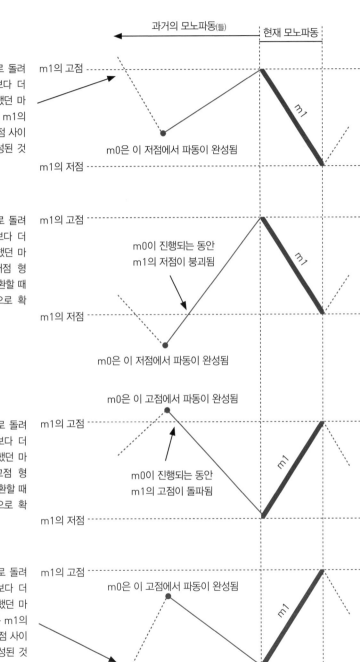

과거의 모노파동(들) ← 현재 모노파동

가격 움직임을 뒤로 돌려 보면 m1의 고점보다 더 높은 가격을 형성했던 마지막 시점에 m0은 m1의 고점과 그 이전 고점 사이의 최저점에서 완성된 것으로 확인된다.

m1의 고점

m0은 이 저점에서 파동이 완성됨

m1의 저점

m1

가격 움직임을 뒤로 돌려 보면 m1의 저점보다 더 낮은 가격을 형성했던 마지막 시점에, 전저점 형성 직전에 상승 전환할 때 m0이 완성된 것으로 확인된다.

m1의 고점

m0이 진행되는 동안 m1의 저점이 붕괴됨

m1의 저점

m0은 이 저점에서 파동이 완성됨

m1

m0은 이 고점에서 파동이 완성됨

가격 움직임을 뒤로 돌려 보면 m1의 고점보다 더 높은 가격을 형성했던 마지막 시점에, 전고점 형성 직전에 하락 전환할 때 m0이 완성된 것으로 확인된다.

m1의 고점

m0이 진행되는 동안 m1의 고점이 돌파됨

m1의 저점

m1

가격 움직임을 뒤로 돌려 보면 m1의 저점보다 더 낮은 가격을 형성했던 마지막 시점에 m0은 m1의 저점과 그 이전 저점 사이의 최고점에서 완성된 것으로 확인된다.

m1의 고점

m0은 이 고점에서 파동이 완성됨

m1의 저점

m1

그림 3-21a

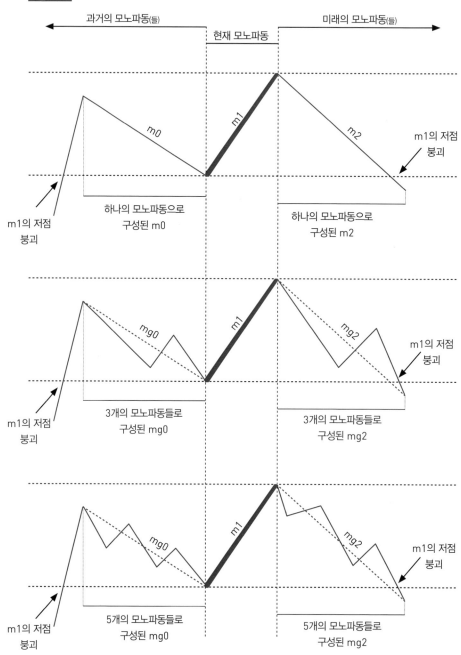

그림 3-21b

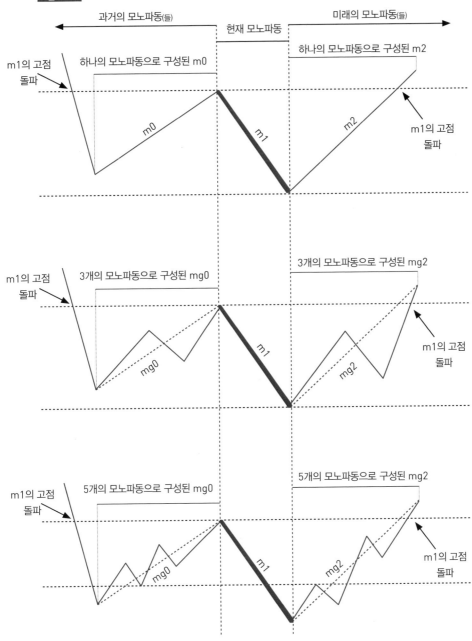

과거의 모노파동(들)

현재 모노파동

미래의 모노파동(들)

m1의 고점
돌파

하나의 모노파동으로 구성된 m0

하나의 모노파동으로 구성된 m2

m0

m1

m2

m1의 고점
돌파

m1의 고점
돌파

3개의 모노파동으로 구성된 mg0

3개의 모노파동으로 구성된 mg2

mg0

m1

mg2

m1의 고점
돌파

m1의 고점
돌파

5개의 모노파동으로 구성된 mg0

5개의 모노파동으로 구성된 mg2

mg0

m1

mg2

m1의 고점
돌파

만약 m1의 고점이나 저점을 넘어서기 전에 하나 이상의 모노파동이 발생한다면, m0과 m2를 '모노파동 그룹(monowave groups: mg)'으로 규정하고 각각 mg0, mg2로 명명할 수도 있다(그림 3-21a와 b). m1이 모노파동일 때 mg0와 mg2는 일반적으로 5개 이하의 모노파동으로 이루어지지만 예외도 발생할 수 있다. 두 경우 모두를 이해할 수 있도록, 그림 3-21a에서는 m1을 상승하는 모노파동으로, 그림 3-21b에서는 하락하는 모노파동으로 나타내고 있다.

다음에 설명할 되돌림 법칙을 적용해 모노파동의 내부 구조를 결정하려 할 때는 m0과 m2 이외의 모노파동에 대한 연구가 반드시 필요한 경우가 있다. 그림 3-22a는 m0 이전과 m2 이후에 발생하는 모노파동에 대해 관측의 법칙(Rule of Observation)을 적용하는 것을 나타낸다. 이 그림을 자세히 살펴보면 현재의 모노파동 이전과 이후에 나타나는 모노파동의 고점 또는 저점에 기반해 각 모노파동의 시작점과 끝점을 결정하는 방법을 알 수 있을 것이다.

가끔은 m1(또는 어느 모노파동이든)의 고점이나 저점을 돌파하는 데 하나 이상의 모노파동 진행이 필요할 때도 있다. 그림 3-22b는 m(-2), m(-1), m0, m2, m3, m4가 하나 또는 그 이상의 모노파동으로 구성되는 경우를 보여준다. m1의 오른쪽에 있는 모든 모노파동이 완성되려면 이전 모든 모노파동의 고점이나 저점이 돌파되어야 한다는 것을 기억해야 한다. 모든 모노파동이 종료되어 m1의 왼쪽에 도달하는 지점을 찾기 위해서는 시간을 거꾸로 돌려 이전의 모노파동들이 이후의 고점 또는 저점을 언제 돌파했는지 살펴봐야 한다.

이 장에서 더 깊숙이 들어가기 전에 m(-2)에서 m4까지의 양 끝점을 파악하는 데 필요한 절차들을 이해하는 것은 매우 중요하다. 만약 이런 절차들이 익숙하게 느껴지지 않는다면 능숙하게 할 수 있을 때까지 다시 관측의 법칙을 공부해야 한다. 이 과정이 정확하게 이해되지 않으면 더 이상의 작업은 불가능하다.

그림 3-22a

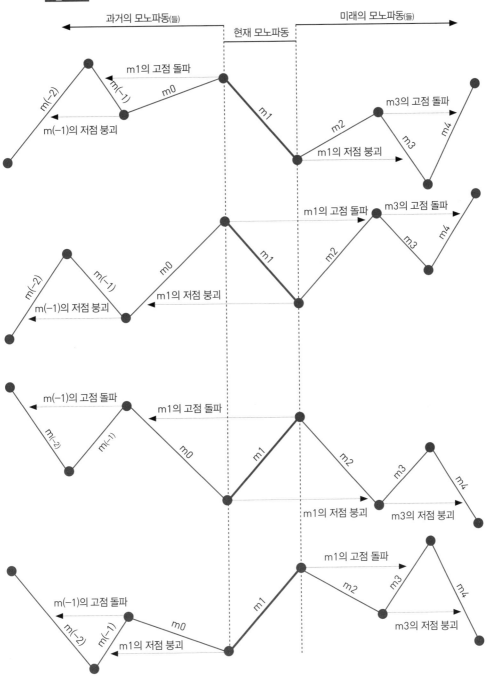

그림 3-22b

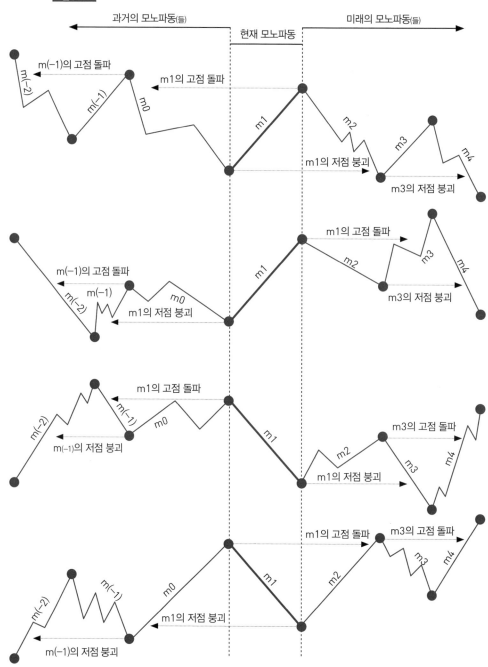

여러분이 실제 시장 움직임에 관측의 법칙을 능숙하게 적용할 수 있게 되면, 그다음 단계는 되돌림 법칙(Retracement Rule)이 적용된다. 되돌림 법칙을 적용하려면 m2에서 m1까지, 그리고 m0에서 m1까지의 관계를 비율에 따라 계산하고, 계산된 비율이 사전에 계산된 상대적 범주 중 어디에 해당하는가를 결정해야 한다.

m2 대 m1의 비율을 통해 어떤 법칙이 m1에 적용되는지 알 수 있다. 그리고 나서 m0 대 m1의 비율을 통해 각각의 법칙(Rule)이 적용되는 조건(Condition)을 알파벳순으로 찾을 수 있다. m1이 상승하든 하락하든 되돌림 법칙은 똑같이 적용된다는 것을 명심해야 한다.

되돌림 법칙*
(Retracement Rule)

Mastering Elliott Wave

차트상에서 모노파동의 종료 지점을 파악해 표시하는 것이 끝났다면, 주변 모노파동의 움직임을 정확하게 기술하는 특정한 되돌림 법칙을 찾을 준비가 끝

---

* 주의할 점: 이 장은 한 번에 쭉 읽어나가도록 쓴 것이 아니다. 이 부분을 처음 읽는다면, 전반적인 아이디어를 얻을 수 있도록 훑어보되, 세부적인 사항까지 이해하는 데 시간을 너무 쏟지 않는 것이 좋다. 여러분 자신의 차트를 손에 들고 분석할 준비가 되었을 때 이 장을 다시 읽도록 한다.

난 것이다.*

이 과정을 시작할 때는 당신이 분석하고자 하는 차트상에서 가장 먼저 발생한 모노파동을 선택하라. 그 모노파동은 앞에서 기술한 바와 같이 마음속으로 m1이라고 지정한다. 앞서 논의한 관측의 법칙을 적용해 m2에 따라 m1이 되돌려지는 비율을, 각 끝점을 보고 퍼센트(%)로 측정한다.

이는 61.8% 비율에 맞춰진 비례컴퍼스를 이용하면 더 정확하고 빠르게 측정할 수 있다. 비례컴퍼스는 대부분의 공학기기 판매점에서 구할 수 있고, 이 절에서 목표하는 바를 습득하는 데 크게 도움이 될 것이다. 만약 전자계산기를 이용해 이 과정을 조금 더 정확히 수행하고자 한다면 m2의 위치에서 수직 거리를 측정한 후 m1의 수직 거리로 나눈다. 그리고 그 값에 100을 곱하면 m1 대비 m2의 비율을 퍼센트로 구한 값이 된다.

다음 '법칙 판정표'를 보고 목록에서 방금 측정한 비율값이 해당되는 칸을 찾으면, 현재 시장 움직임의 고유한 특성을 나타내는 법칙(Rule)을 판단할 수 있다. 다음으로 해당하는 비율이 적용되는 법칙을 설명한 부분, 즉 법칙 1, 법칙 2 등으로 이동한다.

시장 환경에 대한 추가적인 정보는 m1 대 m0의 비율을 계산함으로써 구할 수 있다. m0의 가격 범위를 측정하고 그 값을 m1의 가격 범위로 나누어 100을 곱한다. 각각의 m2와 m1의 비율을 통해 구한 각 법칙을 설명하는 그림 아래 있는 조건 중 m1 대 m0의 비율에 해당하는 조건을 찾아 적용시킨다.

---

* 한 번에 20개 이상의 모노파동을 파악해야 할 정도로 차트가 복잡해서는 안 된다. 최선의 결과와 여러분의 정신건강을 위해 각 거래일마다 실시간 시장 움직임의 모노파동 중 몇 개만 골라서 3장에서 소개된 법칙을 적용하기를 추천한다.

법칙 4를 사용할 때는 m2와 m3의 비율을 기준으로 시장 움직임을 다시 범주화하게 될 것이다(로마자로 표시된다). 마지막으로 이들 법칙(Rule), 조건(Condition), 범주(Categories)는 '논리적 사전 구성법칙'(140쪽)에서, 분석 대상이 되는 모노파동의 보이지 않는 내부 구조를 나타내는 구조기호로 전환될 것이다.

어느 법칙을 각각의 상황에 적용할지 결정하고 나면 m1의 끝에 표시해둔다. 차트 또는 원본 차트의 복사본에 이것을 연필로 적는다. 더 좋은 방법은 차트 위에 투명 필름을 덮고 사인펜으로 그리는 것이다. m1의 끝에 법칙을 표시할 때 차트가 어수선해지지 않도록 법칙과 그것의 하위 구성은 약자로 표시한다(예를 들어 법칙 4의 조건 'a', 범주 'I'라면 줄여서 R-4a-i라고 표시한다).

법칙 판정표

m1에 대한 m2의 비율이	법칙
① 38.2% 미만	법칙 1(125쪽)
② 38.2% 이상 61.8% 미만	법칙 2(127쪽)
③ 정확히 61.8%	법칙 3(128쪽)
④ 61.8% 초과 100% 미만	법칙 4(129쪽)
⑤ 100% 이상 161.8% 미만	법칙 5(133쪽)
⑥ 161.8% 이상 261.8% 이하	법칙 6(134쪽)
⑦ 261.8% 초과	법칙 7(135쪽)

법칙 1(m2가 m1의 38.2% 미만인 경우)

만약 m1이 m2로 인해 38.2% 미만으로 되돌려진 경우, 법칙 1을 적용하고

m1의 끝부분에 그 사실을 메모하라(그림 3-23). 다음으로 m1 대비 m0의 비율을 앞서 설명한 대로 측정하고, 아래 목록에서 해당 비율을 찾는다. 그렇게 찾은 조건 판정 결과의 알파벳 기호를, 미리 확인한 법칙 번호 오른쪽 옆에 기록한다.

그림 3-23 **법칙 1(적용조건)**

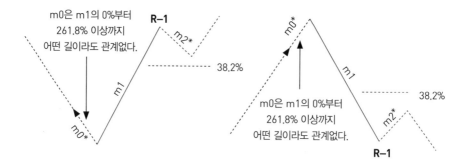

• 별표(*)는 1, 3, 5개 또는 그 이상의 모노파동들로 구성될 수 있다.

법칙 1의 조건

① 조건 'a' - m0이 m1의 61.8% 미만일 때 법칙 1a가 적용된다('논리적 사전 구성법칙'의 법칙 1, 조건 a로 이동).

② 조건 'b' - m0이 m1의 61.8% 이상 100% 미만일 때 법칙 1b가 적용된다('논리적 사전 구성법칙'의 법칙 1, 조건 b로 이동).

③ 조건 'c' - m0이 m1의 100% 이상 161.8% 이하일 때 법칙 1c가 적용된다('논리적 사전 구성법칙'의 법칙 1, 조건 c로 이동).

④ 조건 'd' - m0이 m1의 161.8% 초과일 때 법칙 1d가 적용된다('논리적 사전 구성법칙'의 법칙 1, 조건 d로 이동).

법칙 2(m2가 m1의 38.2% 이상 61.8% 미만인 경우)

만약 m2가 m1의 38.2% 이상 61.8% 미만으로 되돌린 경우, 법칙 2가 적용된다(그림 3-24). 다음으로 m1 대비 m0의 비율을 관찰해 조건 판정표에서 적절한 조건기호를 찾는다. 조건기호를 나타내는 알파벳 문자를 법칙 2의 오른쪽 옆에 기록한다.

그림 3-24 **법칙 2**(적용조건)

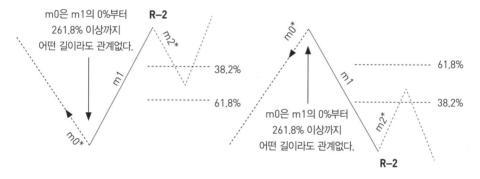

• 별표(*)는 1, 3, 5개 또는 그 이상의 모노파동들로 구성될 수 있다.

법칙 2의 조건

① 조건 'a' - m0이 m1의 38.2% 미만일 때 법칙 2a가 적용된다('논리적 사전 구성법칙'의 법칙 2, 조건 a로 이동).

② 조건 'b' - m0이 m1의 38.2% 이상 61.8% 미만일 때 법칙 2b가 적용된다('논리적 사전 구성법칙'의 법칙 2, 조건 b로 이동).

③ 조건 'c' - m0이 m1의 61.8% 이상 100% 미만일 때 법칙 2c가 적용된다

('논리적 사전 구성법칙'의 법칙 2, 조건 c로 이동).

④ 조건 'd' - m0이 m1의 100% 이상 161.8% 이하일 때 법칙 2d가 적용된다
('논리적 사전 구성법칙'의 법칙 2, 조건 d로 이동).

⑤ 조건 'e' - m0이 m1의 161.8%를 초과할 때 법칙 2e가 적용된다('논리적 사
전 구성법칙'의 법칙 2, 조건 e로 이동).

법칙 3(m2가 m1을 정확히 61.8% 되돌린 경우)

m2가 m1을 정확히 61.8% 되돌린 경우 법칙 3이 적용된다(그림 3-25). 시장
움직임이 법칙 3을 활성화할 때 m1의 구조를 파악하는 것이 가장 어려운데, 그
이유는 m1이 61.8% 되돌려졌을 경우 m1은 조정파동과 충격파동의 경계에 존
재하기 때문이다. m1을 둘러싸고 있는 시장 환경을 조금 더 명확하게 하고자
m1 대비 m0의 비율을 계산하고 아래 조건 판정표에서 일치하는 조건을 찾아
적용한다.

그림 3-25 **법칙 3(적용조건)**

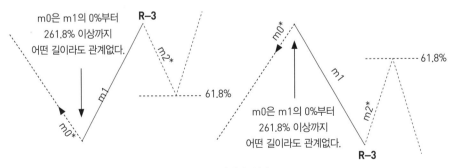

• 별표(*)는 1, 3, 5개 또는 그 이상의 모노파동들로 구성될 수 있다.

법칙 3의 조건

① 조건 'a' – m0이 m1의 38.2% 미만일 때 법칙 3a가 적용된다('논리적 사전 구성법칙'의 법칙 3, 조건 a로 이동).

② 조건 'b' – m0이 m1의 38.2% 이상 61.8% 미만일 때 법칙 3b가 적용된다('논리적 사전 구성법칙'의 법칙 3, 조건 b로 이동).

③ 조건 'c' – m0이 m1의 61.8% 이상 100% 미만일 때 법칙 3c가 적용된다('논리적 사전 구성법칙'의 법칙 3, 조건 c로 이동).

④ 조건 'd' – m0이 m1의 100% 이상 161.8% 미만일 때 법칙 3d가 적용된다('논리적 사전 구성법칙'의 법칙 3, 조건 d로 이동).

⑤ 조건 'e' – m0이 m1의 161.8% 이상 261.8% 이하일 때 법칙 3e가 적용된다('논리적 사전 구성법칙'의 법칙 3, 조건 e로 이동).

⑥ 조건 'f' – m0이 m1의 261.8% 초과일 때 법칙 3f가 적용된다('논리적 사전 구성법칙'의 법칙 3, 조건 f로 이동).

법칙 4 (m2가 m1의 61.8% 초과 100% 미만인 경우)

m2가 m1의 61.8% 초과 100% 미만인 경우 법칙 4가 적용된다. 이 사례를 그림 3-26에서 제시한다. m1 대비 m0의 비율을 계산해 아래의 조건 판정표에서 적절한 조건을 찾는다. 그리고 m3이 m2를 되돌린 비율을 측정해 범주 판정표에 적용한다.

그림 3-26 법칙 4(적용조건)

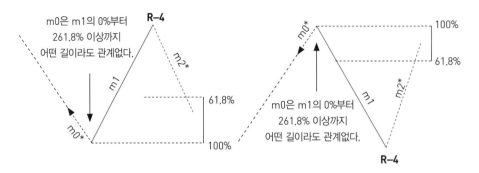

• 별표(*)는 1, 3, 5개 또는 그 이상의 모노파동들로 구성될 수 있다.

법칙 4의 조건

① 조건 'a' – m0이 m1의 38.2% 미만일 때 법칙 4a가 적용된다('논리적 사전 구성법칙'의 법칙 4, 조건 a로 이동).

② 조건 'b' – m0이 m1의 38.2% 이상 100% 미만일 때 법칙 4b가 적용된다('논리적 사전 구성법칙'의 법칙 4, 조건 b로 이동).

③ 조건 'c' – m0이 m1의 100% 이상 161.8% 미만일 때 법칙 4c가 적용된다('논리적 사전 구성법칙'의 법칙 4, 조건 c로 이동).

④ 조건 'd' – m0이 m1의 161.8% 이상 261.8% 이하일 때 법칙 4d가 적용된다('논리적 사전 구성법칙'의 법칙 4, 조건 d로 이동).

⑤ 조건 'e' – m0이 m1의 261.8% 초과일 때 법칙 4e가 적용된다('논리적 사전 구성법칙'의 법칙 4, 조건 e로 이동).

그림 3-27

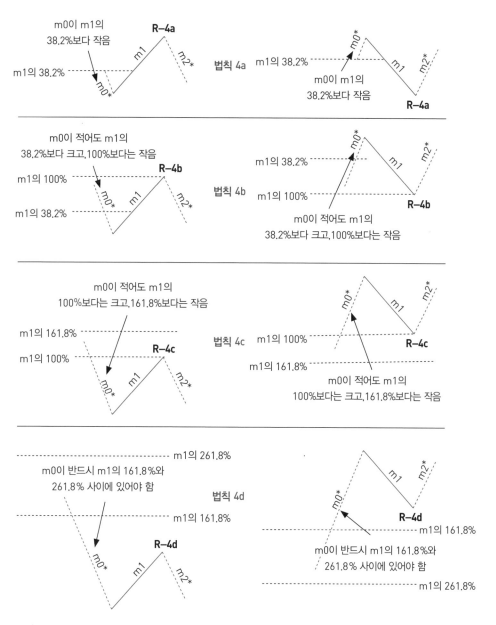

• 이 쪽에 나와 있는 모든 도식들 중에서 m0과 m2는 1, 3, 5개 또는 그 이상의 모노파동들로 구성될 수 있다.

그림 3-27 (계속)

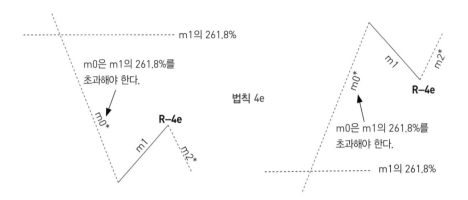

법칙 4e

m0은 m1의 261.8%를 초과해야 한다.

m1의 261.8%

R-4e

m0은 m1의 261.8%를 초과해야 한다.

m1의 261.8%

R-4e

• 별표(∗)는 1, 3, 5개 또는 그 이상의 모노파동들로 구성될 수 있다.

법칙 4의 조건 'a'에서 조건 'e'까지의 범주

① 범주 i - m3이 m2의 100% 이상 161.8% 미만일 때 Rule 4?- i가 적합하다('논리적 사전 구성법칙'의 법칙 4, 조건 '?'[현재 유효한 조건], 범주 'i'를 설명한 부분으로 이동).

② 범주 ii - m3이 m2의 161.8% 이상, 261.8% 이하일 때 Rule 4?- ii가 적용된다('논리적 사전 구성법칙'의 법칙 4, 조건 '?'[현재 유효한 조건], 범주 'ii'를 설명한 부분으로 이동).

③ 범주 iii - m3이 m2의 261.8% 초과일 때 Rule 4?- iii가 적용된다('논리적 사전 구성법칙'의 법칙 4, 조건 '?'[현재 유효한 조건], 범주 'iii'를 설명한 부분으로 이동).

법칙 5(m2가 m1의 100% 이상 161.8% 미만인 경우)

법칙 5가 적용되기 위해서 m2는 m1의 100% 이상 161.8% 미만의 수준으로 되돌려져야 한다(그림 3-28). 일단 이 조건이 충족되면 m1 대비 m0의 비율을 관찰해야 한다. 법칙 5에 첨부될 조건 판정표에서 해당하는 조건을 결정하기 위해 아래의 목록에서 해당 비율을 찾는다.

그림 3-28 법칙 5(적용조건)

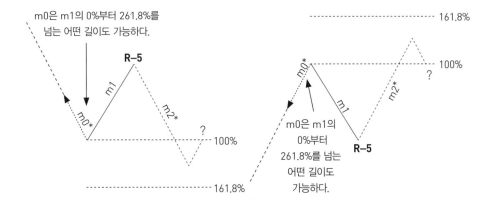

• 별표(*)는 1, 3, 5개 또는 그 이상의 모노파동들로 구성될 수 있다.

법칙 5의 조건

① 조건 'a' - m0이 m1의 100% 미만일 때 법칙 5a가 적용된다. m1 끝부분에 조건기호를 표시해둔다('논리적 사전 구성법칙'의 법칙 5, 조건 a로 이동).

② 조건 'b' - m0이 m1의 100% 이상 161.8% 미만일 때 법칙 5b가 적용된다('논리적 사전 구성법칙'의 법칙 5, 조건 b로 이동).

③ 조건 'c' - m0이 m1의 161.8% 이상 261.8% 이하일 때 법칙 5c가 적용된다('논리적 사전 구성법칙'의 법칙 5, 조건 c로 이동).

④ 조건 'd' - m0이 m1의 261.8%를 초과하는 것은 매우 독특한 상황으로 이 장의 뒷부분에서 추가로 설명할 것이다. 이 상황에서는 법칙 5d가 적용된다('논리적 사전 구성법칙'의 법칙 5, 조건 d로 이동).

법칙 6(m2가 m1의 161.8% 이상 261.8% 이하인 경우)

법칙 6이 적용되려면 m2는 m1의 161.8% 이상 261.8% 이하의 비율로 되돌려져야 한다(그림 3-29). 다음으로 m1 대비 m0의 비율을 측정하고, 아래 표를 활용해 현재 시장 움직임의 조건을 결정한다.

그림 3-29 **법칙 6(적용조건)**

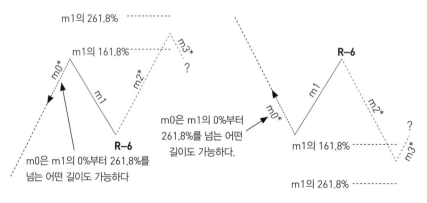

• 별표(*)는 1, 3, 5개 또는 그 이상의 모노파동들로 구성될 수 있다.

법칙 6의 조건

① 조건 'a' – m0이 m1의 100% 미만일 때 법칙 6a가 적용된다('논리적 사전 구성법칙'의 법칙 6, 조건 a로 이동).

② 조건 'b' – m0이 m1의 100% 이상 161.8% 미만일 때 법칙 6b가 적용된다('논리적 사전 구성법칙'의 법칙 6, 조건 b로 이동).

③ 조건 'c' – m0이 m1의 161.8% 이상 261.8% 이하일 때 법칙 6c가 적용된다('논리적 사전 구성법칙'의 법칙 6, 조건 c로 이동).

④ 조건 'd' – m0이 m1의 261.8%를 초과할 때 법칙 6d가 적용된다('논리적 사전 구성법칙'의 법칙 6, 조건 d로 이동).

법칙 7(m2가 m1의 261.8%를 초과한 경우)

법칙 7이 적용되기 위해 m2는 m1의 261.8%를 초과하는 비율로 되돌려져야 한다(그림 3-30). 다음으로 m1 대비 m0의 비율을 측정하고, 아래에 있는 표를 검토해 현재 시장 움직임의 조건을 결정한다(그림 3-30).

법칙 7의 조건

① 조건 'a' – m0이 m1의 100% 미만일 때 법칙 7a가 적용된다('논리적 사전 구성법칙'의 법칙 7, 조건 a로 이동).

② 조건 'b' – m0이 m1의 100% 이상 161.8% 미만일 때 법칙 7b가 적용된다('논리적 사전 구성법칙'의 법칙 7, 조건 b로 이동).

③ 조건 'c' – m0이 m1의 161.8% 이상 261.8% 이하일 때 법칙 7c가 적용된다('논리적 사전 구성법칙'의 법칙 7, 조건 c로 이동).

그림 3-30 **법칙 7**(적용조건)

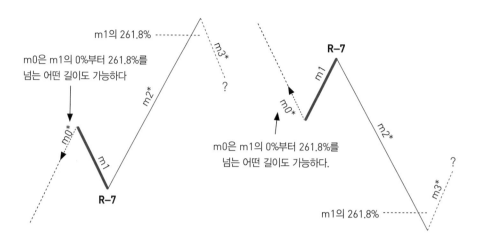

m1의 261.8%

m0은 m1의 0%부터 261.8%를 넘는 어떤 길이도 가능하다

m3*

?

m2*

m0*

m1

R–7

R–7

m1

m0*

m0은 m1의 0%부터 261.8%를 넘는 어떤 길이도 가능하다.

m2*

?

m3*

m1의 261.8%

• 별표(*)는 1, 3, 5개 또는 그 이상의 모노파동들로 구성될 수 있다.

④ 조건 'd' - m0이 m1의 261.8%를 초과할 때 법칙 7d가 적용된다. 이 기
호를 m1의 끝부분에 표시해둔다('논리적 사전 구성법칙'의 법칙 7,
조건 d로 이동).

현재의 m1에 적용될 법칙의 판정 과정을 마쳤다면, 다음의 모노파동으로 이
동해 이어지는 모노파동(이전 시점의 m2)을 새로운 m1로 설정하고 새로운 시점
에서 법칙 판정 과정을 다시 시작한다. 현재 시점에서 중요해 보이는 모노파동
의 법칙, 조건, 범주를 차트에서 모두 파악했다면 '논리적 사전 구성법칙'으로
이동해 기술한 내용을 중심으로 각각의 모노파동 끝에 기록된 법칙들을 적절한
구조기호로 전환해야 한다.

되돌림 법칙의 시각적 정리

이 절에서 설명한 내용에 익숙해진 후에 다음에 나오는 그림을 통해 법칙 및 조건 판정 과정을 단순화한다. 이 과정을 실행하기 위해서 m2가 m1을 되돌리는 비율을 퍼센티지로 측정하고, m2의 선을 따라 법칙 판정 그림상에 존재하는 상대적인 위치를 확인한다(m1이 발생한 후 m2가 이어서 발생하기 때문에 m2의 화살표는 오른쪽 방향이 된다). 이리한 되돌림 범위에 해당되는 법칙의 약자를 적어둔다.

일단 어떤 법칙을 적용할지 확인하면, m1에 해당하는 조건도 명확히 해야 한다. 지금 적용하는 법칙에 맞게 특별히 설계된 조건 판정 그림으로 이동한다. 이번에는 실선이 m0(m1 직전에 발생하는 파동)을 의미하기 때문에 화살표는 왼쪽 방향이 된다. m1과 m0의 비율을 측정해 해당 비율값에 맞는 알파벳 조건기호를 찾아 위치시킨다. 일단 이러한 정보를 구하면 다음의 '논리적 사전 구성법칙'에서 같은 이름을 가진 부분으로 옮겨가야 한다.

적용법칙의 판정을 위한 단순화된 도식

m1과 m2의 비율 관계

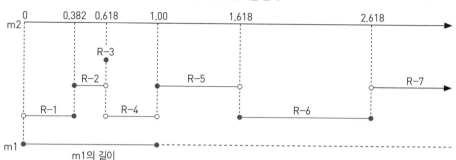

법칙 1에 적용되는 조건 판정

m1과 m0의 비율 관계

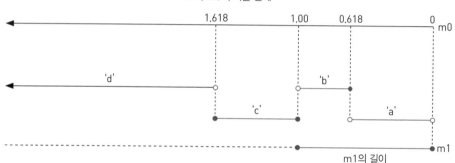

법칙 2와 3에 적용되는 조건 판정

m1과 m0의 비율 관계

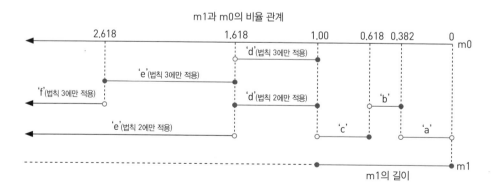

법칙 4에 적용되는 조건 판정

m1과 m0의 비율 관계

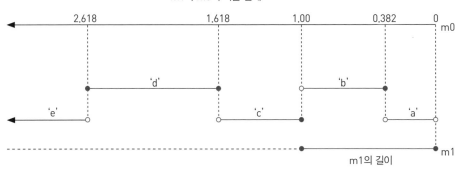

법칙 5와 6과 7에 적용되는 조건 판정

m1과 m0의 비율 관계

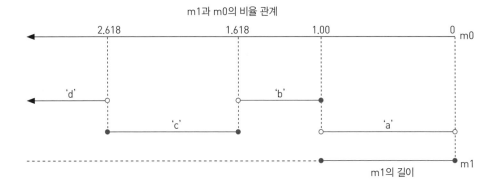

논리적 사전 구성법칙

이 절의 목적은 분석된 모노파동 각각에 부여된 법칙에 해당하는 구조기호를 제공하는 것이다. 모든 법칙과 조건 판정표는 다음부터 이어진다. 각각의 법칙은 m0, m2, m3의 길이에 따른 되돌림 수준에 따라 여러 단락으로 나눠 설명할 것이다. 여기에서 여러분의 차트에서 현재 진행되고 있는 실시간 차트의 상황에 대해 질문을 던질 것이다. 시장의 조건에 대해 입력된 변수에 따라 각각의 모노파동에 대해 가장 적절한 구조기호를 제시하고, m1 주변에서 진행될 가능성이 가장 높은 엘리어트 패턴도 추정할 것이다. 이들 구조기호들은 간단하든 복잡하든 간에 엘리어트 파동 패턴에서 모노파동이 생길 수 있는 모든 가능한 위치를 나타낸다.

때때로 구조기호를 괄호( )나 각괄호[ ]로 표시해두는 것을 권한다. 만약 실제 차트상에서 이런 상황이 전개되면 각괄호로 표시된 구조기호는 매우 드물거나 실현 가능성이 극히 낮음을 뜻한다. 괄호로 표시된 구조기호는 괄호가 없는 것에 비해 정확도가 다소 낮은 것이다.

3장을 완전히 이해하고 활용하기 위해서는 적어도 1장에서 8장까지의 모든 내용을 대충이라도 알아야 한다. 만약 여러분이 엘리어트 파동이론을 학습한 지 얼마 되지 않았다면, 여러분이 완전히 이해하지 못하거나 실제 지식이 없는 많은 개념과 기법이 이 절에서 사용될 것이다. 이런 이유로 실제 투자를 전제로 분석을 시도하기 전에 다른 장에 나오는 내용에 익숙해져야 한다.

엘리어트 파동이론은 서로 연결되고 상호 의존적인 개념의 미로와 같기 때문에, 이론을 부분적으로 이해하는 것은 정확한 예측을 하는 데 충분하지 않다. 본질적으로 복잡한 엘리어트 파동이론의 성격상, 파동 패턴의 전개를 알 수 있도록 돕는 일반적 원리들에 대한 이해 없이 이 절에서 논의할 예측 기법을 자신 있게 적용하는 것은 사실상 불가능하다.

이 책을 8장까지 쭉 다 읽은 후에 다시 3상으로 돌아와 분석 과정을 시작하면 제시된 개념들을 더 잘 이해하고 적용할 수 있을 것이다. 엘리어트 파동이론의 일반적인 개념에 대해 익숙해지고 있는 사람들에게 이 절은 파동 분석에 대한 전문적인 조언을 제공함으로써 조금 더 빠르게 실력을 향상시켜 파동 분석 과정에 숙달되도록 도움을 줄 것이다. 나아가 '논리적 사전 구성법칙'을 적용하는 것은 적절하게 시장 움직임을 해부하는 데 필요한 다양한 관측치와 측정 방법을 익히기에 매우 훌륭한 방법이다.

매우 자세하게 차트를 그려 놓고 모든 파동을 일일이 분석하려 함으로써 당신의 분석 시작 단계에서부터 인내력을 시험하는 것은 좋지 않다. 단기 차트를 구축한 후에 현재 시점 해당일부터 분석을 시작해 한 번에 하나의 파동에 대해서만 법칙을 적용하고, 매일 진행되는 일간 데이터를 계속 차트를 업데이트하고 분석을 진행해 나가야 한다. 이러한 접근 방법을 이용하면 특정한 상황에 적용되는 각각의 법칙에 대해 세심하게 고려할 수 있게 된다. 이러한 방식으로 '논리적 사전 구성법칙'을 적용한다면 반복 적용함으로써 발생하는 권태와 넓은 범위에서 비율을 계산함으로써 발생하는 분석 오류의 가능성을 최소화할 수 있다.*

법칙 판정표의 변환

법칙 판정표를 대신해 구조기호를 신뢰성 있게 적용하려면 m1의 전후 가격 움직임을 연구해야 한다. 만약 m1이 차트상에서 첫 번째 모노파동이라면 m1의 내부구조를 결정하는 데 간접적으로 도움이 될 이전의 시장 움직임이 존재하지 않는다. 따라서 각각의 새로운 법칙을 다룬 절에서 오른쪽에 나타나는 전체 구조 목록을 첫 번째 모노파동의 끝부분에 적어둔다. 예를 들면 법칙 1의 오른쪽에는 {:5/(:c3)/[:sL3]/[:s5]} 같은 목록이 나올 수 있다. 만약 m1이 차트상에서 나타난 첫 번째 파동이라면 m1의 끝에 전체 목록을 다 적어두도록 한다.**

만약 차트상에서 현재 선택한 법칙에 따른 내용에서 적절한 조건이 존재하지 않는다면, 법칙을 올바르게 선택했는지 확인하고, 법칙을 적용하는 데 필요한 조건들을 다시 읽어본다. 만약 m1이 모노파동이고 차트에 조건을 달기 위해 필요한 단서가 없다면 각각의 법칙에 해당하는 모든 구조 목록을 모두 사용한다.

만약 m1이 집약된 폴리파동이거나 그 이상의 파동이고, 또다시 차트상의 조건들에 대한 단서를 찾지 못했다면 '포지션 지표의 적용(203쪽)'으로 이동해 m1 주변의 구조기호를 이용해 적절한 m1의 집약된 구조기호 앞(즉 ":3" 또는 ":5"의 앞

---

* 주의할 점: 이 절을 처음부터 끝까지 한 번에 쭉 읽어서는 안 된다. 실제 시장 움직임과 연결해 적용했을 때만 실제적인 유용성이 있을 것이다. 만약 지금 분석할 차트를 가지고 있지 않거나 이 절을 처음 읽고 있다면 대충 훑어보고 '포지션 지표의 적용(203쪽)'으로 넘어가라.

** 주의할 점: 이런 법칙들을 시작점을 일시적으로라도 이탈하는 집약된 패턴들에 적용해서는 안 된다. 이 경우 패턴의 기본 구조만을 기록하라. 이러한 개념에 대해 논의한 내용은 219쪽을 참고한다. 같은 쪽에 있는 그림 3-36은 이러한 움직임을 그림으로 나타낸 것이다.

부분)에 어떤 포지션 지표가 놓일지 결정해야 할 것이다.

모든 시간과 가격에 대한 계산은 파동의 종료 지점(즉 앞서 각 파동의 종료 지점을 표시한 점)에서 시작된다는 것을 기억해야 한다. 이것은 모노파동을 분석할 때나 집약된 파동 그룹을 분석할 때나 동일하게 적용된다.

만약 파동 해석의 타당성을 확인하기 위해 측정이 필요한데, 그 파동 해석이 가격을 의미하는 것인지 시간을 의미하는 것인지 구체적인 언급하지 않았다면 항상 가격을 의미하는 것으로 본다. 나아가 어떤 특정 파동이 60%를 되돌렸을 때, "m1의 최소 61.8% 이상을 되돌려야 한다."라는 기준이 충족되지 않았다는 이유로 가능성을 아예 배제하는 등 제시된 비율들을 지나치게 엄격하게 적용하면 안 된다. 61.8%니 161.8%니 하며 책에서 제시한 모든 특정한 비율들은 약간의 오차는 허용하는 가운데 적용되어야 한다. 만약 두 파동의 길이가 61.8%의 비율 관계를 가지고 있다면, 이는 둘 중 더 작은 파동이 더 큰 파동의 58%에서 66% 사이에 있음을 의미한다. 피보나치 비율을 적용할 때, 이상적인 되돌림 수준에서 ±4% 정도는 재량으로 판단한다. 마지막으로 이 절에서 '거의(almost)' 또는 '가깝게(close to)'라고 쓰인 말은 언급된 비율의 ±10% 이내의 오차가 있다는 것으로 이해하면 된다.

같은 이유로 이 절에서 제시된 지침을 따르는 과정에서 파동 간의 관계 역시 항상 정확하게 움직여지기를 기대할 수는 없다. 만약 나머지 조건들은 정확하게 지켜지고 하나만 살짝 어긋나는 정도라면, 해당 법칙들이 정확하게 충족되었다고 가정하고 m1의 끝부분에 제안된 구조기호나 목록을 표시해야 한다. 이는 403쪽의 '법칙의 예외'에서 모두 설명할 것이다.

한편 이전의 패턴을 되돌리는 시간의 계산은 이 책에서 기술한 대로 정확하게 적용되어야 한다. 이 절에서 여러 차례에 걸쳐 이러한 설명이 나온다. 예를 들어 "만약 m1(더하기 1시간 단위)이 그것이 형성된 시간과 같거나 더 짧은 시간에 걸쳐 되돌려졌다."는 사실을 발견한다면, 그 명제는 문자 그대로 받아들여야 한다. 이러한 경우에는 m1에서 소비된 시간 단위의 개수에 한 단위 시간(각 데이터 간의 시간 간격)을 더한 후, m1의 길이를 완전히 되돌리기까지 m2에서 소요된 시간 단위의 개수를 비교하면 된다. 만약 두 숫자가 같거나 m1의 숫자가 더 크다면 위에서 제시한 명제는 참이 되는 것이다. 만일 이러한 과정을 거친 후에 m2의 숫자가 m1보다 더 크다면 위의 명제는 거짓이 될 것이다.

이 절에서 도출되는 가장 기술적이고 분석적인 가치는 법칙이 모노파동에 적용될 때 부각된다. 명확하게 집약된 엘리어트 패턴을 재평가하기 위해 이 절로 돌아올 때, 법칙들을 적용하는 핵심 목적은 '숨겨진(missing)' 파동의 존재여부를 찾는 것이다. 이러한 재평가 과정에서, 만일 기술된 어떤 조건도 집약된 패턴의 기본 구조와 일치하지 않는다면 집약된 패턴에서 한 파동이 사라진 상황일 수 있다(536쪽에서 이런 내용을 논의한다). 집약된 패턴의 기본 구조와 일치하지 않는 이런 부분들을 골라 사각형으로 둘러쳐 둔다. 이렇게 하면 나중에 집약된 패턴이 주변의 모노파동들이나 파동 그룹들과 유기적으로 연결되지 않는다는 것을 발견했을 때 주의해서 볼 수 있게 된다. 재평가 과정에서 이 절에 제시된 구조기호가 주변 가격 움직임의 집약된 패턴과 연결되지 않는다면 그 패턴을 보다 큰 패턴의 부분으로 간주한다. 만약 집약된 패턴을 재평가하는 과정에서 관련된 절에서 제시된 조건이 하나도 패턴에 적용되지 않는다면, 관련 법칙에서 제시된 모든 구조기호를 파동 뒤에 기록하고, 패턴의 기본 구조와 일치하지 않는 기호들은 모두 사각형으로 둘러쳐 둔다.

독자 여러분의 편의를 위해 각 법칙에 해당되는 절의 시작 부분에 이전 법칙의 판정 과정에서 사용되었던 차트를 중복해 삽입했다. 이는 지시사항을 읽으면서 여러분의 실시간 차트와 현재 기술된 내용들을 시각적으로 간단하게 비교하는 데 도움이 될 것이다.

각각 단락의 첫 번째 문장을 잘 따르는 것이 가장 중요하다. 만약 첫 번째 문장에서 기술된 조건이 실제 시장 움직임에 반영된다면 지시된 바에 따르고 그렇지 않는다면 다음 단락으로 옮겨간다. 어떤 문장들은 매우 길고 많은 조건들을 포함하고 있다. 일반적으로 해당 구조 목록을 적용하기 위해서는 문장 내에 제시된 모든 기준들이 지켜져야 한다. 각 명제를 여러분이 갖고 있는 실제 차트와 비교할 때는 각각의 문장을 주의 깊게 읽고, 책에서 지시하는 대로 해당 구조기호를 각각의 파동 끝에 적어둔다. 어떤 때는 m1을 분석하려 할 때, m1이 아닌 m0, m2 또는 다른 파동의 끝부분에 구조기호나 진행기호 또는 둘 다를 적어두라고 지시할 수도 있다. 해당 절에서의 이런 지시들은 오타가 아니므로 지시된 대로 따르도록 한다.

법칙 1 {:5/(:c3)/(x:c3)/[:sL3]/[:s5]}

그림 3-23 법칙 1(적용조건)

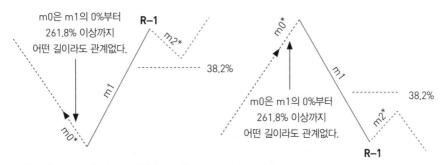

• 별표(*)는 1, 3, 5개 또는 그 이상의 모노파동들로 구성될 수 있다.

조건 'a' – m0이 m1의 61.8% 미만인 경우

만약 m2가 형성되는 데 m1 이상의 시간이 걸렸거나, m2가 형성되는 데 m3 이상의 시간이 걸렸다면, m1의 끝에 ":5"를 표시한다. 만약 m(-1)의 길이가 m0의 100% 이상 161.8% 이하이고, m0이 m1의 61.8%에 근접하면서 m4가 m0의 끝부분을 넘어서지 않는다면, m1은 복합 패턴 내부에 존재하는 플랫 조정의 마지막 내부 파동이 되며, 거기서는 m2가 x파동(x:c3)이므로 ":s5"를 m1의 끝에 표시한다. 이 절의 나머지 부분을 읽고 다른 가능성이 존재하는지 살펴본다.

만약 m0이 3개 이상의 모노파동으로 구성되어 있고, m1이 m0을 전체적으로 되돌리는 데 m0이 형성된 기간보다 짧거나 같은 시간이 소요된 경우, m0은 아마도 중요한 엘리어트 패턴의 끝부분이 될 것이다. 그러한 사항을 차트에 표시한다.

만약 m0과 m2의 가격과 시간이 거의 같은 비율이거나 61.8% 정도의 비율이고, m(-1)이 m1의 161.8% 이상이면서, m3(또는 m3에서 m5까지)이 m(-1) 이상의 가격을 달성하는 데 걸린 시간이 m(-1)이 형성된 기간보다 짧거나 같다면, 강세조정이 진행 중일 가능성이 높다. 그런 사실을 기록하고 기존에 m1의 끝에 기록된 ":5" 뒤에 "[:c3]"을 덧붙인다.

만약 강세조정이 단순한 변형이라면, 조정은 m0의 시작점에서 시작되어 m2의 마지막 부분에서 마감되고, m1은 조정파동의 '파동 b'가 될 것이다. 강세조정이 복합 이중 조정(complex Double Three)의 일부라면, m(-2)는 m(-1)보다 짧아야 한다. 이 경우 패턴의 형성은 m(-2)에서 시작되어 m4에서 마감되고, m1은 x파동(x:c3)으로 규정된다. 다음 문단에서는 이런 조건에서 발생되는 추가적이고 비일상적인 상황들을 다루고 있다.

만약 m0과 m2가 가격과 시간 면에서 같거나 61.8%의 비율을 나타내고, m(-1)이 m1의 161.8% 미만이며, m(-1)이 m0보다 크고, 동시에 m3 또는 m5가 m1의 161.8% 이상일 경우, 강세조정(또는 그것의 변형)이 진행 중이고 하나 이상의 패턴이 형성 중이라는 결론을 얻을 수 있다. 이러한 사실을 주지하고 m1의 끝에 기존에 적어둔 ":5" 뒤에 ":c3"을 덧붙여 기록한다.

만약 m(-2)가 m(-1)보다 길다면 현재 m(-1)인 파동으로 돌아가 구조 목록에 ":sL3"을 추가한다. 만약 강세조정이 단순한 변형이라면 m0의 시작점에서 시작해 m2가 마감되면서 끝나고, m1은 조정파동 b가 될 것이다.

만약 강세조정이 복합 이중 조정의 변형이라면, m(-2)는 m(-1)보다 짧아야 하고, m3은 m1의 161.8%를 초과하면 안 된다. 이러한 특정한 조건하에서 패턴의 형성은 m(-2)에서 시작되어 m4에서 종료되며, m1은 조정 패턴에서 x파동으로 규정된다(":c3" 앞에 "x"를 추가해 적어둔다).

만약 m0과 m2가 가격이나 시간이 거의 같거나 61.8%의 비율 관계를 갖고 있고, m3이 m1의 161.8% 미만이고, m3(더하기 1시간 단위)이 자신이 형성되는 데 걸린 시간보다 짧거나 같은 시간 안에 완전히 되돌려진다면, m1은 복합 조정의 부분으로서 x파동이라는 진행기호를 필요로 할 것이다.

x파동은 m0의 마지막 부분이나 m1의 가운데에서 숨겨진(즉 눈에 보이지 않거나 누락된) 부분 중 한 곳에 존재할 것이다. '숨겨진 파동'이라는 개념은 12장의 536쪽에서 논의된다. 이러한 2가지 가능성을 나타내기 위해서 m0의 끝에 "x:c3?"을 연필로 적어둔다. 또한 m1의 가운데 부분에 원을 그리고, 그 원의 오른쪽에 "x:c3?"을, 왼쪽에는 ":s5"를 기록한다.

만약 m(-2)가 m(-1)보다 길다면 x파동은 m0의 끝에 있지 않으므로, 그 가능성을 배제해야 한다. 만약 m3의 길이가 m1의 61.8% 미만이라면 x파동이

m1의 중심에 숨겨져 있을 가능성이 급증한다. 이런 경고들은 4장에서 모노파동을 한데 모아 분석 과정의 최종 단계에서 해석의 결론을 내리는 데 도움이 될 것이다. 만약 x파동이 사용된다면 이전에 적어둔 ":5" 구조기호가 적용된다.

만약 m0과 m2가 가격과 형성 기간 모두에 있어서 명백히 다르고, m0과 m2가 가격대에서 겹치는 부분이 없으며, m1이 m(-1) 및 m3과 비교할 때 셋 중에서 가장 짧은 것이 아니라면, m1은 보다 큰 충격 패턴의 한 부분일 수 있다. 만약 그렇다면 이전에 적어둔 구조기호 ":5"가 사용된다.

조건 'b' – m0이 m1의 61.8% 이상 100% 미만인 경우

":5"를 m1의 끝에 적어둔다. 만약 m(-1)의 길이가 m0의 100% 이상 161.8% 이하이고, m4가 m0의 끝을 넘어서지 않는다면, m1은 m2가 x파동인 복합 조정 패턴 내에서의 마지막 플랫조정 파동일 수 있다. m1의 끝에 ":s5"라고 기록하고, m2의 끝에 "x:c3?"이라고 표시한다. 만약 가격 움직임에 특정 행동이 관찰된다면 추가적인 구조기호를 사용할 필요도 있다. 아래의 글을 읽어보고 추가적인 구조기호를 덧붙일 필요가 있는지 판단한다.

만약 m0이 3개 이상의 모노파동으로 이루어져 있고, m1(빼기 1시간 단위)이 m0을 완전히 되돌리는 데 m0이 형성되는 데 걸린 시간 이하의 시간이 걸린다면, m0은 중요한 엘리어트 패턴을 마무리하는 파동일 수 있다.

만약 m2가 형성된 가격 범위가 m0과 겹치는 부분이 있고, m3이 m1이 형성된 시간 이하의 시간에 걸쳐 m1보다 더 넓은 가격 범위를 형성하면서 동시에 m(-1)이 m1보다 길다면, ":sL3"을 m1의 구조 목록에 추가한다.

만약 m2가 형성된 가격대가 m0과 겹치는 부분이 있고, m3이 m1이 형성된 시간 이하의 시간에 걸쳐 m1보다 더 넓은 가격 범위를 형성하고, m(-1)이

m1보다 짧으며, m0과 m2는 가격 또는 시간 또는 이 두가지 관점에서 확연히 다르고, 동시에 m4(또는 m4에서 m6까지)가 m1의 시작부터 m3이 완성될 때까지 걸린 시간의 50% 이내에 m1의 시작점으로 되돌린다면, 5번 파동인 연장된 터미널 패턴이 m3에서 완성되었을 수 있다. ":c3"을 m1의 구조 목록에 추가한다.

만약 m3이 m1보다 짧고, m2의 가격대 중 m0과 겹치는 부분이 있고, m(-1)이 m0보다 길고, m1이 m(-1) 및 m3과 비교해 가장 짧은 파동이 아니면서, m3의 끝에서부터 m1의 시작점(또는 그 이상으로)까지 되돌아가는 데 m(-1)에서 m3까지 소요된 시간의 50% 이하로 걸린다면, m1의 끝에 ":c3"을 기입하라.

조건 'c' – m0이 m1의 100% 이상 161.8% 이하인 경우

m1의 끝에 ":5"를 적어둔다. 다음의 설명을 읽어보고 다른 구조기호가 추가되어야 할지 결정한다.

만약 m0과 m1이 가격 면에서 거의 같고(±10% 정도는 재량적으로 적용 가능), 시간 면에서 같거나 61.8%의 관계가 있고, 동시에 m3이 m1에 비해 길고 가파르게 형성되며, m2가 m0 또는 m1 이상의 시간에 걸쳐 형성되고, m2는 m1의 38.2%에 근접하고, m0의 구조기호 중 하나가 ":F3"이라면, m1의 구조 목록에 "[:c3]"을 입력한다.

":c3"이 제대로 된 구조기호의 선택이려면 m2가 m0, m1 또는 이전의 충격파동(모노파동이나 그보다 높은 등급)과 중요한 피보나치 비율을 형성하면서 종료되어야 한다. 이런 상황에서도 ":c3"은 여전히 위험한 선택이라는 점을 명심해야 한다(이런 이유로 각괄호를 표시하는 것이다).

만약 m3이 m1보다 길고 가파르며, m3이 완전히 또는 61.8% 이하로 되돌려지고, m2는 m1의 38.2%에 매우 근접한 값을 갖고, m0의 구조기호 중 하나가 ":c3"이면서, m(-3)이 m(-2)보다 길고, m(-2) 또는 m(-1)이 m0보다 길 경우, m1은 수렴형 삼각형의 마지막에서 두 번째 파동일 수 있다. "(:sL3)"을 구조 목록에 추가한다. 이런 이상적인 상황에서도 ":sL3"보다는 여전히 이전에 기록된 ":5"가 적합할 가능성이 더 높다는 것을 염두에 두어야 한다(이런 이유로 구조기호에 각괄호를 쳐야 한다).

조건 'd' – m0이 m1의 161.8%를 초과한 경우

이 상황에서는 하나의 가능성만이 존재한다. m1의 끝에 ":5"를 기록한다.

법칙 2 {:5/(:sL3)/[:c3]/[:s5]} ──────────

그림 3-24 법칙 2(적용조건)

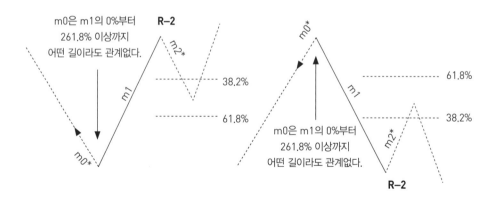

• 별표(*)는 1, 3, 5개 또는 그 이상의 모노파동들로 구성될 수 있다.

조건 'a' – m0이 m1의 38.2%보다 미만인 경우

m1의 끝에 ":5"라고 표시한다. 만약 m4가 m0의 끝점을 넘어서지 않는다면, m2는 x파동이고 m1은 복합 조정 과정 내부에서 조정 패턴을 끝내는 파동일 수 있다. m1의 끝에 ":s5"를, m2의 끝에 "x:c3?"이라고 적어둔다.

m(-1), m1, m3을 비교할 때 m1이 3개 중 가장 짧은 파동이 아니고, 가장 긴 파동은 두 번째로 긴 파동의 161.8%에 근접하거나 초과하며, m3이 적어도 61.8% 이상 되돌려질 경우, 시장은 m1(3번 파동)이 중심부에 있는 충격파동을 형성하고 있는 것이다. m1에 매겨질 수 있는 더 많은 구조기호의 가능성에 대해서는 이 절의 나머지 부분을 읽어보면 될 것이다.

만약 m0이 3개 이상의 모노파동으로 구성되었고, m1이 m0이 형성된 것과 같거나 그보다 짧은 시간에 걸쳐 m0을 완전히 되돌리면, m0은 아마도 중요한 엘리어트 패턴의 마지막 파동일 것이다.

만약 m0과 m2가 가격 면에서 61.8%의 비율 관계가 있으며 시간 면에서 같거나 61.8%의 비율 관계가 있고, m(-1)의 가격이 m1의 161.8% 이상이고, m(-1)이 형성 기간과 같거나 짧은 기간 동안 m3이 m(-1)보다 길게 가격이 형성된다면, 강세조정이 발생하고 있는 것이다. 이 사실을 기록하고, 기존에 m1의 끝에 ":5"라고 적어두었던 뒷부분에 "[:c3]"을 기입하라. 이 경우 강세조정은 m0의 시작점에서 시작되고 m2의 끝에서 마감되었을 가능성이 가장 높다.

4장에서 구조기호를 그룹으로 묶을 때 강세조정을 다루게 된다면 ":c3"이 강세조정의 파동 b 또는 이중 강세조정의 x파동이 될 가능성을 가장 높은 것으로 간주하고 작업한다. 이런 국면에서 추가적으로 발생 가능한 상황들에 대해서는 이후의 내용을 읽으면 알 수 있을 것이다.

만약 m0과 m2가 거의 비슷한 시간에 형성되었고, m3이 m1의 161.8% 미만이며, m(-1)이 m0보다 길다면, m1은 "x파동" 진행기호를 반드시 사용해야 하는 복합 조정의 한 부분일 것이다. x파동은 다음의 3가지 중 한 부분에 나타날 것이다. 만약 m(-2)가 m(-1)보다 짧다면 x파동은 m0의 끝에서 발생할 것이다. 만약 m4가 m3의 161.8% 이하라면 x파동은 m2의 끝에 나타날 것이다. 또 m0이 m1의 50% 이하이고, m1이 m(-1)과 m3과 비교해 셋 중 가장 길다면, x파동은 m1의 중간에 숨겨져 눈에 보이지 않을 수도 있다.

이러한 3가지 가능성이 존재함에 주의할 수 있도록 연필을 들고 m0과 m2의 끝, 그리고 필요하다면 m1의 중심부에 동그라미 표시를 하고 "x:c3?"이라고 적는다. 이런 상황에서 m1의 중심부에 숨겨진 x파동이 존재할 가능성은 3가지 중에서 발생 확률이 가장 낮은 것이다('숨겨진 파동'에 관한 개념은 12장 536쪽에서 다룰 것이다).

주의할 점은 x파동은 언급된 세 지점 중에서 1가지 경우에만 나타날 수 있다는 것이다. 만약 x파동의 개념이 한 부분에서 사용되었다면 나머지 2개의 가능성은 배제시켜야 한다. 이러한 신호들은 4장에서 모노파동을 결합하고 분석 과정 전반에 걸쳐 최종적인 해석을 내리는 데 도움이 될 것이다. x파동이 존재할 가능성 때문에 이미 m1의 끝에 적어둔 ":5" 구조기호를 사용한다.

만약 m(-1)이 m0보다 길고 m0이 m1보다 짧으며, m1이 m(-1) 및 m3과 비교해 가장 짧은 파동이 아니고, m3(더하기 1시간 단위)은 그것이 형성되는 데 걸린 시간 이하의 시간에 완전히 되돌려지면, m1은 터미널 충격 패턴의 3번 파동일 것이다. m1의 끝에 ":c3"을 적어둔다.

조건 'b' – m0이 m1의 38.2% 이상 61.8% 미만인 경우

m1의 끝에 ":5"를 적어둔다. 만약 m4가 m0의 종점을 넘어서지 않는다면

m2가 x파동일 때 m1은 복합 조정 패턴 내의 조정파동의 마지막 파동일 수 있다. m1의 끝에 "s:5"라고 적어두고, m2의 끝에 "x:c3?"을 적어둔다. 다른 어떤 가능성이 나타날 수 있는지 확인하기 위해 이 절의 나머지 부분을 쭉 읽는다.

만약 m0이 3개 이상의 모노파동으로 구성되고, m1이 m0이 형성된 시간 이하의 시간에 m0을 모두 되돌린다면, m0은 중요한 엘리어트 패턴의 마지막 파동일 것이다.

만약 m0과 m2가 가격과 시간 면에서 거의 같거나 61.8%의 비율 관계를 가지고 있고, m0 이전의 모노파동이 m1의 161.8% 이상이고, m3(또는 어떤 추가적으로 필요한 모노파동)이 m(-1)이 형성된 것과 같거나 짧은 단위 시간 동안 m(-1)보다 길게 형성된다면, 강세조정(또는 그것의 변형)이 진행 중일 가능성이 높다. 그런 사실을 기록하고, 이미 m1 끝에 기록된 ":5" 뒤에 "[:c3]"이라고 적는다.

강세조정은 m0의 시작점에서 시작되어 m2의 끝에서 마감될 가능성이 높다. 4장에서 구조기호를 그룹으로 묶을 때 강세조정을 다루게 된다면, ":c3"이 강세조정의 파동 b 또는 이중 조정의 x파동이 되는 것에 가장 높은 가능성을 둔다. 이러한 조건에서 추가적으로 발생할 수 있는, 일반적이지 않은 다른 상황들에 대해서는 다음 단락에서 설명한다.

만약 m0과 m2가 가격과 시간 면에서 거의 같고, m3이 m1의 161.8% 이상이 아니며, m3(더하기 1시간 단위)이 형성된 시간보다 짧은 시간에 m4에 의해 완전히 되돌려진다면, m1은 x파동 진행기호를 사용해야 하는 복합 조정의 한 부분일 수 있다. x파동은 m0의 끝, m2의 끝, 또는 m1의 중심부에 숨겨진 형태 등 세 지점 중 한 곳에 존재할 것이다('숨겨진 파동'에 관한 개념은 12장 536쪽에서 다룬다). 이런 3가지의 가능성을 나타내기 위해 연필로 m0과 m2의 끝과 m1의 중심부(m1의 중심부에는 동그라미를 그린다)에 "x:c3?"이라고 표시한다. m3의 길이가

m1의 61.8% 이하로 떨어진다면 x파동이 m1의 중심부에 숨겨져 있을 가능성이 극적으로 증가한다. 이러한 신호들은 4장에서 모노파동을 결합하고 분석하는 과정 전반에 걸쳐 최종 해석을 내리는 데 도움이 될 것이다.

만약 m2의 가격 범위에서 m0과 겹치는 부분이 있고, m0과 m2가 시간상으로 최소 61.8% 이상 차이가 있으며, m1이 m3 및 m(-1)과 비교해 가장 짧은 파동이 아니고, m3 이후에 시장이 빠르게 m1의 시작점으로 되돌림이 발생하는 경우, m1이 터미널 패턴의 부분인 ":sL3"일 가능성이 높다. 그 사실을 적어두고, 구조 목록에 ":sL3"을 추가한다.

조건 'c' – m0이 m1의 61.8% 이상 100% 미만인 경우

이 경우 모든 상황에서 m1의 끝에 ":5"라고 적는다. 만약 m4가 m0의 끝을 넘어서지 않는다면 m1은 m2가 x파동인 복합 패턴 내에서 플랫 패턴의 마지막 파동일 수 있다. m1의 끝에 ":s5", m2의 끝에 "x:c3?"이라고 적어둔다. 다른 가능성이 존재할 수도 있으므로 이 절의 나머지 부분을 읽고 다른 가능성이 누락되지 않았는지 확인한다.

만약 ":5"가 가장 적합한 구조기호로 사용되었다면 이것은 강세조정 또는 불규칙 미달형 플랫조정(Irregular Failure Flat Correction) 내부에 존재하는 지그재그의 끝이거나, x파동이 m0 또는 m2의 끝에 있는 복합 조정의 부분이 된다(m0의 끝에 "x:c3?"이라고 추가한다). 만약 x파동이 m0에 나타나는 복합파동에 대한 시나리오를 고려하고 있다면, m(-2)는 m(-1)보다 짧을 것이며, m(-4)는 m(-3)보다 큰 파동이 될 가능성이 매우 높다. x파동이 m2에 나타난다면 m(-2)가 m(-1)보다 길 가능성이 매우 높다. 나아가 x파동이 m2 포지션에 나타난 경우 m1은 반드시 m(-1)의 38.2% 이상이며, m1은 m(-1)의 61.8% 이상 되는 것이 바람직하다. 이런 사실들을 기록하고, 파동기호의 발생 순서에 따라 분류한다.

만약 m(-1)이 m0보다 크지만 m1의 261.8% 미만이고, m3은 m1보다 짧으면서, m3 이후에 시장이 m1의 시작점으로 빠르게 되돌려진다면, 터미널 패턴은 m3에서 종료되었을 수 있다. m1의 끝에 ":c3"이라고 적어둔다.

만약 m0이 3개 이상의 모노파동으로 이루어져 있고, m0이 형성된 시간 이하의 시간에 걸쳐 m1이 m0을 완전히 되돌린다면, m0은 아마도 중요한 엘리어트 패턴의 마지막 파동일 가능성이 높다. 차트에 이 사실을 기록해둔다.

만약 m2(더하기 1시간 단위)가 그것이 형성된 시간 이하의 시간에 완전히 되돌려졌고, m3이 m1에 비해 길며 더 가파르고, m(-1)이 m1의 161.8% 이하라면, 강세 삼각형 패턴은 m2로 종료되었을 가능성이 높다. m1의 마지막 부분에 ":sL3"이라고 기록한다.

만약 삼각형을 돌파하는 m3이 그것이 형성된 시간보다 짧은 기간 동안 m4에 의해 완전히 되돌려질 경우, 삼각형은 제한 삼각형이다. 만약 m3이 m4에 의해 완전히 되돌려지지 않거나, m4의 기울기가 m3보다 작고, m4가 완전히 되돌려진다면, 삼각형은 아마도 무제한 삼각형이거나 m3이 터미널 패턴의 5개의 내부 파동 중 하나일 것이다.

만약 m3과 m(-1)이 모두 m1의 161.8% 이상이라면, 불규칙 미달형 패턴은 m2에 의해 마감되었을 것이다. m1의 마지막 부분에 ":c3"을 기입한다.

조건 'd' – m0이 m1의 100%와 같거나 크고 161.8%와 같거나 작은 경우

만약 m2가 형성되는 데 m1 이상의 시간이 걸리거나, m2가 m3 이상의 시간에 걸쳐 형성되었을 경우, m1이 마지막 부분에 ":5"라고 기입하라. 다른 패턴이 형성될 가능성이 존재하기 때문에 놓치는 부분이 없도록 이 절의 다른 부분을 마저 읽는다.

만약 m2(더하기 1시간 단위)가 그것이 형성된 시간 이하의 시간에 완전히 되돌려지고, m3이 m1보다 길며 가파르고, m0과 m1이 비슷한 시간(±61.8% 범위 내) 동안 형성되고, m2가 형성된 시간이 m0 또는 m1의 61.8% 이하이며, m0이 m1의 138.2% 이하라면, 파동 c가 심각하게 미달형인 플랫이 m2로 마감되었을 가능성이 높다. m1의 끝에 ":c3"이라고 적는다.

만약 m3이 m1보다 길고 가파르며, m3은 완전히 되돌려졌거나 61.8% 이하로 되돌려졌고, m0이 가능한 구조기호 중 하나가 ":c3"이고, m(−3)이 m(−2)보다 길며, 동시에 m(−2) 또는 m(−1)이 m0보다 길다면, m1은 수렴형 삼각형의 끝에서 두 번째 파동일 수 있다. "(:sL3)"을 구조기호 목록에 덧붙인다.

만일 m3이 m1보다 짧고, m3은 61.8% 이상 되돌려졌으며, m1이 m0에 비해 짧은 시간 동안 형성되고, m2가 형성되는 데 m1 이상의 시간이 소요되었다면, m1은 m3으로 끝나는 지그재그의 한 부분일 가능성이 있다. m1의 끝에 ":5"를 기입한다.

조건 'e' – m0이 m1의 161.8% 이상인 경우

어떤 상황이든 ":5"가 m1의 구조기호가 될 가능성이 매우 높으므로, m1의 끝에 ":5"를 기입한다. 만약 m3이 m1에 비해 짧고 기울기가 완만하다면 가능한 선택지는 ":5"뿐이다.

만약 m2(더하기 1시간 단위)가 그것이 형성된 시간 이하의 시간에 완전히 되돌려지고, m3이 m1에 비해 길고 가파르며, m(−1)이 m1과 겹치는 부분이 전혀 없다면, 시장은 m0의 중심부에 x파동이 숨겨진 가운데 m2에서 복합 조정이 마무리되었을 수 있다. m1에 기록된 현재 구조기호에 ":c3"을 추가하고, m0의 중심부에 점을 찍는다. 그리고 점의 오른쪽 부분에 "x:c3?"을 입력하고, 점의 왼쪽에는 ":5"라고 기록한다.

법칙 3 {:F3/:c3/:s5/:5/(:sL3)/[:L5]}

그림 3-25 **법칙 3**(적용조건)

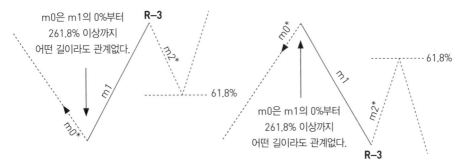

m0은 m1의 0%부터 261.8% 이상까지 어떤 길이라도 관계없다.

R-3

m2*

m1

61.8%

m0*

m0*

m1

m2*

61.8%

m0은 m1의 0%부터 261.8% 이상까지 어떤 길이라도 관계없다.

R-3

• 별표(*)는 1, 3, 5개 또는 그 이상의 모노파동들로 구성될 수 있다.

조건 'a' – m0이 m1의 38.2%보다 작은 경우

m3이 m1의 261.8%를 초과할 때 m1은 강세조정의 중심부에 존재할 가능성이 가장 높지만, 복합 조정 패턴 내부에 나타나는 지그재그의 마지막 파동일 수도 있다. ":c3/(:s5)"를 m1의 끝에 기록해 이러한 2가지의 가능성이 각각 존재한다는 것을 표시한다. 만약 m1이 m(-1)과 m(-3)에 비해 길고, m1이 형성된 것 이하의 시간에 걸쳐 m2가 m(-2)와 m0의 저점을 이은 추세선을 하향 이탈했다면, m1은 5번 파동이 연장된 충격 패턴의 5번 파동일 수 있다. m1의 끝에 "[:L5]"라고 기록한다. 만일 m(-1)이 m1의 161.8% 이상이라면 목록에서 ":s5"

를 삭제한다. m(-1)이 m3의 61.8% 미만이라면 하나 이상의 큰 규모의 엘리어트 패턴이 m2에서 이미 끝났을 수 있다.

만약 m3이 m1의 161.8% 이상 261.8% 이하라면 m1은 5번 파동이 연장된 충격 패턴의 중심부이거나, 강세조정의 중심부, 또는 복합 조정 내부에 있는 엘리어트 패턴의 첫 번째 내부 파동일 수 있다. m1의 끝에 ":s5/:c3/:F3"을 기입해 이러한 가능성들을 각각 순서대로 표시한다.

만약 m1이 m(-1)과 m(-3)과 비교해 가장 긴 파동이고, m2는 m1이 형성된 시간 이하의 시간 동안 m(-2)와 m0의 저점을 이은 추세선을 하향 이탈한다면, m1은 5번 파동이 연장된 충격 패턴의 5번 파동일 가능성이 높다. m1의 끝에 "[:L5]"를 추가한다. 만일 m(-1)이 m3보다 길다면 구조 목록에서 ":c3"을 삭제한다. 만약 m(-1)이 m1보다 길다면 m1에 사용된 ":s5"는 복합 조정 내부에 존재하는 지그재그의 파동 c일 수밖에 없고, m2는 수렴형 삼각형의 파동 a로 이어지는 x파동일 가능성이 가장 높다.

만약 m3이 m1의 100% 이상 161.8% 미만이라면, m1은 복합 조정 안에 있는 표준적인 엘리어트 패턴의 첫 번째 내부 파동이거나 5번 파동이 연장된 충격 패턴의 3번 파동, 또는 복합 조정이 진행되는 과정에서 나타내는 지그재그 파동 c일 수 있다. m1의 끝에 ":F3/:5/:s5"라고 적어 각각의 가능성을 표시한다. 만약 m1이 m(-1) 및 m(-3)과 비교해 가장 길고, m2가 m(-2)와 m0의 저점을 이은 추세선을 m1이 형성된 기간 이하의 기간에 하향 이탈한다면, m1은 5번 파동이 연장된 충격 패턴의 5번 파동일 수 있으므로 m1의 끝에 "[:L5]"를 덧붙인다. 만일 m4가 m3보다 작다면 구조 목록에서 ":F3"을 삭제한다. 만약 m0이 m(-1) 및 m1보다 짧은 기간에 걸쳐 형성되었다면 구조 목록에서 ":s5"를 삭제한다. 만일 m(-1)이 m1보다 길고 ":s5"가 사용되었다면 m1은 복합 조정 내부의 지그재그 파동 c일 가능성만 남으며, m2는 x파동일 것이다.

만약 m3이 m1보다 짧고, m3이 그것이 형성된 시간보다 빠른 시일 내에 완전히 되돌려진다면, 충격파동 또는 복합 조정 패턴은 m3으로 끝났을 것이다. m1의 끝에 ":5/:F3"을 입력한다. 만약 m1이 m(-1) 및 m(-3)과 비교해 가장 긴 파동이고, m2가 m1이 형성된 시간 이하의 시간 동안 m(-2)와 m0의 저점을 이은 추세선을 하향 이탈한다면, m1은 5번 파동이 연장된 충격 패턴의 5번 파동일 수 있으므로 m1의 끝에 "[:L5]"를 추가한다.

만일 m3이 m1보다 짧고, m3이 되돌려지는 데 m3이 형성된 시간보다 긴 시간이 걸린다면, m1은 복합 조정 패턴 내부에 있는 지그재그 패턴의 마지막 파동이 되므로, m1의 끝에 ":s5"라고 표시한다. 만약 m1이 m(-1) 및 m(-3)과 비교해 가장 긴 파동이고, m2가 m1이 형성된 시간 이하의 시간 동안 m(-2)와 m0의 저점을 이은 추세선을 하향 이탈한다면, m1은 5번 파동이 연장된 충격 패턴의 5번 파동일 가능성이 높으므로 m1의 끝에 "[:L5]"를 추가한다.

만약 m3이 m1보다 짧고, m4가 m3보다 짧다면, m1은 복합 조정 내부에 있는 지그재그의 마지막 파동이거나 터미널 충격 패턴의 한 부분이다. m1의 끝에 ":s5/:F3"을 입력해 이러한 각각의 가능성을 표시한다. 만약 m1이 m(-1) 및 m(-3)과 비교해 가장 긴 파동이고, m2가 m1이 형성된 것 이하의 시간 동안 m(-2)와 m0의 저점을 이은 추세선을 하향 이탈한다면, m1은 5번 파동이 연장된 패턴의 5번 파동일 수 있으므로 m1의 끝에 "[:L5]"를 추가한다. 만약 m5가 m3보다 길다면 가능한 구조기호 목록에서 ":F3"을 삭제한다.

조건 'b' – m0이 m1의 38.2% 이상 61.7% 미만인 경우

만약 m3이 m1의 261.8%를 초과하는 경우, m1은 불규칙 미달형의 중심부에 존재할 가능성이 가장 높지만 복합 조정 내부에 있는 지그재그의 마지막 내부 파동일 수도 있다. m1의 끝에 ":c3/(:s5)"라고 써서 이러한 각각의 가능성을 표시해둔다. 만약 m(-1)이 m1의 161.8%를 초과하면 목록에서 ":s5"를 삭제한다. m(-1)이 m3의 61.8% 미만이라면 하나 이상의 엘리어트 패턴이 m2에서 끝났을 것이다(더 높은 등급의 엘리어트 패턴).

만약 m3이 m1의 161.8% 이상 261.8% 이하라면, m1은 불규칙 미달형 패턴의 중심부에 있거나, 복합 조정 내부에 있는 지그재그의 파동 c, 또는 5번 파동의 연장된 터미널 충격 패턴의 중심부에 있을 수 있다. m1의 끝에 ":c3/:s5"를 입력한다. 강세조정과 터미널 충격파동은 모두 ":c3"을 사용하고, ":s5"는 지그재그 시나리오에 사용될 것이다. 만일 m(-1)이 m1보다 길다면 터미널 패턴으로 진행될 가능성은 없다고 본다.

만약 m3이 m1의 100% 이상 161.8% 미만이라면, m1은 복합 조정 패턴 내부에 있는 지그재그의 첫 번째 또는 마지막 내부 파동이거나 5번 파동이 연장된 터미널 충격 패턴의 중심부일 수 있으므로 m1의 끝에 ":5/:s5/:c3"을 표시한다. 만약 m(-1)이 m1보다 길다면 ":c3"을 가능한 목록에서 삭제한다. 만약 m(-1)이 m1보다 길고, ":s5"가 m1에 대해 사용되었다면, m1은 복합 조정 내부에 존재하는 지그재그의 파동 c일 가능성이 높으므로, m2의 끝에 "x:c3?"이라고 적어둔다. 만약 m4가 m3보다 작다면 구조 목록에서 ":5"를 삭제하고, m3(더하기 1시간 단위)이 자신이 형성된 시간보다 빠르게 완전히 되돌려졌다면 구조 목록에서 ":s5"를 삭제한다.

만약 m3이 m1보다 짧고, m3(더하기 1시간 단위)이 자신이 형성된 시간보다 빠르게 완전히 되돌려진다면, 복합 조정은 m3으로 끝났을 수 있으므로, m1의 끝에 ":5"를 써둔다. 만일 m4가 m(-1)에서 m3까지 소비된 시간의 50%

이하의 시간 내에 m(-1)의 시작점으로 되돌려지고, m(-1)이 m1의 261.8% 이하라면, m1은 터미널 충격 패턴의 한 부분일 수 있으므로 m1의 끝에 ":c3"을 덧붙인다.

만약 m3이 m1보다 짧고, m3이 형성된 시간보다 느린 속도로 완전히 되돌려지면, m1은 복합 조정 패턴의 일부인 지그재그의 마지막 파동이므로, m1의 끝에 ":s5"를 입력한다.

만일 m3이 m1보다 짧고, m4가 m3보다 짧다면, m1은 복합 조정 패턴의 일부인 지그재그의 마지막 파동이거나 터미널 충격 패턴의 일부일 것이므로, 이러한 2가지의 가능성을 각각 나타내기 위해 m1의 끝에 ":s5/:F3"을 표시한다. 만약 m5가 m3보다 길다면 가능한 구조기호에서 ":F3"을 삭제한다.

조건 'c' – m0이 m1의 61.8% 이상 100% 미만인 경우

m3이 m1의 261.8%를 초과할 경우, m2는 불규칙 미달형 플랫 또는 무제한 삼각형의 마지막 파동일 수 있으므로, m1의 끝에 ":c3/:sL3"을 기입한다. 만약 m(-1)이 m1의 161.8%를 초과한다면 가능한 구조 목록에서 ":sL3"을 삭제한다. 또 m(-1)이 m1의 161.8% 이하이고, m(-2)가 m(-1)의 61.8% 이상이라면, ":c3"을 구조 목록에서 삭제한다.

m3이 m1의 161.8% 이상 261.8% 이하라면, m1은 불규칙 미달형 패턴의 중심 부분이거나 수렴형 삼각형의 끝에서 두 번째 내부 파동, 또는 복합 조정의 부분일 수 있으므로, m1의 끝에 ":F3/:c3/:sL3/:s5"를 기록한다. 만일 m3(더하기 1시간 단위)이 자신이 형성된 기간보다 빠르게 완전히 되돌려진다면 위의 목록에서 ":s5"를 삭제한다. 그리고 m(-1)이 m1의 161.8%를 초과하면, 위의 목록 중에서 ":sL3"을 삭제한다. 만약 m(-1)이 m1의 161.8% 이하이고, m(-1)이

61.8% 이상 되돌려졌다면, 위의 목록에서 ":c3"을 삭제한다. 또 m4가 m3보다 짧다면 목록에서 ":F3"을 삭제한다.

만약 m3이 m1의 100% 이상 161.8% 미만이라면, m1은 불규칙 미달형 플랫의 중심부이거나 수렴형 삼각형의 끝에서 두 번째 내부 파동, 또는 5번 파동이 연장된 터미널 패턴의 중심 내부 파동, 혹은 복합 조정의 내부 파동 중 하나일 가능성이 있으므로, m1의 끝에 ":F3/:c3/:sL3/:s5"를 기입한다. 만약 m4가 m3보다 짧다면 위의 목록에서 ":F3"을 삭제하고 터미널 시나리오로 진행될 가능성은 배제한다. 만약 m3(더하기 1시간 단위)이 자신이 형성된 시간보다 빠르게 완전히 되돌려진다면, 위 목록에서 ":s5"를 삭제한다. 또 m(-1)이 m1의 161.8%보다 길다면 위의 목록에서 ":sL3"을 삭제한다. 만약 m(-1)이 m1의 161.8% 이하이고, m(-1)이 61.8% 이상 되돌려진다면, 목록에서 ":c3"을 삭제한다.

만약 m3이 m1보다 짧고, m3(더하기 1시간 단위)가 자신이 형성된 기간보다 빠르게 되돌려진다면, m3은 터미널 충격 또는 복합 조정이 마무리하는 파동일 수 있으므로, m1의 끝에 ":c3/:F3"이라고 기록한다. 만약 m(-1)이 m1의 138.2% 미만 261.8% 초과일 경우에 ":c3"이 나타날 가능성은 매우 낮으므로 ":c3"의 옆에 각괄호를 사용해 "[:c3]"이라고 표시한다.

만약 m3이 m1보다 짧고, m3(더하기 1시간 단위)이 자신이 형성된 기간보다 긴 기간에 걸쳐 되돌려진다면, m1은 복합 조정의 내부에 존재하는 지그재그 파동 a 또는 지그재그 파동 c일 수 있으므로, m1의 끝에 ":F3/(:s5)"라고 표시한다. 만일 m5(더하기 1시간 단위)가 m4가 형성된 기간보다 빠르게 완전히 되돌려진다면 목록에서 "(:s5)"를 삭제한다.

만일 m3이 m1보다 짧고, m4는 m3보다 짧다면, m1은 복합 조정 내부에 나타나는 지그재그나 플랫의 마지막 내부 파동이나 강세 수렴형 삼각형의 중심 내부 파동 중 하나, 또는 터미널 충격 패턴의 첫 번째 내부 파동일 가능성이 있으므로, m1의 끝에 ":s5/:c3/(:F3)"을 기재한다. 만약 m5가 m3보다 길다면 구조 목록에서 "(:F3)"을 삭제하라. 또 m(-1)이 m1의 261.8%를 초과한다면 목록에서 ":s5"를 삭제한다.

조건 'd' – m0이 m1의 100%와 같거나 크고 161.8%보다 작은 경우

m3이 m2의 261.8%를 초과할 경우, m1은 지그재그의 첫 번째 내부 파동, 미달형 C 플랫의 중앙 부분인 파동, 또는 삼각형의 끝에서 두 번째 내부 파동일 가능성이 있으므로, m1의 끝에 ":5/:c3/(:sL3)"이라고 적어둔다. 그리고 m(-1)이 m0의 61.8% 미만이거나 161.8%를 초과한다면 목록에서 "(:sL3)"을 삭제한다. 그리고 m2가 그것이 형성된 시간보다 긴 시간에 걸쳐 느리게 되돌려진다면 "(:sL3)"와 ":c3"을 목록에서 삭제한다. 또 m3이 m1의 161.8%를 초과할 경우 목록에서 ":5"를 삭제한다.

m3이 m2의 161.8% 이상 261.8% 이하라면, m1은 미달형 C 플랫의 중앙 부분이나 수렴형 삼각형의 끝에서 두 번째 내부 파동, 또는 지그재그의 첫 번째 내부 파동일 가능성이 있으므로, 이 3가지 가능성을 각각 표시하기 위해 m1의 끝에 ":c3/:sL3/:5"라고 적는다. 만일 m(-1)이 m0의 61.8% 미만이거나 161.8%를 초과한다면, m1이 m(-3)에서 m0까지 길이의 38.2% 미만인지를 확인해보고, 만일 미만이라면 ":sL3"을 목록에서 삭제한다. 또 m1이 m(-3)에서 m(-1)까지의 폭의 38.2% 초과 61.8% 미만이라면, ":sL3"에 괄호를 표시해 둠으로써 가능성은 있지만 별로 선호할 만한 선택은 아니라는 표시를 해야 한다. 만약 m(-1)이 m0의 61.8~161.8%에 해당된다면 목록에서 ":c3"을 삭제한다.

m4가 m0의 61.8% 미만일 때는 ":5"에 괄호 표시를 함으로써 가능성이 낮음을 나타내야 한다.

만일 m3이 m2의 100% 이상 161.8% 미만이라면, m1은 지그재그의 첫 번째 내부 파동일 가능성이 높지만 삼각형의 내부 파동일 가능성도 있으므로, m1의 끝에 ":5/(:c3)/[:F3]"이라고 표시한다. 이때 m4가 m3보다 길다면 가능 목록에서 "(:c3)"과 "[:F3]"을 삭제한다. 만약 m4가 m3보다 짧고, m5가 m4를 m4가 형성된 시간보다 빠르게 되돌리며, m5가 m1 이상이고 더 가파르게 형성되었다면, 목록에서 ":5"를 삭제한다.

조건 'e' – m0이 m1의 161.8% 이상 261.8% 이하인 경우

만약 m3이 m2의 261.8%를 초과한다면, m1은 지그재그의 첫 번째 내부 파동이거나 복합 조정을 마감하는 미달형 C 플랫(m0의 중심 부분에 x파동이 숨겨짐)의 중간 부분이거나 삼각형의 끝에서 두 번째 파동일 수 있으므로 m1의 끝에 ":5/:c3/(:sL3)"이라고 표시한다. 이때 m(-1)이 m0의 61.8% 미만이거나 161.8%를 초과한다면 구조 목록에서 (:sL3)을 삭제한다. 또 만약 m2가 그것이 형성된 것보다 긴 시간에 걸쳐 천천히 되돌려진다면 "(:sL3)"과 ":c3"을 목록에서 삭제한다. 그리고 m3이 m1의 161.8%를 초과한다면 목록에서 ":5"를 삭제한다.

만약 m3이 m2의 161.8% 이상 261.8% 이하라면, m1은 지그재그의 첫 번째 내부 파동이거나 복합 조정을 마감하는 미달형 C 플랫(m0의 중심 부분에 x파동이 숨겨짐)의 중심 부분일 것이므로 m1의 끝에 ":5/:c3"으로 적고, m0의 중심 부분에 점을 찍은 후 점의 오른쪽에는 "x:c3?", 왼쪽에는 ":s5?"라고 쓴다. 만약 m2가 자신이 형성된 기간보다 긴 기간에 걸쳐 느리게 되돌려졌다면 목록에서 ":c3"

을 삭제하고, m3이 m1의 161.8%를 초과한다면 ":5"를 목록에서 삭제한다.

만약 m3이 m2의 100% 이상 161.8% 미만이라면, m1은 지그재그의 첫 번째 내부 파동이거나 삼각형의 첫 번째 내부 파동일 것이므로 m1의 끝에 ":5/(:F3)"이라고 쓴다. 만일 m4가 모노파동이고 m4가 m3보다 길다면 구조 목록에서 "(:F3)"을 삭제한다.

조건 'f' – m0이 m1의 261.8%를 초과한 경우

만약 m3이 m2의 261.8%를 초과한다면, m1이 지그재그의 첫 번째 내부 파동이거나 복합 조정을 마감하는 미달형 C 플랫(m0의 중심 부분에 x파동이 숨겨짐)의 중심부일 것이므로 m1의 끝에 ":5/(:c3)"이라고 적는다. 만일 m2가 그것이 형성된 것보다 긴 기간에 걸쳐 천천히 되돌려지면 목록에서 ":c3"을 삭제한다. 또 m3이 m1의 161.8%보다 초과한다면 목록에서 ":5"를 삭제한다. 만일 (:c3) 구조기호가 m1에서 사용되었고, m(-1)이 m1과 가격 면에서 겹치는 부분이 없다면 m0의 중심 부분에 점을 찍고 점의 오른쪽에는 "x:c3?", 왼쪽에는 ":s5?"라고 표시해서 m0에 x파동이 숨겨져 있을 가능성을 나타낸다.

만약 m3이 m2의 161.8% 이상 261.8% 이하라면, m1은 지그재그의 첫 번째 내부 파동이거나 복합 조정을 마감하는 파동 c가 미달형인 플랫(m0의 중심 부분에 x파동이 숨겨짐)의 중심부일 수 있으므로 m1의 끝에 ":5/(:c3)"이라고 쓴다. 만약 m3이 m2보다 길다면 목록에서 "(:c3)"을 삭제하고, m2가 그것이 형성된 기간보다 긴 시간에 걸쳐 되돌려졌다면 목록에서 "(:c3)"을 삭제한다. m3이 m1의 161.8%를 초과할 경우에는 목록에서 ":5"를 삭제한다. 만약 "(:c3)"이 m1의 구조기호로 사용되었고, m(-1)은 m1과 가격 면에서 겹치는 부분이 없다면, m0의 중심 부분에 점을 찍고 점의 오른쪽에는 "x:c3?", 왼쪽에는 ":s5?"라고 써서 m0에 x파동이 숨겨져 있을 가능성이 있음을 표시한다.

만약 m3이 m2의 100% 이상 161.8% 미만이라면, m1은 지그재그의 첫 번째 내부 파동이거나 삼각형의 첫 번째 내부 파동일 것이므로 m1의 끝에 ":5/(:F3)"이라고 쓴다. 만약 m4가 모노파동이고, m4가 m3보다 길다면, 구조 목록에서 "(:F3)"을 삭제한다.

법칙 4

그림 3-27 법칙 4a

조건 'a' {:F3/:c3/:s5/[:sL3]}

범주 'i' – m3이 m2의 100% 이상 161.8% 미만인 경우

만약 m3(더하기 1시간 단위)가 완전히 되돌려지는 데 형성된 기간보다 긴 시간이 걸린다면, m1은 x파동에 이어 나타나는 조정파동의 첫 번째 내부 파동이거나 보다 큰 표준 또는 비표준 패턴의 마지막 조정파동이므로 m1의 끝에 ":F3/:s5"를 적어둔다. 만약 ":F3"을 선택한다면 m1은 플랫조정의 파동 a이고, ":s5"가 맞다면 m1은 지그재그 패턴의 마지막 파동이다. 또 m1이 m(-1)의 61.8% 미만이라면 구조 목록에서 ":s5"를 삭제하고, m0이 m(-1) 및 m1보다 짧은 시간에 걸쳐 형성되었다면 m1의 구조 목록에서 ":s5"를 삭제한다.

만약 m3이 완전히 되돌려지는 데 그것이 형성된 시간 이하의 시간이 걸린다면 사실상 m1이 엘리어트 패턴의 마지막 파동일 가능성은 없으므로 m1의 끝에 ":F3/:c3"이라고 쓴다. 만약 m1의 되돌림 비율이 70% 이하이고, m2의 어떤 가격대도 m0과 겹치지 않으며, m3이 m1의 161.8% 수준이고, m0이 형성되는데 m(-1)보다 긴 시간이 걸리거나, m0이 m1에 비해 긴 기간에 걸쳐 형성된 경우, 구조 목록에 ":s5"를 추가한다. 만약 m2의 가격 범위가 m0과 전혀 겹치지 않는다면 선택 가능한 옵션에서 ":c3"을 삭제한다. 만약 ":F3"이 사용된다면, m1은 보다 큰 복합 조정 패턴 내부에 존재하는 조정 패턴의 파동 a일 것이므로 m0은 x파동일 것이다. 만약 ":c3"이 여전히 가능성이 있다면, m1은 확산형 삼각형 또는 터미널 충격 패턴의 한 부분일 것이다. 또 ":s5"가 맞다면, 이것은 5번 파동이 연장된 충격 패턴의 3번 파동일 것이다.

만일 m3이 100% 이하로 되돌려진다면 m1의 끝에 ":F3/:s5"라고 쓴다. 만약 m2가 3개 이상의 모노파동으로 이루어져 있고, m2(더하기 1시간 단위)가 자신이 형성된 기간보다 빠른 속도로 완전히 되돌려지고, m2가 m1에 비해 많은 시간이 소요되며, m2가 m(-2)와 m0의 끝을 이은 추세선을 m1이 형성된 시간보다 빠르게 하향 이탈한다면, m1은 불규칙 또는 강세조정에 포함된 지그재그의 마지막 파동일 것이므로 m1의 끝에 있는 구조 목록에 ":L5"를 기록한다. 이 경우 ":L5"는 폴리파동 패턴을 다룰 때 가능한 2단계의 확인 과정을 통해 타당성이 입증된다(보다 상세한 내용은 6장을 참조). 만약 m0이 m1과 m(-1) 둘 다에 비해 짧은 시간에 걸쳐 형성된다면 목록에서 ":s5"를 삭제한다. 만약 ":F3"이 선택된다면 m1은 플랫이나 삼각형 조정의 파동 a다. 만약 ":s5"가 적절하다면 m1은 지그재그 패턴의 마지막 파동이다.

범주 'ii' – m3이 m2의 161.8% 이상 261.8% 이하인 경우

만약 m(-1)이 m1의 261.8%를 초과하면 m1이 엘리어트 패턴의 마지막 파동일 가능성은 사실상 없으므로 m1의 끝에 ":F3"만 쓴다. 만약 m4가 m3보다 길다면 m1이 엘리어트 패턴의 마지막 파동일 가능성은 거의 없으므로 m1의 끝에 ":F3"만 쓴다. 만약 m3이 100% 미만으로 되돌려졌다면 m1의 끝에 ":s5"를 기입하고 아래의 지침을 따라 어떤 형태의 엘리어트 패턴이 형성되고 있는지 파악한다.

① 만약 m1이 70% 이하로 되돌려지고, m1이 m(-1)의 101~161.8% 사이이고, m0과 m2가 겹치는 부분이 없으면서, m(-2)가 m(-1)보다 길다면, m1은 5번 파동이 연장된 충격 패턴의 3번 파동일 수 있다. 만일 m1이 m(-1)의 161.8~261.8% 사이라면, m1은 복합 조정 내부에서 형성되는 지그재그의 마지막 파동이고 m2가 x파동일 가능성이 더 높다. 하지만 m1이 3번 파동일 가능성도 여전히 존재하는데, 그것은 5번 파동이 가장 긴 이중 연장 충격 패턴(506쪽에 있는 그림 12-14)의 한 부분이라는 것이 확인될 경우로 한정된다. 만약 m1이 m(-1)의 261.8%를 초과한다면 복합 조정 시나리오가 유일하게 적절한 선택지가 된다.

② 만약 m1이 되돌려지는 비율이 70% 이하이고, m1이 m(-1)의 100% 이상 161.8% 미만이고, m2와 m0이 가격 면에서 일부 겹치며, m(-2)가 m(-1)보다 길면, m1은 5번 파동이 연장된 터미널 충격 패턴의 3번 파동의 마지막 파동이 될 수 있다. 만약 m1이 m(-1)의 161.8% 이상 261.8% 이하라면, m1은 복합 조정파동 내부에 존재하는 지그재그의 마지막 파동이고, m2가 x파동의 마지막 파동일 가능성이 더 높다. 그러나 5번 파동의 길

이가 가장 긴 이중 연장 터미널 충격 패턴의 3번 파동이라는 것이 확인되는 한 m1이 3번 파동일 가능성은 여전히 유효하다. 만약 m1이 m(-1)의 261.8%보다 크다면 복합 조정이라는 시나리오만이 유일한 대안이다.

③ 만약 m1이 70% 이하로 되돌려지고, m1이 m(-1)보다 작다면, m1은 지그재그 패턴의 한 부분일 가능성만 남는다.

④ m1이 70% 이상 되돌려진다면 m1로 지그재그가 끝났을 가능성이 가장 높다. 하지만 만약 m0과 m2의 가격에서 겹치는 부분이 있고, m3이 그것이 형성된 기간에 비해 빠르게 되돌려진다면, m1은 5번 파동이 연장된 터미널 충격 패턴의 3번 파동일 수 있다.

이러한 사실들을 차트에 기록한다.

범주 'iii' – m3이 m2의 261.8%보다 큰 경우

만약 m(-1)이 m1의 261.8%를 초과한다면 m1이 엘리어트 패턴의 마지막 파동일 가능성은 사실상 없으므로 m1의 끝에 ":F3"만 기록한다.

만약 m3이 m4에 의해 완전히 되돌려진다면 m1이 엘리어트 패턴의 마지막 파동일 가능성은 극히 낮으므로 m1의 끝에 ":F3"만 기록한다.

만약 m3이 100% 미만으로 되돌려진다면 m1이 엘리어트 패턴의 시작점일 가능성은 매우 낮으므로 m1의 끝에 ":s5"만 기록한다.

그림 3-27 **법칙 4b**

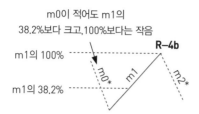

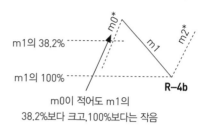

조건 'b' {:F/:c3/:s5/(:sL3)/(x:c3)/[:L5]}

범주 'i' – m3이 m2의 100% 이상 161.8% 미만인 경우

만약 m3(더하기 1시간 단위)이 완전히 되돌려지는 데 그것이 형성된 기간 이하의 시간이 걸렸다면, m1이 엘리어트 패턴의 마지막 파동일 가능성은 매우 낮으므로 m1의 끝에 ":F3/:c3"만 입력한다. 그리고 이후에 ":c3"이 적절한 선택이라고 밝혀진다면 m1은 터미널 충격 패턴의 한 부분일 것이다. 만약 m3의 끝점이 m0의 끝점에 도달하기 전에 돌파되고, m1이 m(-1)과 m(-3)과 비교해서 가장 길며, m2가 m(-2)와 m0의 끝을 이은 추세선을 m1이 형성된 시간보다 빠르게 하향 이탈하면, m1은 5번 파동이 연장된 충격 패턴의 5번 파동일 것이므로 m1의 끝에 "[:L5]"를 추가한다.

만약 m3이 그것이 형성된 기간보다 긴 기간에 걸쳐 완전히 되돌려졌다면 m1의 끝에 ":F3/:c3/:s5"라고 적는다. 그리고 m2가 형성되는 과정에서 m1의 종점을 넘어섰다면 ":c3" 앞에 x를 추가한다. 만약 m3의 종점이 m0의 종점에 도달하기 전에 돌파되고, 동시에 m1이 m(-1) 및 m(-3)과 비교할 때 가장 긴 파동이고, m2가 m1이 형성된 것에 비해 같거나 짧은 시간에 걸쳐 m(-2)와 m0을 이은 추세선을 이탈한다면, m1은 5번 파동이 연장된 패턴의 5번 파동일 것이므로 m1의 구조 목록에 "[:L5]"라고 적는다. 만약 m1이 m(-1)의 61.8%보다 작다면 목록에서 ":s5"를 삭제한다. 만약 m(-1)이 m1의 161.8% 이상이고, m3이 61.8% 이하로 되돌려지면, ":F3"을 선택지에서 배제한다. 만약 m0(더하기 1시간 단위)의 형성 시간이 m(-1) 및 m1 둘 다에 비해 짧다면 목록에서 ":s5"를 삭제한다.

만약 m3이 100% 미만으로 되돌려지면 m1이 어떤 엘리어트 패턴의 첫 번째 파동일 가능성은 극히 낮으므로 m1의 끝에 ":c5/:s5"라고 쓴다. 만약 m1의 끝점이 m2가 형성되는 과정에서 돌파되었다면 ":c3" 앞에 x를 추가한다. 그리고 다음의 조건들이 성립되지 않더라도 현재의 문단 전체를 읽도록 한다. 만약 m2가 3개 이상의 모노파동으로 이루어져 있고, m2가 완전히 되돌려진 시간이 자신이 형성된 기간보다 빠르며, m2가 m1보다 긴 기간에 걸쳐 형성되었고, m(-1)이 m0의 161.8% 이상이고, m2가 m1이 형성된 기간보다 빠르게 m(-2)와 m0을 이은 추세선을 이탈하면, m1은 불규칙 또는 강세 조정파동에 포함된 지그재그의 마지막 파동일 것이므로 m1의 끝에 있는 구조 목록에 ":L5"라고 쓴다. 이 경우에 ":L5"는 폴리파동을 다루는 과정에서, 두 단계의 가능한 확인 과정을 통해 타당성이 입증된다(상세한 내용은 6장을 참조). 만약 m0(더하기 1시간 단위)이 m1 및 m(-1) 모두에 비해 짧은 시간에 걸쳐 형성되었다면 구조 목록에서 ":s5"를 삭제한다. 또 m(-2)가 m(-1)보다 길고 구조 목록에서 ":c3" 앞에 x가 나타나지 않는다면 ":c3"을 목록에서 제거한다. 만약 m5가 그것이 형성된 시간과 같은 기간 내에 완전히 되돌려지지 않는다면 목록에서 ":c3"을 삭제한다. 만약 ":c3"일 가능성이 여전히 존재한다면 m1은 복합 조정파동의 x파동일 것이므로 m1의 구조 목록에 "x:c3?"을 추가한다.

만약 m3이 61.8% 이하로 되돌려지면 m1이 엘리어트 패턴의 첫 번째 파동일 가능성은 거의 없으므로 m1의 끝에 ":c3/:sL3/:s5"라고 쓴다. 만약 m2의 형성 과정에서 m1의 끝을 넘어선다면 ":c3"의 앞에 x를 쓴다. 만약 m1이 m(-1) 및 m(-3)과 비교할 때 가장 긴 파동이고, m2가 m1이 형성된 것과 같거나 짧은 시간에 걸쳐 m(-2)와 m0의 저점을 이은 선을 하향 이탈한다면, m1은 5번 파동이 연장된 충격 패턴의 5번 파동일 가능성이 높으므로 m1의 끝에 [:L5]라고 쓴다. 만약 m3에서 m5까지 m1의 161.8%에 도달하지 못했다면 목록에서 ":sL3"을 삭제한다. 그리고 m2(더하기 1시간 단위)가 완전히 되돌려지는 데 걸린 시간이 형성되는 데 걸린 시간 이하라면, 목록에서 ":sL3"을 삭제한다. 또 m0(더하기 1시간 단위)이 형성되는 데 m(-1) 및 m1보다 짧은 시간이 걸린다면 목록에서 ":s5"를 삭제한다. 만약 m(-2)가 m(-1)보다 가격 면에서 길고, ":c3" 앞에 "x"가 나타나지 않는다면, 목록에서 ":c3"을 삭제한다. 만일 ":c3"일 가능성이 여전히 존재한다면 m1은 복합 조정의 x파동일 수 있으므로 m1의 구조 목록에 "x:c3?"이라고 추가한다.

범주 'ii' – m3이 m2의 161.8% 이상 261.8% 이하인 경우

만약 m(-1)이 m1의 261.8%를 초과하면, m1이 엘리어트 패턴의 마지막 파동일 가능성은 사실상 없으므로 m1의 끝에 ":F3/:c3"만 기록한다. 만일 m2의 형성 과정에서 m1의 끝을 넘어선다면 ":c3"의 앞에 "x"라고 쓴다.

만약 m1이 m(-1)와 m(-3)에 비교했을 때 가장 긴 파동이고, m2(더하기 1시간 단위)가 m1이 형성된 시간 이하의 시간 동안 m(-2)와 m0의 저점을 이은 추세선을 하향 이탈한다면, m1은 5번 파동이 연장된 충격 패턴의 5번 파동일 것이므로 m1의 끝에 [:L5]를 덧붙인다.

만일 m3이 61.8% 이하로 되돌려진다면 m1이 엘리어트 패턴의 시작점일 가능성은 거의 없기 때문에 m1의 끝에 ":c3/(:sL3)/(:s5)"만 기록한다. 만약 m2가 형성되는 과정에서 m1의 끝점이 돌파된다면 ":c3" 앞에 "x"를 추가한다. 만일 m3에서 m5까지 진행되는 동안 m1의 161.8% 이상의 가격을 달성하지 못했다면, 목록에서 ":sL3"을 삭제한다. 또 만일 m0(더하기 1시간 단위)이 m(-1) 및 m1보다 짧은 시간에 걸쳐 형성된다면, 목록에서 ":s5"를 삭제한다. 만약 m2가 완전히 되돌려지는 데 그것이 형성된 기간보다 긴 시간에 걸린다면 목록에서 ":sL3"을 삭제한다. 주의할 것은 ":sL3"이 사용되었다면 삼각형(m2로 마감되는 것)은 무제한 삼각형이라는 점이다.

만일 앞에서 제시한 어떤 조건도 적용되지 않는다면 m1의 끝에 ":F3/:c3/:sL3/:s5"라고 쓴다. 또 m2가 형성되는 과정에서 m1의 끝을 돌파한다면 목록에 "x:c3"을 추가한다. 만약 m1이 m(-1) 및 m(-3)에 비교할 때 가장 길고, m2가 m1의 형성시간 이하의 시간에 걸쳐 m(-2)와 m0의 저점을 이은 추세선을 하향 이탈한다면, m1은 5번 파동이 연장된 충격 패턴의 5번 파동일 수 있으므로 m1의 끝에 [:L5]라고 표시한다.

만약 m(-1)과 m1, m3을 비교했을 때, m1이 셋 중 가장 짧고 m3(더하기 1시간 단위)이 완전히 되돌려지는 데 형성된 기간보다 짧은 시간이 걸린다면, 목록에서 ":c3"을 삭제한다. 만약 m1이 m(-1)의 61.8% 미만이라면, 목록에서 ":s5"를 삭제한다. 그리고 m3의 되돌림 비율이 61.8% 미만이라면, ":F3"을 목록에서 제거한다. 만약 m0이 m(-1) 및 m1보다 짧은 시간에 걸쳐 형성된다면, 목록에서 ":s5"를 삭제한다. 또 만일 m2(더하기 1시간 단위)가 그것이 형성된 것보다 느리게 되돌려진다면 목록에서 ":sL3"을 삭제한다.

범주 'iii' − m3이 m2의 261.8%보다 큰 경우

만약 m(-1)이 m1의 261.8%보다 길다면, m1이 엘리어트 패턴의 마지막 파동일 가능성은 거의 없으므로 m1의 끝에 ":c3/(:F3)"만 쓴다. 만약 m1의 끝이 m2의 진행 과정에서 돌파되었다면 ":c3" 앞에 "x"를 쓴다.

만일 m(-1)이 m1의 161.8% 이상이고, m0이 되돌려지는 데 자신이 형성된 것보다 긴 시간에 걸쳐 되돌려지며, m1이 m0의 161.8% 이상의 시간이 걸릴 경우, m0에서 m2에 걸쳐 불규칙 미달형 플랫을 형성할 가능성이 높으므로 m1의 끝에 ":c3/(:F3)"이라고 표시한다. m2가 형성 과정에서 m1의 끝을 돌파할 경우 ":c3" 앞에 "x"를 기입하라.

만약 m1을 m(-1) 및 m(-3)과 비교해 가장 길고, m2가 m1이 형성된 기간에 비해 같거나 짧은 시간에 걸쳐 m(-2)와 m0의 저점을 이은 추세선을 하향 이탈한다면, m1은 5번 파동이 연장된 충격 패턴의 5번 파동일 가능성이 높으므로 m1의 끝에 "[:L5]"를 추가한다.

만약 m3의 되돌림 비율이 61.8% 이하라면, m1이 엘리어트 패턴의 시작점일 가능성은 매우 낮으므로 m1의 끝에 ":F3/:c3/(:s5)"만 기입한다. ":F3"이 사용된다면 m1의 시작점은 연장된 플랫의 시작점이다. 만약 m1이 m(-1) 및 m(-3)에 비해 가장 길고, m2가 m1의 형성 기간 이하의 시간에 걸쳐 m(-2)와 m0의 저점을 이은 추세선을 하향 이탈한다면, m1은 5번 파동이 연장된 충격 패턴의 5번 파동일 가능성이 높으므로 m1의 끝에 "[:L5]"를 추가한다. 또 m0의 형성이 m(-1) 및 m1보다 짧은 시간이 걸렸다면, 목록에서 ":s5"를 삭제한다. 만약 m2의 형성 기간에 m1의 끝을 넘어섰다면, ":c3"의 앞에 "x"를 추가한다.

만약 위의 어떤 조건도 적용되지 않는다면, m1의 끝에 ":F3/:c3/:sL3/:s5"

를 적는다. 만약 m1이 m(-1) 및 m(-3)과 비교할 때 가장 길고, m2가 m1이 형
성된 기간 이하의 시간에 걸쳐 m(-2)와 m0의 저점을 이은 추세선을 하향 이탈
한다면, m1은 5번 파동이 연장된 충격 패턴의 5번 파동일 가능성이 높으므로
m1의 끝에 "[:L5]"라고 표시한다. m1이 m(-1)의 61.8% 미만일 때는 목록에
서 ":s5"를 삭제한다. 만약 m3의 되돌림 비율이 61.8% 이하일 때는 ":F3"을 목
록에서 삭제한다. 만약 m0이 m(-1) 및 m1보다 형성 기간이 짧다면 목록에서
":s5"를 삭제한다. m2의 형성 과정에서 m1의 끝점을 넘어섰다면 ":c3"의 앞에
"x"를 표시한다

그림 3-27 법칙 4c

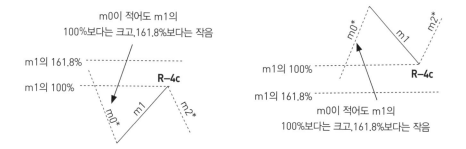

조건 'c' {:c3/(:F3)/(x:c3)}
범주 'i' – m3이 m2의 100% 이상 161.8% 미만인 경우

이처럼 모호한 상황에서는 특별한 계량적인 조건을 고려하지 않고 m1의 끝
에 ":F3/:c3"을 기입하면 된다. 만약 m1의 종점을 m2가 형성되는 과정에 넘어
설 경우 ":c3"의 앞에 "x"를 쓴다. 주변의 파동들과 m1이 어떤 상호 작용을 하
는지 살펴보면 2개의 구조기호 중 어느 것이 현 상황에서 가장 적절한지 판단
할 수 있을 것이다.

범주 'ii' – m3이 m2의 161.8% 이상 261.8% 이하인 경우

만약 m2(더하기 1시간 단위)가 완전히 되돌려지는 데 m2의 형성 시간 이하의 시간이 걸리고, m3이 m1의 161.8%를 초과한다면, m1은 파동 c가 미달형인 플랫이나 수렴형 삼각형의 중심부에 있을 가능성이 더 높으므로 m1의 끝에 ":c3/(:F3)"을 쓴다. m2의 형성 과정에서 m1의 끝점을 넘어섰다면 ":c3"의 앞에 "x"를 쓴다. 가능성은 낮지만 "(:F3)"이 옳다면, m1은 연장된 플랫의 한 부분이다. 그 외의 모든 다른 상황에는 m1의 끝에 ":F3/:c3/x:c3"을 쓴다.

범주 'iii' – m3이 m2의 261.8%를 초과한 경우

m2(더하기 1시간 단위)가 완전히 되돌려지는 데 m2의 형성 시간 이하의 시간이 걸린다면, m1은 파동 c가 미달형인 플랫 또는 무제한 수렴형 삼각형의 중심부일 가능성이 높으므로 m1의 끝에 ":c3/[:F3]"을 기입하라. 만약 m2의 형성 과정에서 m1의 끝을 넘어선다면 ":c3"의 앞에 "x"를 쓴다. "[:F3]"을 고려할 수 있는 유일한 경우는 m3의 형성 시간 이하의 시간에 61.8% 이상 되돌려질 때뿐이다.

그림 3-27 법칙 4d

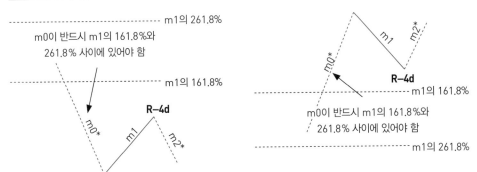

• 이 쪽에 나와 있는 모든 도식들 중에서 m0과 m2는 1, 3, 5개 또는 그 이상의 모노파동들로 구성될 수 있다.

조건 'd' {:F3/(:c3)/(x:c3)}

범주 'i' & 'ii' – m3이 m2의 100% 이상 261.8% 이하인 경우

만약 m2(더하기 1시간 단위)가 완전히 되돌려지는 데 m2의 형성 시간 이하의 시간이 걸리고, m3은 61.8% 이상 되돌려지지 않으며, m3(또는 m3에서 m5에 걸쳐)이 m1의 형성 시간 이하의 시간에 걸쳐 m1의 161.8% 이상 가격을 형성한다면, m1은 m0이 숨겨진 x파동을 중심부에 포함하고 있는 복합 조정의 한 부분일 수 있으므로 m1의 끝에 ":F3/[:c3]"을 기입하고, m0의 중심부에 연필로 원을 그린다. 원의 오른쪽에 "x:c3?"을, 왼쪽에 "c:5?"를, 그리고 m0의 끝에 ":F3?"을 쓴다. 물음표가 있는 모든 기호들은 상호 의존적이다. 즉 물음표가 있는 기호 하나를 사용하려면 기호를 모두 사용해야 하고, 하나라도 사용하지 않는다면 어떤 물음표 기호도 사용하면 안 된다.

만약 m2가 완전히 되돌려지는 데 m2의 형성 시간보다 오래 걸렸다면, 플랫이나 삼각형이 연관되었을 가능성이 있으므로 m1의 끝에 ":F3/:c3"이라고 쓴다. m2가 형성되는 과정에서 m1의 끝점을 넘어섰다면 ":c3"의 앞에 "x"를 추가한다.

만약 m3(더하기 1시간 단위)이 완전히 되돌려지는 데 m3의 형성 시간 이하의 시간이 걸린다면, m1이 합리적으로 선택할 수 있는 유일한 대안은 ":F3"뿐일 것이다.

m3이 61.8% 이상 100% 미만일 때 ":F3"은 m1에 대한 유일한 합리적인 선택일 것이다.

m3의 되돌림 비율이 61.8% 미만이면, m1의 끝에 ":F3"이라고 쓴다. 만약 m5가 m1 및 m3과 비교해 가장 긴 파동이 아니고, m5(더하기 1시간 단위)가 완전히 되돌려지는 데 m5의 형성 시간이 이하의 시간이 걸린다면, m1은 터미널 패

턴의 한 부분일 것이다. 또 m5가 m1 및 m3보다 긴 파동이라면, m1은 m4가 x파동인 복합 이중 플랫 패턴의 한 부분일 가능성이 높다. 이러한 가능성들을 기록한다. 이 문단에서 열거된 2가지 조건 모두에서 m1은 ":F3"으로 표시된다.

범주 'iii' − m3이 m2의 261.8%를 초과한 경우

m3이 m1과 같거나 적은 시간이 걸리거나, m2(더하기 1시간 단위)가 완전히 되돌려지는 데 m2의 형성 시간 이하의 시간이 걸린 경우, m0 중간에 '숨겨진 x파동'이 숨겨져 있을 가능성이 매우 높으므로 m1의 끝에 ":c3"이라고 쓴다. m2가 형성되는 과정에서 m1의 끝부분을 넘어선다면, m1의 끝에 있는 ":c3" 앞에 "x"를 추가한다. 만약 m3의 되돌림 비율이 61.8% 이상이라면, m1은 플랫의 첫 번째 내부 파동일 가능성이 있으므로 m1의 끝에 ":F3"이라고 쓴다.

만약 m3의 형성 시간이 m1보다 길다면 m1의 끝에 ":F3/:c3"을 쓴다. 만약 m1의 끝점이 m2가 형성되는 과정에서 돌파된다면 ":c3" 앞에 "x"를 추가한다.

그림 3-27 **법칙 4e**

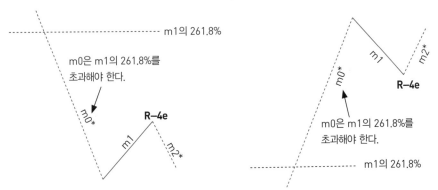

• 별표(*)는 1, 3, 5개 또는 그 이상의 모노파동들로 구성될 수 있다.

조건 'e' {:F3/(x:c3)/[:c3]}

범주 'i' & 'ii' – m3이 m2의 100% 이상 261.8% 이하인 경우

만약 m3(더하기 1시간 단위)가 완전히 되돌려지는 데 m3의 형성 시간 이하의 시간이 걸린다면, 합리적인 유일한 선택지는 ":F3"뿐이므로 m1의 끝부분에 ":F3"이라고 적는다.

만일 m3이 m2의 161.8% 이하이고, m3이 완전히 되돌려지지 않으며, m4가 형성된 기간보다 되돌려지는 데 걸린 시간이 더 짧다면, m1은 복합 조정의 x파동일 가능성이 있으므로 m1의 끝에 "x:c3"을 추가한다. 이러한 시나리오에서 m(-1)이 m0의 61.8%를 초과한다면, m0의 중심 쪽에 숨겨진 x파동이 존재할 수 있다.

만약 m2(더하기 1시간 단위)가 완전히 되돌려지는 데 m2의 형성 시간 이하의 시간이 걸리고, m(-1)이 m0의 61.8% 이하이며, m3의 되돌림 비율이 61.8% 이하이고, 동시에 m3(또는 m3에서 m5에 걸쳐)이 m1 이하의 시간에 m1만큼 움직인다면, m1은 m0에 숨겨진 x파동을 포함하고 있는 복합 조정파동의 부분이거나 지그재그 다음에 나타나는 x파동일 것이다. m1의 끝에 ":F3/[:c3]"을 기입하고, m0의 중심부에 연필로 점을 찍은 후 점의 오른쪽에 "x:c3?"을, 왼쪽에 ":s5"를 기록한다. m2의 형성 과정에서 m1의 끝점을 넘어선다면, m1은 x파동일 것이므로 m1의 목록에 "x:c3"을 추가한다.

만약 m2의 형성보다 되돌림이 더 느리게 진행되고, m(-1)은 m0의 61.8% 이하이며, m3의 되돌림 비율이 61.8% 이하이고, m3부터 m5까지 형성되는 데 m1 이하의 시간 동안 m1의 가격의 161.8%를 초과한다면, m1은 m0에 숨겨진 x파동을 포함하고 있는 복합 조정의 한 부분일 것이다. m1의 끝에 ":F3/[:c3]"이라고 쓰고, m0의 중심 부분에 연필로 점을 찍은 후 점의 오른쪽에는 "x:c3?"

을, 왼쪽에는 ":s5"를 쓴다. 만약 m2가 형성되는 과정에서 m1의 끝점을 넘어선다면, m1은 x파동일 수 있으므로 m1의 목록에 "x:c3"을 추가한다.

만약 m2가 형성되는 것보다 되돌림이 더 느리게 진행되었다면, 플랫 또는 삼각형이 관련될 수 있으므로 m1의 끝에 ":F3"이라고 쓴다.

만약 m0이 폴리파동이거나 중심부에 숨겨진 파동이 존재할 것으로 의심되는 모노파동이라면, m1은 복합 조정의 x파동일 수 있으므로 m1의 끝에 있는 구조 목록에 "x:c3"을 추가한다.

만약 m(−1)이 m0의 61.8% 이하로 되돌려졌다면, m1은 복합 조정의 x파동일 수 있으므로 m1의 끝에 있는 구조 목록에 "x:c3"을 추가한다.

범주 'iii' – m3이 m2의 261.8%를 초과한 경우

m3이 m1 이하의 시간이 걸리고, m2(더하기 1시간 단위)가 완전히 되돌려지는 데 m2의 형성 시간 이하의 시간이 걸린다면, m0의 중심부에 숨겨진 x파동이 있을 가능성이 매우 높으므로 m1의 끝에 "x:c3"이라고 쓴다. 만일 m3부터 m5까지의 영역에서 m0의 시작점을 넘지 못하고, m3이 61.8% 이상 되돌려졌다면, m1은 연장된 플랫의 첫 번째 내부 파동일 가능성이 매우 높으므로 m1의 끝에 ":F3"이라고 쓴다.

법칙 5 {:F3/:c3/:5/:L5/(:L3)}

그림 3-28 **법칙 5(적용조건)**

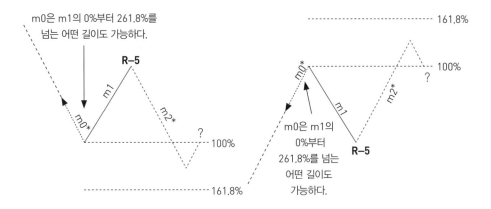

• 별표(∗)는 1, 3, 5개 또는 그 이상의 모노파동들로 구성될 수 있다.

조건 'a' − m0이 m1의 100% 미만인 경우
m2가 3개를 초과하는 모노파동(또는 모노파동 그룹)으로 이루어진 경우

만약 m2의 처음 3개의 모노파동들이 m1의 61.8% 이상 되돌려지지 않는다면 다음의 경우일 수 있다. 복합 조정이 진행되면서 m1 바로 뒤에 나타나는 첫 번째 또는 두 번째 모노파동이 m1과 반대 방향으로 움직이면서 x파동을 나타내거나, 숨겨진 x파동 또는 숨겨진 파동 b를 m1의 중심부에 포함할 수도 있고, 또는 m1이 5번 파동이 미달형인 충격 패턴의 3번 파동일 수 있으므로 m1의 끝에 ":5/:s5"라고 쓴다. 만약 m1이 처음 3개의 모노파동들에 의해 25% 이상 되돌려진다면, m1의 끝에 ":F3"을 추가한다.

만약 숨겨진 x파동이 사용된다면, m1의 중심부에 원을 그린 뒤 원의 왼쪽에

":5?"를, 오른쪽에 "x:c3?"을 쓴다. 만약 숨겨진 파동 b가 사용된다면, m1의 중심부에 원을 그린 뒤 원의 왼쪽에는 ":5?"를, 오른쪽에는 "b:F3?"을 쓴다. 만약 파동 b가 사용된다면, 복합 조정은 시장이 m1의 반대 방향으로 급격하게 반전하고 m1의 61.8%를 넘어 되돌림이 진행되는 지점의 바로 직전에 마감된 것으로 확인될 것이다.

만약 m2에서 나타나는 처음 3개의 모노파동이 m1의 61.8% 이상을 되돌린다면, m1은 파동 b가 복합파동인 가운데 플랫의 파동 a를 형성했거나, m1로 5번 파동이 미달형인 충격 패턴의 3번 파동을 마감했을 수 있다. 이러한 2가지 가능성을 각각 나타내기 위해 m1의 끝에 ":F3/:5"라고 쓴다.

m2가 3개 이하의 모노파동(또는 모노파동 그룹)으로 이루어진 경우

만약 m1(더하기 1시간 단위)이 완전히 되돌려지는 데 m1의 형성 시간 이하의 시간이 걸리고, m(-2)와 m0의 가격대가 전혀 겹치지 않으며, m2가 m(-2)보다 크고, m(-2)와 m0이 가격 또는 시간 또는 2가지 모두에서 명백히 다르고, m(-3), m(-1), m1을 비교할 때 m(-1)이 가장 짧은 파동이 아니라면, 추세 방향의 충격 패턴은 m1로 종료되었을 가능성이 높다. m1의 끝에 ":L5"를 기입한다.

만약 m1(더하기 1시간 단위)이 완전히 되돌려지는 데 m1의 형성 시간 이하의 시간이 걸리고, m2가 m(-2)보다 길며, m(-4)가 m(-3)보다 길다면, m1이 지그재그나 플랫의 마지막 파동일 수 있다. m1의 끝에 ":L5"를 기입하라.

만약 m1(더하기 1시간 단위)이 m1의 형성 시간 이하의 시간에 걸쳐 완전히 되돌려지고, m2가 m(-2)보다 길고, m(-3)이 m(-2)보다 길고, m(-4)는 m(-3)보다 짧다면, m1은 m(-2)가 x파동인 복합 조정 내에 형성된 표준적인 엘리어트 패턴의 마지막 부분일 수 있다. m1의 끝에 ":L5"라고 쓰고, m(-2)의 끝에 "x:c3?"이라고 쓴다. 이상의 상황에서 만약 m(-1)이 m0의 161.8% 이상이라면, 표준 조정 패턴은 아마도 지그재그일 것이다. 또 m(-1)이 m0의 100% 이상 161.85% 미만이라면, 표준 조정 패턴은 아마도 플랫일 것이다.

만약 m1(더하기 1시간 단위)이 완전히 되돌려지는 데 m1의 형성 시간 이하의 시간이 걸리고, m2는 m(-2)보다 작다면, 플랫이나 지그재그가 m1로 마감되었을 것이다. m1의 끝에 ":L5"라고 쓴다.

만약 m1(더하기 1시간 단위)이 완전히 되돌려지는 데 m1의 형성 시간 이하의 시간이 걸리고, m(-2)가 m(-1)보다 작고, m(-1)이 m(-3) 및 m1과 비교해서 가장 짧지 않으며, m2의 되돌림 비율이 61.8% 이하이고, 동시에 m(-3)에서 m1까지 소요된 시간의 절반 이하의 기간 내에 시장이 m(-3)의 시작점에 근접하거나 넘어서며, m(-3)에서 m1까지 소요된 시간의 4배에 걸치는 기간 동안 m1의 끝을 넘어서지 않고, m2에서 m4에 걸친 가격 범위가 적어도 m1의 2배 이상이며, m(-1)의 가능한 구조기호 중에 ":c3"이 있다면, 터미널 충격파동이 m1로 완전히 끝났을 수 있다. m1의 구조 목록에 ":L3"을 추가한다.

만약 m1(더하기 1시간 단위)이 완전히 되돌려지는 데 m1의 형성 시간 이하의 시간이 걸리고, m3이 m1의 61.8~100% 사이라면, m1은 불규칙 미달형 플랫의 일부분일 가능성이 높다. m1의 끝에 ":F3"이라고 쓴다.

만약 m1이 되돌려지는 데 m1의 형성 시간 이하의 시간이 걸리고, m3이 m2보다 길며, m0이 m2의 161.8% 이상이고, m3이 자신의 형성 시간 이하의 시간에 걸쳐 완전히 되돌려진다면, m1은 불규칙 플랫의 한 부분일 수 있다. m1의 끝에 ":F3"이라고 쓴다.

만약 m1이 완전히 되돌려지는 데 자신의 형성 시간보다 더 긴 시간이 걸리고,

m(-1)의 시작점에서 m1의 끝까지 길이에 대한 m2의 되돌림 비율이 61.8% 이하이며, m3이 m2보다 짧다면, m0에서 m2까지 기간의 2배 이상의 기간에 걸쳐 형성되고 m1이 가장 극단적인 가격(최고점 내지는 최저점)을 갖는 복합 조정 패턴이 진행될 수 있다. m1의 끝에 ":F3"을 기록한다.

만약 m1이 자신의 형성 시간보다 긴 시간에 걸쳐 완전히 되돌려지고, m3이 m2보다 길고, m2가 m(-1)의 시작점에서 m1의 끝까지 길이의 61.8% 이상을 되돌리지 않는다면, 시장은 복합 조정 패턴(m1은 복합 조정 패턴 내의 조정국면의 마지막 파동이고, m2는 x파동의 마지막이 될 것이다) 또는 확산형 삼각형을 형성할 것이다. m1의 끝에 ":F3/:c3/:L5"라고 쓴다.

만약 m1이 완전히 되돌려지는 데 m1의 형성 시간보다 긴 시간이 걸리고, m2가 m(-2)보다 작다면, 수렴형 삼각형의 한 부분인 지그재그는 m1에서 끝났을 수 있다. m1의 끝에 ":L5"를 입력한다.

만약 m1이 완전히 되돌려지는 데 m1의 형성 시간보다 긴 시간이 걸리고, m(-1)은 m1의 61.8%와 이상이며, m3이 m2보다 작고, m3(더하기 1시간 단위)은 완전히 되돌려지는 데 m3의 형성 시간 이하의 시간이 걸린다면, m1은 보다 큰 패턴을 끝내는 플랫의 한 부분일 수 있다. m1의 끝에 ":F3"이라고 쓴다.

만약 m3이 m2보다 길고, m4는 m3보다 길며, m0이 m1의 61.8% 미만이라면, m1이 확산형 삼각형이 시작 부분일 수 있다. m1의 구조 목록에 "(:F3)"을 쓴다.

만약 m3이 m2보다 길고, m4는 m3보다 길며, m0이 m1의 61.8~100% 사이일 경우, 시장은 확산형 삼각형을 형성하고 있을 수 있다. m1의 끝에 "(:c3)"이라고 쓴다.

조건 'b' – m0이 m1의 100% 이상이고 161.8% 미만인 경우

만약 m3이 m2보다 길고, m0이 m1의 161.8%보다 100%에 가까운 값이라면, m1의 끝에 ":c3"이라고 쓴다. 만약 m(-1)이 m0보다 길고, ":c3"이 구조기호로 선택되었다면, ":c3" 앞에 "b"를 추가해 "b:c3"으로 만든다. 이것은 m1이 플랫조정의 파동 b라는 것을 의미한다. 만약 m(-1)이 m0 미만이라면, m1은 복합 조정의 x파동일 수 있기 때문에 ":c3" 앞에 "x"를 추가한다.

만약 m3이 m2보다 길고, m0이 m1의 100%보다 161.8%에 더 가까운 값이라면, m1의 끝에 ":F3"이라고 쓴다. 만일 m(-1)이 m0보다 길다면, m2는 아마도 지그재그의 마지막 파동일 것이다. 또 m(-1)이 m0보다 짧다면, m1은 m4로 마감되는 복합 조정의 x파동일 것이다. 이러한 2가지 가능성을 각각 나타내기 위해 m1의 구조 목록에 "b:c3"과 "x:c3"을 추가한다.

만약 m3이 m1의 61.8% 이상이고, m3의 어떠한 부분도 m2의 끝을 넘지 못하며, m2는 m0의 61.8%에 가까운 값이라면, m1은 불규칙 미달형 플랫의 첫 번째 내부 파동일 수 있다. m1의 구조 목록에 ":F3"이 아직 없다면 이를 추가한다.

만약 m2가 100% 이하로 되돌려지고, m3이 m1의 61.8% 이상이고, m3의 어떤 부분도 m2의 끝을 넘어서지 못했다면, m1의 끝에 ":F3"을 쓴다.

만일 m2가 61.8% 이하로 되돌려지고, m1과 m3이 겹치는 가격대가 존재하며, m4가 m2의 261.8% 이하이고, m2가 m0 및 m4와 비교했을 때 가장 짧지 않으며, m4(더하기 1시간 단위)가 자신의 형성 시간 이하의 시간에 걸쳐 완전히 되돌려지고, m0에서 m4까지 형성된 시간의 50% 이내에 m0의 시작점까지 도달하면, 시장은 m4로 터미널 패턴을 마감했을 것이다. m1의 끝에 ":c3"을 기입하라(만약 ":F3"이 m1의 구조기호 후보에 들어 있다면, 주변에 "[ ]"를 넣어 ":c3"의 가능성이 높다는 것을 표시하라).

만약 m1(더하기 1시간 단위)이 완전히 되돌려지는 데 m1의 형성 시간 이하의 시간이 걸리고, m2가 m1의 161.8%에 거의 가까운 값이면서, m2의 되돌림 비율이 61.8% 이하이고, m(-1)이 m0의 61.8% 이상이고, m(-2)가 m(-1)의 61.8~161.8% 사이이며, m(-3)이 m(-2)의 61.8~161.8% 사이이고, m2에서 m4까지 걸친 가격대의 길이가 m0보다 길다면, m1로 수렴형 삼각형을 마무리 하는 파동일 수 있다. 기존의 구조 목록에 ":L3"을 쓴다.

만약 m1(더하기 1시간 단위)이 완전히 되돌려지는 데 m1의 형성 시간 이하의 시간이 걸리고, m1이 m(-1)의 161.8% 이하이며, m2가 m1의 161.8%에 가 깝고, m2가 61.8% 이하로 되돌려지고, m2에서 m4까지 포괄하는 가격대가 m0보다 길다면, m1로 플랫 패턴이 마감되었을 수 있다. 기존의 구조 목록에 ":L5"라고 쓴다.

만약 m(-1)이 m0보다 짧고, m2(더하기 1시간 단위)가 완전히 되돌려지는 데 m2의 형성 시간 이하의 시간이 걸리며, m0이 m(-2) 및 m2와 비교해 가장 짧 은 파동이 아니고, m(-2)에서 m2까지 소요된 시간의 50% 이하의 시간 동안 m(-2)의 시작점에 도달하거나 이를 넘어설 경우, 구조 목록에 "(:sL3)"을 쓴다. 터미널 충격 패턴은 m2의 끝에서 마감되었을 수 있다.

만일 위에서 제시한 어떤 조건도 현재 상황에 부합하지 않고, m1은 모노파 동이라면, 본 절의 시작 부분에 나오는 전체 구조 목록을 m1의 끝에 기록한다. 만약 위에서 제시한 어떤 조건도 현재 상황에 부합하지 않으면서, m1이 집약 된 폴리파동이거나 그보다 높은 등급의 파동이라면, '포지션 지표의 적용'을 설 명한 절(203쪽)로 이동해 주위의 구조기호를 활용해 m1의 집약된 구조기호 앞 에 들어갈 포지션 지표를 결정하도록 한다.

조건 'c' – m0이 m1의 161.8% 이상이고 261.8% 이하인 경우

만약 m3이 m1의 61.8~161.8%이고, m2가 m0의 61.8%보다 작고, m4가 m2의 100% 이상이고, m4(또는 m4에서 m6까지)가 m0의 100% 이상이라면, m1은 불규칙 플랫(또는 그것의 변형)이나 강세 삼각형 패턴의 첫 번째 내부 파동일 것이다. m1의 끝에 ":F3"을 기입하라.

만약 m3이 m2의 101~161.8%라면, 확산형 삼각형이 형성될 가능성은 매우 낮다. m1의 끝에 ":c3"을 기입하라.

만약 m2(더하기 1시간 단위)가 자신이 형성된 시간 이하의 시간에 걸쳐 완전히 되돌려지고, m(-1)이 m0보다 짧고, m0이 m(-2)과 m2에 비해 가장 짧은 파동이 아니고, m(-1)과 m1이 일정한 가격대를 공유하고, m(-2)에서 m2까지 소요된 시간의 절반 또는 그 이하에 해당하는 시간 동안 m(-2)의 시작점에 도달하거나 넘어선다면, 구조 목록에 "(:sL3)"을 기입하라(터미널 충격 패턴이 m2의 끝에서 마감될 가능성을 표시한다).

만약 m2가 61.8% 이하로 되돌려지고, m1과 m3이 일부 가격대를 공유하고, m4가 m2보다 짧고, m4(더하기 1시간 단위)는 자신이 형성된 시간보다 빠르게 되돌려지고, 시장이 m0에서 m4까지 형성된 시간의 50% 또는 그 이내에 m0의 시작점에 도달하거나 넘어선다면, 시장은 m4에서 터미널 패턴을 마감했을 것이다. m1의 끝에 ":c3"을 기입하라.

만약 m1(더하기 1시간 단위)이 자신이 형성된 시간 이하의 시간에 걸쳐 완전히 되돌려지고, m2가 m1의 161.8%에 가깝고, m2가 61.8% 미만으로 되돌려지고, m(-1)이 m0의 61.8% 이상이고, m(-2)가 m(-1)의 61.8~161.8% 사이이고, m(-3)이 m(-2)의 61.8~161.8% 사이이고, m2에서 m4에 걸쳐 포괄하고 있는 가격 범위가 m0보다 크다면, m1로 수렴형 삼각형이 완성되었을 수 있다.

구조 목록에 ":L3"을 기입하라.

만약 m1(더하기 1시간 단위)이 자신이 형성된 시간과 이하의 시간에 걸쳐 완전히 되돌려지고, m1이 m0의 61.8%에 매우 가깝지만 m(-1)의 161.8%보다는 작고, m2가 m1의 161.8%에 가깝고, m2는 61.8% 이하로 되돌려지고, m2에서 m4에 걸쳐 포괄하고 있는 가격 범위가 m0보다 크다면, m1은 플랫 패턴의 마지막 파동일 수 있다. 기존의 구조 목록에 ":L5"를 기입하라.

만약 이 절의 내용을 통해 m1에 어떠한 구조기호도 기록되지 않았다면, m1의 끝에 ":F3"을 기입하라.

조건 'd' – m0이 m1의 261.8%보다 큰 경우

만약 m2가 3개 이상의 모노파동으로 이루어져 있다면, m1의 끝에 ":F3"을 기록하라.

만약 m2(더하기 1시간 단위)가 자신의 형성 시간 이하의 시간에 걸쳐 완전히 되돌려지고, m(-2)가 m0보다 짧고, m2 이후에 시장은 m(-2)에서 m2까지 소요된 시간의 50% 또는 그보다 짧은 시간에 걸쳐 m(-2)의 시작점에 도달하거나 넘어선다면, 구조 목록에 "(:sL3)"을 기입하라(3번 파동이 연장된 터미널 패턴이 m2로 마감되었을 가능성이 매우 낮다는 것을 의미한다).

만약 m2가 61.8% 이하로 되돌려지고, m1과 m3의 가격대가 일부 겹치고, m4가 m2보다 짧고, m4가 자신이 형성된 시간보다 짧은 시간 내에 완전히 되돌려지고, m0에서 m4까지 소요된 시간의 50%나 그보다 짧은 시간 내에 m0의 시작점에 도달하거나 넘어선다면, 시장은 m4를 통해 터미널 패턴을 완성했을 가능성이 높다. m1의 끝에 ":c3"을 기입하라.

만약 m2가 61.8% 이하로 되돌려지고, m2에서 m4에 걸친 가격대가 m0보다 크고 가파르게 형성되었고, m(-1)이 m0의 61.8% 이상이라면, m1이 수렴형 삼각형의 마지막 파동일 가능성은 매우 낮다. m1의 끝에 "(:L3)"을 기입하라.

만약 m2가 61.8% 이하로 되돌려지고, m2에서 m4에 걸친 가격대가 m0보다 크고 가파르게 형성되었고, m(-1)이 m0과 가격상 비슷하고, m1이 m(-1)에 비해 시간상 같거나 크고, m0이 m(-1)과 m1 각각보다 긴 시간에 걸쳐 형성된다면, m1이 파동 c가 극심하게(severe) 미달형인 플랫을 완성했을 가능성은 매우 낮다. m1의 끝에 "[:L5]"를 기입하라.

만약 m3이 m2의 61.8~100% 사이이고, m4가 m0의 61.8%보다 작고, m1이 m0보다 짧은 시간에 걸쳐 형성된다면, m1은 복합 조정파동 내부에 있는 x파동일 수 있다. 이 내용을 m1의 끝에 기록하고 "x:c3"을 기입하라.

만약 m3이 m2의 61.8~100% 사이이고, m4가 m0의 61.8% 이상이면, m1의 끝에 ":F3"을 입력하라.

만약 m3이 m2의 61.8%보다 작다면, m1의 끝에 ":F3/:c3"을 기입하라.

만약 m3이 m1의 61.8% 이상이지만 m2의 100%보다는 작고, m4가 m2 이상이고, m4(또는 m4에서 m6까지)가 m3의 끝을 벗어나지 않는 가운데 m0의 61.8% 이상이면, m1은 불규칙 미달형 플랫의 첫 번째 내부 파동일 가능성이 높다. m1의 끝에 ":F3"을 기입하라.

만약 여기까지도 m1에 해당하는 구조기호가 나타나지 않았다면, m1의 끝에 ":F3"을 기입하라.

법칙 6*

그림 3-29 **법칙 6**(적용조건)

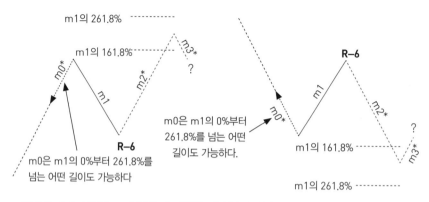

· 별표(*)는 1, 3, 5개 또는 그 이상의 모노파동들로 구성될 수 있다.

조건 'a' – m0이 m1의 100%보다 작은 경우

m2가 3개를 초과하는 모노파동(또는 모노파동 그룹)으로 구성된 경우

만약 m2의 처음 3개의 모노파동들이 m1의 61.8% 이상을 되돌리지 않는다면, 복합 조정이 진행 중인 가운데 첫 번째 또는 두 번째 모노파동(m1의 직후에 나타난다)이 m1과 반대 방향으로 진행되면서 x파동을 형성하거나, m1의 중심부에 숨겨진 x파동을 포함하고 있거나, m1이 5번 파동이 미달형인 충격파동의 3번 파동인 것이다. m1의 끝에 ":5/:s5"를 기입하라.

---

* 어떤 구조도 가능하기 때문에 다음 기술된 상황이 적용되지 않는다면 206쪽에 있는 '포지션 지표의 개념과 구성'을 이용하라.

만약 숨겨진 x파동이 사용되었다면, m1의 중심부에 원을 표시한 뒤, 원의 왼쪽에 ":5?"를, 오른쪽에 ":F3?"을 기입하라. 시장이 급격하게 m1과 반대 방향으로 진행되어 m1의 되돌림 비율이 61.8%를 넘어설 경우 복합 조정이 마감되었다는 사실이 확인될 것이다.

만약 m2의 처음 3개의 모노파동들이 m1의 61.8% 이상 되돌려진다면, m1은 복합파동 b를 포함한 플랫 패턴의 파동 a를 마감하거나, 5번 파동이 미달형인 충격파동의 3번 파동을 마감했을 수 있다. m1의 끝에 ":F3/:5"를 입력해 이러한 가능성을 순차적으로 보여라.

m2가 3개 또는 그 이하의 모노파동(또는 모노파동 그룹)으로 구성된 경우

만약 m2가 m3에 의해 61.8% 이하로 되돌려진다면, m1의 끝에 ":L5"를 기입하라. 만약 m0과 m(-2)가 일정한 가격대를 공유한다면, 목록에 ":L3"을 기입하라.

만약 m2가 m3에 의해 61.8% 또는 그 이상 되돌려진다면, m1의 끝에 ":L5"를 기입하라.

만약 m1(더하기 1시간 단위)이 자신이 형성된 시간 이하의 시간에 걸쳐 완전히 되돌려진다면, 추세 방향의 충격파동이 m1에 의해 마감되었을 수 있다. m1의 끝에 ":L5"를 기입하라.

만약 m1(더하기 1시간 단위)이 자신이 형성된 것과 같거나 짧은 시간에 걸쳐 완전히 되돌려지고, m3이 m2보다 짧고, m(-3)에서 m1에 걸친 시간의 50% 또는 그보다 짧은 시간 동안 m2(또는 m2에서 m4에 걸쳐)가 m(-3)의 시작점에 도달하거나 넘어서고, m0과 m(-2)가 일정한 가격대를 공유한다면, m1은 터미널 충격 패턴의 마지막 파동일 수 있다. m1 끝의 구조기호 목록에 "(:L3)"을 추가하라. 만약 m3이 m2의 61.8~100% 사이이고, ":L3"이 가능성 높은 구조기호로 사용된다면, m2는 x파동이거나 보다 큰 삼각형 안에 존재하는 m1로 마감된 터미널 패턴일 것이다. m2의 끝에 "x:c3?"을 기입하라.

만약 m1이 그것이 형성된 것보다 긴 기간에 걸쳐 완전히 되돌려지고, m2가 m(-2)의 끝을 돌파하지 않고, m(-1)이 m1의 61.8% 이상이고, m(-2)가 m(-1)보다 짧다면, m1은 복합 조정을 마무리하는 플랫 패턴의 파동 a일 것이고 m0은 그 패턴의 x파동일 것이다. ":F3"을 m1의 끝에 기입하고, m0의 끝부분에 "x:c3?"을 기록하라.

조건 'b' – m0이 m1의 100%와 같거나 크고 161.8%보다 작은 경우

m3이 3개 이상의 모노파동(또는 모노파동 그룹)으로 구성된 경우

만약 m3의 첫 번째 3개의 모노파동들이 m2의 61.8% 이상을 되돌리지 않는다면, 첫 번째 또는 두 번째 모노파동(m2의 직후에 나타난다)이 m2와 반대 방향으로 진행되면서 x파동을 구성하는 복합 조정이 진행되거나 m2의 중심부에 숨겨진 파동을 포함하고 있거나 m2가 5번 파동이 미달형인 충격 패턴의 3번 파동일 것이다. m1의 끝에 ":5/:s5"를 기입하라.

숨겨진 파동에 대한 시나리오를 나타내기 위해 m2의 중심부에 원을 그리고 그 원의 왼쪽에 ":5?"를, 오른쪽에 ":F3/x:c3?"을 기입하라. 복합 조정의 마감은 시장이 급격하게 돌아서(m1의 반대 방향으로) m2의 61.8% 이상을 되돌릴 때 확인될 것이다. 복합 조정은 급격한 반전이 시작되는 시점에 마감된다.

만약 m3의 첫 번째 3개의 모노파동들이 m2의 61.8% 이상 되돌린다면, m2는 파동 b가 복합파동인 플랫의 파동 a의 마지막 파동이거나, m1로 5번 파동이 미달형인 충격 패턴의 3번 파동이 완성되었을 수 있다. m1의 끝에

":F3/:5"를 기록해 이러한 2개의 가능성을 순서대로 보여라.

m3이 3개 또는 그 이하의 모노파동(또는 모노파동 그룹)으로 이루어진 경우

만약 시간상으로 m1이 m0과 같거나 짧고, m1이 시간상으로 m2 이하이고, m(-2)가 m(-1)보다 짧다면, m1은 복합 조정의 x파동일 것이다. m1의 끝에 "x:c3"을 기입하라.

만약 m1이 m0과 같거나 긴 시간에 걸쳐 형성되거나, m1이 m2와 같거나 긴 시간에 걸쳐 형성되고 m0이 m1의 161.8%에 근접한다면, m1은 지그재그 또는 충격 패턴의 한 부분일 것이다. m1의 끝에 ":F3"을 기입하라.

만약 m1(더하기 1시간 단위)이 m2에 의해 자신이 형성된 시간과 같거나 그보다 짧은 기간에 걸쳐 완전히 되돌려지고, m2가 자신이 형성된 것과 같거나 그보다 짧은 기간에 걸쳐 61.8% 이하 또는 100% 이상 되돌려지고, m(-1)이 가격과 시간 면에서 m1의 61.8%와 같거나 크고, m1이 집약된 패턴이므로 m1이 형성되는 기간에 m1의 시작점을 한 번도 이탈하지 않는다면, m1은 플랫의 파동 c의 마지막 파동일 가능성이 높다. 이런 가능성을 표시하기 위해 m1의 끝에 ":L5"를 기입하라.

만약 m1(더하기 1시간 단위)이 자신이 형성된 시간과 같거나 그보다 짧은 시간에 걸쳐 m2에 의해 완전히 되돌려지고, m2가 61.8%보다 작게 되돌려지고, m(-1)이 시간과 가격 면에서 m0의 61.8% 이상이면, m1이 수렴형 삼각형 또는 플랫 계열의 패턴들 중 하나를 마감했을 가능성이 있다[그것은 m(-1)의 길이에 의해 달라진다]. m1의 끝에 ":L3/:L5"를 입력해 이러한 가능성을 순차적으로 표시하라. 만약 m1이 폴리파동이고, m1의 한 부분이 m1의 시작점을 이탈한다면 목록에서 ":L5"를 삭제하라.

만약 m1이 자신이 형성된 시간보다 긴 기간에 걸쳐 완전히 되돌려지고, m2가 셋 또는 그 이상의 모노파동들로 이루어져 있고, m2가 m(-1)과 m0 모두보다 길다면, m1은 삼각형의 한 내부 파동일 수 있다. m1의 끝에 ":c3"을 기입하라.

만약 m2(더하기 1시간 단위)가 자신이 형성된 기간과 같거나 그보다 짧은 기간에 걸쳐 완전히 되돌려지고, m0과 m(-2), m2를 비교할 때 셋 중에 m0이 가장 짧은 파동이 아니고, m(-2)에서 m2까지 형성된 기간의 50% 이내의 기간에 m(-2)의 시작점에 도달하면, m2를 통해 터미널 패턴이 마감되었을 수 있다. ":sL3"을 m1의 끝에 있는 구조 목록에 추가하라.

만약 m3이 m2의 101~161.8% 사이라면 확산형 삼각형이 진행 중일 수 있다. 만약 m1의 구조 목록에 ":F3"이 있다면 그 주변을 각괄호로 둘러싸서 ":c3"이 더 나은 선택임을 표시하라.

조건 'c' – m0이 m1의 161.8% 이상이고 261.8% 이하인 경우

어떤 특정한 환경에서도 ":F3"이 가장 좋은 선택이 될 가능성이 높다. m1의 끝에 ":F3"을 기입하라.

만약 m1(더하기 1시간 단위)이 자신이 형성된 시간과 같거나 그보다 짧은 시간에 걸쳐 완전히 되돌려지고, m2가 61.8% 이하로 되돌려지고, m0이 형성된 기간과 같은 시간 동안 m2가 m0보다 길게 형성되고, m(-1)이 m0의 61.8~161.8% 사이이고, m2가 형성된 가격 범위와 기울기가 m0보다 크고 가파르다면, m1은 수렴형 삼각형의 마지막 파동이거나 극단적으로 파동 c가 미달형인 플랫일 것이다. 이러한 가능성들을 순차적으로 보이기 위해서 m1의 끝에 ":L3/(:L5)"를 기입하라.

만약 m2(더하기 1시간 단위)가 자신이 형성된 기간과 같거나 짧은 시간에 걸쳐 완전히 되돌려지고, m(-1)과 m1이 가격상 겹치는 부분이 있고, m0과 m(-2), m2를 비교할 때 셋 중에서 m0이 가장 짧은 파동이 아니고, m(-2)에서 m2까지 형성된 기간의 50% 이내 기간에 m(-2)의 시작점에 도달하거나 넘어서면, 터미널 패턴이 m2에 의해 완성되었을 수 있다. m1의 끝에 ":sL3"을 기입하라.

만약 m3이 m2의 101~161.8% 사이이고, 확산형 삼각형이 형성될 가능성이 거의 없다면, 구조 목록에 "(:c3)"을 추가하라.

조건 'd' – m0이 m1의 261.8% 이상인 경우

만약 m0(빼기 1시간 단위)이 시간상으로 m1 이하이거나 m2(빼기 1시간 단위)가 시간상으로 m1 이하이고, m1이 m0과 m2 모두보다 시간상으로 짧지 않다면, m1은 더 큰 조정의 첫 번째 파동이거나 지그재그 또는 충격 패턴 안에 있는 조정 패턴을 마감하는 파동이다. m1의 끝에 ":F3"을 입력하라.

만약 m2가 61.8% 이하로 되돌려지고, m2에서 m4까지 소요된 기간이 m0이 형성되는 데 걸린 기간과 같거나 짧고, m2에서 m4까지 포괄하고 있는 가격 범위가 m0보다 크고 기울기가 m0보다 가파르다면, m1이 수렴형 삼각형이나 극단적으로 파동 c가 미달형인 플랫을 마감했을 가능성이 조금 있다. m1의 끝에 "(:L3)/[:L5]"를 표시해 이러한 2개의 가능성을 순차적으로 나타내라.

만약 m2(더하기 1시간 단위)가 자신이 형성된 기간과 같거나 짧은 기간에 걸쳐 완전히 되돌려지고, m(-1)과 m1이 겹치는 가격대가 존재하고, m0과 m(-2), m2를 비교할 때 셋 중 m0이 가장 짧은 파동이 아니고, m(-2)에서 m2까지 형성된 기간의 50% 이내 기간에 m(-2)의 시작점에 도달하거나 넘어서면, 터미널 패턴이 m2로 완성되었을 수 있다. m1의 끝에 ":sL3"을 추가하라.

법칙 7*

그림 3-30 **법칙 7**(적용조건)

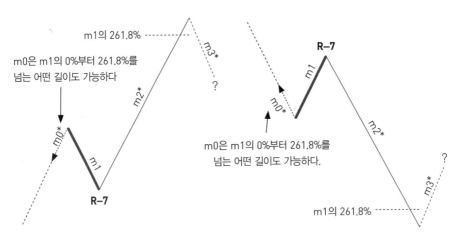

• 별표(*)는 1, 3, 5개 또는 그 이상의 모노파동들로 구성될 수 있다.

조건 'a' – m0이 m1의 100%보다 작은 경우

m2가 3개를 초과하는 모노파동(또는 모노파동 그룹)으로 이루어진 경우

만약 m2의 처음 3개의 모노파동들이 m1의 61.8% 이상을 되돌리지 않는다면, 첫 번째 또는 두 번째 모노파동(m1 직후에 나타난다)이 m1과 반대 방향으로 움직이는 가운데 x파동이 형성되는 복합 조정이 진행 중이거나 m1의 중심부에 숨겨진 x파동이 포함되어 있거나 m1이 5번 파동이 미달형인 충격 패턴의 3번

---

* 어떤 구조도 가능하므로 아래 서술한 내용이 적용되지 않는다면 206쪽에 있는 '포지션 지표의 개념과 구성'을 이용하라.

째 파동인 것이다. m1의 끝에 ":5/:s5"를 기록하고, m2의 끝에는 "x:c3?"을 기입하라.

만약 숨겨진 x파동이 사용될 경우 m1의 중심부에 원을 표시하고, 왼쪽에 ":5?"라고 입력하고 오른쪽에 ":F3?"이라고 기록한다. 복합 조정은 시장이 급격하게 m1의 반대 방향으로 움직이면서 61.8% 되돌림 비율을 넘어설 경우 마감으로 확인될 것이다.

만약 m2의 첫 번째 3개의 모노파동들이 m1의 61.8% 이상으로 되돌릴 경우, m1은 파동 b가 복합파동인 플랫 패턴의 파동 a이거나 5번 파동이 미달형인 충격 패턴의 3번 파동의 마지막 파동일 수 있다. 이러한 가능성을 순차적으로 나타내기 위해 m1의 끝에 ":F3/:5"라고 기록하라.

m2가 3개 또는 그 이하의 모노파동(또는 모노파동 그룹)으로 이루어진 경우

주변 정황이 어떻든 ":L5"일 가능성이 매우 높다. m1의 끝에 이를 기록하라.

만약 m2가 61.8% 이하로 되돌려지고, m(-2)가 m(-1)보다 짧고, m(-2)와 m0이 일정한 가격대를 공유한다면, 터미널 충격 패턴이 m1로 마감되었을 가능성이 있다. 존재하는 구조 목록에 "(:L3)"을 추가하라.

조건 'b' – m0이 m1의 100% 이상 161.8% 미만인 경우

m3이 3개를 초과하는 모노파동(또는 모노파동 그룹)으로 이루어진 경우

만약 m3의 처음 3개의 모노파동들이 m2의 61.8% 이상을 되돌리지 않는다면, 첫 번째 또는 두 번째 모노파동(m2 직후에 나타남)이 m1과 같은 방향으로 움직이는 가운데 x파동이 형성되는(이것은 m2의 중심부에 숨겨진 파동 b를 포함할 수 있다는 의미) 복합 조정이 진행 중이거나 m2가 5번 파동이 미달형인 충격 패턴의 3번 파동인 것이다. m1의 끝에 ":F3/:c3/:L3/:L5"를 기입하라. 만약 m2의 61.8% 이상을 되돌리기 위해 5개 이상의 모노파동이 필요하다면 ":F3"과 "5번 파동이 미달형인 충격 패턴의 3번 파동"의 시나리오의 발생 가능성을 배제하라.

숨겨진 파동에 대한 시나리오를 나타내기 위해 m2의 중심부에 원을 그린 뒤 원의 왼쪽에 ":5?"를, 오른쪽에 "b:F3/x:c3?"을 기입하라. 복합 조정의 마감은 시장이 급격해 반전해(m1의 반대 방향으로) m2의 61.8% 되돌림 비율을 넘어설 때 확인된다. 복합 조정은 급격한 반전이 시작될 때 마감될 것이다. 이러한 모든 가능성을 나타내기 위해 m1과 같은 방향으로 움직이는 첫 번째와 두 번째 모노파동(m2의 마감 직후에 나타나는 파동) 뒤에 "x:c3?"을 기입하라.

만약 m3의 첫 번째 3개의 모노파동들이 m2의 61.8% 이상을 되돌린다면, m2는 파동 b가 복합파동인 플랫의 파동 a이거나 m1은 5번 파동이 미달형인 충격 패턴의 3번 파동일 것이다. 이러한 가능성을 순차적으로 나타내기 위해 m1의 끝에 ":F3/:5"를 기입하라.

m3이 3개 또는 그 이하의 모노파동(또는 모노파동 그룹)으로 이루어진 경우

만약 m0이 m1의 61.8% 이상이고 m3이 m2의 100~261.8% 사이라면, m1은 확산형 삼각형의 한 부분일 수 있다. m1의 끝에 ":c3"을 기입하라. 만약 m4가 m3의 61.8%보다 크다면, m1의 구조 목록에 ":F3"을 추가하라.

만약 m1이 m0의 61.8%보다 크지 않고, m2가 자신이 형성되는 데 소요된 시간과 같거나 짧은 기간에 걸쳐 61.8% 이하 또는 100% 이상으로 되돌려지고, m2가 m0과 같은 길이로 진행되는 데 m0과 같거나 짧은 시간이 소요되고, m2가 포괄하는 가격 범위의 기울기가 m0보다 더 가파르다면, m1은 수렴형 삼각형 또는 파동 c가 미달형인 플랫의 마지막 파동일 가능성이 높다. 이러한 가능성을 순차적으로 보이기 위해서 m1의 끝에 ":L3/:L5"를 기입하라.

만약 m2가 61.8% 이상 100% 이하로 되돌려진다면, 연장된 플랫 패턴이 m2로 마감될 가능성이 가장 높다. m1의 끝에 ":c3"을 기입하라.

만약 m2(더하기 1시간 단위)가 자신이 형성된 기간과 같거나 짧은 시간에 걸쳐 완전히 되돌려진다면, 추세 방향의 충격 패턴이 m2로 마감되었을 수 있다. m1의 끝에 있는 구조 목록에 ":L5"를 입력하라.

만약 m(-1)이 m0보다 짧고, m0과 m(-2), m2를 비교할 때 셋 중에 m0이 가장 짧은 파동이 아니고, 시장이 m(-2)에서 m2 사이에 걸친 시간의 50% 또는 그보다 짧은 시간 동안 m(-2)의 시작점에 도달하거나 넘어선다면, 5번 파동이 연장된 터미널 패턴이 m2에서 완성되었을 것이다. m1의 끝에 있는 구조기호 목록에 ":sL3"을 기입해 이러한 가능성을 표시하라.

조건 'c' - m0이 m1의 161.8% 이상 261.8% 이하인 경우

만약 m1이 m0과 같거나 긴 기간에 걸쳐 형성되거나 m2와 같거나 긴 기간에 걸쳐 형성된다면, 다른 여건과 관련 없이 ":F3"일 가능성이 매우 높다. m1의 끝에 ":F3"을 기록하라.

만약 m2가 m0만큼의 길이를 형성하는 데 m0과 같거나 짧은 시간이 소요되고, m2의 가격 범위가 m0보다 큰 데다 기울기가 가파르게 형성되고, m(-4)가 m(-2)보다 길다면, m1은 수렴형 삼각형의 마지막 파동일 수 있다. m1의 끝에 ":L3"을 입력하라.

만약 m2가 m0만큼의 길이를 형성하는 데 m0에서 소요된 시간과 같거나 짧고, m2의 가격 범위가 m0보다 큰 데다 기울기가 가파르고, m(-2)가 m0의 161.8% 이상이고, m(-2)가 m2의 61.8% 이상이고, m(-1)의 구조 목록에

":F3"이 포함되어 있다면, m1은 불규칙 미달형 플랫의 마지막 파동일 가능성이 있다. m1의 끝에 ":L5"를 기입하라.

만약 m2(더하기 1시간 단위)가 자신이 형성된 기간과 같거나 짧은 시간에 걸쳐 완전히 되돌려지고, 시장이 m(-2)에서 m2까지 형성된 시간의 50% 또는 그보다 짧은 시간에 걸쳐 m(-2)의 시작점으로 되돌려지고, m0이 m(-2)보다 길다면, 확산형 터미널 충격 패턴이 m2로 마감되었을 수 있다. m1의 끝에 ":sL3"을 기입하라.

만약 m1(더하기 1시간 단위)이 자신이 형성된 기간과 같거나 짧은 시간에 걸쳐 완전히 되돌려지고, m2가 m0의 161.8% 이상이고, m1이 m(-1)과 m(-3)의 끝을 이은 추세선을 이탈할 경우, m1로 강세조정이 마감되었을 수 있다. m1의 끝에 ":L5"를 기입하라.

조건 'd' – m0이 m1의 261.8%보다 큰 경우

만약 m0(빼기 1시간 단위)이 m1과 같거나 짧은 시간에 또는 m2(빼기 1시간 단위)가 m1과 같거나 짧은 시간에 걸쳐 형성되고, m1이 m0과 m2 또는 둘 다보다 시간상 짧지 않다면, m1은 지그재그나 충격 패턴의 한 부분일 것이다. m1의 끝에 ":F3"을 기입하라.

만약 m1이 m0과 같거나 짧은 시간에 걸쳐 형성되거나 m1이 m2와 같거나 짧은 시간에 걸쳐 형성되고, m(-2)가 m(-1)의 161.8%보다 크고, m(-1)이 m0보다 짧고, m1이 m(-2)의 시작점에서 m0의 끝까지 길이의 61.8%보다 작고, m3이 m2보다 길 때 m4가 m3보다 짧고, m3이 m2보다 길 때 m(-2)에서 m2까지 길이의 61.8%가 m2의 끝을 넘어서기 전에 되돌려진다면, m1은 이중 지그재그 또는 지그재그로 시작되는 복합 조정의 x파동일 것이다. m1의 끝에

"x:c3"을 기입하라.

만약 m1이 m0과 같거나 짧은 시간에 걸쳐 형성되거나 m2와 같거나 짧은 시간에 걸쳐 형성되고, m0이 m(-1)의 100~161.8% 사이이고, m2가 m0의 161.8% 이하이고, m4가 m2의 38.2% 이상이고, m3이 m2보다 길 때 m4가 m3보다 짧다면, m1은 플랫으로 시작해서 플랫 또는 삼각형으로 마감되는 복합 조정의 x파동일 것이다. m1의 끝에 "x:c3"을 기입하라.

만약 m1이 m0과 같거나 짧은 시간에 또는 m2와 같거나 짧은 시간에 형성되었다면, m1의 끝에 ":c3"을 기입하라. 만약 m(-1)과 m1이 가격 또는 시간 또는 둘 다 서로 같고(또는 2가지 측면에서 61.8%의 관계를 갖고), m(-1)이 m0보다 짧고, m0과 m2, m(-2)를 비교해 m0이 가장 짧은 파동이 아니고 셋 중에 어느 것도 다음으로 작은 것의 161.8%보다 크지 않다면, m1은 복합 이중 지그재그(1개 또는 2개의 x파동을 포함)의 한 부분일 수 있다. ":c3" 앞에 "x"를 추가하라.

만약 m0이 위에서 언급한 3개의 파동 중에서 가장 길지 않다면 x파동이 m1의 끝부분에 존재하겠지만, 만약 m1이 ":c3"이 아닌 다른 구조기호를 가진다면 x파동은 m(-1) 또는 m3의 끝부분에 존재할 가능성이 높다.

만약 m0과 m2, m(-2) 중에서 m0이 가장 길다면 x파동은 m0의 중심부에서 숨겨졌을 수 있으므로, m0의 중심부에 점을 찍고 오른쪽에 "x:c3?", 왼쪽에 ":s5"를 기입하라. 이런 경우 m(-2)는 패턴의 시작점이 되고, m2는 마지막 파동이 될 것이다.

만약 m(-2)에서 m2에 걸쳐 x파동이 숨겨진 가운데 복합 조정이 진행된다면, 시장은 다음 파동 그룹(복합 조정과 같은 등급의 파동 그룹)이 시작되기 전에 그것의 61.8~100%가 되돌려져야 한다.

만약 x파동이 숨겨진 복합 조정 패턴이 61.8% 이하로 되돌려지고, 시장이 복합 조정의 끝을 넘어선다면, m(-2)에서 m2에 걸쳐 그러한 패턴을 만들지 않았거나 복합 조정이 터미널 충격 패턴의 한 부분일 것이다.

만약 m1(더하기 1시간 단위)이 자신이 형성된 것과 같거나 짧은 시간에 걸쳐 완전히 되돌려지고, m(-1)과 m1이 가격과 시간 면에서 서로 같고(또는 61.8%의 관계를 갖고), m2가 m0의 161.8% 이상이고, m1과 m(-1)이 겹치는 가격대가 없고, m2가 자신이 형성된 기간보다 빠르게 되돌려지지 않는다면, m1이 강세조정의 마지막 파동일 수 있다. m1의 끝에 ":L5"를 기입하라.

만약 m(-2)가 m0의 161.8%보다 작고, m2가 61.8% 이하로 되돌려지고, ":L5"가 사용되었다면, m1은 동시에 하나 이상 엘리어트 파동의 마지막 파동인 것이고, 각 패턴은 연속적으로 한 단계 위의 등급에 있는 파동이다.

만약 m2가 61.8% 이하로 되돌려지고, m2의 가격 범위와 기울기가 m0보다 크고 가파르게 나타나고, m(-1)이 m0의 161.8% 이하이고, m(-1)과 m1이 일정한 가격대를 공유하고, m0의 가능한 구조기호 중에서 ":3"이 포함되어 있다면, m1로 수렴형 삼각형이 마감되었을 가능성은 낮다. m1의 끝에 "(:L3)"을 기입하라.

만약 m(-1)과 m1이 시간 또는 가격 또는 둘 다에서 같거나 61.8% 되돌림 비율을 형성하고, m1과 m(-1)이 일정한 가격대를 공유한다면, m1은 불규칙 또는 파동 c가 미달형인 플랫의 마지막 파동일 수 있다. m1의 끝에 ":L5"를 기입하라.

만약 m2가 61.8% 이하로 되돌려지고, m2의 가격 범위가 m0의 61.8%에서 161.8% 사이이고, m(-1)이 m0보다 짧은데 m(-1)이 m0의 161.8% 이하이면, m1은 복합 조정 패턴의 x파동일 것이다. 이러한 사실을 m1 다음에 기록하고, 아직 존재하지 않는다면 m1의 구조 목록에 "x:c3"을 추가하라.

만약 m2(더하기 1시간 단위)가 자신이 형성된 시간과 같거나 짧은 시간에 걸쳐 완전히 되돌려지고, m3이 61.8% 이상 되돌려지지 않고, m(-1)이 m0보다 짧고, m(-1)의 일정 부분이 m1의 가격 범위와 겹쳐지고, m0과 m(-2), m2를 비교해 셋 중에 m0이 가장 짧은 파동이 아니고, m3이 m(-2)에서 m2에 걸치는 기간의 50% 또는 그보다 짧은 시간 동안 m(-2)의 시작점에 근접하거나 넘어선다면, 터미널 패턴은 m2로 끝났을 수 있다. m1의 끝에 있는 구조 목록에 ":sL3"을 추가하라.

포지션 지표의 적용(구조기호들을 하나의 가능성으로 줄이는 법칙) ─────────

포지션 지표는 대부분 (:3과 :5) 구조기호 앞에 알파벳 형식("c, F, L, s, sL")으로 표시된다. 포지션 지표들은 그 이름에 함의된 역할을 하는데, 때로는 일반적으로 때로는 구체적으로 전후 시장 흐름의 맥락 속에서 구조기호의 포지션을 나타낸다. 구조기호는 포지션 지표를 포함하는 것과 그렇지 않은 2개의 집단으로 분류된다. 각각의 형태를 나타내는 특정한 표시를 함으로써 보다 정확하고 논리적으로 이러한 주제에 접근할 수 있다.

기본 구조기호(base Structure label)는 포지션 지표가 앞에 나오지 않는 ":3"이나 ":5" 등의 구조기호를 말한다. 포지션 지표가 앞에 붙는 구조기호(:F3, :c3, :s5, :L5 등)는 포지션 구조기호(positioned Structure label)라고 부른다. 다음의 문단에서 패턴의 구조가 중요하지 않거나 알 수 없거나 특별히 논의할 만한 가치가 없는 경우에 간단히 구조기호라고 표시해 2가지 가능성을 모두 나타낼 것이다.

복수의 구조기호가 사용될 가능성이 있는 파동에서는 포지션 법칙이 반드시 사용되어야 한다. 포지션 지표들을 사용하는 것은 엘리어트 파동이론 초보자들이 적절하게 파동을 결합해 신뢰성 있는 패턴 구조를 만들 수 있는 유일한 방법이다. 놀랍게도 이 방법은 엘리어트 파동이론 전문가들도 사용하고 있는데, 그들에게는 대부분의 분석 과정이 내재화되어 자신들이 이러한 개념을 사용하는지조차 인지하지 못한다. 그들은 아마도 이 책에서 사용하고 있는 것과 같은 표준적인 형태의 엘리어트 파동을 적용시키고 있다는 것을 알지 못할 것이다.

포지션 지표들이 상호 공존하기 때문에 포지션 지표들을 적용함으로써 주변의 파동들과 연관 관계를 강화시킬 수 있다. 포지션 지표들로 인해 일견 불규칙하게 움직이는 듯한 시장의 움직임이 각각의 등급에 따라 정리된다. 포지션 지표들은 현재 시장 움직임을 해석해 좀 더 명확하게 하는 하나의 단계가 된다.

만약 여러 개의 구조기호 후보가 존재하는 파동을 발견한다면 포지션 지표를 통해 선택 가능한 구조기호 후보를 축소시킬 수 있을 것이다. 이런 지표들은 m1의 구조기호 후보들 중에서 하나를 제외한 나머지 것들을 삭제하는 데 도움이 될 것이다.

일단 차트상의 모든 파동에 대해 하나의 구조기호만이 남게 된다면, 이후에 기술하는 본 장에서 이러한 구조기호들을 이용해 엘리어트 패턴의 중요한 시작점과 종료점을 구별하는 방법을 설명할 것이다. 파동을 분석하는 과정에서 패턴의 시작점을 찾는 데 어려움을 겪는 사람들은 이 절에서 그 답을 찾을 수 있을 것이다.

기본 원칙

이 절에 도달했을 때는 차트상의 많은 모노파동들의 내부 구조들이 결정되었을 것이다. 불행하게도 '논리적 사전 구성법칙'은 후보가 되는 구조기호들을 하나로 줄이는 데 한계가 있다. 따라서 현재 차트상에 둘 또는 그 이상의 선택 가능한 구조기호들이 존재할 수 있다. 각각의 포지션 지표의 고유한 특성들을 연구하고, 각 기호의 함의를 주변의 구조와 논리적으로 결합시키는 과정을 통해 여러 선택지 중에서 하나의 구조기호를 선택할 수 있다.

목록에서 이어지는 각각의 구조기호들은 하나의 대시(-) 또는 2개의 플러스 (++)로 나눠진다. 대시로 연결된 모든 구조기호는 같은 표준 엘리어트 파동 패턴의 한 부분이다. 만약 2개의 플러스 신호로 구분된다면 하나의 표준 엘리어트 패턴이 첫 번째 2개의 플러스 신호 앞에서 끝났고, 다음 2개의 플러스 신호 이후에 두 번째 세트의 다른 엘리어트 패턴이 시작되는 것이다. 2개의 이중 플러스 신호 사이에 x파동이 들어간다. 나중에 자세히 설명하겠지만 x파동은 여러 개의 표준 조정을 연결해서 한 단계 높은 등급의 복합 조정(비표준형 패턴)을 형성한다. 표준과 비표준 패턴에 대해 자세히 알고 싶다면 8장을 참조하라.

다음 절 '포지션 지표의 개념과 구성'에서는 모든 포지션 구조기호에 대해 설명한다. 각각 포지션 지표들의 특성에 대한 지식은 모노파동의 구조기호 후보들을 하나로 줄이는 데 큰 도움이 된다. 빠르게 현상을 파악하고 비논리적인 구조기호들을 배제할 수 있도록 이 내용들을 숙달해야 한다. 그것들이 보다 큰 집약된 패턴에 포함되어 있지 않는 한 포지션 구조기호들(물음표 '?'로 연결된 것들)이나 기본 구조기호들(집약의 결과로 발생한 것들)을 삭제하지 말아야 한다.

만약 포지션 지표의 정의만으로 구조 목록에 있는 선택 가능 후보들을 하나로 줄일 수 없다면, 다음에 기술된 구조기호들의 상호 관계를 통해 현재 분석하고 있는 파동의 기호를 찾아야 한다. 왼쪽에 있는 것들은 일반적으로 조정파동 (:3)으로 시작되는 것들이고, 오른쪽에 있는 것들은 충격파동(:5)으로 시작되는 것들이다. 연속된 것들 중 가운데에 굵고 진하게 표시된 구조기호는 m1을 나타낸다. m1 주변에 존재하는 가능한 구조기호를 기록하고, 그것을 앞과 뒤에 있는 파동들과 연결 가능한 목록과 비교한다. 그런 다음 m1에 적절하지 않은 구조기호를 삭제해 파동마다 하나의 선택된 구조기호만을 남겨야 한다.

일단 패턴이 집약되었다면 이것의 기본 구조기호(:3 또는 :5)는 포지션 구조기호(:c3, :sL3, :s5)보다도 복합 엘리어트 조정을 형성하는 데 더 필요할 것이다. 이것이 각 패턴에 포지션 구조기호가 부여된 후에도 집약된 파동 그룹의 기본 구조기호를 유지해야 하는 다른 이유다.

포지션 지표의 개념과 구성

":F3"

이 구조기호는 "First three(3)"의 약자다. ":F3"은 패턴의 첫 번째 부분에서 나타나기도 하고, "x:c3" 다음에 나타나기도 하고, 2개의 ":5"들 사이에서 나타나기도 한다.

만약 ":F3" 2개가 연속해서 나타난다면 두 번째 ":F3"은 새로운 패턴(보다 작은 등급의 것)이 시작되는 것이다. 이 경우 2개의 ":F3"의 시작점에 원을 그리되, 두 번째 ":F3"이 그것 이후에 진행되는 파동들과 함께 폴리파동의 한 부분이라는 것이 확인될 때까지 두 파동을 연결하는 시도를 하지 마라.

":F3"이 실제 상황에서 발견될 수 있는 조건은 다음과 같다.

① ? - **F3** – c3 – L5 (F3의 시작점에 원을 그린다.)

② ? - **F3** – c3 – c3 (F3의 시작점에 원을 그린다.)

③ x:̇c3 ++ **F3** – c3 – L5 (F3의 시작점에 원을 그린다.)

④ x:c3 ++ **F3** － c3 － c3 (F3의 시작점에 원을 그린다.)

⑤ 5 － **F3** － 5 － **F3** － L5 (두 번째 5는 첫 번째 5의 38.2% 이상이다.)

⑥ 5 － **F3** － 5 ++ x:c3 (두 번째 5는 첫 번째 5의 38.2% 이상이다.)

⑦ 5 － **F3** － s5 ++ x:c3 (s5는 5의 38.2% 이상이어야 한다.)

⑧ 5 － **F3** － L5 (L5는 5의 38.2% 이상이어야 한다.)

⑨ s5 － **F3** － L5 (L5는 s5의 100%보다 커야 한다.)

":c3"

이 구조기호는 "center three(3)"의 약자다. ":c3"은 패턴의 시작점이나 끝점이 될 수 없다. 결과적으로 크고 강한 방향성 움직임은 결코 ":c3" 다음에 나올 수 없다. 만약 파동 그룹에서 첫 번째 파동에 여러 개의 가능한 구조기호들이 존재하고, 그중에 하나가 ":c3"이라면 그것을 삭제할 수 있다.

만약 3개 또는 5개의 부분으로 구성된 파동이 완성되는 국면이고, 마지막 파동의 가능한 구조기호 중에 ":c3"이 포함되어 있다면 ":c3"은 삭제될 수 있다. 만약 다음 1에서 7까지의 연속된 흐름 중에서 어느 것이라도 사용되었다면 ":F3"의 시작점에 원을 그려라.

아래의 사례는 적절한 포지션이 적용되었을 때 ":c3"이 실제로 나타나야 하는 환경과 조건들이다.

① F3 － c3 － c3 － c3 (두 번째 또는 세 번째 c3이 4개 파동 중에서 가장 작거나 가장 커야 한다.)

② F3 － c3 － 5 (5는 c3보다 커야 한다. 만약 5가 F3의 161.8%거나 그보다 크다면, 5는 61.8% 또는 그 이상으로 되돌려져야 한다.)

③ F3 - **c3** - s5 ++ x:**c3** (2번 지시문을 보시오.)

④ F3 - **c3** - L5 (만약 L5가 c3보다 짧다면, F3의 시작점이나 c3의 종점이 빠르게 돌파
되어야 한다.)

⑤ F3 - **c3** - **c3** - **c3** - L3 (마지막 c3이나 L3은 5개의 구조기호 중 가장 작거나 가
장 커야 한다.)

⑥ F3 - **c3** - **c3** - sL3 - L3 (L3은 5개의 구조기호 중 가장 작아야 한다.)

⑦ **c3** - **c3** - **c3** - L3 (L3이 가장 작고 마지막 c3이 그다음으로 작은 파동이거나, L3
또는 마지막 c3이 4개의 파동 중에서 가장 길어야 한다.)

⑧ :<u>3</u> - x:**c3**[*] - :<u>3</u> (x:c3이 첫 번째 :3의 61.8%보다 작거나 161.8%보다 커야 한다.)

⑨ 5 ++ x:**c3**^{**} ++ 5 - F3 (c3은 5보다 작아야 한다.)

⑩ 5 ++ x:**c3**[*] ++ F3 - **c3** (c3은 5보다 작아야 한다.)

⑪ s5 ++ x:**c3**[*] ++ 5 - F3 (c3은 s5보다 작아야 한다.)

⑫ s5 ++ x:**c3**[*] ++ F3 - **c3** (c3은 s5보다 작아야 한다.)

⑬ L5 ++ x:**c3**[*] ++ F3 - **c3** (c3은 L5보다 크고, F3은 c3보다 작아야 한다.)

"x:c3"

이 구조기호는 "center three(3) in the x-wave position"의 약자다. "x:c3"
은 연속된 파동의 시작점이나 끝점에서 사용될 수 없기 때문에, 주변의 움직임

---

* 이 위치에서 ":c3"은 복합 조정의 x파동으로 인식될 것이다. ":c3"을 둘러싸고 있는 구조기호들이 그런 흐름과 일치
한다면 ":c3" 앞에 "x"를 추가할 수 있다. ":c3"은 "x:c3"이 될 수 있지만 반대의 경우는 허용되지 않는다.

** 이 위치에서 ":c3"은 복합 조정의 x파동으로 인식될 것이다. ":c3"을 둘러싸고 있는 구조기호들이 그런 흐름과 일치
한다면 ":c3" 앞에 "x"를 추가할 수 있다. 밑줄 그은 ":3"들은 포지션 지표를 포함하지 않는 집약된 폴리파동이나 그
보다 높은 등급의 조정파동이다. ":c3"은 "x:c3"이 될 수 있지만 반대의 경우는 허용되지 않는다.

에 비해 상대적으로 강한 방향성 움직임이 "x:c3" 다음에 나타난다면 그것은 거의 대부분 무제한 삼각형의 파동 a다. "x:c3"은 표준 엘리어트 파동 사이에서 나타나 주로 단순한 조정을 연결해서 보다 큰 형태로 만드는 역할을 한다.

만약 파동 그룹의 첫 번째 파동이 하나 이상의 가능한 구조기호를 가지고 있고, 그들 중에 하나가 "x:c3"이라면 그것을 삭제할 수 있다. 만약 3개 또는 5개로 형성된 패턴을 마감하려 하고, 마지막 내부 파동의 가능한 구조기호 목록에 "x:c3"이 포함되었다면 확실하게 "x:c3"은 삭제될 수 있다.

다음에 나오는 3번, 4번, 9번 사례와 같이 집약된 조정(기본 구조가 ":3"인 경우)을 다루고 있다면, "x:c3"의 복잡성은 그것의 앞 또는 뒤에 나타나는 완성된 엘리어트 패턴보다 높아서는 안 될 것이다. "x:c3"의 복잡성 등급은 일반적으로 그것을 둘러싸고 있는 2개의 패턴들보다 한 단계 낮지만, 특이한 경우(4번 사례) 중간에 존재하는 ":3"이 1개 또는 2개의 "x:c3"보다 2단계 높을 수 있다(복잡성과 집약에 대한 개념은 7장에서 자세히 설명하고 있다).

다음의 사례는 "x:c3"에 적절한 포지션 기호를 붙였을 때 나타날 수 있는 환경과 조건들이다.

① L3 ++ **x:c3** ++ F3 - c3 (매우 드문 경우이지만, c3은 L3과 5보다 커야 한다.)

② L3 ++ **x:c3** ++ 5 - c3 (사실상 불가능하지만, c3은 L3과 5보다 커야 한다.)

③ :**3*** ++ **x:c3** ++ :**3*** (마지막 :3은 패턴의 마지막 파동이다.)

④ :**3*** ++ **x:c3** ++ :**3*** ++ **x:c3** ++ :**3*** (마지막 :3은 패턴의 마지막 파동이다.)

---

* :**3**은 알파벳으로 표시되는 포지션 지표를 포함하지 않은 집약된 폴리파동 또는 그 이상의 조정파동을 나타낸다.

⑤ 5 ++ **x:c3** ++ 5 − F3 (x:c3은 모든 5보다 작아야 한다.)

⑥ 5 ++ **x:c3** ++ F3 − c3 (x:c3은 5와 F3보다 작아야 한다.)

⑦ s5 ++ **x:c3** ++ 5 − F3 (x:c3은 s5와 5보다 작아야 한다.)

⑧ s5 ++ **x:c3** ++ F3 − c3 (x:c3은 s5와 F3보다 작아야 한다.)

⑨ s5 ++ **x:c3** ++ :<u>3</u>* (마지막 :<u>3</u>은 패턴의 마지막 파동이거나 드문 경우이지만 3중 콤비네이션 패턴이 형성 중일 수 있다. 만약 그렇다면 :3 뒤에 다른 x:c3이 나타날 것이다.)

⑩ L5 ++ **x:c3** ++ F3 − c3 (x:c3은 L5와 F3보다 커야 한다.)

위의 3번, 4번 사례에서 ":<u>3</u>"에 밑줄이 그어져 있다. 이 밑줄이 표시된 ":<u>3</u>"들은 폴리파동 또는 그 이상의 복잡성(집약과 복잡성에 대한 개념은 7장에서 자세히 설명하고 있다)을 가지고 있는 집약된 엘리어트 조정파동을 나타낸다. ":<u>3</u>"의 조정파동들은 지그재그나 플랫, 삼각형 등을 나타낸다. 만약 이런 복합 조정 형태 중에서 삼각형이 나타난다면 거의 항상 목록 중에서 마지막 ":3"이라고 표시될 것이다.

":sL3"

이 구조기호는 "second to Last three(3)"의 약자다. ":sL3"은 엘리어트 패턴의 처음과 마지막에는 나타나지 않는다. 이것은 ":L3" 기호와 같이 나타날 수밖에 없는 조건부 구조기호다. ":sL3"의 사용 여부에 대한 결정은 바로 뒤에 ":L3"이 나타난다는 것을 전제로 해야 한다.

이런 기호들의 그룹이 나타내는 것은 터미널이나 삼각형 중 하나의 엘리어트 패턴이 형성될 때다. 따라서 ":sL3"은 5개의 연속된 조정파동의 구조기호(:3)들 중 하나로 마지막에서 두 번째로 나타나는 것이다.

":sL3"이 실제 상황에서 발견될 수 있는 유일한 상황은 다음과 같다.

① c3 - **sL3** - L3 - ? (L3이 sL3의 61.8% 이하이거나 sL3의 100%보다 커야 한다.)

":L3"

이 구조기호는 "Last three(3)"의 약자다. ":sL3"과는 달리 ":L3" 기호는 ":sL3" 뒤에만 나타날 필요가 없다. 만약 이것이 가장 작은 파동이라면 ":L3"은 자신이 형성된 시간과 같거나 짧은 시간에 걸쳐 완전히 되돌려져야 한다. 위에서 기술한 ":sL3"과 유사하게 ":L3"은 터미널이나 삼각형의 한 부분이어야 하고, 전부 5개의 ":3"들이 서로 인접된 가운데 발생하는 가운데 맨 마지막에 나타난다.

충격 패턴의 필수 구성법칙(242쪽)을 파동 그룹에 적용할 때, 시장이 삼각형을 형성하고 있는지 혹은 터미널 패턴을 형성하고 있는지 판단할 수 있을 것이다. 만약 242쪽에 기술된 법칙을 따른다면 시장에 터미널이 형성되고 있는 것이고, 그렇지 않다면 삼각형이 형성되고 있는 것이다.

다음은 실제 상황에서 ":L3"과 연결되어 나타날 수 있는 사례들이다(아래 1번 또는 2번 사례에서 어떤 ":c3"도 앞에 "x"가 들어가지 않는다).

① F3 - c3 - c3 - c3 - **L3** - ? (L3은 두 번째 또는 세 번째 c3보다 커야 한다. L3의 끝에 원을 그려라.)

② F3 - c3 - c3 - sL3 - **L3** - ? (L3은 가장 짧은 파동이고, 급격하게 되돌려져야 한다. L3의 끝에 원을 그려라.)

③ sL3 - **L3** ++ x:c3 ++ F3 (sL3과 c3은 모두 L3보다 크거나 작아야 한다.)

":5"

이 구조기호는 단순화해서 "five"라고 발음되고 엘리어트 파동을 마감시키지 않는 모든 충격파동을 나타낸다. 이것은 지그재그 또는 충격파동의 첫 번째 내부 파동이거나, 복합 조정이나 충격파동의 중간 내부 파동으로 나타난다. 이것은 보다 일반적인 구조기호이고 다양한 상황에서 발견된다.

만약 파동이 진행되는 가운데 첫 번째 ":5"를 분석하고 있다면, 시장은 그것의 61.8% 이상을 되돌릴 수 없을 것이고 이후에는 ":5"의 끝을 돌파할 것이다. 만약 이러한 조건과 맞지 않을 경우에는 ":5"(m1을 나타내는 유일한 구조기호가 아닌 경우)를 삭제해야 할 것이다.

아래의 목록은 ":5"가 나타날 수 있는 경우로 괄호 안에서 주변 시장 환경에 대해 설명하고 있다.

① ? - 5 - F3 - 5 (?는 현재 패턴의 시작 또는 5 앞에 시장 움직임이 없음을 가리킨다.)

② ? - 5 - F3 - s5 - F3 (s5는 5보다 커야 하고, 모든 F3들은 이전의 구조기호보다 짧아야 한다.)

③ ? - 5 - F3 - s5 ++ x:c3 (x:c3은 s5보다 짧아야 하고, F3은 5와 s5 모두보다 짧아야 한다.)

④ F3 - 5 - F3 - L5 (2개의 F3이 서로 겹치는 가격대가 있어서는 안 되고, L5는 5보다 길어야 한다.)

⑤ F3 - 5 ++ x:c3 ++ F3 (x:c3과 첫 번째 F3은 5보다 작아야 한다. 두 번째 F3은 거의 항상 x:c3보다 길어야 한다.)

⑥ F3 - 5 ++ x:c3 ++ 5 (x:c3과 F3은 첫 번째 5보다 작아야 한다. 두 번째 5는 x:c3보다 길어야 한다.)

⑦ c3 － 5 ++ x:c3 ++ F3 (x:c3은 5의 161.8% 이상이거나 61.8% 이하여야 한다. 만약 x:c3이 5보다 크다면 F3은 x:c3보다 작아야 한다. 만약 x:c3이 5보다 작다면 F3은 거의 항상 x:c3보다 클 것이다.)

":s5"

이 구조기호는 "special five(5)"의 약자다. 이것은 시장의 과거·현재·미래에 대한 특정한 제한을 나타내는 구조기호다. ":s5"는 ":L5"와 같은 위치에 나타날 수 있지만, ":L5"를 확인하기 위해 반전 과정이 요구되지 않는다. ":s5"는 일반적으로 복합 엘리어트 패턴에서 나타나지만, 미달형 5번 파동이나 5번 파동이 연장된 충격 패턴의 3번 파동이 될 수도 있다. 만약 ":s5" 구조기호만을 취하는 파동을 발견한다면 2개의 선행하는 파동이 ":s5"와 연결되어야 한다. ":s5"에 앞서서 나타나야 하는 2개의 파동은 "5 － F3" 또는 "F3 － c3"이다.

아래의 사례는 ":s5"가 실제 상황에서 발견될 수 있는 경우들이다.

① 5 － F3 － **s5** ++ x:c3 ++ F3 (x:c3과 첫 번째 F3은 s5보다 작아야 한다.)

② 5 － F3 － **s5** － F3 － L5 (모든 F3은 s5보다 작아야 하고, L5는 s5보다 길어야 한다.)

③ F3 － c3 － **s5** ++ x:c3 ++ F3 (c3과 x:c3 둘 다 s5보다 작아야 한다. F3은 일반적으로 x:c3보다 클 것이다.)

":L5"

이 구조기호는 "Last five(5)"의 약자다. L5는 항상 보다 큰 엘리어트 패턴의 종료를 의미하기 때문에 ":L5"의 발생은 엘리어트 패턴과 그보다 높은 등급의 패턴이 동시에 마감되는 것을 의미한다. ":L5"의 발생에 대한 최소한의 확인은 m0에서 m(-2)의 종점을 이은 추세선이 ":L5"(더하기 1시간 단위)와 같거나 짧은 시간에 걸쳐 이탈되어야 한다는 점이다.

":L5"가 이전의 시장 움직임과 연결되기 위해서는 ":L5" 바로 앞에 있는 구조기호가 ":F3"이거나 ":c3"이어야 한다. 만약 충격 패턴을 나타내는 구조기호(:L5, :s5, :5)가 ":L5" 바로 앞에서 발견된다면 2개의 파동 끝에 원을 그려라. 4장에서 ":L5, :s5, :5"로 끝날 경우 가능한 구조의 흐름에 대해 설명할 것이다.

일단 앞선 충격 구조기호가 엘리어트 패턴으로 결합되었다면 패턴을 기본 구조로 집약해(집약에 대해서는 7장에서 설명한다) 그 시작과 끝에 점을 찍고, 집약된 패턴을 두 번째 충격파동과 집약된 패턴 이전의 구조기호와 연결시켜야 한다.

":L5"가 실제 상황에서 나타나는 사례는 다음과 같다.

① 5 – F3 – **L5** – ? (F3은 5와 L5 둘 다보다 짧아야 한다. L5의 끝에 원을 그려라.)

② s5 – F3 – **L5** – ? (L5는 s5보다 길어야 하고, L5는 s5의 161.8%거나 그 이상일 가능성이 높다. L5의 끝에 원을 그려라.)

③ F3 – c3 – **L5** – ? (만약 c3이 F3의 138.2%거나 그보다 크다면, L5는 거의 확실히 c3보다 짧을 것이다. L5의 끝에 원을 그려라.)

④ F3 – c3 – **L5** ++ x:c3 ++ F3 (c3과 x:c3 모두 L5보다 커야 하고, F3은 x:c3보다 작아야 한다.)

패턴 분리 과정 —————————————————

차트에 ":L5" 또는 ":L3"이 존재하지 않는다면 ":L5" 또는 ":L3"이 발견될 때

까지 매일 가격 움직임을 추적해야(되돌림 법칙이나 논리적 사전 구성법칙 등을 적용)

한다. 일단 ":L5" 또는 ":L3" 중 하나가 발견되면 패턴 분리 과정이 시작될 수

있다. 차트상 먼 왼쪽에서부터 오른쪽으로 진행하면서 ":L5" 또는 ":L3" 또는

둘 다를 포함하는 첫 번째 파동을 찾아 그 파동의 끝에 원을 그려(그림 3-31) 그

것이 엘리어트 패턴의 마지막 부분임을 나타낸다(원으로 표시된 파동 후에는 단기간

에 강한 반대 방향으로의 움직임이 나타날 것이다. 이런 움직임이 나타난다면 최근에 엘리어트

파동이 마감되었다는 신뢰성 있는 신호라 할 수 있다). 본 절에서 논의한 포지션 법칙과

기법을 적용한다면 원으로 표시된 파동을 이용해 엘리어트 패턴의 시작점을 찾

을 수 있을 것이다.

그림 3-31

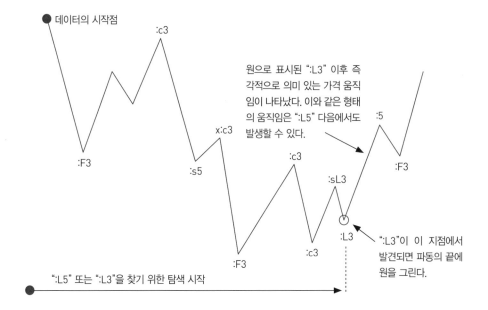

그림 3-32

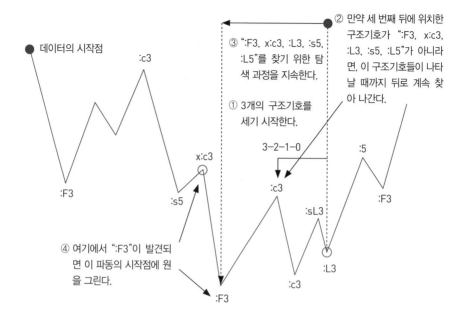

● 데이터의 시작점

:c3

③ ":F3, x:c3, :L3, :s5, :L5"를 찾기 위한 탐색 과정을 지속한다.

② 만약 세 번째 뒤에 위치한 구조기호가 ":F3, x:c3, :L3, :s5, :L5"가 아니라면, 이 구조기호들이 나타날 때까지 뒤로 계속 찾아 나간다.

① 3개의 구조기호를 세기 시작한다.

x:c3

3-2-1-0

:5

:F3

:c3

:F3

:s5

:sL3

:F3

④ 여기에서 ":F3"이 발견되면 이 파동의 시작점에 원을 그린다.

:L3

:c3

:F3

원으로 표시된 부분에서 뒤(왼쪽으)로 3개의 구조기호를 옮겨가라. 만약 그 새로운 파동이 오직 하나의 기호만을 포함하고, 그것이 ":F3, x:c3, :L3, :s5, :L5" 중 하나라면 거기서 멈춰라. 거기서 엘리어트 파동의 시작점을 찾았을 것이다. 만약 세 번째 뒤에 있는 파동이 하나 이상의 구조기호를 포함하고 있거나 앞서 기술된 구조기호가 포함되지 않은 하나의 구조기호를 가지고 있다면, 한 파동을 계속 뒤로 옮겨 위에 나열된 것들 중 하나가 유일한 구조기호를 갖는 파동이 나타날 때까지 찾아야 한다.

마침내 위에서 요구하는 조건들을 충족시키는 파동을 발견했는데 그것이 ":F3"이라면, 그 파동의 시작점에 원을 그려라. 만약 그것이 "x:c3, :L3, :s5,

그림 3-33

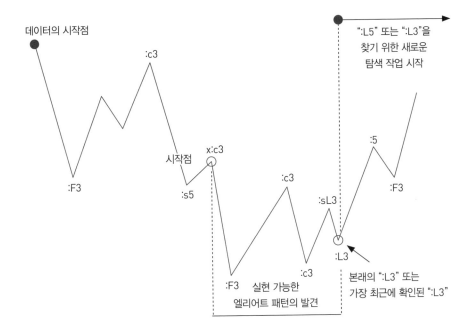

데이터의 시작점

:c3

":L5" 또는 ":L3"을
찾기 위한 새로운
탐색 작업 시작

:F3

시작점

x:c3

:s5

:c3

:5

:F3

:sL3

:c3

:L3

본래의 ":L3" 또는
가장 최근에 확인된 ":L3"

:F3　실현 가능한
엘리어트 패턴의 발견

:L5" 중 하나라면 파동의 끝에 원을 그려야 한다(그림 3-32가 이 과정을 나타내고 있다). 이후에 패턴을 검증해 적절하다고 결론이 나면 패턴을 둘러싸고 있는 원을 칠해 점을 만든다.

　모든 엘리어트 패턴을 형성하는 데 홀수의 파동이 필요하므로, 2개의 점 사이에 존재하는 파동의 수를 세야 한다. 만약 파동이 짝수라면, 다시 뒤로 이동해서 다른 ":F3, x:c3, :L3, :s5, :L5"를 찾아야 한다. 만약 홀수의 파동이 나타난다면 다음 분석 단계로 이동할 수 있다.

　그 일을 마친 후에 최근에 원을 그린 ":L5" 또는 ":L3"으로 돌아가라. 그리고 유일한 구조기호가 ":L5" 또는 ":L3" 또는 둘 다인 파동이 나타날 때까지 시간

그림 3-34

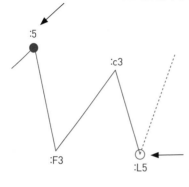

이 고점은 이전 패턴이 집약된 것이기 때문에 붉은 원으로 표시되었다.

:5

:c3

:F3

:L5

확인된 ":L5"에서부터 뒤쪽으로 탐색해 나가면 ":F3, x:c3, :L3, :s5, :L5"가 발견되기 전에 앞서 원으로 표시한 고점이 발견된다. 만약 원으로 표시한 점들 사이에 파동의 개수가 3개 이상이라면 엘리어트 패턴이 전개되고 있는 것으로 볼 수 있다. 이 두 점들 사이의 모든 파동들이 단지 하나의 구조기호를 가지고 있는지 확인해야 한다.

그림 3-35

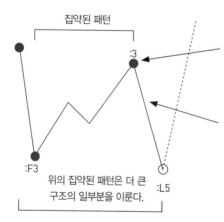

집약된 패턴

:3

:F3

:L5

위의 집약된 패턴은 더 큰 구조의 일부를 이룬다.

집약된 패턴이 완성(속이 빈 원 대신에 붉게 색칠한 원을 사용)된 후 곧이어 L5가 나타났다.

더 큰 엘리어트 패턴이 존재하기 위해서는 두 원 또는 점으로 표시된 지점 사이에 적어도 3개의 파동(또는 파동 그룹)이 있어야 한다. 만약 3개 미만의 파동밖에 없다면 더 큰 패턴을 형성하기 위해 이전에 점으로 표시된 기본적인 구조들은 L5 또는 L3으로 통합되어야 할 것이다. 더 큰 패턴은 L5 또는 L3으로 완성될 것이다.

상 앞으로(차트상 오른쪽으로) 진행하고, 이런 과정을 반복해야 한다(그림 3-33). 만약 ":L5" 또는 ":L3"이 발견되지 않는다면, 현재 분리된 패턴에 대해서 4장과 이후에 설명하는 내용을 중심으로 검증과 집약 과정을 거쳐야 한다.

이런 과정을 반복한다면 고점이나 저점에서 이전의 분석을 통해 칠해진 점이 자주 발견될 것이다. 그것은 현재 진행 중인 패턴이 실제로 이전에 점으로 표시된 부분에서 시작되었거나(그림 3-34) 이전에 점으로 칠해진 부분이 현재의 ":L5" 또는 ":L3"과 같은 등급인 집약된 파동 그룹의 끝이라는 것을 의미한다(":L5" 또는 ":L3"이 집약된 패턴과 한 단계 등급의 차이가 있더라도 앞서 설명한 내용이 적용된다. 집약과 복잡성 등급에 대해서는 7장의 330쪽을 보라).

집약된 패턴은 결국 ":L5" 또는 ":L3"으로 끝나는 보다 큰 패턴의 한 부분이 될 것이다. 만약 ":L5" 또는 ":L3"이 점으로 표시된 부분 바로 뒤에 나타난다면 (그림 3-35와 같이) 엘리어트 파동을 형성하는 데 충분한 파동이 진행되지 않은 것이다. 4장에서 설명하겠지만 파동을 그룹으로 묶는 데 있어서 점으로 표시된 부분의 기본 구조를 이용해야 한다. 일반적으로 둘 중에 어떤 상황이 전개되고 있는지는 쉽게 알 수 있다. 어떤 형태의 그룹으로 묶어지더라도 ":L5" 또는 ":L3"은 엘리어트 패턴의 마지막 파동이 되어야 한다.

특별한 상황들

구조 목록을 줄여나가는 과정에서 가격이 집약된 패턴이 마감되기 전에 그것의 시가를 넘어선다면(그림 3-36), 집약된 패턴의 기본 구조는 논리적 사전 구성법칙이 무엇을 나타내든 간에 확실한 조정파동(":3")이다. 따라서 그림 3-36과 같은 모습이 발견될 경우에는 재평가 과정에서 논리적 사전 구성법칙

그림 3-36

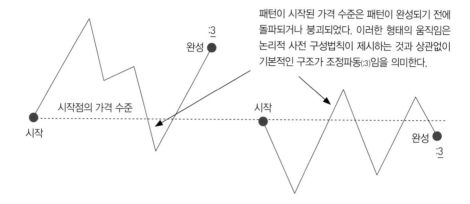

패턴이 시작된 가격 수준은 패턴이 완성되기 전에 돌파되거나 붕괴되었다. 이러한 형태의 움직임은 논리적 사전 구성법칙이 제시하는 것과 상관없이 기본적인 구조가 조정파동(:3)임을 의미한다.

을 적용시키지 말고, 집약된 패턴의 기본 구조만을 남겨두면 된다.

이런 특별한 집약된 패턴을 주변 시장의 움직임과 결합하고자 할 때는, 포지션 법칙들을 사용해 보다 큰 엘리어트 패턴과 결합하는 데 있어 집약된 패턴의 기본구조만이 필요한지 아니면 포지션 지표가 필요한지를 판단해야 할 것이다.

복잡성과 그것이 시장의 움직임과 패턴에 주는 영향을 이해하지 못한다면 복합 폴리패턴들을 결합하는 과정에서 어려움을 겪을 수 있다. 인접한 패턴들의 복잡성 등급은 2단계 이상으로 차이가 날 수 없다. 예를 들어 만약 m0, m1, m2가 표준 엘리어트 조정 패턴이라는 것이 확인되었고, m0이 복잡성 등급 1, m1이 복잡성 등급 2, m2가 복잡성 등급 1이면 3개의 파동은 하나의 보다 큰 엘리어트 패턴으로 결합될 수 있다. 만약 m0이 복잡성 등급 1, m1이 복잡성 등급 2, m2가 복잡성 등급 4이면 m1과 m2의 복잡성 등급 차이는 2이고, 이것은 닐리의 패턴 형성법칙에 어긋나는 것이다.

등급(degree)은 다양한 파동의 부분을 결합하는 데 있어 반드시 고려되어야 하는 중요한 개념이다. 만약 등급의 개념과 가격 움직임에 그것을 적용하는 것에 대해 익숙하지 않다면, 차트상에서 구조기호를 삭제하기 전에 229쪽에 있는 4장 '유사성과 균형의 법칙'을 숙지해야 한다. 같은 등급에 있는 파동을 찾아내 결합하는 데 도움이 될 것이다. 7장 340쪽에서는 등급에 대해 좀 더 자세하게 다룰 것이다. 등급에 대한 이해가 깊어질수록 그 절에 대해 정통하게 될 것이다.

3장의 전반적인 개요

Mastering Elliott Wave

3장의 내용이 다소 복잡하기 때문에 전반적으로 살펴보는 과정이 필요하다. 실제 시장 분석을 시작할 때 대략 60개 정도의 현물 데이터(cash data)를 이용해 차트를 구성한다. 새로운 차트를 재구성(첫 번째 그림의 중요한 고점이나 저점에서 시작)하는 과정에서 '비율의 법칙'을 적용한다. 점을 이용해서 모든 모노파동의 끝을 표시하고 필요한 경우 '중립성의 법칙'을 적용한다.

분석할 최근의 모노파동(20개 이상의 모노파동을 다루지 마라)을 찾아 '관측의 법칙'을 적용해 법칙(Rule), 조건(Condition), 범주(Category Identifiers)를 각각의 중요한 모노파동의 끝에 표시한다. 다음으로 '논리적 사전 구성법칙'에 포함된 적절한 부분[법칙과 조건(때로는 범주)에 따라서 선택]을 읽고, 법칙들을 구조기호(Structure label)로 전환시킨다. 하나 이상의 구조기호를 포함한 모노파동을 찾아서 '포지션 지표의 개념과 구성'의 내용에 따라 각각의 m1에 대해 적절한 하나의 구조기호를 제외한 나머지 것들을 삭제하고 '패턴 분리 과정'을 적용시킨다.

이렇게 한다면 구조기호를 그룹으로 묶어 엘리어트 파동의 흐름을 만들어가는 4장으로 들어갈 준비가 끝난 것이다.

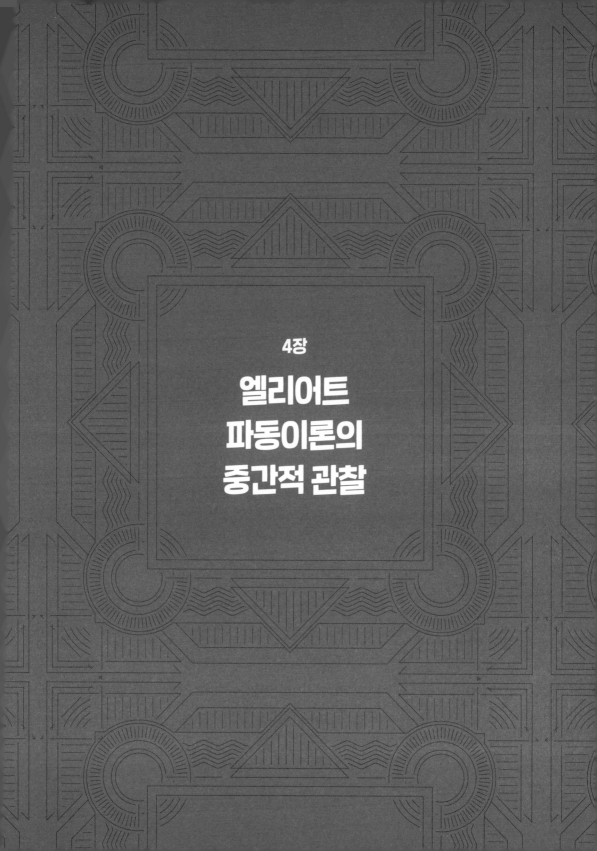

4장

엘리어트
파동이론의
중간적 관찰

4장을 시작하기 전에

앞서 3장 '엘리어트 파동이론에 대한 예비적 분석'에서는 적절한 엘리어트 패턴을 찾아가는 튼튼한 기초를 제공했다. 엘리어트 패턴은 3장의 끝에서 제시된 법칙에 따라 분리한 파동 그룹에서 구성된다(214쪽 '패턴 분리 과정' 참고). 파동 그룹들을 엘리어트 패턴으로 구성하는 과정을 계속하기 위해서 분리된 그룹의 구조기호는 엄격한 배열 체계에 따라 붙여져야 한다. 이에 더해 5장으로 넘어가기 전에 모든 파동들이 동일한 등급에 위치하는지를 확인하기 위한 검증 작업이 이루어질 것이다.

모노파동 그룹들

주지하다시피 모노파동은 엘리어트 파동이론의 초석이다. 하지만 불행히도 모노파동을 1개씩 따로따로 연구한다면 앞으로의 시장 움직임에 대해 제한적인 관점만을 갖게 된다. 반면에 파동을 그룹으로 묶어 일련의 특정한 구조기호로 나타내면, 향후 진행 가능한 시장의 움직임에 대해 더 깊이 이해할 수 있다. 이를 설명하기 위해 '폴리파동'이라는 개념을 사용한다. 이런 특정한 흐름들은 각 구조기호에 선행하는 포지션 지표(Position Indicator)에 따라 형태가 좌우된다.

모노파동과 마찬가지로 본질적으로 폴리파동은 조정파동이 될 수도 있고 충격파동이 될 수도 있다. 조정 폴리파동이 형성되려면 최소 3개의 모노파동이 있어야 하고, 충격 폴리파동이 형성되려면 최소 5개의 모노파동이 있어야 한

그림 4-1

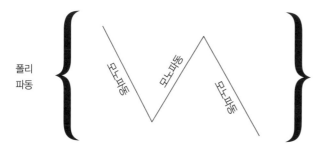

폴리
파동

적절한 방식으로 결합된 3개의 모노파동들이 하나의 조정 폴리파동을 구성한다.

그림 4-2

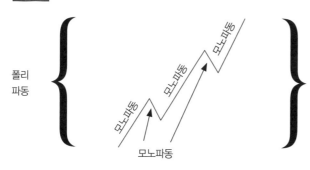

폴리
파동

적절한 방식으로 결합된 5개의 모노파동들이 하나의 충격 폴리파동을 구성한다.

다. 그림 4-1은 이상적인 조정 패턴을 나타낸 것이고, 그림 4-2는 이상적인 충격 패턴을 나타낸 것이다. 그림 4-1과 그림 4-2를 통해 확실히 알 수 있는 사실은 충격 패턴은 3장에서 설명한 방향성 움직임처럼 시장이 저점을 높이거나 낮추는 과정에서 나타나는 반면, 조정 패턴은 3장에서 설명한 비방향성 움직임처럼 일반적으로 횡보국면을 나타낸다는 것이다.

차트상에 여러 모노파동들의 끝에 적혀 있는 고유한 구조 목록들을 가지고, 3장의 마지막 부분에 있는 '패턴 분리 과정'을 거쳐 형성된 파동 그룹을 위치시킨다. 분리된 파동 그룹들 중에서 항상 3개 또는 5개의 모노파동만으로 이루어진 파동 그룹을 선택하면, 3개 또는 5개의 인접한 모노파동들은 표준적인 엘리어트 폴리파동 패턴을 형성한다. 여러분의 경험이 늘어갈수록 선택한 3개 또는 5개의 파동들의 일부 또는 전부가 파동 그룹으로 집약될 수 있을 것이다.[*]

폴리파동을 구성할 때 결정적으로 고려해야 할 요인은 분리된 일련의 모노파동들에서 발견되는 구조기호 흐름(Structure Series)의 존재 여부다. 구조기호 흐름이란 결합을 통해 엘리어트 패턴을 형성하는 구조기호들이 적절하게 나열된 조직화된 목록을 의미한다(그림 4-3의 상단). 집약 과정을 통해 구조기호 흐름은 여러분이 논리적이고 자연스럽게 단순 엘리어트 파동 패턴을 더 복잡한 패턴으로 통합할 수 있도록 도울 것이다.

그림 4-3에서는 표준 또는 비표준 엘리어트 패턴을 형성할 때 나타나는 포지션 지표의 배열과 ":3" 및 ":5"의 정확한 개수를 보여준다. 만약 여러분이 다루고 있는 파동 중 일부가 집약은 되어 있지만 단지 기본 구조기호만을 가지고

---

[*] 선택된 파동 그룹들 중 전체적으로 가격과 시간이 가장 적게 소요되는 파동 그룹을 먼저 분석하는 것이 중요하다.

그림 4-3

표준적 패턴(모든 학습자를 대상으로 함)

Ⓐ :5−:F3−:?5−:F3−:L5 　　　　　　　 충격파동(방향성을 가진 특성, 242쪽 참고)

Ⓑ :5−:F3−:?5[1] 　　　　　　　　　　　 지그재그(조정의 특성, 273쪽 참고)

Ⓒ :F3−:c3−:?5[1] 　　　　　　　　　　 플랫(조정의 특성, 269쪽 참고)

Ⓓ :F3−:c3−:c3−:?3−:?3[1] 　　　　　 삼각형(조정의 특성, 279쪽 참고)

Ⓔ :F3−:c3−:c3−:?3−:L3 　　　　　　 터미널(패턴 결정의 특성, 242쪽 참고)

[1] 만약 표준적인 조정파동 흐름의 마지막 구조기호가 "L"자를 포함하지 않을 경우 구조 기호 흐름은 ":3"으로 집약될 필요가 있고, 아래에 나와 있는 비표준적 패턴들 중 어느 하나의 일부분을 구성하게 될 것이다.

비표준적 패턴(고급 학습자를 대상으로 함)

Ⓕ :3[2]++x:c3(smaller[6])++:3[4] 　　　　　 이중 그룹(조정파동, 8장 참조)

Ⓖ :3[3]++x:c3(lager[7])++3[3] 　　　　　　 이중 조정 진행(조정파동, 8장 참조)

Ⓗ :3[2]++:c3(size?[7])++3[2]++x:c3(size?[5])++:3[4] 　 삼중 그룹(조정파동, 8장 참조)

[2] ":3"은 표준적 플랫, 지그재그 또는 확장 삼각형 패턴이어도 상관없다("x:c3"이 이전의 ":3"보다 큰 경우 지그재그는 "x:c3"의 이전 또는 이후에 나타날 수 없다).

[3] ":3"은 표준적 플랫 또는 삼각형일 수 있다(만약 앞의 ":3" 삼각형 패턴이라면, 그것은 확장형이어야만 한다).

[4] ":3"은 어떠한 표준적 조정 패턴이어도 상관없다.

[5] "x:c3"은 앞의 ":3"보다 작거나 클 수 있다.

[6] "x:c3"은 앞의 ":3"보다 작아야만 한다.

[7] "x:c3"은 앞의 ":3"보다 커야만 한다.

있는 경우, 집약된 패턴의 기본적인 구조는 충격 패턴이든 조정 패턴이든 동일한 종류(Class)의 패턴이 가질 수 있는 어떠한 적당한 포지션 구조기호로 나타낼 수 있다(파동의 종류에 관해서는 69쪽 참고). 모노파동보다 등급이 높은 어떠한 패턴이라도 다음 일련의 4가지 표준적인 구조기호 또는 다양한 일련의 비표준적 구

조기호 중의 하나를 따라야 한다.* 그림 4-3에서는 차트상에서 전개되는 패턴들을 더 명확히 규명할 수 있도록 파동의 조합들을 나열하고, 각 패턴에 이름을 붙였다. 그림 4-3에 있는 구조기호 중 일부는 포지션 기호가 없다는 점을 유의해야 한다. 포지션 기호들이 이렇게 공식적인 목록에 제시되어 있지 않을 경우, 물음표 자리에는 법칙상으로 구조기호 앞에 사용할 수 있는 어떤 포지션 기호라도 사용될 수 있다.

분리된 파동 그룹들과 그림 4-3에 나와 있는 파동 그룹을 비교할 때, 파동 그룹이 완전히 모노파동들로만 이루어져 있다면 그림 4-3의 상단에 나와 있는 표준 패턴(Standard Pattern) 중 하나를 적용하는 것이 적절하다. 만일 이전의 가격 움직임을 집약한 후이고 분리된 파동 그룹의 어느 부분에서라도 "x:c3"이 발생했다면 비표준 패턴(Non-Standard Pattern) 중 하나가 실행된 것이다.

파동 그룹이 아무리 크고 긴 시간에 걸쳐 형성된 것이라 할지라도 그룹화된 모든 시장의 움직임이 분석에 사용될 때는 그림 4-3에 제시된 구조기호 흐름 중 하나와 반드시 일치해야 한다. 여러분의 목표는 차트상 표시된 시장의 움직임과 가장 유사한 구조기호 흐름을 찾아내는 것이다. 궁극적으로 더 크고, 더 신뢰성 있는 파동 패턴을 찾아내기 위한 가장 중요한 작업은 바로 구조기호 흐름을 규정하는 일이다. 일단 일련의 흐름을 찾고 나면 수차례의 추가적인 검증 작업을 실행함으로써 당신이 선택한 모노파동 그룹을 폴리파동 상태로 만들어

---

* 마지막 문장에서 단지 4가지의 구조기호 흐름만을 언급한다. 그림 4-3에는 5가지의 표준 구조기호 흐름들이 열거되어 있지만, 실제로는 이 중 4가지만이 고유한 흐름으로써 의미를 가진다. 즉 마지막에 적혀 있는 표준 흐름인 ":3-:3-:3-:3-:3"은 반복되면서 상당히 다른 함의를 가지는 별도의 2개의 패턴을 만들어내는 데 사용될 수 있다. 그룹으로 묶어진 파동들의 형태(그리고 5장에서 제시된 다른 조건)에 따라 둘 중 어떤 패턴이 진행되는지 판단할 수 있을 것이다.

야 한다. 이에 대해서는 바로 이어지는 다음 절에서 다룰 것이고, 일부는 262쪽에서 다룬다.

유사성과 균형의 법칙

Mastering Elliott Wave

일단 적용 가능하다고 판단되는 구조기호 흐름을 찾았다면, 그다음으로 유사성과 균형의 법칙을 고려해야 한다. 모든 엘리어트 패턴은 서로 유사성에 따라 결합된다. 따라서 서로 유사하지 않은 파동들은 하나의 더 큰 엘리어트 구조로 완전히 결합될 수 없다.

시장 움직임은 시간과 가격이라는 2개의 범주하에서 진행된다. 2개의 인접한 파동이 유사성을 가지기 위해서는 두 파동 사이의 관계가 특정한 시간 범위 및 가격 범위 내에 있거나 결합될 수 있어야 한다. 2개의 인접한 파동 사이에서 시간과 가격의 유사성은 동시적으로 나타날 수 있지만 반드시 이러한 규칙이 적용되어야 하는 것은 아니다.

충격 패턴 안에서 인접된 파동들을 비교할 때는 시간의 유사성이 가격의 유사성보다 더 흔하게 나타난다. 반면에 조정 패턴에서는 가격의 유사성이 시간의 유사성보다 더 일반적이다. 인접된 2개의 파동이 유사한지 아닌지를 판단하는 작업은 간단한 계산을 통해 이루어진다. 다음의 내용들은 시간과 가격이라는 요소에 기반해 유사성을 판별하는 방법에 대한 지침들이다.

가격: 2개의 인접한 파동 간에 '가격의 유사성'이 존재하기 위해서는, 두 파동 중 작은 파동의 길이가 큰 파동의 1/3 이상이어야 한다.

시간: 2개의 인접한 파동 간에 '시간의 유사성'이 존재하기 위해서는, 두 파동 중 짧은 파동의 형성 시간이 긴 파동의 1/3 이상이어야 한다.

만일 여러분이 실제 차트를 따라 분석하는 과정에서 하나 이상의 분리된 파동 그룹이 엘리어트 구조기호 흐름에 따라 움직이는 것을 확인했다면, 모든 인접한 파동들이 앞서 설명한 유사성과 균형의 법칙 중 적어도 하나 이상의 유사성을 충족하고 있는지만 조사하면 된다. 만약 비교 과정을 통해 두 파동이 어떠한 유사성 법칙도 따르지 않는다면, 두 파동이 같은 등급의 파동일 가능성은 매우 낮다. 두 파동이 같은 등급의 파동이 아닐 때, 이 두 파동을 하나의 큰 엘리어트 패턴으로 직접 연결할 수 없고, 먼저 몇 개의 작은 파동들을 집약하는 작업이 필요하다.

그림 4-4는 m1과 m2 사이에 유사성과 균형의 법칙 중 어느 것도 충족시키지 못한 경우다. 이러한 경우 두 파동은 동일한 등급의 파동으로 볼 수 없고, 직접 결합해서도 안 된다. 최종적으로 같은 엘리어트 패턴 내에 m1과 m2가 모두 포함되기 위해서는 m2가 비슷한 가격과 시간을 가진 파동과 연결되어야 한다. 이 파동들을 그룹으로 묶고 엘리어트 패턴을 확인한 후 기준에 적합한지 검증하고, 확인하고, 재평가하는 작업이 이루어져야 할 것이다. 그리고 난 후 만약 m2를 포함한 그룹이 유사성과 균형의 법칙에 따라 m1과 유사한 시간과 가격을 형성한다면, 이제는 m1과 m2를 포함한 그룹을 주위의 시장 움직임과 함께

그림 4-4

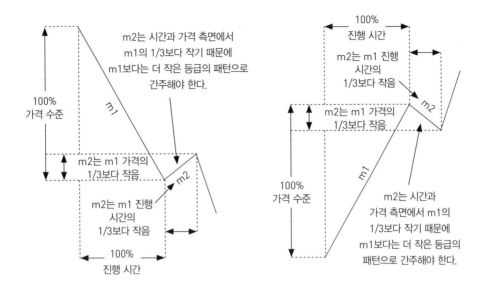

그림 4-5

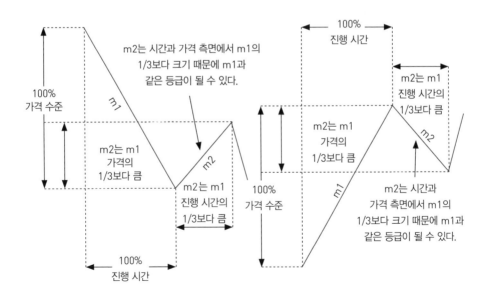

결합함으로써 더 큰 엘리어트 패턴을 도출해낼 수 있을 것이다. 그림 4-5에서는 유사성과 균형의 법칙이 모두 성립할 경우 2개의 파동이 같은 등급의 파동으로 구성될 수 있음을 보여준다. 결과적으로 구조기호에서 가능하다면, m1과 m2는 더 큰 엘리어트 패턴의 한 부분으로 직접 결합될 수 있는 것이다.[*]

구조의 흐름을 알아내는 것이 어떻게 더 확장된 기간에 파동을 구축하는 절차에서 도움을 주는지, 그리고 어떻게 더 큰 엘리어트 패턴이 전개되고 추적되는지를 보여주기 위해 아래의 단계들을 작성했다.

단계 1

3장에서 설명된 법칙과 기법을 사용해 그림 4-6에 있는 모든 모노파동에 구조기호를 붙였다. 파동번호(Chrono)-2의 시작점에서 파동번호-4의 종료 지점까지가 분리되어 "F3-c3-L5"의 흐름이 발생한다. 그림 4-3에 제시된 표를 보면 그 흐름은 플랫 패턴이 가능한 것으로 볼 수 있다. 파동번호-9의 시작점과 파동번호-11의 종료 지점 사이에는 일련의 지그재그 패턴(5-F3-L5)을 찾을 수 있다. 파동번호-12에서 파동번호-16까지는 충격 패턴의 흐름이 형성된다.

단계 2

플랫, 지그재그, 충격파동 등 단계 1에서 규명된 모든 파동 그룹은 철저히 검증해 그 타당성이 입증되었다. 이렇게 해서 그 파동들은 ":3" 또는 ":5"의 기본

---

[*] 2개의 파동이 유사성과 균형의 법칙을 따른다는 말은 두 파동이 반드시 같은 등급에 속한다는 것을 의미하는 것이 아니고, 같은 등급일 가능성도 있다는 것을 의미한다.

그림 4-6 (3장의 그림 3-18을 업데이트한 그림)

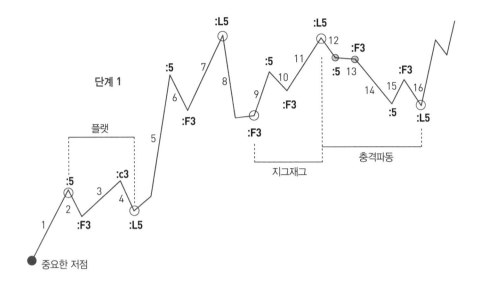

구조가 되었고(밑줄은 복잡성 등급을 나타내는 것이다. 이와 관련해 자세한 내용은 7장 참고하라), 그러한 엘리어트 패턴을 둘러싸고 있는 원은 붉게 칠해졌다. 그림 4-7에서 이러한 변화를 보여주고 있다.

3장에서 소개한 되돌림 법칙을 떠올려보면, 모든 집약된 패턴은 하나의 구조기호만을 가지고 있는 모노파동인 것처럼 분석되어야 한다. 애초에 집약된 패턴들을 분석할 때 '숨겨진' 파동의 존재 가능성을 탐지하기 위한 재평가 과정을 거쳐야 한다. 또한 집약된 패턴에 인접한 2개의 구조기호에 대해서는 집약된 패턴에 의해 초래된 환경의 변화가 주변의 시장구조에 영향을 미쳤는지 확인하기 위한 재평가 과정이 필요하다.

그림 4-7은 이러한 모든 절차를 수행한 후에 그 결과를 제시한 것이다. 3장에서 지시된 바와 같이 집약된 패턴들의 경계 사이에 있는 모든 기호와 표시는

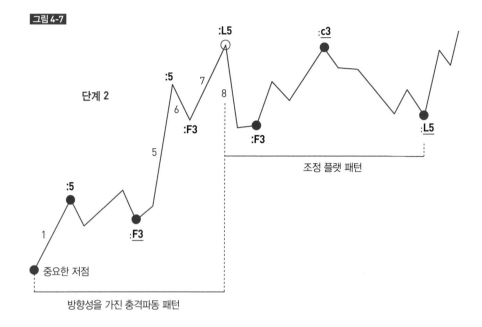

그림 4-7

:L5

:c3

단계 2

:5

7

6

8

:F3

:F3

5

:5

:F3

:L5

조정 플랫 패턴

1

중요한 저점

방향성을 가진 충격파동 패턴

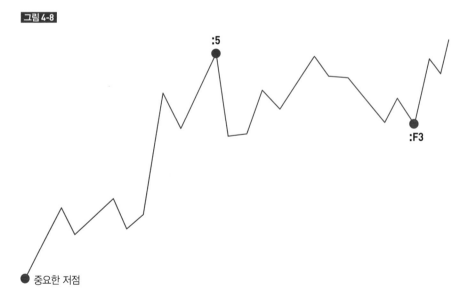

그림 4-8

:5

:F3

중요한 저점

제거되었다는 사실에 유의해야 한다.

단계 3

단계 3에서는 포지션 기호 "L"을 포함하는 구조기호가 존재하지 않는다. 추가적인 가격 움직임이 나타나고 새로운 ":L5" 또는 ":L3"이 나타나기까지 더 이상의 패턴 형성 과정은 진행되지 않는다. 현재 상태에서 차트상 도출될 수 있는 것은 그림 4-8과 같다. 파동번호-1에서 시작된 상승 추세는 그림 4-3의 표에 따르면 다른 충격파동이 나타나기 전까지는 종료될 수 없는데, 이는 실로 매우 중요한 정보다. 이런 상황에서의 적절한 전략은 충격파동이 요구하는 특성들을 만족시키는 다른 전개 상황이 오는 시점까지 기다리는 것이다.

지그재그를 통한 우회 분석

Mastering Elliott Wave

지그재그 패턴이 가능한 것으로 결론 나는 ":L5"를 발견하면, 지그재그 패턴은 항상 충격 패턴의 마지막 3개 부분이 될 수 있다는 점을 감안해야 한다. 예를 들면 그림 4-7에서 첫 번째 ":F3", 즉 "중요한 저점"으로 표시된 지점에서 이후에 발생한 ":5-:F3-:L5"가 지그재그 파동으로 인식될 수 있다. 분리된 파동들은 적절한 지그재그 패턴을 만든다. 한편 지그재그 패턴의 첫 번째 내부 파동에 선행하는 시장 움직임을 연결하면 "중요한 저점"에서 시작되는 충격파동의 흐름이 만들어질 수 있다.

지그재그 파동을 다룰 때는 항상 지그재그를 선행하는 2개의 구조기호를 확인하고 실수로 간과된 충격파동이 없는지 확인해야 한다. 만약 지그재그를 선행하는 2개의 구조기호를 연결했을 때 충격파동이 만들어지면(그림 4-9), 지그재그를 다루기 전에 항상 5장 262쪽에서 기술한 가이드라인을 적용해 충격 패턴의 타당성 여부를 검증해야 한다. 만약 충격파동이 전형적인 구성법칙을 따른다면 해당 파동을 그대로 사용한다. 만약 충격파동이 형성되기 위한 모든 법칙을 따르지 않는다면 첫 번째 2개의 파동은 버리고, 지그재그 시나리오로 돌아와서 신뢰성 있는 구성을 위한 검증 과정을 거쳐야 한다. 만약 지그재그가 잘

그림 4-9

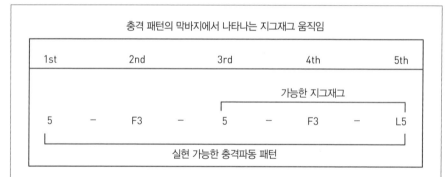

지그재그 패턴을 다룰 때는 항상 충격파동 패턴이 간과되지 않았는지를 확인하고, 지그재그 앞에 나오는 2개의 구조기호가 보다 큰 충격 패턴을 형성할 수는 없는지 확실히 할 필요가 있다. 만약 충격파동의 흐름이 있다면 지그재그의 가능성을 고려하기 전 패턴에 대한 적절한 평가 과정이 이루어져야 한다. 만약 충격파동의 흐름이라는 가능성이 없다고 판단되면 다시 지그재그 패턴의 가능성을 검토해야 한다.

구성되었다면 지그재그를 그대로 사용한다. 그러나 만약 지그재그가 법칙을 따르지 않는다면 차트에서 일단 그 부분은 건너뛰고 인근에 위치한 시장 움직임 상황이 명확해질 때까지 다른 부분부터 분석해 나가도록 한다.

다음에 나올 내용들

—————————————————————————————— Mastering Elliott Wave

　여기까지 학습을 통해 여러분은 보이는 것과 실제가 일치하는지 판단하는 데 필요한 일련의 검증 절차를 거쳐 어떤 엘리어트 패턴이 가능한지 확인했다. 만일 파동 그룹들이 그림 4-3의 표에서와 같은 표준형 패턴의 흐름 중 하나를 따른다면 5장으로 이동한다. 만약 파동 그룹이 비표준형 패턴의 흐름 중 하나를 따르고, 여러분이 복합 패턴을 다룰 만큼 경험을 충분히 쌓았다고 판단된다면 8장으로 이동한다.

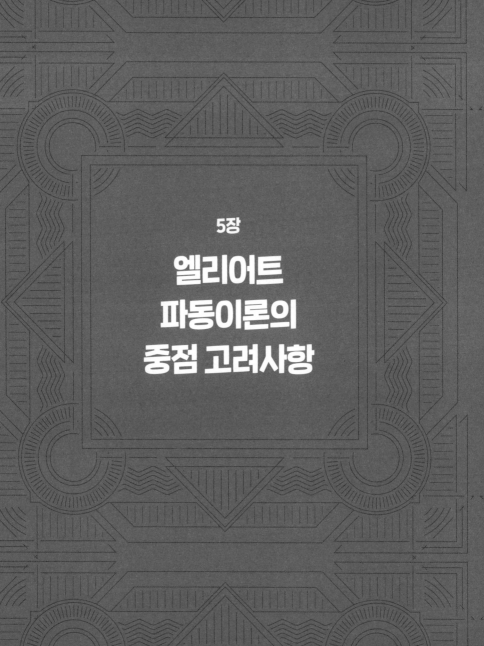

5장

엘리어트
파동이론의
중점 고려사항

5장에서 다루고자 하는 것들

지금까지 이 책에서는 매우 기본적인 개념인 모노파동을 중심으로 서술했다. 파동이론 적용의 고급 단계로 진행하기 위해서는 모노파동을 조합한 '그룹'이라는 개념이 머릿속에 잡혀야 한다. '구조흐름'은 그러한 방향으로 나아가기 위한 첫 단계다. 분석 절차를 계속 이어가기 위해서는 보다 구체적인 법칙을 도입함으로써 충격파동과 조정파동을 더욱 차별화할 필요가 있다. 여기서는 매우 까다로운 법칙인 '바닥선 법칙(bottom line rules)'을 제시함으로써 표준 엘리어트 패턴들과 각각의 변형에 적용할 수 있도록 할 것이다.

이전의 내용을 통해 여러분이 이미 학습했겠지만, 각각의 구조흐름은 특정한 엘리어트 패턴을 나타낸다. 패턴의 판정 과정에서 각 구조흐름의 형태는 매우 중요하게 고려할 요소 중 하나다. 그러나 불행하게도 충격 패턴과 조정 패턴에 대한 변형은 너무나 다양하게 존재하기 때문에, 각각의 변형에 사실적인 형태를 반영해 범주를 도식화하는 표준적인 방법은 아예 존재하지 않는다. 엘리어트는 그의 저서 전반에 걸쳐 그림 5-1에 나타나는 것과 비슷한 그림을 사용했다. 왼쪽에 있는 그림은 충격 패턴을 나타내고자 한 것이다. 오른쪽에 있는 것은 어떤 특정 유형의 조정 패턴을 나타내기 위한 것이다. 이렇게 도식화한 그림들은 본질적으로 비현실적이다. 그렇기 때문에 엘리어트 파동이론의 초보 단계 학습자들이 현실에서 나타나는 패턴 모양에 대한 인식과 기대를 형성하는

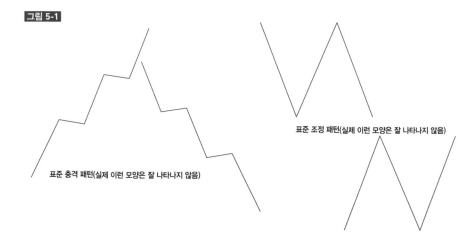

그림 5-1

표준 조정 패턴(실제 이런 모양은 잘 나타나지 않음)

표준 충격 패턴(실제 이런 모양은 잘 나타나지 않음)

데 잘못된 영향을 미쳐왔다. 현재까지도 지속되고 있는 이러한 문제가 또 발생하는 것을 피하기 위해, 이 책에서는 수백 개의 도표를 통해 실제 시장의 움직임을 반영하고자 했다. 이런 그림들을 통해 여러분은 정확한 엘리어트 패턴의 형태에 보다 빠르게 익숙해지고, 사전조사부터 실시간 시장 움직임에 파동이론을 실제로 적용하기까지 소요되는 시간을 대폭 줄일 수 있을 것이다.

폴리파동의 구성

Mastering Elliott Wave

지금까지 우리는 어떤 폴리파동이 진행 중인가를 파악하기 위해 구조기호의 조합에 대해 살펴보았다. 하지만 폴리파동이 어떤 모양을 형성해야 하는지, 그리고 각 파동이 등급에 따라 어떤 방식으로 움직일지에 대해서는 어떤 법칙도 설명하지 않았다. 이제 그러한 내용을 설명하고자 한다.

충격파동

대부분의 조정파동에는 나타나지 않지만 충격파동에만 적용될 수 있는 특정한 가이드라인이 존재한다. 여기에 제시되는 내용들은 모노파동 그룹들을 '본질적인 충격 패턴'으로 굳히기 위해 또는 이를 무효화하기 위해 움직임을 제약하는 법칙들이다.

필수 구성법칙

— Mastering Elliott Wave

어떤 파동이 충격파동의 모습을 보이는 것으로 추정될 수 있으려면, 시장 움직임은 다음의 법칙에 부합되어야 한다.

① 추세적 패턴 또는 터미널 패턴의 구조흐름에 부합하는 5개의 연결된 모노파동 또는 그보다 큰 파동이 나타나야 한다.

② 5개의 내부 파동 중 3개의 파동은 동일하게 상승 또는 하락 방향으로 강하게 진행되어야 한다.

③ 첫 번째 파동 직후에 반대 방향으로 작은 움직임이 일어나고, 이것이 두 번째 파동이 된다. 두 번째 파동은 절대로 첫 번째 파동을 완전히 되돌려서는 안 된다.

④ 세 번째 파동은 두 번째 파동보다 길어야 한다.

⑤ 세 번째 파동 직후에 세 번째 파동의 반대 방향, 즉 두 번째 파동과 같은 방향으로 작은 움직임이 발생하며, 이것이 네 번째 파동이 된다. 네 번째 파동은 절대로 세 번째 파동을 완전히 되돌려서는 안 된다.

⑥ 다섯 번째 파동은 거의 항상 네 번째 파동보다는 길지만, 짧다 하더라도 네 번째 파동의 38.2% 이상은 되어야 한다. 다섯 번째 파동이 네 번째 파동보다 짧은 경우, 다섯 번째 파동은 '미달형(failure)'이라고 부른다.

⑦ 첫 번째, 세 번째, 다섯 번째 파동이 차지하는 가격의 범위를 측정해 비교해보았을 때, 세 번째 파동이 가장 길 필요는 없지만 가장 짧은 파동이어서는 절대 안 된다.

만약 위에서 제시한 법칙 중 하나라도 충족되지 않는다면, 분석 중인 시장 움직임은 자동적으로 충격파동이 아닌 조정파동의 성격을 갖고 있을 것이 확실하고, 그렇지 않다면 파동 그룹이 잘못 결합된 것이다. 그러므로 분석 중인 패턴이 위의 기준을 충족시키지 않는다면 조정파동에 대한 절을 보도록 한다 (268쪽).

실제 시장 움직임에 대한 적용

이제 우리는 잠재적인 충격파동을 찾아내기 위해 광범위하게 적용할 수 있는 몇 가지 일반법칙을 갖고 있다. 이 법칙들을 적용하기 위해서는 인접해 있는 5개의 '유사한' 모노파동을 분석해야 한다. 그림 5-2에서는 학습을 위해 다양한 5개의 모노파동으로 이루어진 파동 그룹들을 제시한다. 일단 그림에 있는 각각의 패턴을 전체적으로 살펴본 후에, 여러분이 갖고 있는 실제 파동 차트를 펼쳐 실시간 모노파동 그룹에 대해 '필수적인 구성법칙'을 적용하는 훈련을 해야 한다. 이는 전체 엘리어트 파동이론을 통틀어 가장 중요한 법칙들이다. 이런 법칙들을 실시간의 시장 움직임에 정확하게 적용할 수 있는 능력이 없다면 엘리어트 파동이론에 대한 학습을 더 진행해서는 안 된다.

필수적인 구성법칙을 사용해 몇몇 모노파동의 조합을 살펴보고, 어떤 패턴이 잠재적인 충격 패턴을 갖고 있고 어떤 패턴이 갖고 있지 않은지 판단해본다. 만약 어떤 패턴이 모든 조건을 만족하지 않는다면 이것은 충격파동이 될 수 없고 자동적으로 조정파동이 된다. 그림 5-2를 살펴보자.

① 그림 A는 두 번째 파동이 첫 번째 파동을 모두 되돌렸기 때문에 충격파동이 될 수 없다(242~243쪽, 법칙 3).
② 그림 B는 법칙들 중 어느 것도 위반하지 않았으므로 충격파동일 가능성이 있다.
③ 그림 C 또한 앞서 제시된 모든 법칙을 따른다
④ 5개의 파동이 있어야 하는데, 그림 D는 파동이 4개밖에 없다(법칙 1).
⑤ 그림 E는 세 번째 파동이 3개의 상승 파동 중에서 가장 짧은 파동이므로, 충격 패턴이 될 가능성은 없다(법칙 7).

그림 5-2

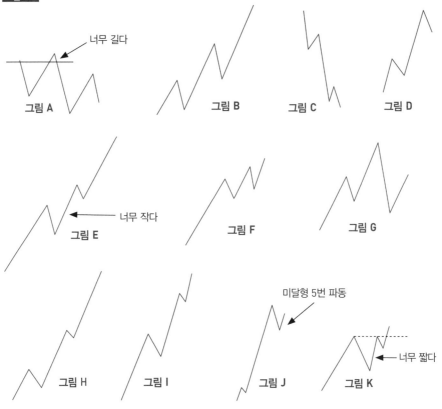

너무 길다

그림 A

그림 B

그림 C

그림 D

너무 작다

그림 E

그림 F

그림 G

미달형 5번 파동

너무 짧다

그림 H

그림 I

그림 J

그림 K

⑥ 그림 F는 추가적인 고민이 필요하다.

⑦ 그림 G에서 네 번째 파동이 세 번째 파동을 모두 되돌리는데, 그것은 허용될 수 없다(법칙 5).

⑧ 그림 H, I, 또는 J에는 법칙을 위반한 사항은 없다(J에서 다섯 번째 부분은 네 번째 부분보다 짧으므로 '미달형 패턴'이 된다).

⑨ 그림 K는 다른 모든 측면에서 법칙을 만족하지만, 세 번째 파동이 두 번째 파동보다 길지 않다는 점에서 충격파동이 될 수 없다(법칙 4).

연장의 법칙(리트머스 검증) ───────────────

'연장(Extension)'은 신뢰성 있는 충격파동이 되기 위해 필수적으로 필요한 부분이며, 충격파동 외의 다른 것과는 연관이 없다. 연장이란 단어는 충격파동 그룹의 '가장 긴 파동'을 설명하기 위해 사용된다. 연장된 파동의 존재 여부는 분석에 있어 조정파동과 충격파동을 구분하는 중요한 갈림길이라고 할 수 있다. 이러한 검증방식은 실제로 진짜 충격파동과 충격파동처럼 보이는 조정파동을 구분할 수 있도록 한다.

이 시점까지 제시된 모든 법칙을 따름으로써, 여러분은 5개의 모노파동을 가진 파동 그룹을 분석할 수 있을 것이다. 혹시 실력이 더 향상된다면 더 많은 파동으로 구성된 파동 그룹을 분석할 수 있을 것이다. 그룹에는 다른 모든 파동에 비해 눈에 띄게 긴 파동이 하나 반드시 있어야 한다. 그 가장 긴 파동이 바로 연장파동의 후보다. 실제로 연장파동이라는 것을 확인하기 위해서는, 가장 긴 파동의 가격 범위가 두 번째로 긴 파동의 가격 범위 161.8% 이상이어야 한다.

만약 어떤 패턴이 연장의 법칙을 포함해 현재까지 제시된 충격파동의 모든 법칙을 따랐다면, 이 장의 다음 절로 이동해서 파동 그룹이 추가적인 충격파동의 요건을 만족하는지 확인해야 한다.*

반면에 지금까지 제시된 법칙 중 하나라도 만족하지 않았다면, 이는 중요하지만 드물게 나타나는 다음 2가지의 상황을 제외한 나머지 상황에서는 이 패턴

───────────

* 만약 이러한 시험 과정을 통과했음에도 불구하고, 이후의 시장 움직임에서 나타나는 되돌림의 정도나 나중에 설명될 미묘한 다른 특징들을 볼 때 그 패턴이 조정 패턴일 것 같다는 의심이 든다면, 이러한 이상한 조정파동 구조는 가격 움직임 속에 숨겨진 파동 때문일 수 있다(12장 536쪽 '숨겨진 파동' 참고).

이 조정 패턴이라는 것을 사실상 보증하는 것이나 다름없다.

① 패턴에서 첫 번째 파동이 가장 길 경우, 이 파동은 세 번째 파동의 161.8% 보다는 조금 짧을 수 있지만, 세 번째 파동은 첫 번째 파동의 끝점의 61.8%를 넘지 않는 수준에서 마감될 것이다.

② 세 번째 파동이 가장 길지만, 첫 번째 파동의 161.8% 미만이고, 다섯 번째 파동은 세 번째 파동보다 짧다면, 시장이 극히 드물게 나타나는 터미널 충격 패턴의 변형을 형성하고 있을 가능성은 매우 낮다(445쪽, 3번 파동이 연장된 터미널 충격 패턴 참고).

연장의 법칙에 위배되면서 위에 제시된 2가지의 예외 상황에도 해당되지 않는다면, 시장은 확실히 조정파동이 진행되고 있는 것이므로 '조정 패턴'을 설명하는 절에서 이어서 더 살펴보도록 한다. 그리고 만약 위에 제시된 2가지 상황 중 하나가 진행되고 있다면, 현재 분석하는 패턴이 충격파동일 것이라는 추정을 유지하면서 다음으로 이동한다.

파동 그룹에 진행기호 붙이기

만약 여러분이 현재 분석 중인 패턴에 연장 테스트까지 마쳤다면, 이제 차트에 진행기호(Progress Label)를 붙일 준비가 된 것이다. 진행기호는 시장 움직임에 어떤 독특한 속성이 있는지 검증하는 역할을 한다. 이러한 검증 과정을 통해 여러분은 예상되는 파동 패턴에 관해 신뢰성 있는 결론을 내리기에 충분한 자료를 제공할 것이며, 그 결론을 최종적으로 확정할 수 있다.

진행기호를 붙이는 방법은 다음과 같다. 패턴의 첫 번째 부분은 1번 파동이라고 하고, 두 번째 부분은 2번 파동, 세 번째 부분은 3번 파동, 네 번째 부분은 4번 파동, 다섯 번째 부분은 5번 파동이라고 한다. 각 파동이 끝나는 부분에 이러한 기호들을 순서대로 기입한다.

조건적 파동 구성법칙

———— Mastering Elliott Wave

실제 충격 패턴과 '충격파동의 필수 구성법칙'을 위반하지 않는 시장 움직임 간에는 큰 차이가 존재한다. 앞부분에서 논의된 '충격파동의 필수 구성법칙'은 모든 충격파동 패턴에 일반적으로 적용될 수 있다. 이 법칙들은 성격상 충격파동으로 보일 수 있게끔 시장 움직임에 가장 우선적으로 적용하는 법칙들이다. 단 하나의 필수 법칙만 위배되더라도 충격파동 여부를 검증하는 다음 단계로 넘어갈 필요가 없다. 자동으로 그 패턴을 조정파동으로 가정하면 된다. 그렇지 않다면 파동의 개수 파악을 부적절한 시점에서 시작했거나, 패턴에 포함된 일련의 모노파동들이 같은 등급이 아닐 경우다(자세한 내용은 303쪽 '파동의 등급'을 참조). 만일 여러분이 자신의 실시간 차트를 따라가면서 분석하고 있는 중이라면 이 시점 이후의 모든 법칙은 현재의 파동 패턴에 붙인 진행기호에 따라 적용될 것이다.

파동 변화의 법칙 ─────────────

　파동 변화(Alternation)라는 개념은 시장 움직임에 대해 가장 중요하고도 큰 영향력을 발휘하는 것들 중 하나로 파동 원리의 핵심 근간이다. 파동 변화가 없다면 엘리어트 파동이론은 기본적으로 소용이 없는 것이다. 이것은 사실상 파동 법칙이 적용되는 모든 측면에 적용된다(파동 변화와 관련해서는 8장 375쪽을 참조).

　법칙에 따르면 같은 등급인 인접 파동 또는 유사한 위치에 있는 파동을 비교할 때, 각각 파동들은 뚜렷이 구분되는 독특성을 가능한 한 많이 다양하게 가지고 있어야 한다. 이 법칙을 완전하게 나타내는 데 있어 가장 중요하고 결정적인 요인은 시간이다. 각각의 파동이 형성되는 데 많은 시간이 소요될수록 더 완전하게 2개의 파동 변화가 모든 측면에서 나타날 것이다. 파동 변화는 다양한 방식으로 발생한다. 충격파동과 관련해 파동 변화의 법칙이 가장 중요하게 적용되는 것은 '추세를 역행하는' 국면(즉 2번과 4번 파동)이다. 만일 시장에서 조정파동이 진행되는 것을 발견했다면, 그 법칙이 가장 잘 적용되는 것은 파동 a와 b다. 파동 변화의 형태는 다음의 내용들로 진행될 수 있으며, 이는 파동 형성 과정에서 항상 고려해야 한다.

① 가격(Price) – 수직 방향 움직임의 거리

② 시간(Time) – 수평 방향 움직임의 거리

③ 강도(Severity) – 선행하는 파동에 대한 되돌림 비율(변형을 포함한 모든 충격 파동의 2번과 4번 파동에만 적용 가능)

④ 복잡성(Intricacy) – 패턴 내부에 나타나는 하위 파동의 숫자

⑤ 구조(Construction) – 하나는 플랫, 다른 하나는 지그재그로 나타나는 등
서로 다른 파동이 결합

파동 그룹이 충격 패턴이라는 가정을 유지할 때, 파동 변화가 이루어지려면
2번 파동과 4번 파동 사이에 위에서 언급한 요인들 중 최소한 하나 이상의 요인
이 관찰되어야 한다.* 그림 5-3a는 충격 패턴에서 파동 변화가 가장 중요하고
신뢰성 있는 영역을 보여주고 있다.

① 그림 A는 가격, 시간 및 되돌림 강도에 대한 변화를 보여주고 있다. 이것
은 3번 파동이 연장된 충격파동이다.

② 그림 B에서는 2번과 4번 파동의 변화가 그림 A에서 나타나는 것과 유사
하기만, 3번 파동이 아닌 1번 파동이 연장된 경우다.

③ 그림 C는 그림 B에 있는 몇 가지 조건을 바꾼 것이다. 4번 파동은 2번 파
동보다 되돌림 비율이 크며, 더 많은 시간이 걸리고 가격 범위도 더 넓다.
또한 이 그림에서 연장된 파동은 5번 파동이다.

④ 그림 D에서 유일하게 나타나는 변화 패턴의 특성은 되돌림의 강도다.
2개의 조정은 매우 비슷하게 보이기 때문에 변화를 확신하기 어렵다. 추
가적인 시장 움직임을 통해 상황이 명확해질 때까지는 다른 가능성을 고
려할 필요가 있고, 이 점을 염두에 두어야 한다. 만일 전체 충격 패턴이 선

---

* 실제 차트의 분석 단계에서는 보다 복잡한 폴리파동 패턴에 대한 분석이 진행 중일 수도 있지만, 그렇지 않을 수도
있다. 그렇기 때문에 다음 쪽에서는 완벽을 기하기 위해 단순한 패턴과 복잡한 폴리파동들에 대한 그림을 모두 소개
하고 있다.

그림 5-3a

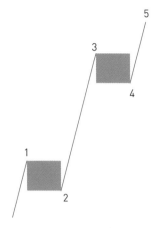

2번 파동과 4번 파동이 올바르게 상호 작용하기 위해서는 앞서 제시된 파동 변화의 법칙에서 제시하는 기준들 중 하나 이상의 변화가 2번 파동과 4번 파동 사이에 존재해야 한다. 더 짧은 시간 단위의 차트상에서는 되돌림 수준 외의 다른 변화를 발견하기 어렵겠지만, 최소 하나 이상의 요인에서 변화가 존재해야 한다. 비교되는 패턴들이 보다 크고 긴 시간에 걸쳐 형성될수록, 인접해 있는 국지적(동일 등급) 시장 움직임의 변화가 더욱 중요한 요소가 된다.

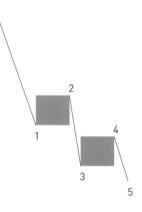

행하는 시장 움직임에 의해 61.8% 이상 100% 미만으로 되돌려진다면, 이 패턴은 파동의 중심에 x파동이 숨겨진(12장 '숨겨진 파동' 참조) 이중 지그재그 조정 패턴이라는 것은 거의 확실하다. 만약 실시간 차트상에 이러한 상황이 나타난다면 8장 '복합 폴리파동의 구성'을 보고 분석을 계속하도록 한다. 만약 보다 복잡한 시장 움직임에 대한 논의를 할 준비가 되어 있지 않은 것 같다면, 아예 새로운 모노파동 그룹으로 옮겨서 분석을 다시 시작한다. 만약 전체 패턴의 되돌림 비율이 61.8% 미만이고, 이후에 그 끝점이 돌파된다면 충격파동이라는 가능성은 보다 확실해질 것이다.

⑤ 그림 E는 2번 파동과 4번 파동 사이에서 파동 변화의 양상(가격, 시간, 되돌림 강도, 복잡성, 구조)이 모두 나타나는 사례라고 할 수 있다.

⑥ 그림 F는 그림 E에서 발생하는 것과 정반대의 상황이지만, 파동의 변화를 보여주는 훌륭한 사례다.

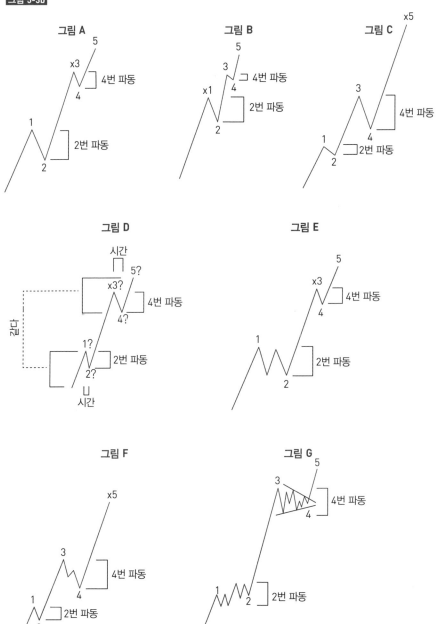

그림 5-3b

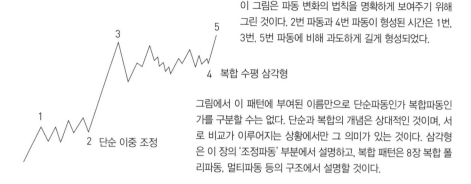

그림 5-4

이 그림은 파동 변화의 법칙을 명확하게 보여주기 위해 그린 것이다. 2번 파동과 4번 파동이 형성된 시간은 1번, 3번, 5번 파동에 비해 과도하게 길게 형성되었다.

4 복합 수평 삼각형

그림에서 이 패턴에 부여된 이름만으로 단순파동인가 복합파동인가를 구분할 수는 없다. 단순과 복합의 개념은 상대적인 것이며, 서로 비교가 이루어지는 상황에서만 그 의미가 있는 것이다. 삼각형은 이 장의 '조정파동' 부분에서 설명하고, 복합 패턴은 8장 복합 폴리파동, 멀티파동 등의 구조에서 설명할 것이다.

3

5

1

2 단순 이중 조정

⑦ 그림 G에서 2번 파동과 4번 파동 간에 시간과 가격 면에서 유사성이 있기 때문에 다른 측면에서 변화가 있어야 한다. 이 경우에 이 파동들은 구조 면에서 변화가 있어야 한다. 2번 파동은 이중 강세조정이고, 4번 파동은 삼각형으로 이 내용은 나중에 소개할 것이다. 3번 파동이 연장될 때, 2번 파동과 4번 파동의 시간상 유사성은 가장 많이 나타난다.

파동 변화는 상대적인 현상이다. 단순 또는 복합 조정 여부는 어떤 엘리어트 패턴이 형성되는지보다는 교대로 나타나는 2개의 패턴이 서로 어떻게 관련되어 있고, 어떻게 보이는지에 더 영향을 받는다. 예를 들면 2번 파동에서 이중 조정파동은 4번 파동이 보다 크고 긴 기간에 걸쳐 형성되는 수평형 삼각형 파동일 경우 단순 조정파동으로 인식될 수 있다(그림 5-4).

파동 균등의 법칙

연장의 법칙에서 논한 바와 같이, 어떤 충격 패턴에서도 내부 파동들 중 하나는 다른 파동에 비해 특별히 더 길어야 한다. 일단 가장 긴 파동을 확인했다면 파동 균등의 법칙을 고려할 필요가 있다. 법칙은 1번, 3번, 5번의 3개 파동 중 2개의 파동에만 적용된다. 패턴에서 어떤 파동이 연장되더라도, 나머지 2개의 파동에는 파동 균등의 법칙이 적용된다. 그 조합은 다음과 같다.

① 1번 파동이 연장될 경우 파동 균등의 법칙은 3번과 5번 파동에 적용된다.
② 3번 파동이 연장될 경우 파동 균등의 법칙은 1번과 5번 파동에 적용된다.
③ 5번 파동이 연장될 경우 파동 균등의 법칙은 1번과 3번 파동에 적용된다.

파동 균등의 법칙은 연장되지 않은 2개의 파동이 가격 및 시간, 또는 가격 및 시간 모두에서 일정한 피보나치 비율(일반적으로 61.8%)을 형성한다는 것이다. 2개의 파동에 대한 균등성을 찾고자 할 때는 가격이 훨씬 더 중요한 고려사항이 된다. 또한 파동 균등의 법칙은 3번 파동이 연장되었을 때 충격 패턴에서 가장 큰 영향력을 발휘한다. 파동 균등의 법칙은 3번 파동이 연장된 후에 5번 파동이 미달형인 경우 특히 유용하다. 이 법칙은 1번 파동이 연장되거나 터미널 충격 패턴인 경우에는 사용하기 어렵다.

이런 현상이 어떻게 발생하는지에 대한 사례들은 그림 5-3b를 참고한다. 그림 5-3b에 있는 그림 D에서는 3번 파동이 연장되었고, 1번 파동과 5번 파동은 시간과 가격 면에서 거의 같게 나타난다. 그림 B는 1번 파동의 연장 사례를 보여주고 있는데, 여기서 3번과 5번 파동은 가격과 시간 면에서 61.8%의 비율 관계가 성립된다. 그림 C에서는 5번 파동이 연장되어 1번 파동과 3번 파동이 서로 가격 면에서 61.8%의 비율 관계가 형성되고, 시간 면에서는 100%의 비율 관계가 형성되었다.

파동 중첩의 법칙

중첩의 법칙은 분석하고 있는 대상이 추세적 충격파동인지, 터미널 충격파동인지에 따라 2가지 다른 방식으로 적용된다. 각각의 범주는 다음과 같다.

추세적 충격파동(5-3-5-3-5)

추세적 충격 폴리파동에서는 4번 파동의 어떤 부분도 2번 파동의 가격 범위와 겹치지 않는다(그림 5-5a). 이 법칙은 추세적 충격 패턴과 터미널 충격 패턴 또는 조정 패턴들을 가장 분명하게 육안으로 분간 가능한 차이를 만들어낸다.

터미널 충격파동(3-3-3-3-3)

추세적인 충격 패턴들과 반대로, 터미널 패턴에서는 4번 파동의 가격 움직임 영역이 2번 파동의 가격 움직임 영역을 부분적으로 침범할 수 있다(그림 5-5b).

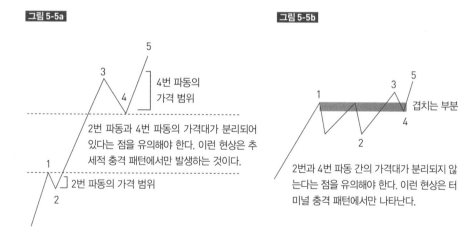

그림 5-5a

4번 파동의 가격 범위

2번 파동과 4번 파동의 가격대가 분리되어 있다는 점을 유의해야 한다. 이런 현상은 추세적 충격 패턴에서만 발생하는 것이다.

2번 파동의 가격 범위

그림 5-5b

겹치는 부분

2번과 4번 파동 간의 가격대가 분리되지 않는다는 점을 유의해야 한다. 이런 현상은 터미널 충격 패턴에서만 나타난다.

복습

지금까지 다룬 가격 움직임이 예비적 분석에서 중첩의 법칙까지 모든 검증 과정을 통과했다면 가격 움직임은 충격파동임이 확실시된 것이다. 만약 이런 모든 법칙의 검증을 통과하지 못했다면 조정파동일 가능성이 극히 높아진다. 몇 가지 예외 상황을 제외하고, 현재 시점까지 시장 움직임이 이런 법칙들 중 하나라도 통과하지 못했다면, 조정파동을 설명한 절로 옮겨 가서, 어떤 형태의 조정 패턴이 진행되고 있는지 파악할 수 있도록 시장 움직임의 체크리스트를 면밀히 살펴본다. 조정 패턴은 매우 다양한 형태로 나타날 수 있기 때문에 충격 파동을 형성하는 시장 움직임을 살펴볼 때보다 조정 패턴을 확인하는 단계는 더 많은 시간이 소요되고 지루한 작업이 될 것이다.

충격파동 적용 시 고려사항

Mastering Elliott Wave

충격 패턴을 다루는 이 절에 한해서 지금부터는 추가적인 충격 패턴 형성 법칙이 다음 2가지 중 하나의 방향으로 진행될 것이다.

① 법칙들이 보다 미묘하고, 상황에 따라 차이가 발생하며 난해해 적절하게

적용하기 위해서는 경험과 자기 신뢰가 필요한 상황

② 법칙들을 적용하기가 매우 쉽고 모호성이 낮아 구체적인 증거로서보다는 해석의 보조적인 근거로 작용하는 상황

시장 움직임에서 '충격파동' 절에 나오는 모든 법칙의 내용들이 반드시 지켜져야 하는 것은 아니지만 일반적으로는 그러하다('예외의 법칙' 참고). 만약 복합 폴리파동 또는 멀티파동 패턴의 전개를 분석하고 있고 현재 진행되고 있는 패턴이 충격파동이라는 것을 확인하는데 어려움을 겪는다면, '진행기호와 논리법칙' 장의 내용을 동시에 살펴야 한다. 충격파동의 미묘한 시장 움직임과 관련된 파동 하나하나에 해당하는 요구조건들을 확인할 수 있을 것이다. 일단 결론에 만족한다면 이 부분으로 다시 돌아오도록 하고, 결론에 만족하지 못하면 이 장에서 다루는 조정파동 절로 진행할 수도 있다.

채널

채널은 분석 과정에서 매우 중요한 부분이다. 채널은 충격 패턴의 종료 시점을 파악하는 데 매우 중요하고, 2번과 4번 파동의 종착점을 찾는 데 근본적인 기능을 한다.

충격파동을 다루는 기본 채널선에는 0-2 추세선과 2-4 추세선의 2가지 유형이 있다. 각 추세선의 용도는 다르지만, 이들은 2번과 4번 파동에 대해 시장에서 만드는 조정파동의 유형과 함께 어떤 유형의 충격 패턴이 형성되고 있는지에 대한 중요한 단서를 제공한다. 채널을 그리는 것은 2번 또는 4번 파동이 폴리파동이거나 그 이상의 등급일 경우에 충격 패턴의 분석에서 가장

유용하다.

그림 5-6은 기본 채널을 그리는 방법을 보여준다. 그림에서는 2번 파동이 전개되는 과정의 다양한 조합을 나타내고 있다. 초기 단계(그림 A)에서 0-2 추세선을 사용하되, 2번 파동이 언제 어디서 마감되는가에 대한 판단을 내리는 것은 필수적이다. 처음에는 그림 A에서 1번 파동에 대한 첫 번째 되돌림이 2번 파동의 종료 지점인 것으로 보였다. 이것은 타당한 가정이다. 그러나 불행하게도 0-2 추세선은 소폭 이탈되었고, 그 결과 2번 파동이 여전히 진행 중인 가운데 본래 그렸던 추세선에 닿은 지점도 2번 파동의 파동 a라는 것이 확인되었다.

만일 수정해 그린 0-2 추세선에서 이탈한 후에, 중요한 상승 흐름이 일어나지 않거나 가격이 2번 파동의 가격대까지 다시 하락해 시장이 추세선을 또다시 이탈한다면, 2번 파동은 아직 종료되지 않았을 것이다. 예를 들면 2번 파동은 이중 또는 삼중 조정 패턴이 될 수 있다. 추세선은 재차 수정해 그려야 하며, 이전에 2번 파동의 끝부분이라고 생각되었던 파동들은 복합 2번 파동의 a-b-c 파동일 수밖에 없을 것이다. 즉 2번 파동이 이중 또는 삼중 조정과 같은 복합 패턴일 수 있다는 것이고, 이 내용에 대해서는 8장에서 자세히 다룰 것이다.

그림 5-6의 그림 B에서와 같은 일련의 수정 작업 후에, 조정파동은 아마 마감되고 3번 파동이 진행될 것이다. 1번 파동의 고점대 위에 머무르는 조정파동 이후에 1번 파동의 161.8%를 넘는 중요한 상승 파동을 확인한다면, 아마도 3번 파동이 진행 중이거나 마감되었을 것이다. 중요한 것은 만약 어떤 등급이든 0-2 추세선이 실재하는 것으로 확인되었다면, 1번 또는 3번 파동의 어떤 부분도 그것을 이탈해서는 안 된다는 것이다(그림 C의 왼쪽 참고).

일단 3번 파동의 마감이 확인되었다면, 4번 파동의 종료 시점을 추적하기 위

그림 5-6

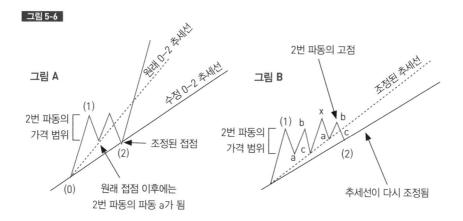

그림 A

원래 0-2 추세선
수정 0-2 추세선

2번 파동의
가격 범위

(1)

(2)

조정된 접점

(0)

원래 접점 이후에는
2번 파동의 파동 a가 됨

그림 B

2번 파동의 고점

조정된 추세선

2번 파동의
가격 범위

(1) b
     a
     c

x b
 a c

(2)

추세선이 다시 조정됨

그림 A에서 첫 번째로 1번 파동을 되돌리는 지점은 2번 파동의 끝부분이라고 간주되었다. 이것은 그 당시로서는 옳은 추정이었다. 하지만 그림 A에서 처음의 0-2 추세선이 이탈되고, 그 이탈은 2번 파동 영역 내에서의 가격 움직임과 함께 발생했기 때문에, 가격의 움직임을 보면 2번 파동은 종료되지 않았고, 처음에 접점으로 파악되었던 것은 2번 파동의 파동 a가 된다. 수정된 0-2 추세선이 강한 상승이 나타나기 전에 다시 이탈되거나(그림 B), 가격 움직임이 2번 파동의 영역으로 들어온다면, 2번 파동이 종료되지 않고, '수정된 추세선'에 도달하는 움직임은 2번 파동을 구성하는 복합 조정파동의 첫 번째 파동 a-b-c일 뿐일 가능성이 높아진다. 그림 B에서 그려진 것과 같은 파동 흐름이 끝나면, 조정파동은 마감되고 3번 파동이 시작될 것이다. 만약 조정파동 이후에 x파동과 비교해 상대적으로 강한 파동이 나타나고, 2번 파동의 가격 범위 밖에서 마감되는 것을 확인했다면, 3번 파동이 진행 중이거나 마감되었을 수도 있다. 그림 B에서 보이는 것과 같은 패턴이 나온 이후에, 3번 파동은 1번 파동에 비해 훨씬 길게 나타날 것이며, 그것은 분명히 연장파동일 것이다.

**중요: 만약 0-2 추세선이 실제를 반영한다면,
1번 또는 3번 파동의 어떤 부분도 이 추세선을 이탈하지 않을 것이다.**

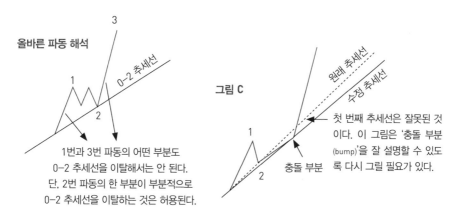

올바른 파동 해석

3

1

2

0-2 추세선

1번과 3번 파동의 어떤 부분도
0-2 추세선을 이탈해서는 안 된다.
단, 2번 파동의 한 부분이 부분적으로
0-2 추세선을 이탈하는 것은 허용된다.

그림 C

원래 추세선
수정 추세선

1

2

충돌 부분

첫 번째 추세선은 잘못된 것이다. 이 그림은 '충돌 부분(bump)'을 잘 설명할 수 있도록 다시 그릴 필요가 있다.

그림 5-6 (계속)

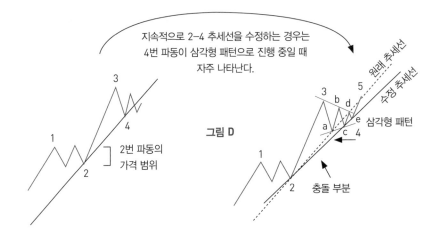

지속적으로 2-4 추세선을 수정하는 경우는
4번 파동이 삼각형 패턴으로 진행 중일 때
자주 나타난다.

그림 D

2번 파동의
가격 범위

해 비슷한 채널 그리기 과정을 시작해야 한다. 그림 D는 타당한 결론에 이르기 위해 필요한 단계들을 보여주고 있다. 이 그림에서 3번 파동은 1번 파동에 비해 훨씬 길고, 3번 파동 이후에 나타나는 조정파동이 2번 파동의 가격대보다 높은 곳에 머무르고 있기 때문에 3번 파동은 마감된 것으로 추정한다. 4번 파동의 종료 여부를 판단하려면, 3번 파동의 고점으로 추정되는 점 이후의 조정파동에서 저점을 연결해 추세선을 그릴 필요가 있다. 만일 시장이 단기간 내에 2-4 추세선을 이탈하거나 접촉하지 않고 바로 상승해 신고가를 경신한다면 5번 파동이 진행 중일 것이다. 또 신고가를 형성하기 전에 시장이 2-4 추세선을 이탈한다면 4번 파동이 아직 진행 중이고, 첫 번째 조정의 저점은 4번 파동의 파동 a일 수밖에 없다.*

---

* 2-4 추세선은 한 번 이상 수정을 해야 할 수도 있다. 위의 모든 과정과 기법은 하락하는 충격 패턴에서도 적용된다.

피보나치 비율 ───────────────

피보나치 비율은 충격 패턴에서 5번 파동이 연장될 때 가장 널리 사용되는 것이다. 이 비율은 3번 파동이 연장된 패턴에서 가장 적게 사용된다. 이 비율에 대한 보다 자세한 논의는 12장에 있는 '고급 피보나치 비율'에서 진행할 것이다. 따라서 현재의 논의는 충격 패턴이 진행되는 과정에서 몇 번 파동이 연장되었는지에 기반한 일반적인 관찰 결과를 제시하는 것으로 한정할 것이다.

1번 파동의 연장

가장 일반적으로 나타나는 내부 파동들 간의 비율 관계는 3번 파동이 1번 파동의 61.8%고, 5번 파동이 3번 파동의 38.2%인 것이다. 다음으로 자주 나타나는 조합은 앞서 제시한 조합의 반대로 3번 파동이 1번 파동의 38.2%고, 5번 파동이 3번 파동의 61.8%인 경우다.

3번 파동의 연장

이 상황에서 나타날 수 있는 비율의 조합은 몇 가지 되지 않는데, 주로 1번 파동과 5번 파동 사이에서 나타난다. 1번 파동이 5번 파동과 길이가 같지 않다면 5번 파동의 61.8%거나 161.8%일 경우가 많다. 3번 파동이 연장된 파동이라면 1번 파동의 161.8%를 초과해야 한다.

5번 파동의 연장

5번 파동이 연장되었을 때 3번 파동은 보통 1번 파동의 161.8%의 길이로 형성된다. 3번 또는 4번 파동의 끝부분에서 기산할 때, 일반적으로 5번 파동은

1번 파동의 시작점에서 3번 파동의 끝점까지 전체 길이의 161.8% 정도의 관계를 형성한다.

파동의 등급

시장이 전개되는 다양한 단계를 추적하기 위해 엘리어트는 파동을 등급별로 계층화하는 방법을 고안했다. 어떤 사람들에게는 다소 실망스러울 수도 있지만, 엘리어트 파동이론에서 등급은 며칠, 몇 주, 몇 달러, 몇 센트 등 같이 절대적인 기준으로 설명할 수는 없다. 등급은 한 패턴이 어떻게 다른 패턴과 상호작용하는지를 표현하는 상대적인 개념이다. 엘리어트는 가장 작은 등급을 서브미뉴에트(Sub-Mineutte)라고 명명했다. 우리가 그간 다뤄온 모노파동은 차트상에서 다룬 가장 단순한 파동 패턴이므로, 이러한 모노파동을 서브 미뉴에트 파동이라고 이름 붙이는 것이 타당하다.

파동 등급에 이름을 붙일 때는 특정한 기호를 사용하는 것이 좋다. 차트를 들여다보며 아직 모노파동을 분석하고 있다면, 1, 2, 3, 4, 5와 같이 단순한 숫자를 통해 충격파동을 나타내는 대신 서브미뉴에트 등급을 나타내는 특정 충격파동 기호로 대체한다. 이 기호들은 다음과 같다.

① i - 1번 파동
② ii - 2번 파동
③ iii - 3번 파동
④ iv - 4번 파동
⑤ v - 5번 파동

분석기술이 향상됨에 따라, 보다 높은 등급의 파동에 이름과 기호를 붙일 필요가 발생할 것이다. 만일 이 시점에서 폴리파동 또는 그보다 높은 등급의 파동을 다루고 있다면, 파동 등급을 어떻게 결정하는지 7장의 '등급에 대한 추가 설명' 절에서 설명할 것이다.

주의할 점은 등급은 매우 난해한 개념이라는 것이다. 엘리어트 파동이론의 초심자들은 이 부분을 지나치게 신경 쓰기보다는 이러한 개념이 존재함을 알고만 있어도 될 것이다. 어떤 파동이 슈퍼(Supercycle) 등급인지 하위(Minor) 등급인지는 순수하게 주관적인 것으로, 분석의 초기 단계에서는 전혀 중요하지 않다. 그러나 각각의 파동 간 관계는 주관적이지 않다. 예를 들면 만약 여러분이 어떤 파동을 마이너라고 이름을 붙였는데, 이것이 보다 큰 등급의 엘리어트 파동 흐름을 마감했다면 보다 큰 파동 흐름은 중간(Intermediate) 등급이 될 것이다.

충격파동의 현실적인 사례

Mastering Elliott Wave

265~266쪽에 있는 그림은 현실적으로 실시간 시장 움직임에서 나타날 수 있는 것과 같은 충격 패턴의 형태를 그려 놓은 것이다. 표준화된 패턴 형태에 대해 필자가 발견한 것을 기반으로 그림을 그렸기 때문에, 그림들은 어떤 파동

이 연장되었는가에 따른 직접적인 결과로서 충격 패턴이 전형적으로 어떤 모양을 나타내는지 보여주고 있다. 엘리어트 충격 패턴의 연장된 파동은 패턴의 형태를 결정하는 가장 중요한 요인이다. 나아가 각각의 그림에는 콜론기호(:) 왼쪽에 진행기호를, 콜론기호 오른쪽에는 구조기호를 나열할 것이다. 1번, 3번, 5번 파동의 진행기호 앞에서만 사용하는 "X"는 해당 파동이 연장(eXtened)되었다는 것을 표시하는 것이다.

2장과 3장에서 설명한 바와 같이 적절한 형태로 가격 움직임에 대한 그림을 그린다면, 실제 시장 움직임은 265~266쪽 그림과 매우 유사하거나 정확하게 일치하는 형태로 그림과 같이 진행될 것이다. 만약 당신이 봉차트나 시간 단위의 종가, 또는 부정확하게 그려진 차트 또는 부정확하게 계산된 데이터를 사용한다면, 시장 움직임은 때로는 다음의 그림과 일치하지만 일치하지 않는 경우도 있을 것이다.

조정파동

조정파동은 충격파동 사이에 나타나는 패턴이다. 이미 알고 있는 바와 같이 조정파동은 일반적으로 3개 또는 그보다 많은 모노파동으로 형성된다. 이러한 내부 파동들의 관계를 통해 표준적이고 신뢰성 있는 엘리어트 패턴을 형성하는 방법을 설명하는 것이 이 장의 목적이다.

일반적으로 조정국면은 보다 많은 변형의 가능성이 존재하기 때문에 충격파동이 진행되는 국면에 비해 해석하기 어렵다. 조정파동이 진행되는 국면을 정확하게 표현하기 위해서는 시장 움직임에 관한 종합적인 이해가 필요할 뿐만 아니라 때때로 많은 참을성을 요구한다. 시장에서 조정 움직임이 있을 때 파동

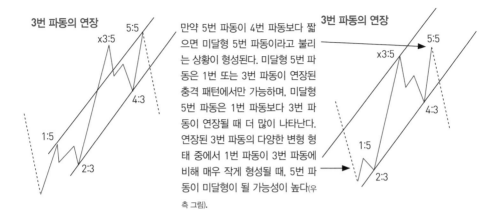

3번 파동의 연장

5:5
x3:5
4:3
1:5
2:3

만약 5번 파동이 4번 파동보다 짧으면 미달형 5번 파동이라고 불리는 상황이 형성된다. 미달형 5번 파동은 1번 또는 3번 파동이 연장된 충격 패턴에서만 가능하며, 미달형 5번 파동은 1번 파동보다 3번 파동이 연장될 때 더 많이 나타난다. 연장된 3번 파동의 다양한 변형 형태 중에서 1번 파동이 3번 파동에 비해 매우 작게 형성될 때, 5번 파동이 미달형이 될 가능성이 높다(우측 그림).

3번 파동의 연장

5:5
x3:5
4:3
1:5
2:3

1번 파동의 연장

3:5
5:5
x1:5
4:3
2:3
x5:5

5번 파동의 연장

3:5
4:3
1:5
2:3

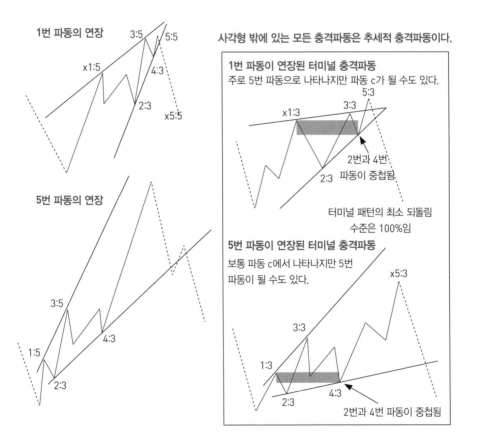

사각형 밖에 있는 모든 충격파동은 추세적 충격파동이다.

1번 파동이 연장된 터미널 충격파동
주로 5번 파동으로 나타나지만 파동 c가 될 수도 있다.

5:3
x1:3
3:3
2:3
2번과 4번 파동이 중첩됨

터미널 패턴의 최소 되돌림 수준은 100%임

5번 파동이 연장된 터미널 충격파동
보통 파동 c에서 나타나지만 5번 파동이 될 수도 있다.

x5:3
3:3
1:3
2:3
4:3
2번과 4번 파동이 중첩됨

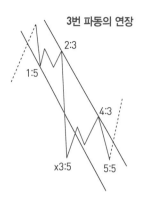

3번 파동의 연장

5번 파동이 4번 파동보다 짧다면 미달형 5번 파동이라 불리는 상황이 형성된다. 미달형 5번 파동은 1번 또는 3번 파동이 연장된 충격 패턴에서만 가능한데, 5번 파동이 미달형인 경우는 1번 파동보다는 3번 파동이 연장될 때 더 많이 나타난다. 3번 파동이 연장된 모든 변형파동에서 1번 파동이 3번 파동에 비해 매우 작게 형성될 때, 5번 파동이 미달형이 될 가능성이 높다(우측 그림).

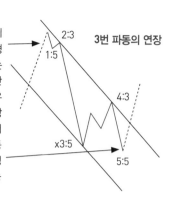

3번 파동의 연장

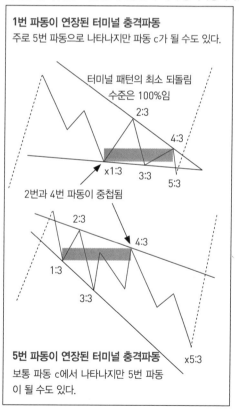

5번 파동의 연장

1번 파동의 연장

사각형 밖에 있는 모든 충격파동은 추세적 충격파동이다.

1번 파동이 연장된 터미널 충격파동
주로 5번 파동으로 나타나지만 파동 c가 될 수도 있다.

터미널 패턴의 최소 되돌림 수준은 100%임

2번과 4번 파동이 중첩됨

5번 파동이 연장된 터미널 충격파동
보통 파동 c에서 나타나지만 5번 파동이 될 수도 있다.

을 정확하게 매길 수 없다고 해서 기가 죽을 필요는 없다. 이는 아주 일상적인 일이며, 시장의 전개 상황을 더 확인할 수 있도록 추가로 시간을 주면 된다. 조정파동이나 충격파동은 이들이 마감되거나 거의 마감될 때가 되어서야 명확하게 보이기 때문이다. 패턴이 끝나는 시점에서 일반적으로 어떤 변형이 나타나고 있는지 확실해진다.

파동 그룹에 진행기호 붙이기

가격 움직임에 진행기호를 붙이기 전 여러 가지의 구체적인 기준이 존재하는 충격파동과 달리 조정파동에 대해서는 그다지 요구사항이 많지 않다. 현재 분석 단계에 도달했을 때, 여러분은 패턴이 조정 패턴인지 충격 패턴인지를 판단하는 단계는 지났을 것이다. 여러분은 그저 현재의 파동은 충격파동이 아니므로 곧 조정파동이라는 것을 알고 있다. 그러므로 가격 움직임에 바로 진행기호를 붙일 수 있다. 파동 그룹에서 첫 번째 구조기호로 파동 a를 표시한다. 두 번째 파동은 파동 b가 되고, 세 번째 파동은 파동 c가 된다. 만일 완전히 모노파동만을 다루고 있고 네 번째와 다섯 번째 파동이 존재한다면 각각 파동 d와 파동 e로 표시하라.

필수 구성법칙

매우 다양한 종류의 조정파동이 존재하기 때문에 모든 우발적인 상황을 설명할 일반적인 법칙은 존재할 수 없다. 모든 조정 패턴을 설명할 수 있는 유일한 방법은 다음과 같은 간접적인 방식뿐이다.

만약 시장 움직임이 3장의 '예비적 관찰'부터 5장의 '충격파동 적용 시 고려사항' 직전까지 제시된 모든 법칙을 따르지 않는다면, 자동으로 시장에서는 조정 패턴이 진행 중인 것으로 본다.

다음의 법칙들은 특정한 조정 폴리파동을 구성하는 데 필수적인 법칙들이다. 보다 높은 등급의 패턴들도 거의 항상 같은 요인(parameters)에 의해 결정되지만, 이런 가이드라인들은 3개 또는 5개의 인접한 모노파동으로 이루어지는 조정 폴리파동을 형성하기 위해 설계된 것이다. 조정파동이라는 개념에는 많은 패턴과 그 변형들이 존재하기 때문에, 각각의 패턴에 대한 기준들은 별도로 제시될 것이다.

먼저 플랫(Flat)의 범주에 해당되는 모든 패턴, 즉 B파동 미달형 패턴, C파동 미달형 패턴, 일반적인 패턴, 이중 미달형 패턴, 연장형 패턴, 불규칙 패턴, 불규칙 미달형 패턴, 강세 패턴을 다룰 것이다. 두 번째로 지그재그 패턴에 대해 논의할 것이고, 마지막으로 가장 어렵고 중요한 조정 패턴인 삼각형을 소개할 것이다.

분석을 계속하기 위해 현재 분석하고 있는 모노파동 그룹으로 돌아간다. 여러분이 검증하고자 하는 시장의 파동 흐름에서의 가능성과 다음에 제시된 목록에서의 가능성을 연결하고, 목록과 관련된 세부 사항을 읽어보도록 한다.[*]

① 지그재그 5 – 3 – 5
② 플랫 3 – 3 – 5
③ 삼각형 3 – 3 – 3 – 3 – 3

플랫조정(3 – 3 – 5)

플랫조정에서 일련의 파동 흐름이 적절히 구성되었는지를 보는 것은 플랫에 포함된 각각의 내부 파동에 요구되는 최소한의 되돌림 비율 조건을 규명하는 것에서부터 시작한다. 만약 다음에 제시된 요구조건이 충족되지 않는다면, 3장에서 설명한 바와 같이 새로운 분리된 파동 그룹을 선택하고 '중간적 관찰'에 대한 장에서부터 다시 분석을 시작해야 한다.

관찰 중인 3개의 모노파동(또는 분석기술이 향상되었다면 더 높은 등급의 파동)이 플랫의 범주에 들어가기 위해서는 다음의 기준을 만족시켜야 한다.

① 파동 b는 파동 a의 61.8% 이상 되돌려져야 한다(그림 5-19).

---

[*] 만일 여러분이 실제로 차트를 다루고 있는 상황이 아니거나, 이 절을 처음으로 살펴보는 중이라면 처음부터 끝까지 쭉 훑어보기만 하면 될 것이다.

그림 5-19

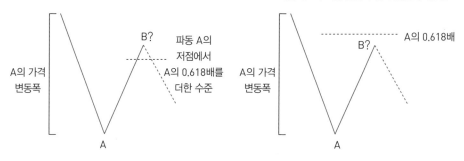

A와 B의 진행기호는 맞겠지만, 파동 B가 파동 A의 61.8%보다 낮은 지점에서 마감되었기 때문에 A와 B는 플랫의 한 부분일 수 없다.

A의 가격 변동폭

B?

파동 A의 저점에서 A의 0.618배를 더한 수준

A

A의 가격 변동폭

B?

A의 0.618배

A

그림 5-20

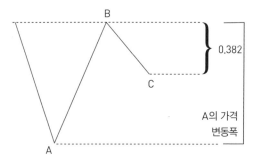

B

0.382

C

A의 가격 변동폭

A

이 그림은 파동 C가 마감된 것으로 간주하려면 충족해야 하는 파동 A에 대한 파동 C의 최소한의 되돌림 비율을 나타낸다. 이런 모노파동의 구성으로 플랫을 완성하기 위해서는 다른 조건들도 충족되어야 한다(257쪽 '채널' 절 참조).

그림 5-21

?

그룹 내의 첫 번째 모노파동의 고점과 저점을 통과하도록 평행하게 그은 수평선

파동 a의 끝부분이자 파동 b의 시작점

파동 a의 끝부분이자 파동 b의 시작점

?

② 파동 c는 파동 a의 38.2% 이상이어야 한다(그림 5-20).

　다른 어떤 엘리어트 패턴에 비해 플랫 패턴은 많은 변형을 가지고 있다. 어떤 형태의 패턴이 진행되고 있는가를 판단하기 위해서는 다음과 같은 기법들이 실행되어야 한다. 먼저 2개의 수평선을 평행하게 긋되, 하나는 첫 번째 모노파동의 고점, 다른 하나는 첫 번째 모노파동의 저점에 접하도록 한다(그림 5-21). 이것은 플랫의 여러 가지 변형된 형태들의 차이를 추적하는 데 있어 정확한 측정도구가 된다.

　관찰을 시작할 때, 만약 파동 b가 시작점의 반대편에 있는 수평선을 돌파한다면, 시장 움직임은 일반적인 플랫에 비해 강한 플랫 파동이 형성 중임을 보여주는 것이다(아래의 '강한 파동 B' 참조). 만약 파동 b가 파동 a의 81~100% 사이로 되돌린다면 일반적인 파동 b를 참조하면 된다. 만약 파동 a에 대한 되돌림 비율이 61.8~80% 사이라면 약한 파동 b를 참조한다.

강한 파동 B

　파동 a에 대한 파동 b의 비율 크기에 따라, 파동 c는 파동 b의 시작점을 넘어설 수도 있고 그렇지 않을 수도 있다. 만일 파동 b가 파동 a의 101~123.6% 사이에 해당된다면, 파동 c가 파동 b를 완전히 되돌릴 가능성이 매우 높다. 만약 파동 b가 앞서 제시한 범위 안에 있고, 파동 c는 파동 b의 100% 이상이면서 파동 a의 161.8% 이하라면, 불규칙 조정(Irregular correction)을 형성할 것이다. 만약 파동 c가 파동 a의 161.8% 이상이라면, 연장형 플랫(Elongated Flat)이 진행되는 것이다.

　만약 파동 b가 파동 a의 123.6%를 초과하면, 파동 c가 파동 b를 완전히 되돌릴 가능성은 거의 없다. 만약 그렇다면 그것은 불규칙 패턴(Irregular pattern)일 것이다. 파동 b가 파동 a의 138.2%를 넘어선다면 파동 c가 파동 b를 전부 되돌릴 가능성은 없다(삼각형의 파동 c라면 그럴 수 있지만 플랫의 파동 c는 그럴 수 없다). 파동 c가 부분적으로 평행한 수평선 사이의 범위에 들어가지만 파동 b를 완전히 되돌리지 않는다면 패턴은 불규칙 미달형(Irregular Failure)으로 간주되어야 한다. 만약 파동 c가 평행한 수평선의 범위 내에 겹치는 부분이 없다면 그 패턴은 강세조정(Running Correction)으로 간주되어야 한다.

일단 특정한 플랫의 변형이 발생하는 것을 확인했다면 '조건별 파동 구성법칙' 절의 내용(297쪽)을 적용해 해당 패턴에 대한 추가 검증을 실시한다.

일반적인 파동 B

파동 b가 '일반적인' 파동이 되기 위해서는 파동 a의 81% 이상 100% 이하의 범위에 해당되어야 한다. 이런 조건들하에서 파동 c는 파동 b를 전부 되돌릴 가능성이 높다. 만약 파동 c의 길이가 파동 b의 100~138.2% 사이에 해당된다면 그 패턴은 일반적인 플랫이 될 것이다. 만약 파동 c가 파동 b의 138.2%를 초과한다면 연장형 플랫이 형성되는 것이다. 만약 파동 c가 파동 b의 100% 미만이라면 그 패턴은 미달형 파동 C(C-Failure)다.

약한 파동 B

약한 파동 b는 파동 a에 대해 일반적인 되돌림 비율보다 작게 되돌려지는 특성을 갖는다. 약한 파동 b로 분류되려면 파동 b는 파동 a의 61.8% 이상 80% 이하로 되돌려야 한다. 만약 파동 c가 파동 b의 100%보다 작다면 이 패턴은 이중 미달형 패턴이 된다. 만약 파동 c가 파동 b의 100~138.2% 사이라면 그 패턴은 미달형 파동 B(B-Failure)라고 한다. 만약 파동 c가 파동 b의 138.2%보다 길다면 그것은 연장형 플랫(Elongated Flat)의 범주에 들어간다.

지그재그(5 - 3 - 5)

지그재그 패턴의 변형 형태는 그리 많지 않다. 지그재그와 지그재그의 복잡한 조합(8장 참조)은 일시적으로 충격 패턴과 유사한 움직임을 보이는 유일한 조정 패턴이다. 잘못된 해석을 피하기 위해 지그재그에 대해서는 매우 구체적인 판단 기준이 적용되어야 한다. 다음에 제시된 내용은 패턴이 지그재그로 분류되기 위해 최소한으로 갖춰야 할 요건을 정리한 것이다.

① 파동 a 이전에 충격파동이 있다면, 한 단계 높은 등급의 이전 충격파동의 61.8% 이상 되돌려서는 안 된다(그림 5-22a).

② 파동 b는 최소한 파동 a의 1% 이상 되돌려야 한다(그림 5-22b).

③ 파동 c는 아주 조금이라도 파동 a의 끝부분을 넘어서는 움직임을 보여야 한다(그림 5-23).

만약 파동 그룹들이 이러한 3가지의 최소 기준을 충족했다면 추가적인 지그재그 파동 b에 부과된 최대 기준에 부합하는지 검토해야 한다.

① 일반적으로 파동 b의 어떤 부분도 파동 a의 61.8% 이상 되돌리지 않는다.

② 만약 파동 b가 파동 a의 61.8% 이상 되돌린다면 그 부분은 파동 b의 끝부분이 아닐 것이다. 그것은 복합 조정의 형태를 띤 파동 b의 첫 번째 부분

그림 5-22a

파동 a보다 '한 단계 높은 수준'의 충격파동

(1)

A

충격 패턴의 0.618배

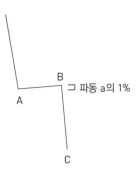

그림 5-22b

A

B

그 파동 a의 1%

C

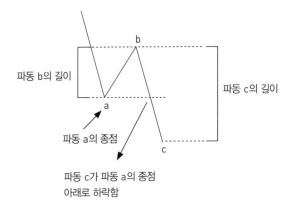

그림 5-23

파동 b의 길이

b

파동 c의 길이

a

파동 a의 종점

c

파동 c가 파동 a의 종점 아래로 하락함

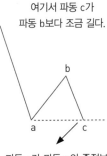

여기서 파동 c가 파동 b보다 조금 길다.

b

a

c

파동 c가 파동 a의 종점보다 조금 아래까지 떨어짐

일 것이다. 파동 b의 끝점은 파동 a의 61.8% 이하의 되돌림 수준에서 형성될 것이다(그림 5-24).

파동 c의 길이는 지그재그 형태를 분류하는 데 있어서 결정적인 기준이 된다. 그 길이를 통해 현재 시장 상황과 앞으로의 움직임에 대해 많은 정보를 얻

그림 5-24

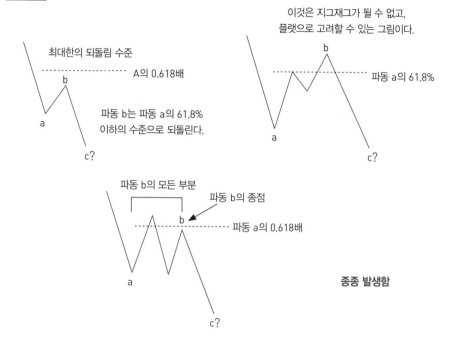

을 수 있다. 만약 현재 분석 중인 지그재그 패턴의 파동 c가 파동 a의 61.8% 미만이라면 그것은 '비달형 지그재그(Truncated Zigzag)'다. 만약 파동 c의 끝부분이 파동 a가 끝난 지점으로부터 파동 a의 161.8% 보다 높은 수준에서 형성된다면 '연장형 지그재그(Elongated Zigzag)'를 다루는 절로 옮겨가라(이 패턴은 충격 패턴의 부분일 수 있으므로 주의할 필요가 있다). 이상의 내용과 다른 상황이라면 그것은 '일반형 지그재그(Normal Zigzag)'라고 할 수 있다.

일반형 지그재그

일반형 지그재그에서 파동 c는 파동 a의 61.8~161.8% 사이의 어느 부분에

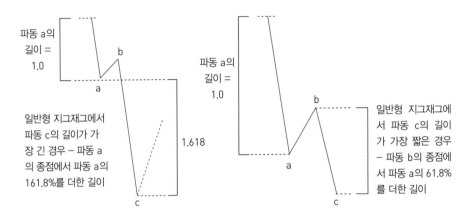

그림 5-25a

파동 a의
길이 =
1.0

b
a

일반형 지그재그에서
파동 c의 길이가 가
장 긴 경우 – 파동 a
의 종점에서 파동 a의
161.8%를 더한 길이

1.618

c

그림 5-25b

파동 a의
길이 =
1.0

b
a

일반형 지그재그에
서 파동 c의 길이
가 가장 짧은 경우
– 파동 b의 종점에
서 파동 a의 61.8%
를 더한 길이

c

서나 존재할 수 있다(세부적인 내용은 519쪽 12장 '내부적인 관계'와 '외부적인 관계' 참
조). 아래의 목록은 일반형 지그재그를 형성하는 데 필요한 조건들을 설명한
것이다.

① 파동의 끝부분에서 측정했을 때, 파동 b의 되돌림 비율은 파동 a의 61.8%
를 초과하면 안 된다. 그림 5-24는 지그재그 형성이 가능한 상황과 가능
하지 않은 상황을 몇 가지 제시한 것이다.

② 파동 c는 파동 a의 끝점에서부터 측정했을 때 파동 a의 길이의 161.8% 이
하여야 하며, 파동 c 자체의 길이는 적어도 파동 a의 61.8% 이상이어야
한다(그림 5-25b).

현재 파동 c라고 생각하는 파동이 위에서 기술된 한계를 넘어선다면, 그것은
연장형 지그재그(277쪽)이거나 충격파동(242쪽)일 수 있다.

미달형 지그재그

가장 드물게 나타나는 지그재그의 변형 형태인데, 이 패턴으로 규정되기 위해서는 다음의 기준을 만족해야 한다.

① 파동 c는 파동 a의 38.2%보다 짧아서는 안 되고, 61.8%보다 적어야 한다.

② 지그재그 파동이 완성된 후에 시장은 전체 지그재그의 81% 이상을 되돌려야 하고, 100% 또는 그 이상 되돌리는 것이 보다 일반적인 모습이다(그림 5-26). 파동 c가 극단적으로 짧다는 것은 역방향으로 작용하는 힘이 강하다는 것을 나타내므로, 이 조건은 미달형 지그재그로 규정하기 위한 필수적인 조건이다.

③ 이 패턴은 삼각형의 5개 내부 파동 중 하나이거나 삼각형의 내부 파동 중 한 부분일 가능성이 매우 높다.

그림 5-26

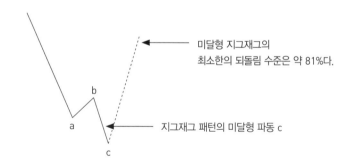

미달형 지그재그의
최소한의 되돌림 수준은 약 81%다.

지그재그 패턴의 미달형 파동 c

연장형 지그재그

연장형 지그재그는 파동 c의 길이가 과도하게 긴 특징을 갖는다. 앞서 언급한 바와 같이 지그재그는 일시적으로 충격파동과 비슷한 움직임을 보인다. 지그재그의 변형들 중에서 연장형 지그재그는 충격 패턴의 움직임과 가장 유사한 형태가 나타난다. 이 때문에 연장파동을 정확하게 알아내는 것은 매우 힘들고, 진행되는 중에 어떤 결론을 가정하는 것은 매우 위험한 일이다. 일반적으로 연장형 지그재그는 패턴이 완성된 후에야 확인 가능하다. 이러한 분석상의 단점이 있는 반면에 연장형 지그재그 패턴은 복합 폴리파동 또는 그보다 높은 등급의 수렴형 삼각형의 초기 단계(8장 참조)나 복합 폴리파동이나 그보다 높은 등급의 확산형 삼각형의 후기 단계에서만 발생한다는 장점도 가지고 있다.

파동 c가 파동 a의 161.8% 이상인 경우, a-b-c 파동으로 가정된 파동들은 실제로 충격 패턴의 5개의 내부 파동 중 1-2-3번 파동일 가능성이 매우 높다. 이러한 2개의 다른 패턴의 가능성 중 하나를 선택할 수 있게 하는 기준은 되돌림 수준이다. 연장된 지그재그 이후에 시장은 반전되어 파동 c의 종점을 돌파하기 전에 파동 c를 61.8% 이상 되돌려야 한다. 만약 이런 조건들이 만족된다면 그 패턴을 연장된 지그재그라고 가정해도 좋다. 만약 이런 조건들이 충족되지 않는다면 패턴은 충격파동을 형성할 가능성이 높다. 이 경우 3장 '예비적 분

그림 5-27

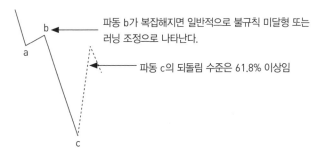

파동 b가 복잡해지면 일반적으로 불규칙 미달형 또는 러닝 조정으로 나타난다.

파동 c의 되돌림 수준은 61.8% 이상임

석'으로 돌아가서, 현재 분석하고 있는 파동 그룹에 몇 개의 모노파동을 덧붙여 그것들이 충격파동을 형성할 수 있는지 살펴봐야 한다(235쪽 '지그재그를 통한 우회 분석' 참고). 만약 그렇지 않다면 새로운 모노파동 그룹으로 옮겨가 처음부터 분석을 다시 시작한다. 궁극적으로, 파악하기 어려웠던 패턴들이라 하더라도 일단 이 책에서 기술된 모든 기법을 통해 주변의 가격 움직임이 명확하게 해석된다면, 명쾌해질 것이다.

삼각형 패턴(3 - 3 - 3 - 3 - 3)

파동이론에 있어서 가장 어려운 패턴은 삼각형 패턴의 여러 변형들이다. 이 패턴들은 완성되는 데 있어 특별한 시간제한이 없다. 삼각형 패턴이 형성된 이후의 시장 움직임의 방향성을 완전히 정확하게 예측하는 것은 불가능하다. 하지만 삼각형 패턴들은 일단 완성된 이후에는 현재 시장 상황에 대한 충분한 양의 정보와, 삼각형 패턴 형성 이후 상당 기간 동안 시장이 어떻게 움직일 것인가에 대해 여러 가지 단서를 제공한다.

삼각형들을 해석하는 데 많은 어려움이 따르지만, 삼각형 패턴은 가장 흔한 엘리어트 패턴들이며, 따라서 삼각형 패턴에 대한 완전한 이해는 필수적이다. 삼각형 패턴이 형성되는 초기 시점에 삼각형을 파악하는 법을 학습하면, 불필요한 혼란을 겪으며 낭비되는 시간을 아끼고, 옵션 등에서 불필요한 매매로 인한 손실을 피하는 데 큰 도움이 될 것이다. 다음에 나열된 것들은 삼각형 패턴 형성에서 나타나는 중요한 특성과 법칙들이다. 이런 법칙들 중 대부분은 이 책에서 처음으로 소개되었으므로 주의를 기울여야 한다. 다음의 목록은 모든 삼각형 패턴을 형성하는 데 있어 최소한의 전제가 되는 사항들이다.

① 엘리어트는 삼각형을 형성하는 데 더도 아니고 덜도 아닌 5개의 내부 파동이 필요하다고 말했다. 이러한 법칙은 각각의 내부 파동이 아무리 복잡하든 간단하든 공통으로 적용된다. 발생한 순서에 따라 삼각형의 각각의 부분들은 a, b, c, d, e라고 기호를 부여한다(그림 5-29).

② 삼각형의 각각의 내부 파동은 하나의 완전한 조정파동으로 이루어지거나, 또는 모노파동의 경우에는 조정파동임을 나타낸다(":3"으로 표현).

③ 상승 또는 하락으로 방향성을 형성하는 충격 패턴과 달리 삼각형의 5개 내부 파동의 가격은 가격대에서 소폭으로 수렴되거나 확장되면서 비슷한 가격대에서 등락을 거듭하는 모습을 보인다(그림 5-30).

④ 이러한 일반적인 가이드라인에 영향을 미치지 않는 범위 내에서 삼각형 패턴은 소폭으로 상승하거나 하락할 수 있다(그림 5-31).

⑤ 파동 b의 길이는 파동 a의 38.2~261.8% 사이에 존재한다. 파동 b가 파동 a와 같은 길이를 형성하지 않으려는 경향이 매우 강함을 유의해야 한다.

⑥ 5개의 내부 파동 중에서 4개는 이전의 내부 파동을 되돌린다. 이전 파동을 되돌리는 내부 파동은 파동 b, c, d, e다. 이 4개의 내부 파동 중에서 3개는 이전 파동을 50% 이상 되돌려야 한다(그림 5-32). 드물게 나타나는 강세 삼각형에서는 이러한 기준들이 완전히 지켜지지 않을 수 있다.

⑦ 삼각형에 있어 중요한 기준점을 다룰 때, 여러분이 관심을 가져야 할 것은 다음의 6개다. 이들은 모두 같은 등급의 파동이다.

▲ 파동 a가 시작되는 지점은 "0(zero)"이라고 부른다.

▲ 파동 a가 끝나는 지점을 "a"로 표시한다.

▲ 파동 b가 끝나는 지점을 "b"로 표시한다.

▲ 파동 c가 끝나는 지점을 "c"로 표시한다.

그림 5-29

충격 패턴에서처럼 내부 파동 중에서 3개는 조정 방향으로 진행되고,
2개는 그 반대 반향으로 움직인다.

조정 방향은 아래쪽임

조정 방향은 위쪽임

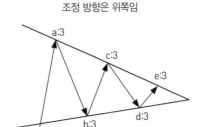

그림 5-30

수렴하는 2개의 추세선 내에서
가격이 움직이도록 '압력'을 받는다.

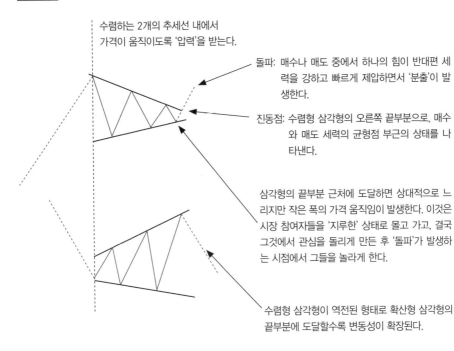

돌파: 매수나 매도 중에서 하나의 힘이 반대편 세
력을 강하고 빠르게 제압하면서 '분출'이 발
생한다.

진동점: 수렴형 삼각형의 오른쪽 끝부분으로, 매수
와 매도 세력의 균형점 부근의 상태를 나
타낸다.

삼각형의 끝부분 근처에 도달하면 상대적으로 느
리지만 작은 폭의 가격 움직임이 발생한다. 이것은
시장 참여자들을 '지루한' 상태로 몰고 가고, 결국
그것에서 관심을 돌리게 만든 후 '돌파'가 발생하
는 시점에서 그들을 놀라게 한다.

수렴형 삼각형이 역전된 형태로 확산형 삼각형의
끝부분에 도달할수록 변동성이 확장된다.

▲ 파동 d가 끝나는 지점을 "d"로 표시한다.

▲ 파동 e가 끝나는 지점을 "e"로 표시한다.

한 삼각형에서 나타나는 동급의 내부 파동 종료 지점 중에서 4개만이 수렴하는 추세선 사이에 채널이 이루어져야 한다. 무제한 삼각형은 일반적으로 이 법칙을 따르지만, 때때로 5개의 접점을 갖는 예외도 발생할 수 있다(그림 5-33).

⑧ 삼각형에서 파동 b와 d를 가로지르는 채널선이 기준선이 된다. 그것은 충격파동에서 2-4 추세선과 유사한 역할을 한다. 일반적인 법칙상 b-d 추세선은 삼각형 내에서 파동 c 또는 파동 e의 어떤 부분에 의해서도 돌파되어서는 안 된다(그림 5-34a). 달리 말하면 파동 b에서 파동 d까지, 그리고 파동 d에서 파동 e의 종료 시점까지 각 파동의 세부 파동 등락폭이 크게 나타나지 않고 강한 방향성을 형성해야 한다. 그림 5-34b는 삼각형에서 존재할 수 없는 b-d 추세선상의 움직임을 나타낸다.

수렴형 삼각형(일반적인 경우) ─────────────────

수렴형 삼각형들은 단연코 가장 흔한 형태의 삼각형이다. 다음은 수렴형 삼각형을 형성하는 데 있어 필요한 요소들이다.

수렴형 삼각형이 형성되기 위해 필요한 최소한의 요구조건들은 다음과 같다.

① 수렴형 삼각형이 완성된 후에 돌파될 경우 그 파동의 길이는 삼각형에서 가장 긴 내부 파동(파동 a)의 75% 이상이어야 하며, 일반적인 환경에서는 가장 긴 내부 파동의 125%를 초과하면 안 된다(그림 5-35).

그림 5-31

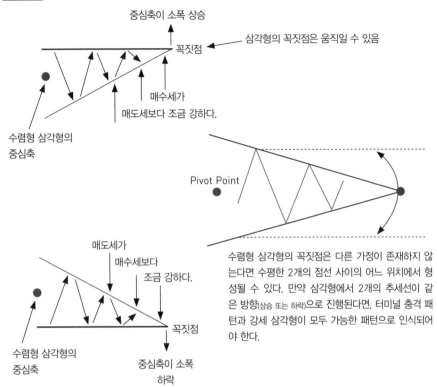

중심축이 소폭 상승

삼각형의 꼭짓점은 움직일 수 있음

꼭짓점

매수세가
매도세보다 조금 강하다.

수렴형 삼각형의
중심축

Pivot Point

매도세가
매수세보다
조금 강하다.

꼭짓점

수렴형 삼각형의
중심축

중심축이 소폭
하락

수렴형 삼각형의 꼭짓점은 다른 가정이 존재하지 않는다면 수평한 2개의 점선 사이의 어느 위치에서 형성될 수 있다. 만약 삼각형에서 2개의 추세선이 같은 방향(상승 또는 하락)으로 진행된다면, 터미널 충격 패턴과 강세 삼각형이 모두 가능한 패턴으로 인식되어야 한다.

그림 5-32

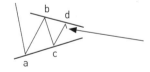

이 경우 다른 파동들이 이전 파동을 충분히 되돌렸기 때문에 파동 e는 파동 d를 충분히 되돌리지 않아도 된다. 만약 파동 e가 파동 d의 50% 이상을 되돌린다면, 다른 것들 중에 하나는 이전 파동을 50% 이상 되돌리지 않았을 것이지만 되돌렸을 수도 있다.

3개의 파동이
50% 이상 = {
1. 파동 b가 파동 a의 50% 이상을 되돌린다
2. 파동 c가 파동 b의 50% 이상을 되돌린다
3. 파동 d가 파동 c의 50% 이상을 되돌린다
} 이러한 조건들은
최소한의 되돌림 비율이다.
되돌림

그림 5-33

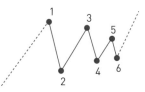

칠해진 점으로 표시된 부분은 삼각형을 형성하게 되는 수렴하는
추세선을 그리는 데 사용할 접점을 나타낸다. 6개 중에서 4개의
전환점만이 수렴하는 추세선에 동시에 접하게 된다.

이쪽에 너무 많은 접점이 존재함

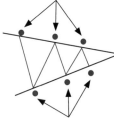

이 패턴은 적절한 삼각형으로서 규정될 수 없다. 만약 시장이 이같이
움직인다면, 이러한 가격 움직임은 삼각형의 한 부분일 수 있지만, 우
측 하단의 끝점에서 삼각형이 마감되지 않을 것임이 거의 확실하다.

이쪽에 너무 많은 접점이 존재함

이쪽에는 2개의 접점만이 존재함

오른쪽 그림은 일반적인 수평 수렴
형 삼각형에서 발생하는 채널의 형
태를 나타낸다.

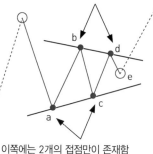

추세선에 접하지 않는 동급의
점은 2개 밖에 존재하지 않는
다. 그것은 삼각형이 시작되는
파동 a의 시작점과 삼각형이
끝나는 파동 e의 끝부분이다.

이쪽에는 2개의 접점만이 존재함

그림 5-34a

올바른 파동 해석

파동 e가 마감된 후에 돌파가 나타났
으므로 이것은 적절한 파동 매김임

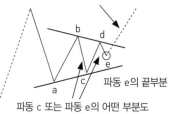

파동 e의 끝부분

파동 c 또는 파동 e의 어떤 부분도
b-d 추세선에 접하지 않음

가장 일반적인 구성

그림 5-34b

잘못된 파동 해석

파동 e가 진행되는 과정에서 파동 d의 종점을
넘어섰는데, 이것은 받아들일 수 없음

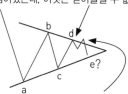

일단 실제 b-d 추세선이 이탈된다면, 삼각형 패턴은
완성되어야 한다. 여기서 파동 e는 일시적으로 파동 d
의 끝부분을 일시적으로 이탈하고 신저점을 형성했다.
이것은 현재의 b-d 추세선이 적절치 못하다는 것을 의
미한다. 이 경우에는 추세선이 돌파된 파동의 고점을
지나도록 다시 그려야 한다.

그림 5-35

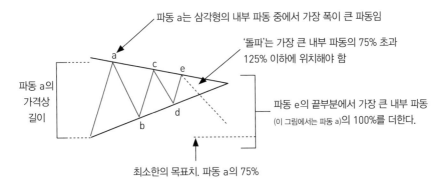

파동 a는 삼각형의 내부 파동 중에서 가장 폭이 큰 파동임

'돌파'는 가장 큰 내부 파동의 75% 초과 125% 이하에 위치해야 함

파동 a의 가격상 길이

파동 e의 끝부분에서 가장 큰 내부 파동 (이 그림에서는 파동 a)의 100%를 더한다.

최소한의 목표치. 파동 a의 75%

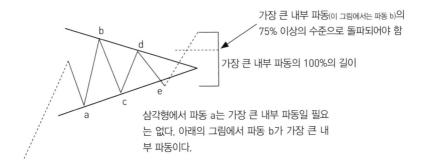

가장 큰 내부 파동(이 그림에서는 파동 b)의 75% 이상의 수준으로 돌파되어야 함

가장 큰 내부 파동의 100%의 길이

삼각형에서 파동 a는 가장 큰 내부 파동일 필요는 없다. 아래의 그림에서 파동 b가 가장 큰 내부 파동이다.

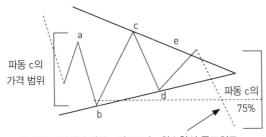

파동 c가 수렴형 삼각형의 내부 파동 중에서 가장 큰 파동이 될 수 있지만, 이것은 자주 일어나지 않는 현상이다.

파동 c의 가격 범위

파동 c의 75%

가장 큰 내부 파동(여기서는 파동 c)의 길이만큼 파동 e의 종점에서 뺀다

이러한 조건에서 파동 c의 75%는 최소한의 목표치로 충분치 않다. 왜냐하면 그보다 크게 되돌려야 파동 b의 저점을 하회하고 신저점을 경신할 수 있기 때문이다.

그림 5-36

삼각형의 완성되려는 시점에 2개의 평행한 수평선을 긋는다. 하나는 삼각형이 형성되는 과정에서 달성한 고점을 지나도록 그리고, 다른 하나는 저점을 지나도록 그린다. 아래의 가이드라인을 따라 이들 수평선들은 삼각형이 완성된 후에 어느 수준까지 움직일 것인가에 대한 예상을 하는 데 도움이 될 것이다. 이 법칙에 대한 유일한 예외는 삼각형이 돌파된 반대 방향으로 두드러지게 들어올려질 때 발생한다.

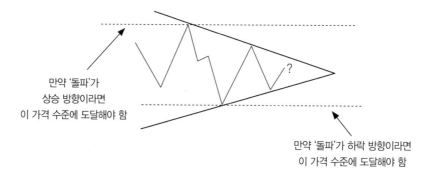

만약 '돌파'가
상승 방향이라면
이 가격 수준에 도달해야 함

만약 '돌파'가 하락 방향이라면
이 가격 수준에 도달해야 함

그림 5-37

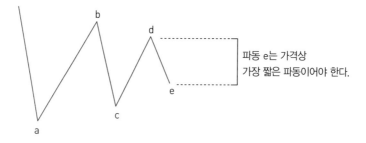

파동 e는 가격상
가장 짧은 파동이어야 한다.

② 수렴형 삼각형에서 돌파는 삼각형의 형성 기간 동안 돌파가 진행되는 방향에 따라서 삼각형의 고점이나 저점을 초과해야 한다(그림 5-36).

③ 삼각형에서 파동 e는 시간이 아닌 길이라는 측면에서 가장 작은 내부 파동이어야 한다(그림 5-37).

1. 제한 삼각형(특수한 경우)

'제한 삼각형(Limiting)'은 엘리어트가 발견해 그의 저서에서 언급한 삼각형의 한 유형이다. 이러한 삼각형들은 4번 파동과 파동 b에서 나타난다. 제한 삼각형이 발생한 이후의 움직임이 특정한 변수에 따라서 제한되기 때문에 제한 삼각형이라는 이름을 붙였다. 이 패턴에서 파동 e는 삼각형의 꼭짓점에서 20~40% 정도 남겨두고 마감되어야 한다. 다음은 제한 삼각형의 3가지 변형된 형태와 특성을 보여주는 구체적인 형성법칙이다.

수평형 삼각형

수렴형 삼각형 중에서 수평형이 가장 흔하게 나타난다. 시장이 다음의 법칙을 따른다면 그것은 수평형 삼각형이 형성되는 것이다.

① 삼각형에서 추세선들은 서로 가격상 반대 방향으로 진행된다(그림 5-38).
② 삼각형의 꼭짓점은 삼각형의 가장 긴 내부 파동의 중심점을 중심으로 가장 긴 내부 파동의 61.8% 수준 내에 존재해야 한다(그림 5-39).
③ 파동 d는 파동 c보다 작아야 한다(그림 5-40).
④ 파동 e는 파동 d보다 작아야 한다(그림 5-37).

불규칙 삼각형

이런 형태의 삼각형은 수평형 삼각형에 비해 조금 더 큰 폭의 돌파와 더 빠른 속도의 잠재력을 보유하고 있음을 의미한다. 불규칙 삼각형을 형성하는 과정에서 핵심이 되는 요소는 파동 b다. 이것은 파동 a보다 길어야 한다. 불규칙 삼각형이 형성되었다는 것을 확인하기 위해서는 시장 움직임이 다음에 제시한 기준

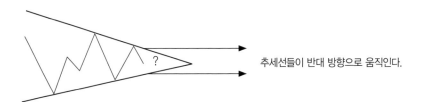

그림 5-38

추세선들이 반대 방향으로 움직인다.

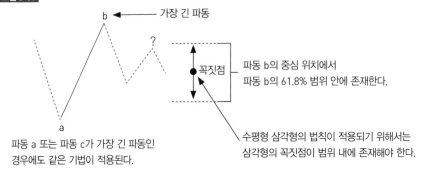

그림 5-39

b ◀── 가장 긴 파동

꼭짓점 — 파동 b의 중심 위치에서
파동 b의 61.8% 범위 안에 존재한다.

파동 a 또는 파동 c가 가장 긴 파동인
경우에도 같은 기법이 적용된다.

수평형 삼각형의 법칙이 적용되기 위해서는
삼각형의 꼭짓점이 범위 내에 존재해야 한다.

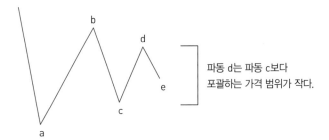

그림 5-40

파동 d는 파동 c보다
포괄하는 가격 범위가 작다.

들을 충실히 따라야 한다.

① 파동 b는 파동 a의 261.8% 이하여야 하지만 보통 161.8% 미만으로 나타
난다. 삼각형에서 파동 a와 파동 b의 정확한 피보나치 비율 관계가 나타
나는 경우는 매우 드물다.
② 파동 c, d, e는 모두 이전에 발생한 파동에 비해 작아야 한다.
③ 삼각형의 두 추세선은 서로 반대 방향으로 움직여야 한다.

강세 삼각형

이것은 파동이론의 패턴들 중에서 일반적으로 가장 잘못 해석되는 것이다.
또 이중 강세조정(Double Three Running corrections)과 관련해 다소 혼돈이 발생
하기도 한다. 강세 삼각형의 중요한 특징들은 다음과 같다.

① 파동 b는 파동 a보다 길고 삼각형에서 가장 긴 파동이다.
② 파동 c는 파동 b보다 작다.
③ 파동 d는 파동 c보다 크다.
④ 파동 e는 파동 d보다 작다.
⑤ 2개의 추세선이 모두 상승하거나 하락한다.
⑥ 삼각형이 형성된 이후의 돌파는 삼각형의 가장 긴 내부 파동보다 훨씬 길
고, 그것의 261.8% 수준까지 길어지기도 하지만 이를 초과하지는 않는다.

2. 무제한 삼각형(특수한 경우)

수렴형 무제한 삼각형과 수렴형 제한 삼각형 간에는 차이가 거의 없다. 두

패턴 사이를 구분 짓는 다음의 미묘한 차이를 제외하고는 앞에 제시한 모든 법칙이 적용되어야 한다. 다음 목록에 있는 내용들은 수년에 걸쳐 필자가 삼각형의 시장 움직임을 관찰하고 정량화함으로써 완전히 직접 개발한 것들이다.

무제한 삼각형은 삼각형을 감싸는 추세선과 관련된 부분에서 제한 삼각형과는 다소 다른 움직임을 보인다. 그 움직임은 다음의 3가지 측면에서 나타나고, 모두에서 제한 삼각형과 확연히 다른 모습을 보인다.

① 무제한 삼각형에서 가장 흔하게 나타나면서 뚜렷한 특징은 무제한 삼각형이 2개의 추세선이 수렴하는 꼭짓점, 또는 그에 근접한 지점에서는 정체된 모습을 보인다는 점이다. '꼭짓점 또는 그에 근접한 지점'의 위치는 다음의 방법으로 계산함으로써 정량화할 수 있다. 삼각형의 시작점에서 파동 e가 끝나는 시점까지 삼각형을 형성하는 데 소요된 시간을 측정한다. 만약 파동 e가 끝난 후부터 시작해서 그 시간의 20%가 지나기 전에 2개의 추세선이 수렴하게 되면, 그것은 꼭짓점 근처에서 정체된 모습을 보이는 것에 해당된다.

② 삼각형의 시작점에서 파동 e의 끝부분까지 걸리는 시간을 측정해, 파동 e의 끝에서 2개의 추세선이 수렴하는 삼각형의 꼭짓점까지, 위에서 측정된 시간의 40% 이상이 소요되면 무제한 삼각형이 발생한 것으로 간주할 수 있다. 이 경우 삼각형의 형태가 그다지 뚜렷하지 않기 때문에 무제한 삼각형 형성에 대한 예측이 어렵다.

③ 무제한 삼각형의 존재를 나타내는 마지막 신호는 돌파 이후에 조정이 삼각형 꼭짓점이 형성되기 이전에 나타나는 것이다. 돌파 시 나타나는 패턴이 터미널 패턴이 아닌 한, 제한 삼각형에서 꼭짓점이 존재하는 시간대는

돌파 과정이 끝나는 순간이다. 최근에 형성된 삼각형의 꼭짓점으로 되돌리는 조정이 진행되는 방식 중 가장 흔한 것은, 삼각형에 대한 돌파가 매우 강하게 진행되어 꼭짓점에 도달하기 이전에 삼각형의 가격 범위 기준(삼각형의 가장 큰 내부 파동으로 측정)으로 삼각형의 시작점에 도달하는 것이다. 이렇게 되면 꼭짓점이 존재하는 시간 범위가 종료되기 전까지 되돌리는 조정이 발생하는 것도 가능하다.

만약 위에서 열거한 3가지 중 하나라도 삼각형이 끝난 직후나 삼각형 형성 과정에서 나타났다면 삼각형은 무제한 삼각형의 성격을 갖는 것으로 간주되어야 한다.

삼각형 패턴 돌파 이후의 움직임

무제한 삼각형에서의 돌파 거리는 특정 수준이어야 하는 것이 아니다. 일반적으로 삼각형 안의 가장 폭넓은 내부 파동의 길이 정도로 움직인 후에 일시적인 반작용이 나타나며, 보통 이러한 반작용은 금방 사라진다. 그 이후 시장 움직임은 일반적으로 원래 돌파된 방향대로 다시 시작되어 당시 형성 중인 더 큰 패턴의 목표치에 부합하는 수준까지 진행될 것이다.

확산형 삼각형(일반적인 경우)

확산형 삼각형은 매우 큰 복합 조정 과정에서 가장 일반적인 패턴이다. 그들은 5개의 조정국면이 연속해서 나타나는 과정에서, 왼쪽에서 오른쪽으로, 이전의 내부 파동에 비해 대부분의 내부 파동 또는 모든 내부 파동이 크게 형성되는

그림 5-41

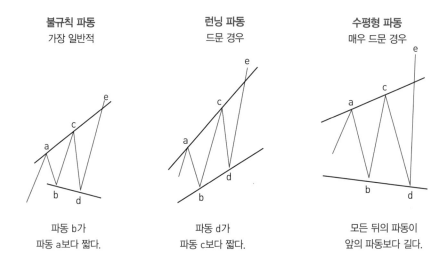

|불규칙 파동|런닝 파동|수평형 파동|
|가장 일반적|드문 경우|매우 드문 경우|

파동 b가
파동 a보다 짧다.

파동 d가
파동 c보다 짧다.

모든 뒤의 파동이
앞의 파동보다 길다.

모습을 보인다. '대부분'이라는 표현을 쓴 이유는 내부 파동 중에서 하나 정도, 강세 확산형 삼각형에서는 2개 정도는 이전의 내부 파동보다 작은 현상이 자주 관찰되기 때문이다(그림 5-41).

모든 확산형 삼각형에 적용되는 일반적인 법칙은 다음과 같다.

① 파동 a 또는 파동 b가 삼각형의 내부 파동 중에서 가장 작은 내부 파동이다.

② 파동 e는 거의 항상 패턴 내에서 가장 긴 파동이다.

③ 확산형 삼각형은 지그재그 내부의 파동 b나 보다 큰 삼각형의 파동 b, c 및 파동 d로는 발생하지 않는다.

④ 일반적으로 파동 e는 삼각형 내에서 가장 많은 시간을 소비하며 복잡한 내부 파동이다. 여러분이 다시 파동을 세분화해서 본다면, 파동 e에서 가장 전형적으로 나타나는 구조 형태는 작은 확산형 삼각형에서는 지그재

그이고, 보다 큰 패턴에서는 조정파동들의 복합 조합이다.

⑤ 파동 e는 거의 항상 파동 a와 파동 c의 고점을 이은 추세선을 넘어선다.

⑥ b-d 추세선은 수렴형 삼각형에서의 그것과 같은 기능을 한다.

⑦ 확산형 삼각형을 돌파하는 강력하고 더 큰 조정파동의 마지막 파동이 아니라면 가장 폭이 넓은 내부 파동(여기서는 파동 e)보다 작을 것이다.

⑧ 파동 e에서 시간상 역순으로 보았을 때, 이전에 발생한 파동의 3개는 그 이후에 발생한 파동의 50%를 넘어야 한다.

수렴형 삼각형과 마찬가지로, 확산형 삼각형은 제한 삼각형과 무제한 삼각형이라는 2개의 범주로 나눌 수 있다. 최대한 쉽게 학습할 수 있도록 하기 위해 수렴형 삼각형과 같은 '삼각형'이라는 용어를 사용했지만, 수렴형 삼각형과는 달리 확산형 삼각형에서의 제한 삼각형과 무제한 삼각형은 삼각형 모양을 형성한 이후의 흐름에 대해 유의미한 함의를 갖지 않는다. 법칙 ⑦에서 언급한 바와 같이 확산형 삼각형을 돌파하는 폭은 삼각형의 가장 긴 내부 파동보다 작다. 확산형 삼각형의 형성에서 제한과 무제한이라는 개념을 구분하는 것은 심각형이 표준적인 파동에 해당하는 것인지, 아니면 여러 패턴이 연결된 보다 복잡한 조정파동의 한 부분인지 구분하기 위한 것이다.

1. 제한 삼각형(특수한 경우)

'제한'이라는 말은 항상 4번 파동 또는 파동 b와 관련되어 있다. 개인적으로 필자는 '4번 파동의 확산형 삼각형'은 한 번도 보지 못했다. 논리적으로는 존재하는 것으로 가정하지만, 사실상 거의 존재하지 않는 것으로 간주해야 한다. 파동 b에서 드물게 확산형 삼각형이 나타나는 것을 확인할 수 있는데, 다음의 사항들은 제한 삼각형이 발견될 경우 일반적으로 적용될 수 있을 것이다.

① 파동 b가 확산형 제한 삼각형인 경우는 불규칙 미달형 파동(Irregular Failure)과 파동 c가 미달형 플랫(C-Failure Flat)에서만 발생할 수 있다.
② 삼각형에서 돌파폭이 매우 작아, 삼각형의 고점에서 저점까지 길이의 약 61.8%를 되돌리는 경우 나타날 수 있다.

수평형 삼각형

완전히 수평인 확산형 삼각형은 확산형 삼각형이 발현되는 과정에서 가장 나타나기 어려운 현상일 것이다. 왜냐하면 확산형 삼각형은 시장의 자연스런 속성인 상승 또는 조정에 저항하는 성격이 있기 때문이다. 만약 시장에서 지속적으로 고점을 높이고 저점을 낮추면, 그것은 추세가 형성되지 않는 것이다. 이런 경우 시장은 기술적 분석의 반대로서 기본적 분석이라는 관점에서는 불확실한 상태에 있는 것이다. 어떤 강력한 경제적 힘이 시장을 한 방향으로 밀어붙이는 것도 아니고 그렇다고 다른 힘이 작용하지도 않는 상황이다. 이러한 상황은 시장에서 거의 발생되지 않는 일이며, 특히 장기간에 걸쳐서 일어나는 일은 아니다. 필자가 개인적으로 측정한 바에 따르면 이러한 기간이 길어질수록 수평형 확산형 삼각형이 형성될 가능성은 낮아진다.

수평형 확산형 삼각형이 형성되기 위한 조건은 다음과 같다.

① 패턴 내에서 파동 a는 가장 작은 파동이어야 한다.
② 파동 b, c, d, e는 이전 내부 파동의 종료 지점(고점일 수도 있고 저점일 수도 있지만 그렇지 않을 수도 있음)을 넘어서야 한다.

③ 파동 e는 파동 a와 파동 c의 종점을 이은 추세선을 넘어설 것이다.

불규칙 삼각형

불규칙 확산형 삼각형은 수평형에 비해 약간 더 일반적인 형태이고, 다음과 같은 몇 가지 요인에 따라 결정된다.

① 파동 b가 파동 a보다 작고 나머지 모든 파동이 이전 파동보다 크거나, 파동 d가 파동 c보다 작고 다른 모든 파동이 이전 파동보다 크다.
② 패턴이 형성되는 기간이 길수록 패턴의 채널이 상승 또는 하락 방향으로 더 많이 기울어질 가능성이 높다.

강세 삼각형

강세 확산형 삼각형은 파동 b가 파동 a보다 살짝 크고, 파동 d가 파동 c보다 살짝 짧게 형성되면서 발생하기 때문에 추세적인 형태를 보인다. 추세선은 반대 방향으로 가는 대신 같은 방향으로 형성되지만 점차 격차가 벌어진다. 이런 형태의 패턴에서 파동 e는 매우 급격한 움직임을 보일 수 있다. 파동 b보다 짧은 파동 c를 제외하고, 모든 파동이 이전의 것에 비해 길게 형성되는 변형도 발생할 수 있다.

2. 무제한 확산형 삼각형(특수한 경우)

무제한 확산형 삼각형은 보다 복잡한 패턴의 내부 파동으로 형성되는 삼각형이다. 예를 들면 하나 이상의 x파동을 포함하는 조정의 첫 번째 또는 마지막 국면은 무제한 확산형 삼각형을 포함할 수 있을 수 있다. 그것은 293쪽의 법칙 ⑦에서 이야기하는 것과 같이, 확산형 삼각형을 돌파한 이후의 움직임은 수렴형 삼각형의 돌파에서 설명하는 가이드라인을 따르지 않기 때문이다. 확산형 삼각형의 돌파 수준은 확산형 삼각형의 전체 폭(파동 e)만큼 크지 않아야 하므로, 돌파 후에 새로운 상승이나 하락 추세는 진행될 수 없음이 명백하다. 이것은 x파동이 전개되기 위한 이상적인 상황이다. 무제한 확산형 삼각형의 돌파는 일반적으로 x파동에 의해 이루어지지만, 이것은 터미널 패턴의 5번 파동 또는 삼중 조정(Triple Three) 또는 삼중 조합(Triple Combination)의 두 번째 x파동일 수 있다.

무제한 확산형 삼각형은 시간상으로 역순이 되는 꼭짓점에 대한 것을 제외하고는 제한 확산형 삼각형과 같은 방식으로 형성될 것이다. 전체 삼각형을 형성하는 데 소요된 시간을 측정하고 그 값의 40%를 구해 파동 a의 시작점에서부터 뺀다. 즉 시간상 역순으로 파동 a의 시작점에서부터 그 점을 되짚어간다는 뜻이다. 삼각형의 꼭짓점은 그 점에 도달하기 전에 형성될 것이다. 일반적으로 조금 더 긴 시간 단위로 할 때는 20% 이내에 꼭짓점에 도달할 것이다.

조건별 파동 구성법칙
─조정파동

파동의 변화

가격

　조정파동에서 가격상의 상호 관계는 파동 변화의 법칙을 적용하는 데 있어 가장 유용하지 않은 방법이다. 왜냐하면 조정파동의 대부분은 거의 같은 길이를 형성하기 때문이다. 이 법칙이 조정파동에 적용된다면 지그재그에서 가장 유용하게 활용될 것이다. 지그재그에서 파동 a와 파동 b는 서로 번갈아 가며 가격을 형성해야 한다. 파동 b는 파동 a의 61.8% 이하일 것이다. 이것은 조정 패턴에서 가격 변화의 정도를 나타낸 것이다. 조정파동이 모노파동들과 폴리파동 또는 그보다 높은 등급의 파동으로 구성되었다면, 파동 복잡성과 구조에 대한 변화의 법칙(249쪽 참조)이 고려되어야 한다.

시간

　시간상 변화의 법칙은 조정 패턴에 있어 매우 큰 영향력을 가지고 있다. 올바르게 적용하기 위해서는 3개의 인접한 조정국면들을 비교해봐야 한다. 앞에 있는 2개의 패턴은 일반적으로 지속 시간이 매우 다를 것이다. 첫 번째 파동이 n개의 단위 시간으로 구성되었다면 두 번째 파동은 n의 161.8% 이상이거나 61.8%

5장 엘리어트 파동이론의 중점 고려사항　**297**

이하의 단위 시간으로 구성될 것이다. 그룹에서 세 번째 부분은 앞서 두 부분 중 하나와 같을 수 있고, 그들 중 하나와 61.8% 또는 161.8%의 관계를 맺거나 또는 이전 2개의 파동이 진행된 전체 시간과 같은 시간이 소요될 수 있다. 이 주제에 대한 더 자세한 사항은 '시간 법칙' 절의 내용을 참고하면 된다.[*]

조정파동에서의 돌파 지점

Mastering Elliott Wave

현재 시점 이후에는 조정파동에 대한 이 절의 법칙들은 다음 2가지 중 하나의 방향으로 전개된다.

① 법칙들이 보다 미묘하고, 적용할 때 조건에 따라 차이가 있거나 어려워 많은 경험이 필요한 경우
② 법칙들의 신뢰성이 낮아 확고한 판단 근거로서보다는 해석을 더 공고하게 하기 위한 기능으로 활용하는 경우

---

[*] 단위 시간이 소요되는 폴리파동을 다룬다면, 시간상의 교대파동이 나타나는 것은 불가능하다. 시간상의 교대가 없다는 것은 모노파동을 배열하는 더 나은 방법이 있을 수도 있다는 경계신호이지만, 만약 올바른 파동으로 보인다면 패턴의 타당한 해석으로 볼 수도 있다.

여러분의 분석기술이 늘어남에 따라, 실시간 분석의 정확성과 전망 능력을 향상하기 위해 추가로 고려할 사항들이 있다. 엘리어트 파동이론의 초보 학습자라면 이 지점에서 멈추고 책의 앞부분을 재차 읽고 연구하고 연습함으로써 지금까지 제시된 법칙과 기법들을 모두 암기하도록 노력해야 한다. 이 책의 나머지 부분들은 시장 움직임에 대한 조금 더 복잡한 논의를 위해 할애되었다. 기본 사항에 대한 지식을 자유롭게 활용할 수 있을 때까지는 이보다 더 어려운 부분을 이해하기 위해 고생할 필요가 없다.

채널

채널을 형성하면서 진행되는 조정파동에서 준거로서 중요한 것은 파동 b다. 지그재그와 플랫에 있어 추세선은 항상 파동 a의 시작점에서 파동 b의 마지막 부분을 연결해서 그리고, 이를 0-B 추세선이라 부른다. 그리고 이 추세선과 평행한 선을 파동 a의 끝부분을 지나도록 그린다. 만약 분석 중인 파동이 지그재그라면 파동 c는 이 평행선을 돌파하거나 평행선과 상당한 간격을 두고 떨어져 있겠지만, 평행선에 접하지는 않을 것이다. 만약 평행선에 접한다면 그것은 지그재그가 이중과 삼중 조합이거나 이중과 삼중 지그재그의 한 부분이라는 것을 의미한다(이 패턴들에 대한 자세한 개념은 397쪽 참조). 한 번 0-B 추세선이 돌파되었다면 파동 c와 더 큰 패턴은 아마도 종료되었을 것이다. 삼각형에서는 파동 b와 파동 d를 이어서 추세선을 그린다. 만약 B-D 추세선이 돌파되었다면 삼각형은 마감된 것이다. 채널에 대해 보다 높은 수준의 기법들은 12장에서 설명한다.

피보나치 되돌림 비율 ──────────

피보나치 비율은 파동을 해석한 결과를 공고히 하기 위한 과정으로 형성 과정 검증의 마무리 단계 중 하나다. 엘리어트 패턴은 대부분 피보나치 비율에 대한 고유한 조합을 갖는다. 엘리어트 파동이론이 어려운 이유 중 하나는 이러한 비율들의 관계에서 다양한 가능성이 동시에 존재할 수 있다는 점이다. 먼저 피보나치 비율은 시장이 어느 범주의 조정에 속하는지에 따라 결정된다. 그 이후 각 조정의 변형은 미묘한 차이를 보인다. 고급 수준에 해당하는 피보나치 되돌림 비율에 대한 개념들은 12장에서 논의할 것이다.

다음의 목록은 각각의 '표준적인' 조정의 범주를 제시한 것이다. 각각의 소제목 아래에서는 파동이 특정한 패턴에서 어떤 비율을 갖는지 기술하고, 각각의 조정파동의 변형에 관련된 고유한 비율을 더 구체적으로 세분화해 설명할 것이다.

1. 플랫조정(3-3-5)

플랫에서는 각 내부 파동의 길이가 이전 파동의 길이와 거의 비슷하게 나타나므로, 플랫은 피보나치 비율을 나타낼 가능성은 모든 조정 패턴 중에서 가장 낮다. 플랫의 파동 b가 파동 a에 비해 매우 크거나 작다면 피보나치 비율이 나타날 수 있다. 다음의 내용은 피보나치 비율이 나타날 때 예상되는 경우를 정리한 것이다(피보나치 비율에 대한 보다 자세한 설명은 12장의 '고급 피보나치 비율' 참고).

강한 파동 b

파동 b가 파동 a의 끝부분을 넘어설 경우 이것은 기본적으로 138.2%[*] 또는 161.8% 수준으로 제한되지만, 그 수준에 도달하지는 않을 것이다. 일반적으로 만약 파동 b가 파동 a보다 길다면, 특히 큰 차이가 날 정도로 길다면 가격 면에서 파동 a와 파동 c는 거의 같을 것이다. 만약 파동 c가 파동 a와 피보나치 비율을 갖는다면 비율은 161.8%거나 61.8%일 것이다.

일반적인 파동 b

피보나치 비율을 나타낼 가능성이 가장 낮은 패턴은 플랫이다. 파동 c가 미달형이거나 연장되었을 때만 피보나치 비율이 나타날 가능성이 존재한다. 만약 미달형 패턴이 된다면 파동 c가 파동 a와 61.8%의 관계를 갖게 될 가능성이 크다. 드물게 파동 c는 파동 a와 38.2%의 비율 관계를 가질 수 있지만 이 수치가 최소 허용값이다.

만약 파동 c가 연장된다면 파동 a와 파동 c 간의 피보나치 관계는 존재하지 않을 가능성이 크다. 만약 피보나치 비율로 관련이 있다면 161.8%거나 261.8%일 것이다.

약한 파동 b

이 상황에서는 피보나치 비율의 가능성이 가장 크다. 만약 파동 a와 파동 b가 피보나치 비율로 관련되어 있다면 그것은 61.8%일 것이다. 파동 a와 파

---

[*] 138.2%라는 숫자는 피보나치 비율은 아니지만 -100%와 38.2%라는 별개의 파동 비율의 조합 관계다.

동 c도 같은 비율로 관련될 수 있다(자세한 사항은 519쪽 참고). 파동 c는 파동 b의 61.8%가 될 수 있다.

2. 지그재그(5-3-5)

플랫이나 삼각형에서 나타날 수 있는 변형의 가능성에 비해 지그재그에서 나타날 수 있는 변형은 그리 많지 않다. 단지 몇 가지의 비율 관계 가능성이 있을 뿐이다.

일반형 지그재그

패턴 내 인접한 파동 간의 피보나치 관계는 뚜렷이 나타나지 않는다. 만약 파동 a와 파동 b가 관계 있다면 그것은 61.8% 또는 38.2% 정도가 될 것이다. 더 신뢰성 있는 관계는 파동 a와 파동 c 간에 형성될 수 있다. 파동 a는 파동 c의 내부적이나 외부적으로 61.8% 또는 100% 또는 161.8% 중 하나가 될 수도 있다(자세한 내용은 519쪽 '고급 피보나치 비율' 참고).

연장된 지그재그

지그재그에서 '연장된(Elongated)'이라는 제목이 붙은 경우, 파동 c가 파동 a에 비해 특별하게 길다는 것을 의미한다. 일반적으로 연장된 파동 c는 파동 a와 특별한 관련이 없을 것이며, 만약 관련이 있다면 261.8% 정도가 될 것이다.

미달형 지그재그

미달형 지그재그에서는 파동 a와 파동 c 사이에 피보나치 비율이 나타날 수 있다. 파동 c는 파동 a의 38.2%일 것이다.

3. 삼각형 (3-3-3-3-3)

삼각형 패턴은 다른 표준적인 엘리어트 조정에 비해 더 많은 내부 파동으로 구성되어 있다. 결과적으로 그들은 다양한 피보나치 비율 관계를 형성할 가능성이 높다. 사실상 피보나치 비율이 없는 수렴형 삼각형은 불가능한 것으로 간주된다. 삼각형 내에서 피보나치 비율이 나타나는 일반적인 양상은 대부분의 다른 패턴에서 나타나는 것과 같이 변화하면서 진행된다. 파동 a, c, e에서 나타나는 가장 일반적인 구성은 파동 a, c, e 간에 61.8% 또는 38.2%의 비율 관계를 갖는 것이고, 파동 b와 d 간에는 61.8%의 관계를 갖는다. 유일하게 인접한 파동 간에 지속적으로 영향을 미치는 것은 파동 d와 e로서 일반적으로 61.8%의 피보나치 비율 관계를 갖는다. 중요한 점은 만약 파동 b가 a의 61.8%라면, 그것은 삼각형의 내부 파동이 아닐 것이라는 점이다.

파동의 등급

Mastering Elliott Wave

당신의 차트를 돌아봤을 때, 만약 모노파동을 다루고 있다면, 차트 패턴상에서 다루고 있는 평범한 조정기호를 서브미뉴에트 등급을 나타내는 특정한 기호 (a, b, c, d, e, x)로 변환시켜야 한다. 모든 모노파동 패턴에서 각각의 내부 파동에 대해 서브미뉴에트의 등급기호를 붙이면서 시작한다. 만약 모노파동의 전개 단계를 넘어선다면 보다 작은 패턴들을 주의 깊게 분석해 기호를 붙이고 이들을 보다 큰 엘리어트 패턴으로 조합함으로써 현재 패턴에서 사용되는 등급기호를 붙일 수 있다. 이것은 어떻게 이루어지는가? 일반적으로 한 등급에 있는 3개의 패턴이 결합되어 보다 높은 등급인 하나의 조정파동을 구성함으로써 나타나는 현상이다.* 낮은 등급의 3개 패턴을 결합해 하나의 높은 등급의 엘리어트 패턴을 형성한다면 패턴의 등급을 한 단계 높일 수 있다. 3개의 하위(Minor) 등급 기호는 하나의 중위(Intermediate) 등급 기호로 대체될 것이다(등급에 대한 보다 자세한 논의는 340쪽에 있는 '등급에 대한 추가 설명' 참고).

조정파동의 실제 모양

다음 3쪽에 걸쳐 나오는 그림들은 단순 폴리파동 및 복합 폴리파동의 범위에서 가장 일반적인 파동의 배열을 나타낸다. 각각의 범주에 대한 변형은 각각 별도로 그림으로 표현되어 있다. 삼각형에 대한 절을 살펴볼 때는 281쪽에 있는 핵심 논의사항을 항상 명심해야 한다.

---

* 삼각형은 예외인데, 삼각형에서 보다 높은 등급의 패턴을 완성하려면 5개의 내부 파동이 필요하기 때문이다.

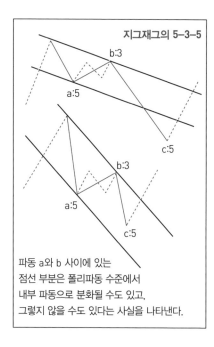

지그재그의 5-3-5

파동 a와 b 사이에 있는
점선 부분은 폴리파동 수준에서
내부 파동으로 분화될 수도 있고,
그렇지 않을 수도 있다는 사실을 나타낸다.

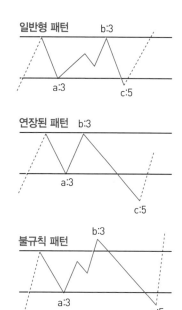

일반형 패턴

연장된 패턴

불규칙 패턴

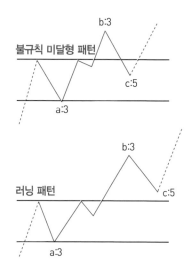

불규칙 미달형 패턴

러닝 패턴

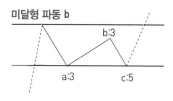

미달형 파동 b

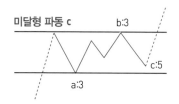

미달형 파동 c

러닝조정

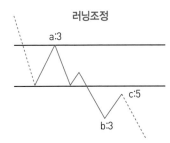

미달형 파동 c

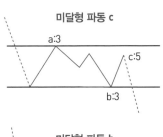

불규칙 미달형

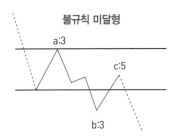

미달형 파동 b

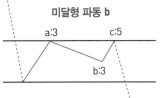

불규칙 패턴

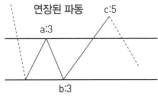

지그재그 5-3-5

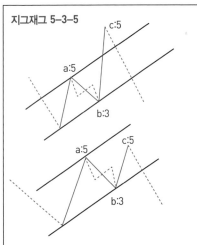

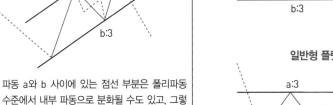

파동 a와 b 사이에 있는 점선 부분은 폴리파동 수준에서 내부 파동으로 분화될 수도 있고, 그렇지 않을 수도 있다는 사실을 나타낸다.

연장된 파동

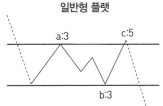

일반형 플랫

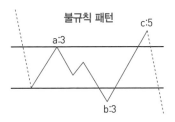

수렴형 제한 삼각형들

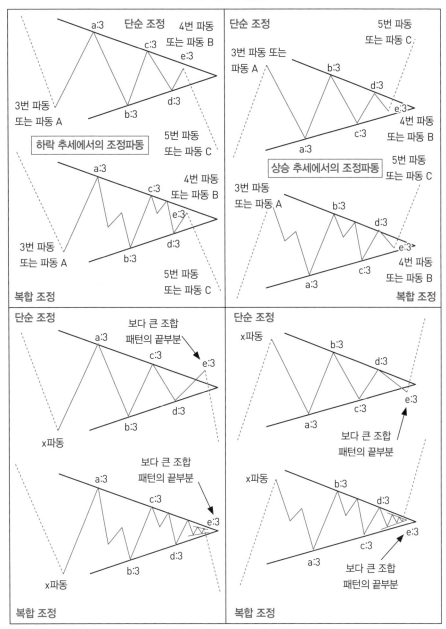

단순 조정
a:3
4번 파동
또는 파동 B
c:3
e:3
3번 파동
또는 파동 A
b:3
d:3

하락 추세에서의 조정파동

5번 파동
또는 파동 C

a:3
4번 파동
또는 파동 B
c:3
e:3
3번 파동
또는 파동 A
b:3
d:3

복합 조정

5번 파동
또는 파동 C

단순 조정
3번 파동 또는
파동 A
5번 파동
또는 파동 C
b:3
d:3
e:3
c:3
a:3
4번 파동
또는 파동 B

상승 추세에서의 조정파동

5번 파동
또는 파동 C
3번 파동
또는 파동 A
b:3
d:3
e:3
c:3
a:3
4번 파동
또는 파동 B

복합 조정

단순 조정
보다 큰 조합
패턴의 끝부분
a:3
c:3
e:3
b:3
d:3
x파동

보다 큰 조합
패턴의 끝부분
a:3
c:3
e:3
b:3
d:3
x파동

복합 조정

단순 조정
x파동
b:3
d:3
c:3
e:3
a:3
보다 큰 조합
패턴의 끝부분

x파동
b:3
d:3
c:3
e:3
a:3
보다 큰 조합
패턴의 끝부분

복합 조정

무제한 수렴형 삼각형들

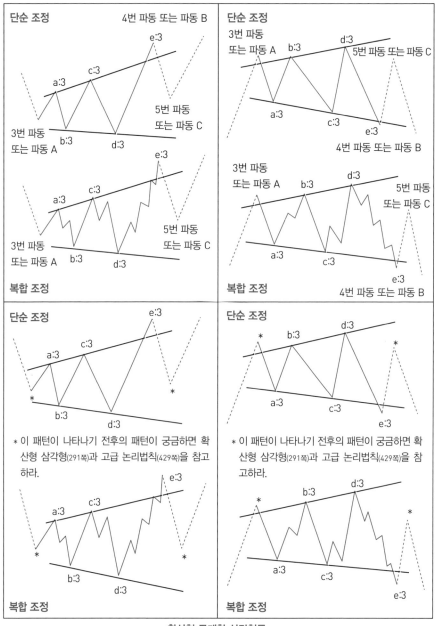

만약 이 책의 앞부분(86쪽 및 95쪽)에서 설명한 바에 따라 데이터 차트를 그리고 있다면 실시간 시장 움직임은 이 그림들 중 하나와 유사하거나 때로는 완전히 일치할 것이다. 만약 봉차트, 시간 단위의 종가, 선물데이터, 또는 다른 유형의 잘못 그려진 데이터, 또는 계산 오류가 있는 데이터를 사용한다면 시장의 움직임은 때로는 그림과 일치하고 때로는 그렇지 않을 것이고, 가격 움직임은 책에서 제시한 법칙에 항상 일치하지는 않을 것이다.

남은 7개 장에서
배울 것들

Mastering Elliott Wave

이 책의 초반부에서부터 주된 초점은 적절한 모노파동을 탐색과 모노파동 그룹들을 표준 엘리어트 폴리파동 패턴으로 결합하는 방법들을 차근차근 설명하는 데 맞추어져 있었다. 각 장과 각 장의 제목들은 파동의 구성법칙을 실시간 가격 움직임에 객관적이고 체계적으로 적용할 수 있도록 논리적으로 구성되어 있다. 여러분은 엘리어트 파동이론에 대한 이해의 폭이 넓어질수록 더 큰 파동의 형성을 정확하게 다루기 위해 더욱 정교한 법칙과 기법을 필요로 할 것이다.

책의 나머지 7개의 장에서는 '닐리에 의해 확장된 개념들(The Neely Extensions)'이라고 이름 붙여진 내용을 다룬다. 이렇게 이름 붙인 이유는 여러분이 '확장(extension)'이라는 용어를 충격파동 패턴에서 가장 긴 파동을 의미하는 확장과 혼동하지 않도록 하기 위한 것이다. 여기서 확장이라는 단어는 '파동 패턴을 구성하는 데 있어 반드시 사용해야 할, 필자가 새롭게 개발해낸 필수적인 기법과 개념들'을 나타내기 위해 사용되었다. 다음 7개의 장에 걸쳐 언급되는 내용들이 모두 완전히 새로운 것은 아니다. 기존에 제시되어 많은 사람들이 이미 알고 있는 내용도 적절히 제시되어 있다. 어떤 것들은 이미 사람들이 알고 있는 개념이지만 필자에 의해 대폭 확장되었다. 그러나 이어서 나오는 개념 중 대부분은 완전히 새로운 것들이며 엘리어트 파동 분석의 경험을 쌓을수록 더 큰 도움이 될 것이다. 이 주제에 대해 책, 신문 등에서 정보가 이미 많이 퍼져 있기 때문에, 가끔은 이 책에서 제시된 개념들이 이미 예전에 소개되었을 수도 있다. 만약 그런 내용이 있다면 그것은 필자도 전혀 알 수 없었던 부분이다.

지금부터 다루는 시장 움직임의 분석 개념과 기법들은 점차 더욱 집중적이면서 미묘해진다. 법칙, 관찰, 그리고 검증의 많은 부분들은 현재의 패턴 이전에 시장이 어떤 움직임을 보였는지, 패턴이 완성된 후 이 패턴이 어떤 영향을 미쳤는지 파악할 필요가 있다. 여러분이 폴리파동 및 관련된 법칙을 편안하게 구성할 수 있을 때까지는 제시된 법칙들을 실시간 시장 움직임에 적용하는 연습을 하는 것이 좋을 것이다.

책의 나머지 부분에서 다룰 주요 내용을 간략히 설명하자면, 폴리파동 패턴의 완성과 확인에 관한 논의, 폴리파동을 단순화하고 더 다루기 쉬운 형태로 만들기 위한 파동의 감축, 복잡성 수준에 따른 폴리파동의 등급, 진행기호를 이용해 폴리파동들을 더 큰 파동으로 묶는 법, 표준 엘리어트 패턴 또는 비표준 엘리어트 패턴의 형성, 몇 개의 폴리파동을 통합해 멀티파동 또는 비표준 폴리파동 패턴을 만드는 법 등을 비롯해 더 많은 내용이 담겨 있다. 앞서 5개의 장에서 많은 것들을 배웠다면, 남은 7개의 장에서는 더 많은 것들을 배우게 될 것이다.

6장

엘리어트 파동이론의 논리적 사후 구성법칙

논리적 사후 구성법칙을
적용하는 이유

——————————————————— Mastering Elliott Wave

논리법칙의 결합은 파동 해석의 타당성을 검증하기 위한 중요한 방법이다. 논리법칙은 필자가 수년에 걸쳐 시장 흐름을 면밀히 관찰한 끝에 발전시킨 것이다. 법칙에 의하면 모든 시장 움직임은 그에 선행하는 패턴이 함의하는 바에 따라 특정한 형태를 보이게 된다. 예상했던 움직임이 나타나지 않는다면 여러분의 현재 해석에 결함이 있는 것이다. 때로는 패턴이나 시장의 환경에 따라 예외적으로 설명될 수 있는 것도 있다(9장 '법칙의 예외' 참고). 다시 말하자면 모든 시장의 움직임은 설명 가능해야 하고, 주변의 환경과 논리적으로 결합될 수 있어야 하며, 패턴 형성 이후에 발생하는 움직임은 특정한 조건에 부합해야 한다.

여러분이 실제 차트를 가지고 추적하고 있다면 현 시점에서 논리적 사후 구성법칙을 적용할 필요가 있을 것이다(보다 어려운 법칙들은 10장의 '고급 논리법칙'에서 논의). 충격파동과 조정파동 중 어떤 패턴이 전개되었는지에 따라 어떤 법칙을 적용할지 결정한다. 실제 차트를 분석할 때 다음에서 적절한 소제목이 있다면 참고하고, 그렇지 않다면 쭉 읽으면서 지나가도록 한다.

충격파동

패턴 확인의 2단계

1단계: 2-4 추세선의 이탈

논리법칙을 적용할 첫 번째 지점은 충격 패턴이 끝난 직후다. 2번 파동과 4번 파동의 끝점을 이은 추세선을 그린다. 여러분이 발견한 충격 패턴이 정확한 것인지를 확인하기 위해서는, 충격 패턴 이후의 시장 움직임이 5번 파동이 형성되는 데 소요된 시간 이하의 시간 동안 2-4 추세선을 하향 이탈해야 한다(그림 6-1). 만약 그보다 많은 시간이 소요된다면 5번 파동은 터미널 패턴으로 진행되는 것이거나, 4번 파동이 마감되지 않았거나, 또는 충격 패턴에 대한 해석이 잘못되었다는 것이다.

2단계: 5번 파동 되돌림 수준에 대한 요구사항

다음으로 충격 패턴 중 어떤 파동이 연장되었는지 확인한다. 어떤 파동이 연장되었는지에 따라 가격 움직임은 충격 패턴의 2번 파동 또는 4번 파동의 범위로 정의되는 지지/저항대까지 되돌릴 것이다. 다음 내용은 어떤 충격 패턴의 변형이 발생했는지에 따라 예상되는 최소 및 최대 되돌림 수준을 정리한 것이다.

그림 6-1

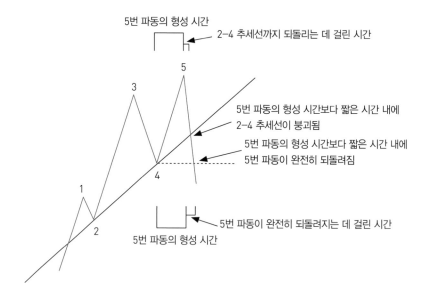

5번 파동의 형성 시간

2-4 추세선까지 되돌리는 데 걸린 시간

5번 파동의 형성 시간보다 짧은 시간 내에
2-4 추세선이 붕괴됨

5번 파동의 형성 시간보다 짧은 시간 내에
5번 파동이 완전히 되돌려짐

5번 파동이 완전히 되돌려지는 데 걸린 시간

5번 파동의 형성 시간

1번 파동의 연장

이러한 충격파동의 변형이 나타난 후에는 이어지는 되돌림 수준은 4번 파동의 종점에 도달해야 한다. 엘리어트는 1번 파동이 연장된 충격파동은 일반적으로 2번 파동의 가격 범위 수준까지 되돌리게 된다고 했다. 이것은 첫 번째 파동이 연장된 충격파동이, 더 큰 충격 패턴의 1번 또는 5번 파동에 해당하는 경우다. 만일 첫 번째 파동이 연장된 충격파동이 3번 파동이라면, 가격 움직임은(조건에 따라 다르지만) 2번 파동의 가격대까지 되돌릴 수 없을 것이다. 만약 시장이 2번 파동의 종점을 넘어서는 수준까지 움직인다면, 전체 충격 패턴이 더 큰 충격 패턴 혹은 조정파동을 마감한 것이다.

3번 파동의 연장

가격 움직임이 4번 파동의 존재하는 가격대 수준까지 되돌려야 하며, 일반적으로 4번 파동의 종료 지점 부근에서 마감될 것이다. 만약 가격이 전체 충격 패턴의 61.8% 이상을 되돌린다면 3번 파동이 연장된 충격 패턴은 보다 높은 수준의 파동을 마감하는 것이다.

5번 파동의 연장

5번 파동이 연장된 이후에 이어지는 조정 패턴은 5번 파동의 최소 61.8% 이상 되돌려야 하지만, 추세가 계속해서 진행되고 있는 상황이라면 5번 파동을 모두 되돌려서는 안 된다. 만약 연장된 5번 파동이 완전히 되돌려졌다면, 그것은 연장된 파동이 보다 큰 추세를 종료시키는 파동임을 나타내는 것이다. 이런 현상은 다음과 같은 경우에 발생할 수 있다.

① 5번 파동이 연장된 충격파동이 5번 파동이 연장된 보다 큰 충격파동의 한 부분(5번 파동)인 경우
② 5번 파동이 연장된 충격파동이 플랫 또는 지그재그의 파동 c인 경우

미달형 5번 파동

미달형 5번 파동은 5번 파동이 4번 파동보다 짧을 때 나타난다. 이런 상황은 추세를 거스르는 방향의 힘이 매우 강하다는 의미다. 만약 파동 그룹에서 5번 파동이 미달형으로 나타났다면, 이어지는 움직임은 전체 충격파동을 완전히 되돌려야 한다. 만약 충격파동이 상승 방향으로 진행되고 있다면 그 충격파동이 완전히 되돌려질 때까지 신고가를 경신하는 일은 없을 것이다. 이와 반대의 경

우에도 마찬가지다.

만약 충격파동 이후의 가격 움직임이 앞에서 제시된 움직임의 조건과 일치하지 않는다면 당신의 파동 해석에 문제가 있는 것이다. 현재 매겨진 진행기호를 바꿀 필요가 있을 수 있다. 아마도 파동에 대한 파악과 구조적인 진행기호 매기는 것을 전체적으로 다시 시도해야 할 수도 있다. 만일 그런 상황이라면 3장으로 되돌아간다.

주의사항이 있다. 만약 시장 움직임이 지금 이 시점까지 충격 패턴이 형성되는 데 필요한 모든 법칙을 다 따르고 있다면, 1가지 요인이 예상대로 진행되지 않았다고 해서 성급히 전체 파동에 대한 해석을 처음부터 다시 할 필요는 없다. 일반적으로 진행기호를 바꾸는 것만으로도 전체 파동에 대한 해석을 제대로 되돌려 놓을 수도 있다. 시장이 2-4 추세선을 이탈한 후에 이러한 법칙을 지키지 않는 가장 흔한 이유는, 실제로 4번 파동이 끝나지 않았기 때문일 수 있다(5장 채널을 설명한 부분에서 4번 파동에 관한 내용을 보고, 전체 파동에 대한 해석을 파괴하지 않으면서 시나리오를 바꾸는 방법에 대해 자세한 설명을 보고 싶다면 554쪽 '부분적인 파동 진행의 변화'를 참고한다).

조정파동

패턴의 확인을 위해 필요한 사항

충격 패턴과 달리, 조정파동에 대한 확인 과정에서는 일련의 특정한 되돌림이 발생했다는 것을 확인할 필요는 없다. 확인 단계의 순서는 조정파동에 있는 파동 a 대비 파동 b의 길이가 긴지 짧은지에 따라 다르다. 복합 조정은 표준 엘리어트 패턴으로 마감되기 때문에, 복합 조정의 마감을 확인하는 것은 복합 조정을 마감하는 표준 조정이 끝났다는 것을 확인하면 된다. 패턴을 완전히 확인하는 것은 두 단계를 걸쳐 이루어진다. 만약 두 단계 모두에 걸쳐 확인이 이루어진다면 차트상의 조정이 진실이라는 것에 의심의 여지가 없다. 만약 검증 단계 중 하나만 충족되었다면 이 패턴은 여전히 올바른 해석일 수 있지만, 그것을 경계신호로 받아들이고 보다 적절한 가능성이 있을지 조사한다. 다음의 내용을 통해 현재 다루고 있는 조정파동이 어떤 범주에 들어가는지 살펴보자.

플랫과 지그재그
파동 b가 파동 a보다 짧은 경우

이러한 상황에서는 파동 a의 시작점과 파동 b의 종료 지점을 연결하는 추세선을 그린다. 첫 번째 단계를 만족시키고 조정이 실제로 일어난다는 것을 확인

그림 6-2

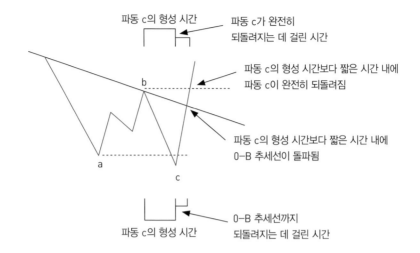

하기 위해서는 조정 이후의 시장 움직임이 0-B 추세선을 파동 c가 형성된 시간 이하의 시간에 걸쳐 돌파해야 한다. 만약 더 많은 시간이 소요된다면 파동 c는 터미널 패턴으로 진행되고 있거나, 파동 c의 4번 파동이 완성되지 않았거나, 또는 여러분이 조정파동에 대한 해석을 잘못 내린 것이다. 만약 첫 번째 단계에 대해 확인이 된다면, 두 번째 단계에서는 파동 c가 자신이 형성된 시간 이하의 기간에 걸쳐 완전히 되돌려지는지 확인해야 한다. 그림 6-2에서 파동 b는 파동 a의 61.8% 비율을 형성하도록 의도적으로 그린 것이다. 이렇게 그린 것은 그림 하나로 플랫과 지그재그를 동시에 확인할 수 있는 방법을 보여주는 것이다.

파동 b가 파동 a보다 긴 경우

이 상황에서는 파동 c가 자신이 형성되는 데 걸린 시간 이하의 시간에 걸쳐 완전히 되돌려져야 첫 번째 단계의 조건이 충족된다. 두 번째 단계는 시장이

그림 6-3

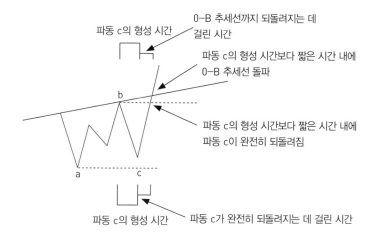

파동 c의 형성 시간

0-B 추세선까지 되돌려지는 데 걸린 시간

파동 c의 형성 시간보다 짧은 시간 내에 0-B 추세선 돌파

파동 c의 형성 시간보다 짧은 시간 내에 파동 c이 완전히 되돌려짐

b

a   c

파동 c의 형성 시간   파동 c가 완전히 되돌려지는 데 걸린 시간

0-B 추세선을 돌파하는 데 파동 c가 형성된 시간 이하의 시간이 걸린다면 조건이 충족된다(그림 6-3). 파동 b가 길수록 두 번째 단계를 확인하는 것이 어려워진다. 따라서 강세조정(Running Correction)이 진행되는 중이거나 매우 큰 파동 b가 형성되는 가운데 나타난 불규칙 미달형 패턴(Irregular Failures)에서는, 두 번째 단계의 시간 요소에 대해서는 좀 더 관대하게 대해도 될 것이다.

삼각형

삼각형 패턴은 크게 확산형과 수렴형으로 나눌 수 있다. 수렴형 삼각형은 삼각형 이후의 시장 움직임을 보면 쉽게 확인할 수 있다. 확산형 삼각형은 그것이 합당한지 여부를 '미확인(non-confirmation)'을 통해 확인할 수 있다. 이것이 무슨 뜻이냐면, 확산형 삼각형의 파동 e가 진행된 후에 시장은 파동 e를 완전히 되돌리지 않거나(이로 인해 B-D추세선을 이탈할 가능성은 완전히 없어진다), 파동 e가 형성된 시간보다 긴 시간에 걸쳐 되돌림이 진행된다는 의미다. 다음에는 수렴형 삼각형을 확인할 수 있는 두 단계에 대한 내용이 기술되어 있다.

1단계

삼각형에서는 0-B 추세선 대신 B-D 추세선이 사용된다. 수렴형 삼각형이 확인되려면, 시장은 B-D 추세선을 파동 e가 형성되는 데 소요된 시간 이하의 시간에 걸쳐 돌파해야 한다.

2단계

삼각형의 파동 e 이후 돌파는 삼각형이 진행되는 동안 형성된 가격의 고점이나 저점을 넘어서야 한다(이 개념은 이미 287쪽에서 논의된 바 있다). 삼각형의 돌파는 파동 e의 종점 이후로부터 삼각형이 형성된 기간의 절반 이하의 시간 동안 마감되어야 한다(무제한 삼각형은 50%의 시간 법칙이 적용되지 않는다).

모든 엘리어트 파동 패턴은 특정 수준의 강세 또는 약세를 의미한다(10장 '고급 논리법칙'의 '패턴의 의미' 절 참고). 패턴이 마감된 이후에 시장은 앞서 발생한 패턴이 의미했던 방향대로 진행되어야 한다. 예를 들어 만약 강세조정이 마감된 직후라면, 그 이후의 움직임은 상승이든 하락이든 매우 폭발적으로 일어나야 하고, 강세조정 이전에 파동이나 파동 그룹의 크기와 같거나 그것의 161.8%보다 크게 나타날 필요가 있다. 강세조정의 그림은 5장의 304~308쪽에 있는 '파동의 실제 모양' 부분을 참조하면 된다.

다른 유형의 패턴을 통해 어떤 움직임이 나타날지 어떻게 알 수 있을까? 복합 조정의 범주와 각 범주에서의 변형은 매우 다양하기 때문에 6장에서 이 주제에 대해 다루는 단순한 논의로는 부족할 것이다. 여러분이 엘리어트 파동이론에 더 숙달되고, 또 다른 새로운 개념을 학습할 준비가 되어 있다면 10장 '고급 논리법칙'을 공부하면 된다.

만일 아직 새로운 내용과 씨름할 준비가 되지 않았다면, 계속해서 이 장과 앞서 장에서 윤곽을 잡은 더 단순한 접근법을 적용하도록 하되, 파동 패턴을 형성함에 있어 항상 논리적인 개념을 마음에 새기도록 해야 한다. 다른 식으로 말하자면 약한 조정 패턴이 강한 움직임 앞에 발생하지 못하게 하고, 강한 조정이 약한 움직임에 선행하게 하면 안 된다는 것이다. 이런 상황은 패턴이 갖고 있는 함의에 모순을 가져오며, 사실상 파동에 대한 해석이 잘못되었다는 것을 확실히 알려주는 것이다. 연습과 면밀한 관찰을 실시한다면 이러한 개념들은 더욱 적용하기 쉬워질 것이다.

7장

엘리어트
파동이론의
결론

집약 과정을
숙지해야 하는 이유

예비 분석 과정에서 중점 고려사항의 절에 나오는 내용까지 모든 분석 과정을 꼼꼼히 따르고 논리적 사후 구성법칙의 효과를 주의 깊게 모니터링했다면, 3장부터 계속 현재 검증하고 있는 파동의 조합이 충격파동의 성격을 가지고 있는지 아니면 조정파동의 성격을 가지고 있는지 알 수 있어야 한다. 또한 어떤 종류의 엘리어트 패턴의 변형이 진행되고 있는지도 비교적 명확해져야 한다. 이러한 검증을 통해 현재 형성되고 있는 파동의 타당성에 한치의 의심도 없어야 할 것이다. 이제 여러분이 타당한 엘리어트 파동을 판별해냈다면, 대부분의 패턴 관리 절차는 이제 다 지나온 셈이다. 다만 몇 가지 추가적으로 숙지할 내용이 있는데, 그것은 다음과 같다.

① 앞으로의 분석 작업을 쉽게 하기 위해서 완성된 패턴을 어떻게 단순화할 것인가?
② 단순화된 패턴의 등급명과 기호는 어떻게 결정할 것인가?

첫 번째 질문에 답하기 위해서는 집약 과정이 사용된다. 집약을 통해 일련의 패턴 구조를 하나의 기본 구조(":3" 또는 ":5")로 단순화할 수 있다. 필자가 개발한 기법인 복잡성 법칙을 사용하면, 기본 구조는 집약된 패턴을 구성하는 내부 파동의 복잡성 정도에 따라서 계층화되어야 한다. 여러분의 분석기술이 향상되어 이 기법을 사용하게 되면, 큰 규모의 파동과 복잡한 형성을 적절히 결합하는 데 큰 도움이 될 것이다. 두 번째 질문에 대해서는 이 장의 뒷부분에 있는 '등급에 대한 추가 설명'을 보면, 여러분이 각각의 집약된 패턴에 대해 적절한 등급명과 기호를 도출해낼 수 있을 것이다.

집약 과정

Mastering Elliott Wave

집약(Compaction)이라는 말은 꼭 필요하지만 아직까지는 정의되지 않은 엘리어트 파동의 분석 과정을 의미하는 용어다. 이것은 모노, 폴리, 멀티 및 매크로 파동을 하나의 충격 또는 조정 구조(":3" 또는 ":5")로 줄이는 기법이다. 이 개념의 역동적인 성격으로 인해 아무리 크거나 작더라도 엘리어트 패턴이 완성되면 하나의 조정파동(:3) 또는 충격파동(:5)이라고 이름을 붙일 수 있다. 이 과정은 마구 얽히고설켜 다루기 어려운 가격 움직임들을 지속적으로 단순화하기 위해 필요하다. 이 기법은 앞서 논의된 모든 판단 기준, 즉 구조, 파동 흐름의 규명, 필수적인 구조법칙 및 조건부 구조법칙, 채널, 피보나치 비율, 논리적 사후 구성 법칙 등을 모두 고려해야만 적용할 수 있다. 일단 모든 기본 법칙과 과정이 지켜졌다면 집약 과정을 실행한다.

다음의 목록은 구조흐름을 기반으로 모든 엘리어트 파동을 축약하는 방법들을 제시한 것이다.

① 5-3-5-3-5 = 추세 충격파동 = ":5"
② 5-3-5 = 지그재그 = ":3"
③ 3-3-5 = 플랫 = ":3"
④ 3-3-3-3-3 = 삼각형 = ":3"
⑤ 3-3-3-3-3 = 터미널 충격파동 = ":5"
⑥ 집약 과정이 진행되기 직전 x파동을 포함하는 모든 패턴은 ":3"으로 줄여 나타낼 수 있다.

올바르게 형성된 엘리어트 패턴이 완결되면, 그 패턴을 형성한 내부 파동의 구조는 각 일련의 패턴 오른쪽 끝에 숫자 하나로 된 기본 구조기호로 집약될 수 있다. 여러분이 집약 과정을 성실하게 연습했다면 보다 크고 더 장기적인 패턴도 더 단기적인 패턴을 분석하는 것과 같은 방법으로, 혹은 훨씬 더 쉽게 결합할 수 있을 것이다. 다음의 사례는 표준적인 파동의 패턴이 하나의 구조기호로 집약되는 과정을 나타낸 것이다(그림 7-1, 그림 7-2).*

---

* 집약 후에는 해당 패턴의 기본 구조를 재평가해야 한다. 3장으로 돌아가서 집약된 패턴을 모노파동인 것처럼 간주하면서 파동 그룹들의 내부 구조를 찾아내는 데 필요한 법칙들을 적용한다. 이런 과정을 통해 확인한 기본 구조가 패턴의 근본 성격(조정파동 또는 충격파동)과 반대되는 성격을 갖는다면 숨겨진 파동이 존재할 수도 있다. 이때는 집약된 패턴 양옆에 있는 2개의 모노파동이나 파동 그룹을 재평가해야 한다. 그 후에 4장으로 이동해 다시 일반적인 분석 과정을 시작한다.
단, 패턴 자신의 시작점을 넘어서는 패턴은 재평가하면 안 된다. 자세한 내용은 219쪽을 참고하라.

그림 7-1

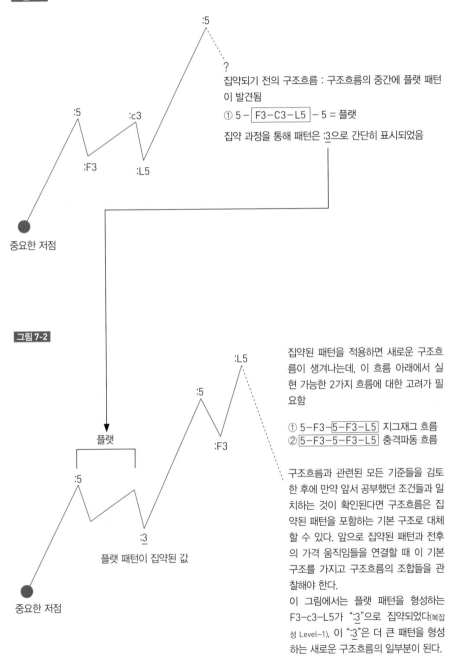

:5

?
집약되기 전의 구조흐름 : 구조흐름의 중간에 플랫 패턴
이 발견됨
① 5 − F3-C3-L5 − 5 = 플랫
집약 과정을 통해 패턴은 :3으로 간단히 표시되었음

:5   :c3

:F3   :L5

중요한 저점

그림 7-2

:L5

집약된 패턴을 적용하면 새로운 구조흐
름이 생겨나는데, 이 흐름 아래에서 실
현 가능한 2가지 흐름에 대한 고려가 필
요함

:5

① 5-F3- 5-F3-L5 지그재그 흐름
② 5-F3-5-F3-L5 충격파동 흐름

플랫
:F3

구조흐름과 관련된 모든 기준들을 검토
한 후에 만약 앞서 공부했던 조건들과 일
치하는 것이 확인된다면 구조흐름은 집
약된 패턴을 포함하는 기본 구조로 대체
할 수 있다. 앞으로 집약된 패턴과 전후
의 가격 움직임들을 연결할 때 이 기본
구조를 가지고 구조흐름의 조합들을 관
찰해야 한다.
이 그림에서는 플랫 패턴을 형성하는
F3-c3-L5가 ":3"으로 집약되었다(복잡
성 Level−1). 이 ":3"은 더 큰 패턴을 형성
하는 새로운 구조흐름의 일부분이 된다.

:5

:3
플랫 패턴이 집약된 값

중요한 저점

재그룹화

집약을 통해 만들어진 파동 그룹의 기본 구조(4장에서 이 내용을 다룬다)는 보다 큰 표준 또는 비표준 구조흐름들을 형성하는 데 사용될 것이다.

예를 들어 보겠다. 그림 7-1에 있는 모노파동 그룹들은 이미 구조기호가 붙어 있다. 제대로 관찰하고 적절히 검증한다면 그림 7-1 안에서 나타나는 플랫 패턴이 타당한 것이라고 판단할 것이므로, 이것을 집약하면 ":3"이라는 기본 구조가 생성된다. 3장의 내용을 적용해 패턴의 기본 구조기호와, 집약 여부에 관계없이 주변 패턴들의 구조기호를 결합하면 보다 큰 패턴이 형성될 수 있다. 새로운 구조흐름을 찾아보기 전에 분석해야 하는 기본 구조기호가 부여된 내부 파동이 최소 5개 이상 존재하는지 확인한다. 그림 7-1에 있는 플랫을 집약하고 나면, 오직 3개의 구조기호만 남게 된다. 따라서 2개의 추가적인 모노파동이 그림 7-2에 추가된다. 그림 7-2에서 파동 그룹의 정점에 있는 ":L5"에서 거꾸로 되짚어가보면, 최근에 발견한 플랫 패턴의 집약된 값만이 새로운 구조흐름의 부분으로 사용되어야 할 것이다.

통합

'통합'이라는 말은 단기 차트상의 집약된 파동 구조를 보다 장기 차트로 이동함으로써, 더 큰 파동들이 느리게 결합하면서 형성되는 것을 나타내는 용어다. 예를 들어 단기 차트상에서 폴리파동이 완성될 때마다 그 패턴과 집약된 구조기호를 조금 더 장기간을 다루는 차트에 표시한다면, 결국 다양한 폴리파동들이 발생할 것이고, 각각의 폴리파동에는 그 고유한 기본 구조가 확인되어 있을 것이다. 이러한 폴리파동을 보다 큰 형태의 파동으로 결합하려면 모노파동에서 설명한 것과 정확히 같은 기법이 사용된다. 다음 장에서 소개될 구조흐름에 대한 복합 폴리파동의 구성, 멀티파동이나 그보다 높은 등급의 파동들 등 몇 가지의 추가적인 가능성만 고려하면 된다.

통합의 개념을 적용할 수 있는 또 다른 방법은 정보들을 크로스체크, 즉 단기 및 장기 차트들 간의 시간 대비 가격 비율 값을 추정함으로써 예상 가격을 일치시키는 작업을 통해 미래의 시장 움직임을 가장 논리적이고 정확하게 평가하는 것이다. 제거 과정과 목표가격대 및 시간 예측의 크로스체크를 진행하면 여러 가지 해석의 가능성을 줄여 1가지로 압축할 수 있다. 최소한 선택지의 수를 감소시키고, 시장의 추세를 따라 매매를 이어갈 수 있을 것이다.

진행기호 다시보기

단기 차트에서 더 긴 기간을 다루는 차트로 구조정보를 옮기는 과정에서 패턴에 붙어 있던 진행기호까지 그대로 옮기면 안 된다. 왜 그럴까? 진행기호는 매우 구체적인 특정 부분에 대해 단기간 사용할 목적으로 붙인 이름이기 때문이다. 진행기호는 여러분이 그룹화해 놓은 인접한 몇 가지 모노, 폴리, 멀티, 매크로파동들을 시장 움직임에 따라 반드시 밀접하게 지켜야 하는 필요한 특성의 목록을 제시함으로써 파동 그룹을 굳히고 타당성 여부를 확인할 수 있게 해준다. 이들은 집약 과정이 진행되는 동안 필수적으로 진행해야 하는 핵심 절차다. 패턴이 필요한 모든 특성을 충족하고 적절히 집약된 후에는, 1, 2, 3, 4, 5 또는 a, b, c와 같이 시장 움직임을 엘리어트 파동 패턴으로 조직화하는 진행기호들은 더 이상 그 패턴에 대해 중요한 역할을 하지 않는다. 이제는 :3 또는 :5의 기본 구조가 가장 중요한 고려대상이 된다. 보다 큰 복합 폴리파동이나 멀티파동의 패턴 형성을 정확하게 파악하는 데는 기본 구조가 가장 중요한 지침이 되기 때문이다.

복잡성 법칙

Mastering Elliott Wave

필자가 개발해낸 또 다른 분석 기법인 복잡성 법칙은 패턴 내에 있는 하위 부분들을 분류하는 기준이 된다. 이것은 큰 규모의 패턴을 결합하고, 각 부분의 상대 등급의 명칭을 결정하는 데 도움을 준다. 패턴이 커지고 형성하는 데 시간이 오래 걸릴수록, 어떤 패턴이 다른 패턴과 결합해 더 큰 패턴을 형성하는지 알기 어렵다. 기본적으로 모든 분석은 모노파동이 폴리파동으로 결합되고, 폴리파동이 멀티파동으로 결합되는 등의 과정을 통해 이루어진다. 하지만 분석이 진행됨에 따라 집약 이전이나 이후에, 육안으로 보이는 패턴이든 구조적인 패턴이든 각 패턴의 복잡성 등급을 계속해서 추적해 나가지 않는다면 여러분은 파동 매김을 관리하기 점점 더 어려워질 것이다.

처음 엘리어트 파동이론을 배우기 시작할 때 복잡성은 그리 중요하지 않은 개념이고 반드시 이해해야 하는 것은 아니지만, 실제 차트를 그리고 장기 파동 패턴을 추적하게 되면 복잡성의 개념이 점차 더 중요해진다. 복잡성을 규명하는 것은 동일 등급의 큰 규모 패턴을 찾아내는 데 중요한 역할을 한다. 일반적으로 동일하거나 바로 한 단계 위 또는 아래의 복잡성 단계를 가진 패턴들만 같은 등급으로 고려할 수 있다(등급에 대한 자세한 내용은 이 장의 후반부 참고).

시장이 진행되는 초기 단계에서는 패턴의 복잡성 단계를 비교적 확인하기 쉽다. 가격이 움직이는 과정에서 하위 파동의 개수로 직접 파악할 수 있기 때문이다. 하나의 모노파동의 복잡성 단계는 Level-0이다(그림 7-3). 3개 또는 5개의 모노파동을 폴리파동으로 결합하면 기본 복잡성 단계에서 복잡성 단계 Level-1의 패턴으로 패턴이 발전한다(그림 7-5a). Level-2는 폴리파동 내의 추세 패턴 중 하나가 명확히 더 작은 충격파동으로 나뉘는 것으로, 이렇게 되면 폴리파동은 멀티파동으로 전환된다.

복잡성 단계 'Level-3' 이상의 패턴은 그렇게 명확하게 포착되지 않는다. 더

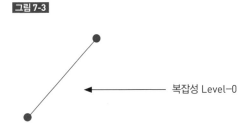

그림 7-3

복잡성 Level-0

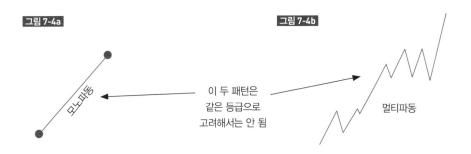

그림 7-4a

모노파동

그림 7-4b

이 두 패턴은
같은 등급으로
고려해서는 안 됨

멀티파동

큰 패턴의 복잡성 단계는 거의 전적으로 패턴 내에 있는 더 작은 충격파동의 복잡성에 달려 있기 때문이다. '복잡성 단계 파악' 기법을 사용하면 여러분은 가격과 시간이 연장된 패턴을 결합하고자 할 때 지속적으로 시장을 추적할 수 있을 것이다. 예를 들면 그림 7-4a의 직선이 그림 7-4b와 같은 복잡성 단계일 것이라고는 생각할 수 없을 것이다. 물론 이것은 아주 명확하게 확인 가능한 사례다. 그러나 어떤 패턴이 몇 개월 또는 몇 년에 걸쳐 나타날 때는 이어서 설명할 기법들을 실행하지 않는다면 복잡성 단계를 발견하기 매우 어렵다. 복잡성 단계가 다양한 시장 움직임 속에서 어떻게 결정되는지 앞으로 몇 쪽에 걸쳐 설명할 것이다.

모노파동 ────────────────────────────

모노파동의 복잡성 단계는 결정하기 쉽다. 육안으로 확인되는 하위 파동이 존재하지 않는다면, 모노파동의 복잡성 단계는 항상 Level-0이다. 복잡성 단계를 평가하는 과정에서 모노파동들을 결합하게 되면 일단 모든 모노파동에 "0"이라는 숫자를 써 둔다.

폴리파동 ────────────────────────────

하위 파동을 육안으로 확인할 수 있고, 모든 적용 가능한 법칙을 따르는 엘리어트 패턴이 완성될 때 복잡성 단계는 자동으로 Level-1 이상이 된다. 다시 말해 모노파동보다 복잡성 단계가 높다는 것은 복잡성 등급이 Level-1 이상이라는 의미다. 어떤 패턴의 복잡성 단계는 구조기호 아래에 표시되는 밑줄의 존재 여부와 개수를 통해 파악할 수 있다. 즉 밑줄의 수가 많을수록 복잡성 등급이 높다는 뜻이 된다. 밑줄이 없으면 Level-0이라는 뜻이고, 밑줄이 1개라면 Level-1, 2개라면 Level-2가 되는 식이다.

하나의 단순 폴리파동은 3개 또는 5개의 모노파동만으로 구성된다. 그림 7-5a에서는 전형적으로 엘리어트 파동의 지침에 일치하는 2개의 단순 폴리파동이 그려져 있다. 두 패턴 모두 하위 파동으로 나뉘어질 수 있기 때문에 이들에는 즉각 Level-1의 복잡성 단계가 부여된다. 패턴의 복잡성 단계가 더 높은

그림 7-5a

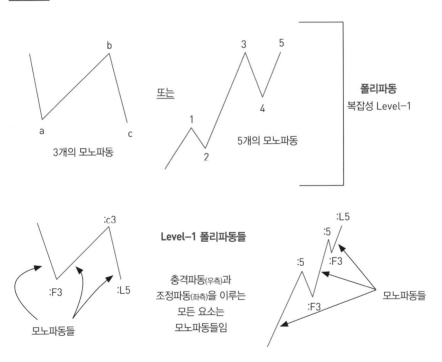

사실상 파동들이 육안으로 구분되기 때문에 위에 있는 두 패턴 모두 자동으로 복잡성 단계는 Level-1 이상이 된다.

지 어떤지 확인하기 위해서는 해당 움직임의 내부 충격파동을 조사해 가장 높은 복잡성 단계를 보이는 하위 파동을 골라내면 된다. 그림 7-5a에서는 모든 충격파동(:5)이 모노파동이다. 모노파동의 복잡성 단계는 앞에서 말한 바와 같이 Level-0이다. 이 값을 Level-1으로 가정된 복잡성 단계에 더한다. 그러면

그림 7-5b

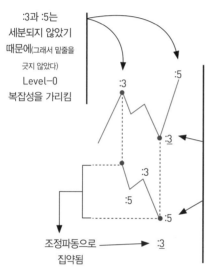

:3과 :5는
세분되지 않았기
때문에(그래서 밑줄을
긋지 않았다)
Level-0
복잡성을 가리킴

조정파동으로
집약됨

복합 조정 폴리파동

여기에서 ":3"에 밑줄을 그은 이유는 이 파동이 세 부분으로 다시 나눠지기 때문이다. 이 파동은 어떠한 부분도 추가로 나뉘어지는 충격 패턴을 포함하지 않기 때문에 복잡성 단계는 Level-1을 넘을 수 없다.

세분된 조정파동은 더 큰 패턴의 복잡성을 높이지 않는다. 패턴의 복잡성 단계가 높아지려면 세분된 ":5"가 필요하다. 만약 패턴이 충격파동을 포함하고 있다면, 충격 패턴 중 가장 높은 복잡성 단계를 자동으로 부여된 Level-1에 더해주면 된다.

왼쪽 그림은 충격 패턴을 포함하고 있으며, 그 세부파동의 복잡성 단계는 Level-0을 나타내고 있기 때문에 자동으로 부여된 복잡성 단계인 Level-1에 Level-0이 더해져 결과는 여전히 Level-1이 된다.

복합충격 폴리파동

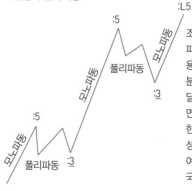

모노파동
폴리파동
:5
:3
폴리파동
:5
모노파동
:L5
:5 = 전체 진행 과정이 집약된 값
모노파동
:3
폴리파동

조정파동에서 복잡성 단계를 찾아내기 위한 규칙은 2번 또는 4번 파동 위치에 폴리파동을 갖고 있는 충격파동 패턴에 동일하게 적용된다. 여기서 조정파동 둘 다 Level-1이지만 충격파동들이 세분되지는 않는다는 점에 주목해야 한다. 올바른 복잡성 단계에 도달하기 위해서는 즉시 Level-1을 가정할 필요가 있는데, 왜냐하면 패턴의 세분화를 육안으로 확인 가능하기 때문이다. 가장 복잡한 부분의 충격파동을 확인하면 여기서는 모든 충격파동이 복잡성 Level-0을 가진다는 사실을 알 수 있다. 이 값을 자동으로 부여되는 복잡성 단계인 Level-1에 더해도 다시금 전체 파동은 결국 Level-1이라는 사실에 도달할 것이다.

최종적으로 그림 7-5a의 두 패턴 모두 복잡성 단계는 Level-1이라는 결론이 도출될 것이다.

헛갈리지 않기 위해서는 몇 가지 추가 사례를 볼 필요가 있다. 그림 7-5b에서 두 패턴 모두 복잡성 단계는 Level-1이다. 각 패턴 내의 조정파동들은 더 세부적으로 나누어지지만(플랫의 파동 b, 충격파동의 2번, 4번 파동), 이들 패턴 내부의 충격파동이 갖는 복잡성 단계는 여전히 Level-0이다. 이것은 전체 움직임의 복잡성 단계가 여전히 Level-1을 유지한다는 것을 의미한다.

멀티파동

모든 멀티파동은 복잡성 단계가 Level-2인 패턴이다. 폴리파동과 멀티파동의 가장 큰 차이는 무엇일까? 멀티파동에서는 ":5"로 표시된 5개의 파동 내에 포함된 파동 중 하나 이상(보통은 하나다)의 충격파동이 폴리파동으로 구성된다는 점이다(그림 7-6a). 아주 드물게 특별한 상황에서 둘 이상의 폴리 충격파동이 멀티파동 내에서 나타날 수 있다. 조정 멀티파동의 모양은 그림 7-6b과 같다.

그림 7-6c는 패턴의 복잡성 단계를 결정하는 방법에 관한 것이다. 먼저 패턴에 내부 파동이 존재하는지 관찰한다. 만약 존재한다면 자동으로 복잡성 단계는 최소 Level-1이 된다. 다음으로 각 내부 충격파동을 조사하고 각 충격파동의 복잡성 단계를 기록한다. 동일한 등급의 충격파동 3개 중에서 가장 복잡성 단계가 높은 충격파동을 선택한다. 이 패턴에서 가장 복잡성이 높은 부분은 가운데 전개 부분에 있는 3번 파동으로, 복잡성 단계는 Level-1이다. 자동으로 부여된 Level-1에 '1'을 더해서, 전체 파동의 복잡성 단계는 Level-2가 된다. 이것이 그림 7-6c에 나타나 있는 복잡성 단계다. 그림 7-6d는 조정 멀티파동

에 대한 복잡성 판단 과정을 보여주고 있다.

그림 7-6e는 복합 멀티파동의 복잡성 단계를 도출하는 방법을 설명한 것이 으로 자세히 살펴보아야 한다. 이 그림은 보기보다는 복잡성의 등급이 낮기 때문에 여러분은 헷갈리면 안 된다.

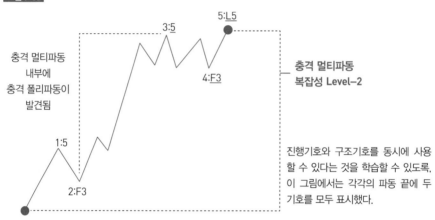

그림 7-6a

충격 멀티파동 내부에 충격 폴리파동이 발견됨

3:5

5:L5

4:F3

1:5

2:F3

충격 멀티파동 복잡성 Level-2

진행기호와 구조기호를 동시에 사용할 수 있다는 것을 학습할 수 있도록, 이 그림에서는 각각의 파동 끝에 두 기호를 모두 표시했다.

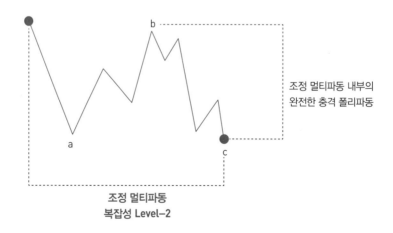

그림 7-6b

b

a

c

조정 멀티파동 내부의 완전한 충격 폴리파동

조정 멀티파동 복잡성 Level-2

그림 7-6c

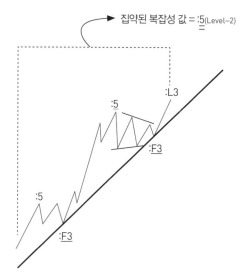

집약된 복잡성 값 = :5(Level-2)

:5

:L3

:F3

:5

:F3

조정파동의 복잡성 단계를 결정하는 원리는 충격파동에도 동일하게 적용된다. 그림에서 육안으로 확인 가능한 세분 파동들을 보면 다시금 이 패턴의 복잡성 단계는 최소 Level-1이 된다는 것을 알 수 있다. 각각 개별 내부 충격파동들의 복잡성 단계를 보면, 가장 높은 복잡성 단계를 가진 충격파동은 3번 파동("·5")이다. 이 Level-1 패턴이 자동으로 부여된 복잡성 단계인 Level-1에 더해져, 결과적으로 전체 집약된 패턴의 복잡성 단계는 Level-2가 된다.

그림 7-6d

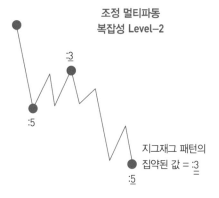

조정 멀티파동
복잡성 Level-2

:3

:5

지그재그 패턴의
집약된 값 = :3

:5

일단 패턴이 세부 파동들로 나눠져 있기 때문에 최소한 Level-1의 복잡성 등급으로 추정할 수 있다. 다음으로 두 번째 추세인 패턴이 가장 높은 등급을 가진 충격파동 패턴인 것을 알 수 있다. 마지막 충격파동의 복잡성이 Level-1이므로 이것을 자동으로 부여된 Level-1에 더하면 결론적으로 지그재그 패턴의 복잡성은 Level-2가 된다(밑줄을 그은 것은 등급의 복잡성을 추가적으로 표시한 것이다).

그림 7-6e

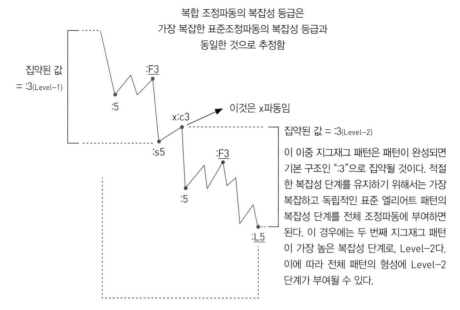

복합 조정 멀티파동

복합 조정파동의 복잡성 등급은
가장 복잡한 표준조정파동의 복잡성 등급과
동일한 것으로 추정함

집약된 값
= :3(Level-1)

:F3

:5

이것은 x파동임

x:c3

집약된 값 = :3(Level-2)

:s5

:F3

:5

:L5

이 이중 지그재그 패턴은 패턴이 완성되면
기본 구조인 ":3"으로 집약될 것이다. 적절
한 복잡성 단계를 유지하기 위해서는 가장
복잡하고 독립적인 표준 엘리어트 패턴의
복잡성 단계를 전체 조정파동에 부여하면
된다. 이 경우에는 두 번째 지그재그 패턴
이 가장 높은 복잡성 단계로, Level-2다.
이에 따라 전체 패턴의 형성에 Level-2
단계가 부여될 수 있다.

전체 패턴의 형성은 가장 복잡한 표준 엘리어트 패턴이 가지는 복잡성 단계로 집
약될 수 있다. 두 번째 지그재그 패턴은 가장 복잡한 표준 패턴이고, 이 지그재그
조정 패턴의 복잡성 등급인 Level-2가 보다 큰 전체 복합 조정의 등급이 된다.

매크로파동

매크로파동(Macrowave)은 앞서 논의한 3개의 복잡성 단계 개념에 비해 정확
성이 떨어지는 표현이다. 시간이 흐르면서 패턴은 점점 더 복잡해진다. 그러면
서 시각적으로 하나의 복잡성 단계를 다른 것과 구별하기 어려워지는 불확실한
지점이 발생한다. 그러므로 계속 복잡성 단계가 높아진다고 해서 파동에 계속
새로운 이름을 붙일 필요는 없다. 따라서 매크로파동이라는 용어는 멀티파동

단계를 넘어서는 모든 파동을 나타내는 데 사용할 것이다.

매크로파동의 범주에 들어가는 패턴을 형성하기 위한 최소한의 조건은 이 파동에 최소한 1개 이상의 멀티파동과 1개 이상의 폴리파동을 포함해야 한다는 것이다(일반적으로는 2개의 폴리파동이 포함됨, 그림 7-7). 그림 7-7에서 복잡성 단계를 도출하는 과정에서는 우선적으로 '자동성의 법칙(automatic rule)'을 사용한다. 내부 파동이 육안으로 식별 가능하기 때문에 일단 그 패턴은 최소 Level-1

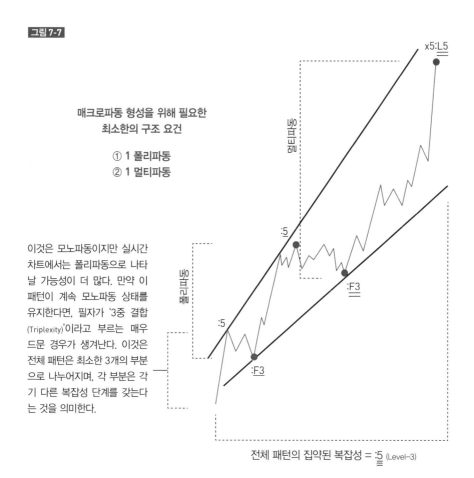

그림 7-7

매크로파동 형성을 위해 필요한
최소한의 구조 요건

① 1 폴리파동
② 1 멀티파동

이것은 모노파동이지만 실시간 차트에서는 폴리파동으로 나타날 가능성이 더 많다. 만약 이 패턴이 계속 모노파동 상태를 유지한다면, 필자가 '3중 결합(Triplexity)'이라고 부르는 매우 드문 경우가 생겨난다. 이것은 전체 패턴은 최소한 3개의 부분으로 나누어지며, 각 부분은 각기 다른 복잡성 단계를 갖는다는 것을 의미한다.

멀티파동

폴리파동

x5:L5

:5

:F3

:5

:F3

전체 패턴의 집약된 복잡성 = :5 (Level-3)

이상의 복잡성을 갖는 것으로 간주된다. 그리고 매크로파동 내부에 있는 동급의 충격파동들을 조사한다. 그중 가장 높은 복잡성 등급의 충격파동을 찾고, 그 내부 파동에 자동성의 법칙을 적용해 일단 Level-1의 복잡성 등급을 부여한다. 이 사례에서는 마지막 충격파동이 Level-2의 등급을 가진 패턴이다. 다시 자동으로 부여된 Level-1에 Level-2를 더하면 결국 Level-3이 된다. 이것이 매크로파동의 최소한의 구조이기 때문에 모든 매크로파동은 Level-3 이상의 복잡성을 갖게 된다.

등급에 대한 추가 설명

Mastering Elliott Wave

만약 다른 기술적 분석가들에게 금융이나 농산품 등의 시장의 등급을 어떻게 정의하는지 물어보면 대부분은 단기(short term), 중기(intermediate term), 장기(long term) 등의 모호한 표현을 사용할 것이다. 그들은 각각의 등급이 형성되는 데 소요된 시간을, 그것도 그들의 시각을 기준으로 해서 모호하게 제시할 것이다. 어떤 사람에게는 긴 시간이라고 인식되는 시간이 보다 인내심이 강한 다른 사람에게는 짧은 시간으로 인식될 수도 있다. 이처럼 등급을 일반적으로 설명하면 열정적인 기술적 분석가나 진지한 학생들에게는 많은 해소되지 않은 의문점을 남기게 된다.

정확한 전망을 하고 싶다면 시장 움직임의 모든 측면을 파악하는 정확한 법칙이 필요하다. 서로 다른 등급 단계를 평가하는 구체적인 기준을 가지고 있다면, 시장에 대한 논의를 할 때 다른 사람들과 동일한 시점에서 발생할 수 있는 다양한 유형의 가격 움직임에 대해 이야기하는 데 도움이 된다. 패턴의 상대적인 등급에 대한 지식은 다양한 법칙을 올바르게 적용하고, 단기 차트에서 얻은 정보를 중장기 차트와 결합하고, 완결된 패턴을 집약해 ":3"나 ":5"의 기본 구조로 정리하는 데 필수적이다.

지금까지는 독자 여러분에게 혼란을 주지 않으려고 등급에 대해서는 의도적으로 가볍게 다루었다. 등급에 대해 적절하게 이해하기 위해서는 엘리어트 파동이론의 보다 구체적인 개념에 대한 충분한 이해가 뒷받침되어야 한다. 등급이라는 개념은 단기, 중기, 장기 차트를 결합하는 과정에서는 중요하지만 모노파동을 해석하고 결합해서 폴리파동을 구성하는 방법을 학습하는 데는 중요하지 않다.

등급에 따른 명칭

몇 개의 모노, 폴리, 멀티, 매크로파동을 결합해 더 큰 충격파동이나 조정파동을 형성하는 과정에서 등급은 반드시 고려되어야 하는 개념이다. 이런 과정을 현실에 적용시키면서 하위 파동들이 그룹으로 결합한 상위 파동이 만들어지고, 이 파동에 더 높은 등급의 이름을 붙일 수 있다. 다시 말해 5개 또는 3개의 세부 파동이 결합되어 하나의 크고 타당한 엘리어트 패턴이 되면, 더 높은 등급의 패턴이 생성되는 것이다. 따라서 패턴 내에 어떤 육안으로 확인 가능한 내부 파동이 있다면 항상 전체 패턴보다 최소 한 단위 이상 낮은 등급의 패턴이 존재하는 것이다.

여러분이 차트상 특정한 움직임에 대해 최종적으로 이름을 붙여야 등급이라는 개념은 자리를 잡을 수 있다. 특정한 움직임에 대해 어떤 이름을 붙일지는 기본적으로 여러분에게 달려 있지만, 이미 이전에 원래의 모노파동에 해당하는, 첫 번째로 나오는 가장 작은 시간 단위에 해당하는 등급에 대해서 서브미뉴에트(Sub-Minuette)라는 등급 명칭이 사용되어왔다. 일단 한 부분에 대해 명칭을 붙이면 다른 모든 패턴과 비교할 수 있는 준거의 틀은 갖춰진 셈이다.

다음 표는 다양한 등급의 파동을 나타내는 명칭과 기호들이 시간 순서대로 표시되어 있다. 여기에 제시된 명칭들은 엘리어트가 원래 고안한 것에 필자가 2개를 추가해 수정한 것이다.

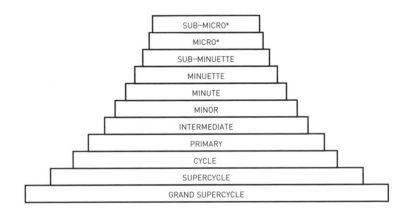

• 별표(*)는 엘리어트의 저서에 나온 명칭에 필자가 2개를 추가해 수정한 것임

이 표는 위에서 아래로 진행되면서 가장 낮은 등급부터 높은 등급의 순서대로 등급의 이름이 적혀 있다. 위에서 시작해서 아래로 갈수록 사각형이 커지고,

사각형이 클수록 더 높은 등급의 파동임을 나타낸다. 사각형을 피라미드형으로 쌓아서 표현한 것은 각각의 작은 등급이 다음 등급의 토대가 된다는 것을 시각적으로 보여주기 위해서다.

표의 제일 윗부분에 추가된 2개의 등급은 언제 필요할까? 패턴을 형성하는 시간 단위가 길어지거나 짧아지면서 패턴의 복잡성도 증가하거나 축소된다. 원래 차트에서 모노파동에 사용되었던 서브미뉴에트 등급은 시간이 경과하면서 결과적으로 더 높은 복잡성 단계를 가진 파동을 지칭하는 표현이 될 수도 있다. 이전에 모노파동을 나타낼 때만 사용되었던 서브미뉴에트라는 명칭은 나중에는 폴리파동을 지칭하는 단어가 될 수도 있다. 이런 현상은 특정 등급의 파동 형성이 완성되는 데 걸리는 시간을 늘릴 때 발생한다. 서브미뉴에트 패턴의 내부 파동에 대한 이름을 붙이기 위해서는 더 낮은 등급을 가리키는 명칭이 필요하다. 이럴 때 각각의 부분에 대해 마이크로(Micro) 기호를 사용할 수 있다. 만약 마이크로 파동이 나눠진다면 서브마이크로(Sub-Micro)라는 명칭과 기호를 사용한다.

등급의 기호화

등급기호는 진행기호(패턴의 위치를 나타냄)와 등급의 이름(상대적인 관점에서 패턴의 시간과 가격 변수를 대략적으로 표시하고 한 단계 높은 등급과 한 단계 낮은 패턴의 파동에 대한 상대적인 복잡성 등급을 나타내는 등급 명칭)을 모두 가리킨다.

그림 7-8은 342쪽의 표에 있는 모든 등급 명칭을 다시 한번 반복해 나열한 것이다. 이번에는 각각의 진행기호들이 어떤 등급 명칭을 나타내는 것인지 보여주기 위해 진행기호 표시를 추가했다. 그림 7-8에 있는 기호들은 엘리어트가

그림 7-8

	SYMBOLS			
	Impulsive		Corrective	
GSC - Grand Supercycle	i	- v	a -	c
SC - Supercycle	[1]	- [5]	[A] -	[C]
C - Cycle	[i]	- [v]	[a] -	[c]
P - Primary	①	- ⑤	Ⓐ -	Ⓒ
In - Intermediate	ⓘ	- ⓥ	ⓐ -	ⓒ
Mnr - Minor	(1)	- (5)	(A)	(C)
Mnt - Minute	(i)	- (v)	(a)	(c)
Mnut - Minuette	1	- 5	A -	C
SM - Sub-Minuette	i	- v	a -	c
Mc - Micro	.1	- .5	.A -	.C
SMc - Sub-Micro	.i	- .v	.a -	.c

원래 사용했던 것과 똑같지는 않다. 기억하기 쉽게끔 논리직으로 기호를 붙이는 시스템은 필자가 고안한 것이다.

복습

　2개 이상의 패턴이 결합될 수 있으려면 반드시 두 패턴의 등급이 같아야 한다. 엘리어트 패턴이 결합될 때는 언제나 자동으로 패턴 내의 하위 파동들이 같은 등급이라는 것을 의미하게 된다(단, 복잡성의 단계는 반드시 같지 않아도 된다). 2개의 파동이 같은 등급이 되기 위해서는 가격이나 형성 기간에 있어 유사성이 있어야만 한다(4장에 있는 '유사성과 균형의 법칙' 참고). 이상적으로는 같은 등급의 파동에서는 시간과 가격의 유사성이 나타나야 한다. 현실적으로는 같은 등급의 파동이 가격상으로 유사하지 않을 경우 앞서 같은 등급의 움직임과 거의 같거나 더 긴 시간에 걸쳐 형성됨으로써 가격의 불일치를 만회할 것이다. 만약 시간이 '유사성과 균형의 법칙'에서 제시한 합리적인 등급의 범위를 벗어난다면, 가격이 앞서의 파동과 거의 같거나 크게 되어 부족함을 메워야 할 것이다. 만약 어떤 파동에 소요되는 시간과 가격이 모두 인접한 파동의 상대적 범위를 벗어난다면, 이들 두 파동은 같은 등급에 속하지 않는다는 것이 거의 확실하다.

같은 등급의 파동을 파악하는 다른 방법은 복잡성 단계를 보는 것이다. 같은 등급으로 간주되는 패턴들은 같은 복잡성 단계를 갖거나 아래위로 한 단계만 차이 나는 복잡성을 가져야 한다.* 이 개념은 학습하고 있는 패턴의 복잡성 단계가 두 번째나 세 번째 단계를 넘어설 경우 매우 유용하다. 이를 통해 패턴 간의 적절한 관계를 유지하고 패턴을 잘못 결합하지 않도록 도움을 받을 수 있을 것이다.

파동에 등급기호를 부여하려면 가장 작은 차트의 모노파동에 서브미뉴에트라는 명칭을 사용하는 것이 바람직하다. 집약을 다룬 부분으로 이동해보면, 집약된 패턴의 등급은 집약 이전의 패턴에서 사용된 가장 높은 등급기호보다 한 단계 더 높은 등급이 될 것이다. 이것은 패턴을 집약할 때마다 적용된다. 예를 들면 여러분이 다루었거나 지금 다루고 있는 첫 번째 파동 그룹은 3개 또는 5개의 서브미뉴에트 모노파동으로 구성되었을 것이다. 그 그룹이 하나의 구조기호로 집약되었을 때, 그 패턴은 전체적으로 미뉴에트 등급으로 한 등급 상승해야 한다.

---

* 이에 대해 '삼중 조합조정'의 중심 부분과 그 패턴을 둘러싼 1개 또는 2개의 x파동에서 극히 예외적인 경우가 발생할 수도 있다.

파동이란 무엇인가?
- 다시 보기

이 책의 첫 부분에서 파동이라는 말은 철저하게 모노파동이라는 관점에서 기술했다. 7장에 와서 모노, 폴리, 멀티, 매크로파동 등 모든 등급의 패턴을 포괄하는 '파동'에 대한 일반적인 개념을 설명하자면 다음과 같다.

✔️ 파동이란 같은 등급에 있는 2개의 인접한 진행기호 간의 거리를 의미한다.

예를 들면 진행기호 1과 2, 또는 A와 B 사이의 움직임이 파동이다. 이것은 이전에 제시한 모노파동의 정의에서 시장이 가격의 방향을 한 번 바꾸고 다음 바꾸는 순간 사이의 움직임에 엄격하게 한정된 것으로 설명한 것과 사뭇 다른 내용이다. 이제 여러분은 파동에 대한 일반적인 개념을 알게 되었을 것이므로, 이전에는 파동에 대한 일반적인 정의를 제시할 수 없었던 이유를 명확히 알 수 있을 것이다.

엘리어트 파동 분석에 대한
닐리 방법론의 순서도

 348쪽은 엘리어트 파동 분석을 위한 닐리의 방법론을 나타낸 완전한 순서도
다. 이 책의 7장까지 모두 읽었다면 분석을 위해 필요한 모든 중요한 과정을 살
펴본 것이며, 각 순서들은 순서도에 명확하게 설명되어 있다. 8~12장까지는
각각의 엘리어트 패턴을 정확히 설계하고 검증하기 위해 기술된 것으로, 분석
의 일반적인 각 단계를 설명하기 위한 것은 아니다. 이 순서도는 엘리어트와
닐리의 개념을 정확하게 이해하고 가격 움직임에 적용하는 데 여러분의 이해
를 크게 높일 것이다. 1~7장까지의 내용에 익숙해진 후에 닐리의 방법론 순서
도를 잘 따른다면 엘리어트 파동이론상의 패턴을 정확하게 편집할 수 있게 될
것이다.

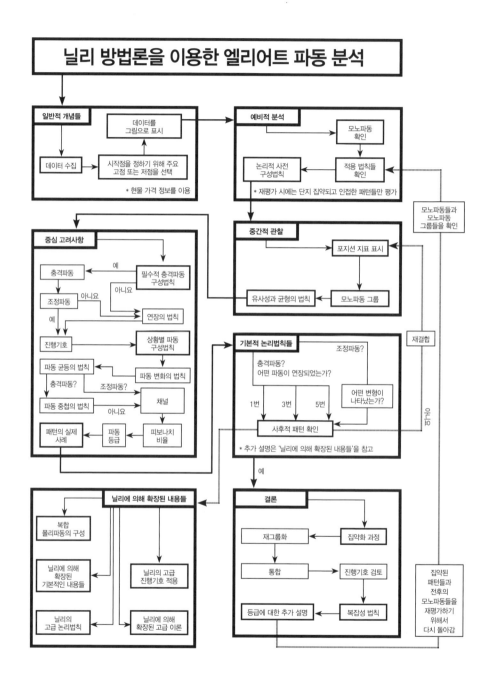

닐리 방법론을 이용한 엘리어트 파동 분석

일반적 개념들

데이터 수집 → 데이터를 그림으로 표시

시작점을 정하기 위해 주요 고점 또는 저점을 선택

* 현물 가격 정보를 이용

예비적 분석

모노파동 확인

논리적 사전 구성법칙 ← 적용 법칙들 확인

* 재평가 시에는 단지 집약되고 인접한 패턴들만 평가

모노파동들과 모노파동 그룹들을 확인

중심 고려사항

충격파동 ← 예 → 필수적 충격파동 구성법칙

조정파동 → 아니요 / 아니요 → 연장의 법칙

진행기호 → 상황별 파동 구성법칙

파동 균등의 법칙 ← 파동 변화의 법칙

충격파동? / 조정파동? → 채널

파동 중첩의 법칙 → 아니요 → 피보나치 비율

패턴의 실제 사례 ← 파동 등급

중간적 관찰

포지션 지표 표시

유사성과 균형의 법칙 ← 모노파동 그룹

기본적 논리법칙들

조정파동?

충격파동? 어떤 파동이 연장되었는가?

어떤 변형이 나타났는가?

1번 / 3번 / 5번 → 사후적 패턴 확인

* 추가 설명은 '닐리에 의해 확장된 내용들'을 참고

재결합

계속하여

집약된 패턴들과 전후의 모노파동들을 재평가하기 위해서 다시 돌아감

닐리에 의해 확장된 내용들

복합 폴리파동의 구성

닐리에 의해 확장된 기본적인 내용들 ← 닐리의 고급 진행기호 적용

닐리의 고급 논리법칙 ← 닐리에 의해 확장된 고급 이론

결론

재그룹화 ← 집약화 과정

통합 → 진행기호 검토

등급에 대한 추가 설명 ← 복잡성 법칙

예

8장

복합 폴리파동 및
멀티파동 등의
구성

복합 폴리파동의 구성

시장이 향후 진행될 수 있는 가능성에 대한 시야를 넓히기 위해서 하나 또는 그 이상의 폴리파동 패턴을 실시간 차트에서 확인하고 나면, 폴리파동 그룹을 결합해 복합 폴리파동을 생성하거나 모노파동과 폴리파동의 조합을 통해 멀티파동을 구성할 필요가 있다.

복합 폴리파동은 2개의 범주로 나눠진다. 첫 번째 범주는 표준형(Standard Type)으로, 가장 큰 내부 파동이 조정 폴리파동인 경우의 충격 패턴이나 조정 패턴이다. 충격 폴리파동의 경우는 앞의 조건에 해당하지 않는데, 충격 폴리파동을 포함하는 패턴은 멀티파동 또는 그 이상의 파동이 되기 때문이다.

복합 폴리파동의 다른 범주는 비표준형(Non-Standard type)이다. 비표준형 패턴이 형성되기 위해서는 특별한 법칙을 따라야 하고, 특정한 환경이 존재해야 한다. 비표준형 패턴은 몇 개의 폴리파동 또는 그보다 높은 등급의 파동을 결합해야만 형성될 수 있다. 집약되지 않은 모노파동들을 결합한 것만으로는 비표준형 패턴은 형성될 수 없다.

표준형

표준 충격 또는 조정 폴리파동은 일반적으로 인접한 3개 또는 5개의 모노파동만으로는 구성될 수 없다. 보통 폴리파동에 있는 조정파동(절대 충격파동이면 안 된다) 중 하나는 그 자체가 폴리파동이어야 한다(355쪽의 그림 8-1). 이렇게 되면 2번 파동과 4번 파동과 같이 충격파동의 앞뒤로 연결된 2개의 조정파동 또는 파동 a와 파동 b처럼 조정 패턴 내부에 인접한 2개의 파동 간의 파동 변화의 법칙을 쉽게 확인할 수 있다.

폴리파동이 1개 이상의 조정 폴리파동들을 포함하고 있으면 복합 폴리파동(Complex Polywave)이라고 한다. 패턴이 복합 폴리파동 상태를 유지하기 위해서는 구조기호가 ":5"인 파동들 중에 하위 파동이 없어야 한다. 만약 패턴에서 하나 이상의 ":5"가 폴리파동으로 나뉘어지면 그 패턴은 멀티파동으로 간주되어야 한다(369쪽 '멀티파동의 구성' 참고).

폴리파동이 엄격히 모노파동의 조합으로만 만들어졌든지 또는 1~2개의 조정 폴리파동을 포함하고 구성되었든지 간에 5장에서 다루어진 모든 파동 구성 법칙이 똑같이 적용되어야 한다.

비표준형

비표준형 패턴은 모노파동이나 폴리 조정파동으로 분할되는 최소 2개 이상의 폴리파동 패턴(집약된 기본 구조는 ":3"이다)이 존재하는 경우에만 성립될 수 있다. 이러한 기본 구조기호들을 활용하는 방법은 4장에서 모노파동을 결합하는 것과 같으므로, 그 논리대로 적용하면 인접한 파동들을 결합해 적절한 파동 그룹을 만드는 데 도움이 될 것이다.

폴리파동의 모양이 모노파동에 비해 더 정교하기 때문에, 그들은 모노파동의 단계에서는 불가능했던 방법으로 다른 폴리파동들과 상호 연관될 수 있다.

예를 들면 모노파동의 구조를 간파하기 위해서는 주변의 시장 움직임이 그 모노파동을 얼마나 되돌리는지 관찰해야 한다. 한편 폴리파동을 다루는 과정에서는 내부 구조가 이미 알려져 있기 때문에 반작용(되돌림)이 완성되는 시점까지 기다릴 필요가 없다. 이러한 사실은 추가적인 상호 작용의 가능성을 가져오며, 이에 대해서는 이어서 설명할 것이다.

추가적인 되돌림 법칙

실제 차트를 분석하는 과정에서 집약된 조정 폴리파동이 다음 모노파동이나 조정 폴리파동에 의해 61.8% 이하 또는 161.8% 이상으로 되돌려지고, 그 후에 다른 폴리 조정파동이 발생한다면 다음에 설명될 'x파동이 발생하기 위한 구체적 요건'에서 그러한 파동의 배열이 무엇을 의미하는지, 그리고 어떻게 그런 패턴을 타당한 엘리어트 파동의 형태로 확정할 수 있을지 설명을 참고한다.

만약 폴리파동을 그룹화하는 과정에서 앞에서 제시한 비율 관계가 둘 다 나타나지 않으면 그룹은 표준형으로 간주되어야 한다. 만약 여러분의 차트에 있는 파동 그룹이 그런 경우라면 350쪽의 '표준형' 내용을 보고, 다시 4장 '중간적 관찰'의 내용을 참고해야 할 것이다. 폴리파동 그룹을 모노파동 그룹과 같은 방식으로 분석하고, 규칙과 절차를 모두 동일하게 적용한다. 파동 그룹의 크기나 소요된 시간은 사실상 분석 방법을 결정하는 데 영향을 미치지 못한다. 몇 년간 지속된 파동 패턴도 플랫, 삼각형, 충격파동 등으로 세분화할 수 있다. 그런 큰 규모의 파동을 다루는 데 있어 구조기호들은 분석적인 시각과 구성의 신뢰성을 유지하는 핵심이 된다.

x파동이 발생하기 위한 구체적 요건 ─────

모든 비표준 시장 움직임에는 x파동이 나타난다. x파동은 항상 조정 패턴으로 2개의 표준 엘리어트 조정파동을 분리하는 역할을 한다. x파동의 위치를 찾아내는 것은 비표준 파동 패턴을 찾는 데 핵심이 된다.

그렇다면 x파동의 움직임은 어떻게 인식할 수 있을까? x파동을 찾아내기 위해서는 2가지 중요한 조건이 있다.

조건 1

시장에서 x파동이 전개되고 있는 중이라는 가장 강력한 신호는 2개의 집약된 조정파동(폴리파동이나 그보다 높은 등급의 파동)이, 모노파동 또는 그보다 높은 등급의 표준 및 비표준 조정파동이 중간에 끼어들어 분리되는 경우다. 이때 중간에 있는 조정파동의 되돌림 수준은 첫 번째 조정국면의 61.8% 미만이어야 한다. 일반적으로 끼어드는 파동(x파동)은 복잡성 단계에 있어 분리되는 2개의 파동보다 한 단계 낮은 단계로 형성된다.

조건 2

만약 집약된 3개의 폴리 조정파동이 연속적으로 나타나고, 두 번째 조정의 되돌림 수준이 첫 번째 파동의 161.8% 이상이라면, 두 번째 폴리파동이 x파동일 확률이 매우 높다. 이러한 상황에서 모든 조정파동은 일반적으로 동일한 복잡성 단계를 갖게 된다. 만약 3개의 패턴 중에서 하나라도 복잡성 단계가 더 높다면 그것은 전체 파동의 마지막 조정파동일 가능성이 높다.

만약 조건 1이나 조건 2 중에서 어떤 것이라도 확인된다면, 아마도 시장은 비표준적인 형태를 형성하고 있는 것이다. 그렇다면 집약된 폴리, 멀티, 매크로파동의 패턴을 집약되기 전의 구조흐름으로 전환시킬 필요가 있다. 즉 그룹의 첫 번째 조정파동이 지그재그였고 이 파동을 "3"으로 집약했다면, 그 과정을 역으로 되짚어서 원래 패턴 기호였던 ":5-:3-:5" 상태로 다시 돌려놔야 한다.

분석을 계속하려면 앞에서 제시된 2가지 조건 중 어떤 것이 여러분이 갖고 있는 파동 그룹의 조건에 맞는지 주의한다. 만약에 조건 1이 성립된다면 다음에 나오는 'a. 작은 x파동을 수반한 복합 조정'을, 조건 2에 해당한다면 363쪽에 있는 'b. 큰 x파동을 수반한 복합 조정'을 보면 된다.

a. 작은 x파동을 수반한 복합 조정

비표준형 패턴이 나타날 때 x파동은 이전의 조정국면의 61.8% 이하로 작게 나타날 가능성이 훨씬 높다. 이런 비표준형 변형은 종종 충격파동과 비슷한 모습을 나타내지만, 자세한 부분까지 살펴보면 충격파동이 아니라는 것을 알 수 있다(자세한 내용은 12장의 '숨겨진 파동'과 '파동 착시 현상'을 참조하라).

각각의 비표준형 파동은 구조흐름에 따라 이름이 다르다. 다음의 목록은 작은 x파동을 포함하고 있는 비표준형 구조흐름의 조합들이다. 목록에 제시된 각 조합의 왼쪽에는 각각의 조정국면이 집약되기 전의 구조기호가 나열되어 있다. 전체 패턴의 집약된 값은 오른쪽에 제시되어 있는데, "c.t."는 'Contracting Triangle Only'의 약자로 이 표시는 수렴형 삼각형만 해당된다는 것을 뜻한다. 오른쪽 맨 끝에는 왼쪽에 있는 패턴과 연관된 그림들의 목록이 있다. 각각의 그림에서 정확한 해석과 정확하지 못한 해석을 제시해 시장 움직임을 추적하는 과정에서 해석 오류를 줄이는 데 도움이 될 것이다.

그림 8-1

폴리파동이 형성되는 기간이 길어지면서, 폴리파동 중 조정국면 중에 하나는 내부 파동으로 분류되는 파동이 될 것이다(2번 또는 4번 파동). 충격 패턴의 내부 파동 중 홀수 번호로 된 파동들은 짝수 번호로 된 파동들이 내부 파동으로 분류되기 전까지는 내부 파동으로 분화되지 않는다(터미널 충격파동이 아닐 경우).

아래 그림에서 파동 a와 파동 c는 모두 모노파동이다. 파동 b는 폴리파동으로 구분 가능한 첫 번째 조정파동이다. 파동 b는 일반적으로 내부 파동으로 분화되는 첫 번째 조정파동이다. 결국 파동 b는 일반적으로 파동 a에 비해 복잡하고 많은 시간을 소비한다.

4번 파동이 폴리파동으로 분화되는 첫 번째 조정파동임

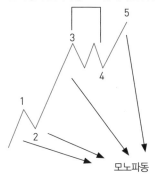

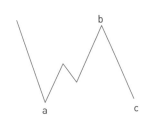

그림 8-2a

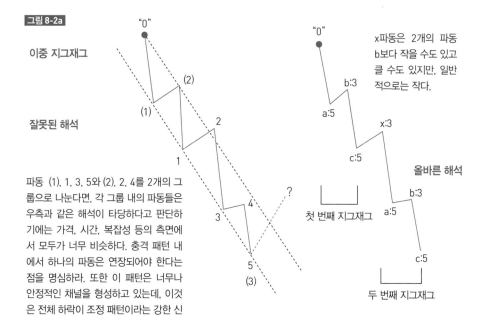

이중 지그재그

잘못된 해석

파동 (1), 1, 3, 5와 (2), 2, 4를 2개의 그룹으로 나눈다면, 각 그룹 내의 파동들은 우측과 같은 해석이 타당하다고 판단하기에는 가격, 시간, 복잡성 등의 측면에서 모두가 너무 비슷하다. 충격 패턴 내에서 하나의 파동은 연장되어야 한다는 점을 명심하라. 또한 이 패턴은 너무나 안정적인 채널을 형성하고 있는데, 이것은 전체 하락이 조정 패턴이라는 강한 신호다(513쪽의 '복합 패턴들' 참조).

x파동은 2개의 파동 b보다 작을 수도 있고 클 수도 있지만, 일반적으로는 작다.

올바른 해석

첫 번째 지그재그

두 번째 지그재그

표 A

① (5-3-5) + (x파동) + (5-3-5) = 이중 지그재그 = ":3" `그림 8-2a`

② (5-3-5) + (x파동) + (3-3-3-3-3, c.t.) = 이중 조합 = ":3" `그림 8-2b`

③ (5-3-5) + (x파동) + (3-3-5) = 이중 조합 = ":3" `그림 8-3`

④ (3-3-5) + (x파동) + (3-3-5) = 이중 플랫 = ":3" `그림 8-4`

⑤ (3-3-5) + (x파동) + (3-3-3-3-3, c.t.) = 이중 조합 = ":3" `그림 8-5`

⑥ (5-3-5) + (x파동) + (5-3-5) + (x파동) + (5-3-5)

　= 삼중 지그재그 = ":3" `그림 8-6`

⑦ (5-3-5) + (x파동) + (5-3-5) + (x파동) + (3-3-3-3-3, c.t.)

　= 삼중 조합 = ":3" `그림 8-7`

⑧ (5-3-5) + (x파동) + (3-3-5) + (x파동) + (3-3-3-3-3, c.t.)

　= 삼중 조합 = ":3" `그림 8-8`

　위의 각 과정에서 x파동의 구조는 드러나지 않는다. 이렇게 표시한 이유는 x파동들은 보다 큰 패턴들의 이름이나 전체적인 모양에 영향을 미치지 않으면 사실상 어떤 조정 패턴이 되는 것도 가능하기 때문이다. x파동은 인근의 2개 패턴이 허용 가능할 정도로 장기간에 걸쳐 형성되었다면 비표준 패턴일 가능성도 있다. 표 B(363쪽)에 있는 목록을 볼 때, x파동은 보통 바로 직전에 선행해 나타나는 조정 패턴이 있을 때는 조정 패턴의 형태가 변화해 진행된다는 점을 염두에 두어야 한다. 예를 들어 만약 첫 번째 조정 패턴이 지그재그일 때, x파동은 모노파동이거나 플랫, 또는 삼각형일 것이다. 만약 첫 번째 조정파동이 플랫이라면 x파동은 모노파동이거나 지그재그, 또는 아마도 삼각형이 아닌 비표준 패턴일 것이다. 예외적인 상황도 발생할 수 있지만, 그것은 상대적으로 드물게 발

그림 8-2b

이중 조합
(삼각형으로 마감됨)

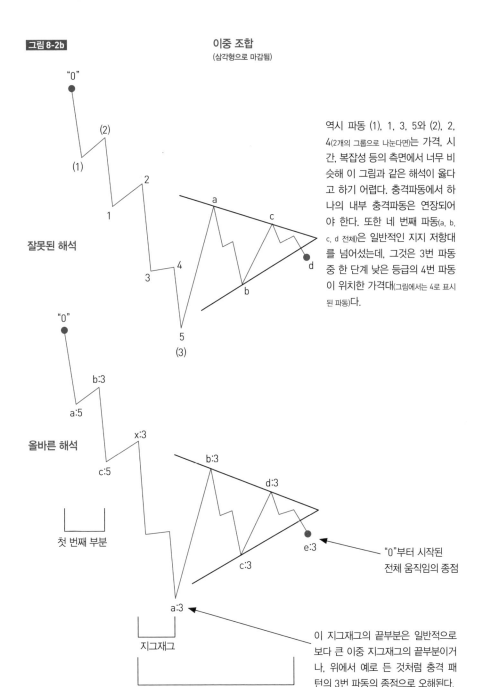

"0"

(2)

(1)

2

1

잘못된 해석

3

4

5
(3)

a

b

c

d

역시 파동 (1), 1, 3, 5와 (2), 2, 4(2개의 그룹으로 나눈다면)는 가격, 시간, 복잡성 등의 측면에서 너무 비슷해 이 그림과 같은 해석이 옳다고 하기 어렵다. 충격파동에서 하나의 내부 충격파동은 연장되어야 한다. 또한 네 번째 파동(a, b, c, d 전체)은 일반적인 지지 저항대를 넘어섰는데, 그것은 3번 파동 중 한 단계 낮은 등급의 4번 파동이 위치한 가격대(그림에서는 4로 표시된 파동)다.

"0"

b:3

a:5

올바른 해석

c:5

x:3

첫 번째 부분

b:3

d:3

c:3

e:3

"0"부터 시작된
전체 움직임의 종점

a:3

지그재그

이 지그재그의 끝부분은 일반적으로 보다 큰 이중 지그재그의 끝부분이거나, 위에서 예로 든 것처럼 충격 패턴의 3번 파동의 종점으로 오해된다.

두 번째 부분

그림 8-3

이중 조합
(플랫으로 마감)

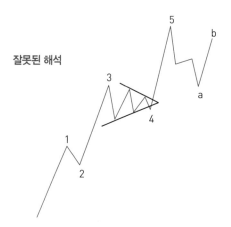

잘못된 해석

충격 패턴이라는 해석은 다음과 같은 이유로 옳지 않다. 3번 파동이 충격파동들 중에서 가장 짧은 파동이다. 3번 파동이 1번 파동보다 길다고 하더라도 4번 파동인 삼각형의 돌파 폭이 너무 크다. 200% 이상을 벗어난 삼각형 돌파가 나타난 삼각형은 무제한 삼각형으로서 4번 파동이 파동 b에서는 나타날 수 없는 삼각형이다. 같은 수준의 충격파동이라고 부르기에는 각 상승 파동의 길이와 진행 시간이 너무 비슷하다.

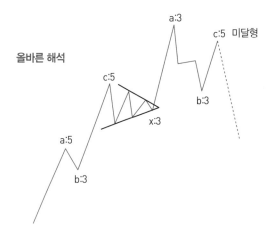

올바른 해석

마지막 파동이 파동 c가 미달형인 플랫일 때 삼각형(또는 모노파동)은 x파동으로 가장 잘 나타나는 형태다. 다음으로 x파동으로 잘 나타나는 형태는 모노파동이 될 것이다(전체 형태가 너무 복잡하지 않은 경우). x파동의 복잡성 수준은 직전 조정파동의 파동 c 이상이어야 하고, 전체 패턴 내에서 가장 복잡한 표준 조정 패턴보다 더 복잡해서는 안 된다.

그림 8-4   이중 플랫

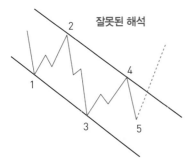

잘못된 해석

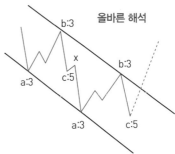

올바른 해석

이 그림을 충격 패턴으로 해석한다면 이 책에서 배운 것이 없다고 할 수 있다. 이 해석은 모든 법칙을 위반하는 것이다. 2번 파동은 1번 파동을 너무 많이 되돌리고, 3번 파동은 충격파동이라기보다는 조정파동에 가까운 모습을 보이고, 2번과 4번 파동 사이에 파동 변화의 법칙이 적용되지 않았다.

이것이 왼쪽 그림에 대한 올바른 해석이다.

그림 8-5   이중 조합

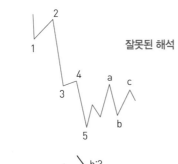

잘못된 해석

올바른 해석

연장된 플랫

삼각형

2번 파동은 1번 파동을 너무 많이 되돌렸고, 1번과 5번 파동 사이에 파동 균등의 법칙이 지켜지지 않았다. 삼각형이 형성되지 않는 경우 파동 c는 파동 a에 비해 너무나 단순한 모습을 보였다. 3번 파동이 가장 긴 파동이지만, 3번 파동이 연장되는 요건을 거의 갖추지 못하고 있다. 일반적으로 연장된 파동(이 경우 3번 파동)은 다음으로 가장 긴 충격파동의 161.8% 이상으로 형성된다. 여기서 3번 파동은 5번 파동의 161.8%보다 작다.

패턴 형성 이후의 시장 움직임이 충격 패턴이 아닌 복합 조정 패턴이 형성되었다는 것에 대한 가장 결정적인 증거가 될 것이다.

삼중 지그재그

이 패턴을 충격파동으로 해석하
기에는 평행한 추세선을 따라서
너무나 많은 접점이 존재한다.

(3)

(v)

(iii)

5

(iv)

3

4

1

2

(i)

(ii)

(1)

(2)

잘못된 해석

삼중 지그재그는 매우 많은 상승 파동과
하락 파동을 포함하고 있기 때문에 일반
적으로 충격파동으로 오해된다. 충격파동
과 삼중 지그재그의 가장 중요한 차이는
채널을 형성하는 방식에 있다. 삼중 지그
재그는 2개의 평행한 추세선을 매우 정확
하게 터치하면서 진행될 것이다.

c:5

a:5

c:5

b:3

x:3

a:5

b:3

c:5

x:3

a:5

b:3

올바른 해석

모든 상승 파동을 비교하고 하락 파동을
비교하면 충격 패턴이라고 하기에는 가격
과 시간상으로 너무나 많은 유사성이 존
재한다. 종종 이것은 9번 또는 11번 파동
이라고 잘못 불리거나, 확인 가능한 연장
파동이 존재하지 않는 움직임으로 오인된
다. 이것은 분명 잘못된 것이다. 모든 엘리
어트 파동은 특정한 형태로 움직여야 한
다. 만약 그렇지 않다면 그것은 기존에 생
각했던 것과 다른 움직임으로 봐야 한다.
충격 패턴은 가시적인 연장이 있어야 하
고, 2번과 4번 파동 사이에 변화가 있어
야 한다. 이런 2가지 법칙이 지켜지지 않
는다면 충격파동이 아닌 것이다.

그림 8-7

삼중 조합

평행한 채널선을 따라서 7개의
접점이 존재한다. 이것은 충격
패턴이라고 하기에는 너무나 많
은 숫자다.

잘못된 해석

이런 삼중 변형 패턴의 끝부분에 나타난 삼각형은 파동 해석에 있어서
위험한 함정이 될 것이다. 대부분 사람들은 4번 파동에서 나타나는 제
한 삼각형이라고 여기고, 한 차례 상승이 있을 것이라고 생각할 것이다.

올바른 해석

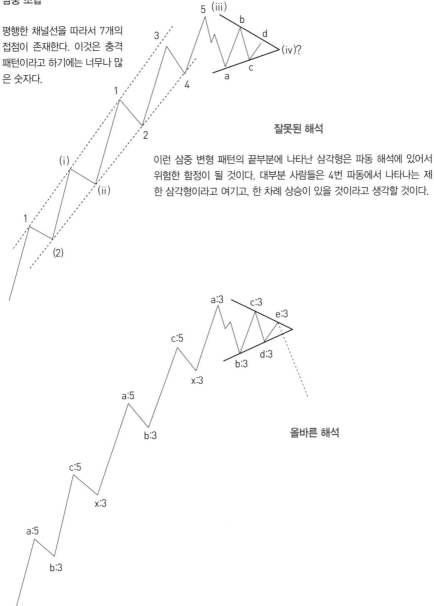

그림 8-8

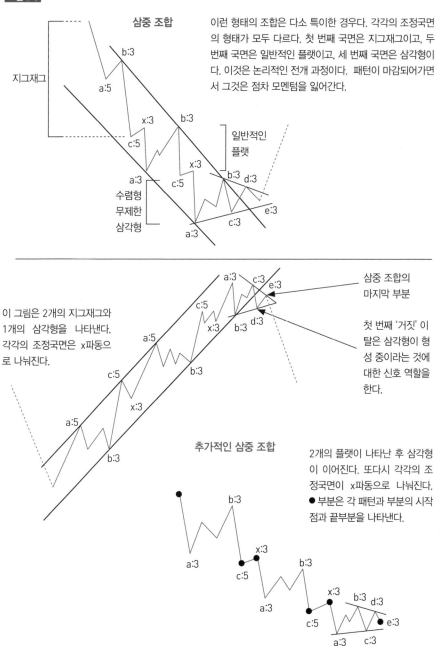

삼중 조합

지그재그

b:3
a:5
x:3
c:5
b:3

일반적인
플랫

a:3
수렴형
무제한
삼각형
c:5
x:3
b:3 d:3
a:3
c:3
e:3

이런 형태의 조합은 다소 특이한 경우다. 각각의 조정국면의 형태가 모두 다르다. 첫 번째 국면은 지그재그이고, 두 번째 국면은 일반적인 플랫이고, 세 번째 국면은 삼각형이다. 이것은 논리적인 전개 과정이다. 패턴이 마감되어가면서 그것은 점차 모멘텀을 잃어간다.

이 그림은 2개의 지그재그와 1개의 삼각형을 나타낸다. 각각의 조정국면은 x파동으로 나눠진다.

a:3 c:3 e:3
c:5
x:3 b:3 d:3
a:5
c:5 b:3
x:3
a:5
b:3

삼중 조합의 마지막 부분

첫 번째 '거짓' 이탈은 삼각형이 형성 중이라는 것에 대한 신호 역할을 한다.

추가적인 삼중 조합

2개의 플랫이 나타난 후 삼각형이 이어진다. 또다시 각각의 조정국면이 x파동으로 나눠진다. ● 부분은 각 패턴과 부분의 시작점과 끝부분을 나타낸다.

b:3
a:3
x:3
c:5
b:3
a:3
c:5
x:3
b:3 d:3
a:3 c:3
e:3

생하는 일이다.

x파동에서 나타날 수 있는 조정파동의 형태는 구조흐름에 따라 다음의 표로
정리할 수 있다.

표 B

① 5-3-5   지그재그

② 3-3-5   플랫(연장형 파동 외의 모든 변형 파동 발생 가능)

③ 3-3-3-3-3   삼각형(수렴형 무제한 삼각형만 발생 가능)

④ 3?   이것은 '단순' 이중 패턴 및 삼중 조정 패턴에 있는 x파동일 수 있는
　　　　조정 모노파동을 가리키는 것이다. x파동들은 이전의 조정에 비해 가격상
　　　　크기가 크든 작든 거의 항상, 시간 측면에서 전체 복합파동 내에서 가장
　　　　작은 조정 패턴이라는 점을 유념해야 한다.

⑤ x파동이 이전의 조정파동 국면보다 짧고, 위의 패턴 중 어느 것에도 해당
　　되지 않는다면, 이것의 구조는 비표준 패턴의 2번 범주에 속하는 패턴으
　　로 제한된다(10장 '세력 순위표' 참고).*

b. 큰 x파동을 수반한 복합 조정

복합파동이 진행되는 가운데 x파동이 가격 측면에서 이전 파동보다 클 경우
전체적인 형태는 이중 또는 삼중 조정 패턴으로 분류될 것이다. 다음의 목록은

---

* 복합 x파동을 앞선 조정파동과 적절하게 연결시키기 위해서는, 시장 움직임을 적절하게 통합하도록 논리법칙들을
　잘 따랐는지 확인한다.

비표준 파동 패턴들로 그들의 이름과 집약된 파동의 구조에 따라서 분류했으며, x파동이 이전의 조정국면보다 큰 경우를 나타낸다(목록에서 'c.t.'는 수렴형 삼각형만 가능하다는 의미다).

① (3-3-5) + (x파동) + (3-3-3-3-3, c.t.) = 이중 조정 조합 = 3   그림 8-9

② (3-3-5) + (x파동) + (3-3-5) = 이중 조정 = 3   그림 8-10

③ (3-3-5) + (x파동) + (3-3-5) + (x파동) + (3-3-3-3-3, c.t.)
    = 삼중 조정 조합 = 3   그림 8-11

④ (3-3-5) + (x파동) + (3-3-5) + (x파동) + (3-3-5) = 삼중 조정 = 3   그림 8-1

앞에서 나열된 비표준 파동의 패턴은 일어날 가능성이 높은 것에서 낮은 것으로 순서대로 나열된 것이다. 앞서 언급했듯이 삼중 조정은 매우 드문 것으로 봐야 한다. 이런 패턴 중 하나를 발견한다면, 그 패턴은 368쪽에 나열된 2개의 변형 중 하나와 같이 구성될 것이다.

복습

일단 시장에서 비표준형 파동 패턴의 변형이 형성되었다고 판단되면, 10장의 '논리법칙'으로 가서 현재 진행 중인 패턴의 특성과 관련된 내용이 목록에 있는지 검토한다. 비표준형 절에 있는 실제 그림을 살펴보고 현재 분석하고 있는 패턴과 유사한 것이 이 책에 있는지 살펴본다. 주의할 사항은 정확하게 같은 패턴을 찾는 것은 불필요할 뿐만 아니라 가능하지도 않다는 점이다. 이후에 7장 '결론'으로 가서 여러분이 평가한 결과를 최종 확정한다.

그림 8-9

이중 조정 조합
(이 패턴에서 이런 형태는 드물다)

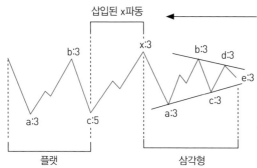

삽입된 x파동

x파동이 삼각형의 파동 b의 고점을 조금 넘어섰다. 전체 패턴 이후의 흐름이 강하게 나타날수록 x파동은 높이 상승한다.

b:3

x:3
b:3 d:3

a:3 c:3

c:3 e:3

a:3

플랫   삼각형

이 패턴은 잘못 해설할 가능성이 낮으므로 잘못된 해석에 대한 사례는 소개하지 않는다.

이중 조정 조합
(러닝 조정의 변형)

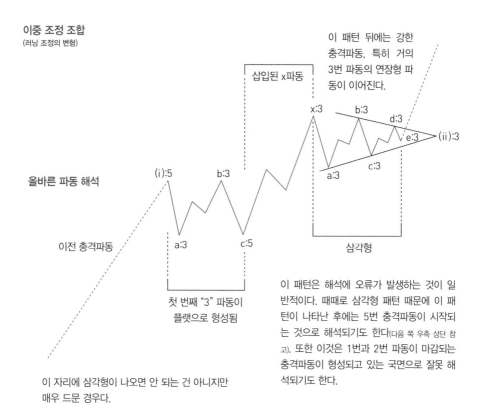

이 패턴 뒤에는 강한 충격파동, 특히 거의 3번 파동의 연장형 파동이 이어진다.

삽입된 x파동

x:3 b:3
d:3
e:3 (ii):3
a:3 c:3

(i):5 b:3

올바른 파동 해석

이전 충격파동

a:3 c:5

삼각형

첫 번째 "3" 파동이 플랫으로 형성됨

이 자리에 삼각형이 나오면 안 되는 건 아니지만 매우 드문 경우다.

이 패턴은 해석에 오류가 발생하는 것이 일반적이다. 때때로 삼각형 패턴 때문에 이 패턴이 나타난 후에는 5번 충격파동이 시작되는 것으로 해석되기도 한다(다음 쪽 우측 상단 참고). 또한 이것은 1번과 2번 파동이 마감되는 충격파동이 형성되고 있는 국면으로 잘못 해석되기도 한다.

그림 8-9 (계속)

이중 조정 조합
(이전 쪽에서 계속)

잘못된 파동 해석

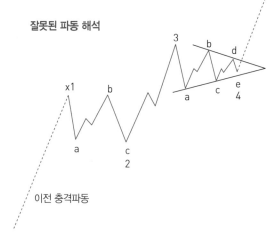

이전 충격파동

잘못된 파동 해석

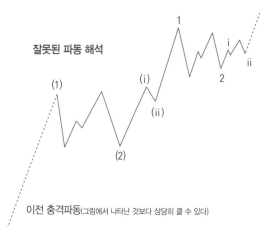

이전 충격파동(그림에서 나타난 것보다 상당히 클 수 있다)

이러한 이중 런닝 조정에 대한 해석에서 오류가 나는 많은 이유는 4번 파동에서 삼각형을 형성하는 일이 잦기 때문이다. 여기서 상황이 복잡해지는 이유는 삼각형 패턴이 첫 번째 3개의 a-b-c 조정파동과 겹치지 않아 첫 번째 파동이 연장된 충격파동처럼 보이기 때문이다. 이러한 해석이 잘못되었다는 것은 3번 파동의 구조를 보면 알 수 있다. 이 그림에서 그것은 조정파동이므로, 시장이 터미널 충격 패턴을 형성하고 있는 것이 아니라면 이러한 해석이 옳을 가능성은 배제해야 한다. 삼각형을 돌파한 움직임을 보면 답을 알 수 있는데, 돌파하는 파동이 3번 파동보다 더 크다면 이중 런닝 조정이 진행되었던 것이고, 더 작다면 터미널 충격 패턴이 형성된 것으로 보면 된다.

이 파동 해석은 전체적으로 오류로 가득 차 있기 때문에, 어디서부터 시작해야 할지 알기 어렵다. 점차 낮아지는 등급의 1번과 2번 파동이 신뢰성이 있으려면, 강력한 '3번 파동의 3번 파동' 움직임이 시작하기 전에 시장이 포물선의 형태로 전개되어야 한다. 각각의 더 낮은 등급의 2번 파동은 이전 높은 등급의 2번 파동에 비해 가격과 시간 측면에서 더 작은 파동이어야 하고, 이전에 발생한 보다 높은 등급의 2번 파동에 비해 더 강하게 구성되고, 비율 면에서 낮은 되돌림 비율을 형성해야 한다. 이런 방식으로 각각의 더 작은 등급의 1번 파동은 이전의 한 단계 높은 등급의 1번 파동에 비해서 짧은 시간과 작은 가격 변동폭을 수반하면서 기울기가 가파르게 형성되어야 한다.

분명한 것은 위에서 기술한 대부분의 변수들이 좌측 그림에서는 해당되지 않는다는 것이다. 동일한 차트에서 동시에 보여주고 있는 올바른 파동 매김을 보면 첫 번째 1번 파동과 2번 파동이 두 번째 세트를 넘어서는 것은 매우 드문 일이다.

그림 8-10

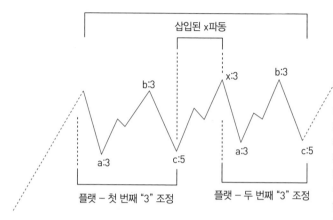

이중 조정
(이 패턴에서 이런 형태는 드물다)

삽입된 x파동

x:3
b:3

b:3

a:3   c:5   a:3   c:5

플랫 – 첫 번째 "3" 조정   플랫 – 두 번째 "3" 조정

이 패턴은 지그재그의 파동 b나 작은 x파동이 되는 경우를 제외하고는 어떤 상황에서도 자주 나타나지 않는다. 이 패턴이 나타날 때는 한 등급 위의 파동의 추세 방향에 따라 기울어지는 경향이 있다.

이중 조정
(이 패턴에서 이런 형태는 가장 자주 발생한다)

삽입된 x파동

x:3
b:3

b:3
a:3   c:3

a:3   c:5

플랫 – 첫 번째 ":3" 조정   플랫 – 두 번째 ":3" 조정

이 패턴은 그림 8-9의 하단에 표시된 이중 러닝 조정과 매우 유사하다.

그림 8-11

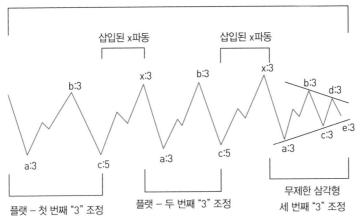

삼중 조정 조합
(매우 드물다)

삽입된 x파동

삽입된 x파동

b:3

x:3

b:3

x:3

b:3   d:3

a:3   c:5

a:3

c:5

c:3   e:3

a:3

플랫 – 첫 번째 "3" 조정

플랫 – 두 번째 "3" 조정

무제한 삼각형
세 번째 "3" 조정

이러한 삼중 조정 조합은 극단적으로 드물게 나타날 뿐 아니라 이런 패턴이 완전히 수평적으로 형성되는 것은 기본적으로 불가능한 것으로 간주되어야 한다. 만약 이런 모습을 발견한다면, 아마도 그 파동은 한 단계 높은 등급의 파동의 추세 방향에 따라 기울어져 있을 것이다.

그림 8-12

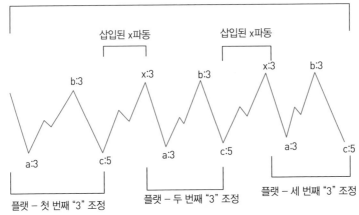

삼중 조정 조합
(매우 드물다)

삽입된 x파동

삽입된 x파동

b:3

x:3

b:3

x:3

b:3

a:3   c:5

a:3

c:5

a:3   c:5

플랫 – 첫 번째 "3" 조정

플랫 – 두 번째 "3" 조정

플랫 – 세 번째 "3" 조정

삼중 조정 조합에 대한 모든 설명이 삼중 조정에도 그대로 적용된다.

멀티파동의 구성

Mastering Elliott Wave

복합 폴리파동과 멀티파동은 작은 차이가 있는데, 그것은 멀티파동이 되려면 하위 파동 중 충격파동인 폴리파동이 있어야 한다는 점이다. 여러분들이 지금 분석중인 패턴이 어떤 종류에 속하는지에 따라 아래에 '충격파동' 또는 '조정파동'이라고 되어 있는 소제목 중에서 적합한 것으로 이동하면 된다.

충격파동

폴리파동에서 ":5"는 모두 모노파동이다. 멀티파동에서 ":5" 중 하나 이상은 폴리파동이다. 멀티파동을 구성하기 위해서는 몇 가지 조건이 필요한데, 그 내용은 다음과 같다.

① 충격 패턴 내에 있는 3개의 충격파동(1번, 3번, 5번 파동) 중에서 단 1개의 파동만이 폴리파동이다. 다른 2개의 충격파동은 모노파동이다.
② 조정파동인 2번 또는 4번 파동 중에서 최소한 하나는 폴리파동이고, 다른 한 파동은 모노파동과 폴리파동 모두 가능하다.
③ 조정파동 2번 또는 4번 파동 중에서 가장 긴 시간이 걸리는 파동은 연장 파동이 나타나기 직전이나 직후에 발생해야 한다. 만약 1번 파동이 연장

그림 8-13a

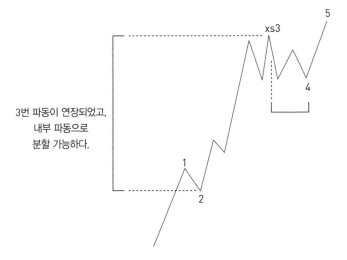

3번 파동이 연장되었고,
내부 파동으로
분할 가능하다.

그림 8-13b

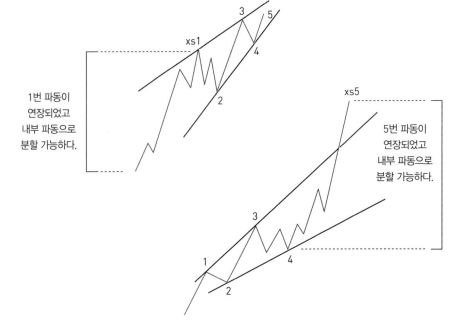

1번 파동이
연장되었고
내부 파동으로
분할 가능하다.

5번 파동이
연장되었고
내부 파동으로
분할 가능하다.

된다면 2번 파동은 가장 오랜 시간에 걸쳐 형성되어야 한다. 만약 5번 파동이 연장된다면 4번 파동은 2번 파동보다 더 오랜 시간 동안 형성되어야 한다. 만약 3번 파동이 연장된다면 2번과 4번 파동 중 어느 것이 길어도 괜찮다. 다만 2개의 파동 사이에 파동 변화가 존재한다는 것은 확실히 해 둬야 한다.

그림 8-13a는 일반적인 멀티파동 패턴의 형태다. 3번 파동은 연장된 하위 파동으로서 패턴 내에서 유일한 폴리파동을 형성하고 있다(내부 파동에 대한 개념과 관련 법칙에 대한 더 자세한 내용은 378쪽 '연장과 내부 파동' 참고). 1번과 5번 파동은 2개의 추세 모노파동이다(앞에 제시된 법칙 1 참고). 4번 파동은 가장 긴 조정파동이고 연장된 3번 파동의 바로 뒤에 발생했다(앞의 법칙 3 참고). 그림 8-13b는 1번과 5번 파동이 연장된 멀티파동에 같은 법칙이 적용된 것을 보여주고 있다.

조정파동

조정 멀티파동에는 충격파동에서와 유사한 조건이 부과되는데, 그 조건들은 다음과 같다.

① 더 큰 패턴 내의 ":5" 중 1개나 2개는 폴리파동으로 명확히 세분될 수 있어야 한다(그림 8-14). 만약 ":5" 중 하나만 세분된다면, 그 파동은 플랫과 지그재그의 모든 변형에서 파동 c가 되어야 한다.
② 멀티파동의 파동 b는 조정 폴리파동일 가능성이 매우 높다.

그림 8-14

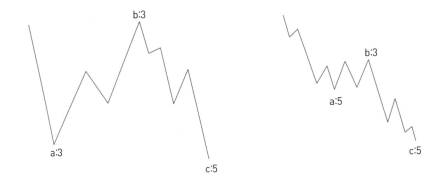

좌측의 그림에서 파동 c(":5")는 내부 파동으로 분할 가능하다. 그것은 멀티파동이 형성되기 위한 최소한의 조건이다. 우측의 그림에서는 2개의 분할 가능한 ":5"가 있지만, 패턴은 여전히 멀티파동에 불과하다. 371쪽 법칙 2에 따르면 두 패턴 모두 파동 b는 폴리파동이다.

재차 말하지만 '충격파동' 절에서 제시한 바와 같이, 이 책의 시작 부분부터 제시된 조정파동 관련 모든 법칙은 모든 멀티파동의 변형에 적용되어야 한다.

복합 멀티파동의 구성

Mastering Elliott Wave

복합 멀티파동에 관한 논의는 기본적으로 복합 폴리파동과 같다. 유일한 차이라면 복합 멀티파동은 폴리파동으로 구성되는 것이 아니라 멀티파동으로 만들어져 있다는 것뿐이다. 조정 멀티파동이 다음 조정파동에 의해 161.8% 이상 또는 61.8% 미만으로 되돌려진 것을 확인한다면, 복합 패턴이 형성되고 있는 것이다. 복합 폴리파동 절에서 논의한 것과 동일한 법칙과 원리를 적용하면 된다.

매크로파동의 구성

Mastering Elliott Wave

시장이 진행되어감에 따라 멀티파동 그룹은 결국 매크로파동으로 형성될 필요가 있다. 다행스럽게도 멀티파동 절에서 충격파동과 조정파동에 대해 설명한 과정들은 매크로파동을 형성할 때 필요한 과정과 동일하다. 유일한 차이점은 다음 '충격파동'과 '조정파동'이라는 소제목의 내용에서 설명하고 있다.

충격파동

매크로파동을 구성하는 데 있어 최소한의 조건은 ":5"의 파동 1번, 3번 또는 5번 중 최소한 하나는 멀티파동이고, 나머지 둘 중 하나는 폴리파동이어야 한다는 점이다. 일반적으로는 2개의 폴리파동이 있지만, 아주 드물게 가장 작은 파동이 모노파동일 수 있다. 이런 경우 '삼중성(Triplexity)'이라는 조건을 형성하는데, 삼중성이란 "3가지 단계의 복잡성이 동일한 패턴 내에 포함되어 있음"을 뜻하며 필자가 붙인 이름이다. 관찰해본 결과, 삼중성은 충격파동에서 5번 파동이 연장된 가운데 내부 파동으로 분할 가능한 경우와 파동 c가 플랫이나 지그재그의 가장 복잡한 패턴일 경우에만 가능성이 있는 것 같다. 삼중성이 발생한 모습은 339쪽의 그림 7-7을 참고하면 된다.

조정파동

매크로파동인 조정파동을 형성하기 위해서는 최소 하나의 파동이 멀티파동이고 또 최소 하나의 파동은 폴리파동이어야 한다. 만약 조정파동에서 하나의 멀티파동만이 나타난다면, 이것은 지그재그나 플랫의 파동 c일 것이다. 멀티파동이나 폴리파동에 적용되는 모든 다른 법칙이 매크로파동에도 그대로 적용된다.

파동 변화의 법칙에 대한
추가 설명

복잡성

5장에서 '파동 변화(Alternation)'라는 개념을 소개한 바 있다. 시간, 가격, 되돌림 수준 등 이 법칙의 기본적인 측면에 대해서는 지금쯤은 이미 이해했을 것이다. 파동 변화의 법칙과 관련해 복잡성과 구조 등 더 복잡한 측면을 확실히 이해하기 위해 여기에서 다룰 것이다. 먼저 복잡성부터 이야기하자면, 이것은 인접한 패턴과 비교해서 한 패턴 내에 존재하는 내부 파동의 숫자를 다루는 것이다. 이 개념은 높은 등급으로 진행된 패턴에서는 적용하기 어렵지만, 폴리파동이나 멀티파동 등급에서는 매우 유용하고 중요한 검증 방법이 된다. 하나는 항상 내부 파동으로 나눠지고, 다른 하나는 그렇지 않을 경우가 더 바람직하다. 그림 8-15는 이것이 조정파동과 충격파동의 형성 과정에서 어떻게 나타나는지 보여주는 사례다.

구성

충격파동 또는 조정파동 내에 있는 인접한 파동이 모두 내부 파동으로 세분될 수 있다면, 파동을 정확하게 매기기 위해서는 다른 형태의 파동의 변화를 고

그림 8-15

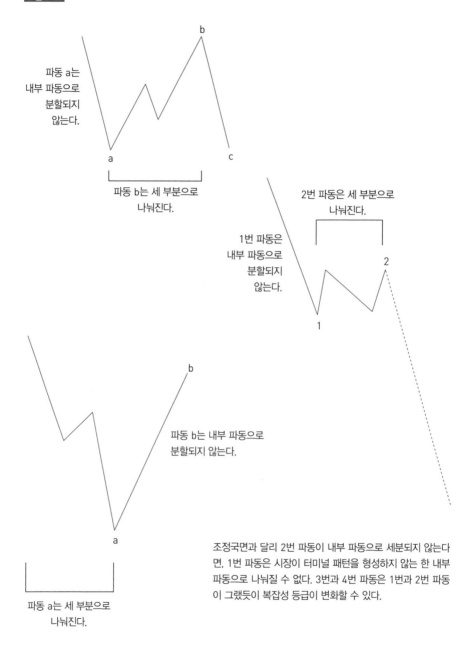

파동 a는
내부 파동으로
분할되지
않는다.

파동 b는 세 부분으로
나눠진다.

1번 파동은
내부 파동으로
분할되지
않는다.

2번 파동은 세 부분으로
나눠진다.

파동 b는 내부 파동으로
분할되지 않는다.

파동 a는 세 부분으로
나눠진다.

조정국면과 달리 2번 파동이 내부 파동으로 세분되지 않는다
면, 1번 파동은 시장이 터미널 패턴을 형성하지 않는 한 내부
파동으로 나눠질 수 없다. 3번과 4번 파동은 1번과 2번 파동
이 그랬듯이 복잡성 등급이 변화할 수 있다.

그림 8-16a

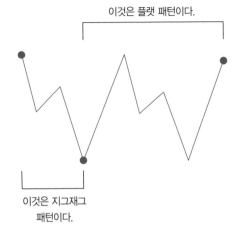

이것은 플랫 패턴이다.

이것은 지그재그
패턴이다.

2개의 패턴 모두 구성의 파동 변화 나타낸
다. 그림 8-16a는 파동 변화가 2개의 다른
조정파동에서 나타났다. 그림 8-16b에서
변화는 충격 패턴과 조정 패턴 사이에 나타
났다. 확실히 그림 8-16b에서 보여주는 파
동 변화의 형태가 더 발견하기 쉽다.

* 그림의 점들은 각 패턴의 시작점과 종점을 나타낸다.

그림 8-16b

충격파동(:5)

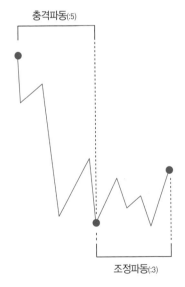

조정파동(:3)

려할 필요가 있다. 파동 변화가 발생하는 형태 중 하나는 구성(Construction)이다. 만약 어떤 패턴이 지그재그라면, 다음 패턴은 지그재그가 아닌 어떤 다른 패턴이 될 것이라고 예상된다(그림 8-16a). 만약 시장에서 충격 패턴이 진행 중이라면, 같은 등급에 있는 다음 파동은 항상 조정파동일 것으로 예상할 수 있다(그림 8-16b).

연장에 대한 추가 설명

Mastering Elliott Wave

연장과 내부 파동

대부분의 엘리어트 파동이론가들은 '연장'이라는 용어를 패턴 내부에 나타나는 파동의 길이와 내부 파동의 개수라는 2가지 불가분한 요인들이 결합된 것으로 묘사한다고 생각한다. 수년간의 연구를 통해 필자는 연장과 내부 파동이라는 2가지 요소는 별개의 현상이라는 것을 발견했다. '연장'이라는 용어는 충격파동의 흐름 내에서 가장 긴 추세 방향의 충격파동(1번, 3번 또는 5번 파동)으로 이해해야 한다. 패턴 내에서 가장 길게 형성된 파동이라고 자동으로 내부 파동으로 분할 가능한 것으로 가정하면 안 된다. 아주 드물게, 패턴 내에서 가장 긴 파동이 복잡성 단계라는 차원에서 볼 때보다 간단한 구조의 패턴 중 하나고, 두

그림 8-17

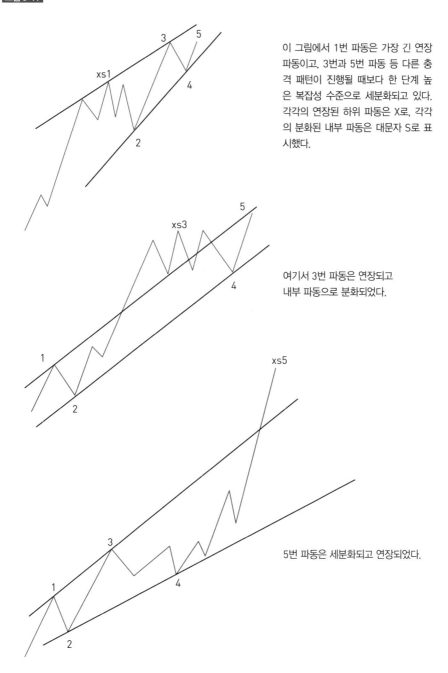

이 그림에서 1번 파동은 가장 긴 연장 파동이고, 3번과 5번 파동 등 다른 충격 패턴이 진행될 때보다 한 단계 높은 복잡성 수준으로 세분화되고 있다. 각각의 연장된 하위 파동은 X로, 각각의 분화된 내부 파동은 대문자 S로 표시했다.

여기서 3번 파동은 연장되고 내부 파동으로 분화되었다.

5번 파동은 세분화되고 연장되었다.

그림 8-18

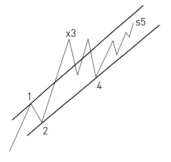

연장된 파동과 분화된 파동이 서로 별도로 나타나는 가장 일반적인 경우다. 3번 파동이 연장되었지만 5번 파동은 내부 파동으로 분화되었다.

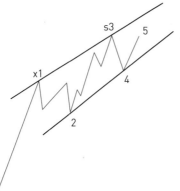

다음으로 자주 발생하는 경우는 1번 파동이 연장된 가운데 3번 파동이 분화된 것이다.

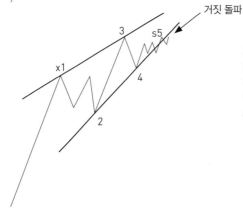

거짓 돌파

가장 발생의 빈도가 낮은 경우다. 만약 이런 형태가 나타난 것을 발견했다면 5번 파동은 터미널 패턴일 것이다. 법칙에 따르자면, 마지막 파동이 터미널 패턴일 때 기준선(2번과 4번 파동의 조정국면을 이은 선)은 패턴이 마감되기 전에 몇 차례 이탈될 것이다.

그림 8-19

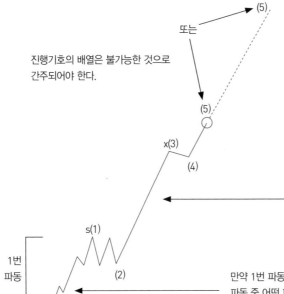

진행기호의 배열은 불가능한 것으로
간주되어야 한다.

위 그림과 같은 시장 움직임이 나타
나는 것이 불가능한 것은 아니지만,
진행기호는 바뀌어야 할 필요가 있
다. 원으로 표시된 고점이 충격파동
의 종료 지점이 되는 것은 불가능하
다. 이 그림에 대해 올바르게 파동
을 매긴 것은 아래의 그림과 같다.
진행기호의 등급은 실시간 차트에서
는 다를 수 있지만, 등급 간의 관계
는 다르지 않을 것이다.

3번 파동 또는 5번 파동이 가장 길다
고 하더라도 이 그림에서 진행기호
들이 옳게 매겨진 것으로 볼 수 없다.

만약 1번 파동이 연장되지 않으면, 다른 2개의 충격
파동 중 어떤 파동이 연장되더라도 다른 2개의 충격
파동보다 더 많이 세분되지는 않을 것이다.

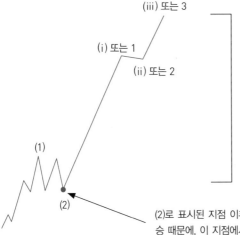

모든 가격 움직임이 3번 파동의 부분일 것이다.

(2)로 표시된 지점 이후에 나타나는 크고 강력한 상
승 때문에, 이 지점에서 하락 추세가 마감되고, 새로
운 상승 추세가 시작될 가능성이 높다.

번째로 긴 파동이 오히려 세분된 파동일 수 있다. 이것은 연장의 법칙이 내부 파동의 법칙과는 별도로 적용되어야 한다는 것을 의미한다(402쪽 '독립성의 법칙' 참고). 연장과 내부 파동이라는 2개의 법칙이 일반적으로 90%의 확률로 같은 파동에서 동시에 나타나기는 하지만 항상 그런 것은 아니다. 그림 8-17은 2개의 법칙이 하나의 파동에 동시에 영향을 미치게 될 때 패턴의 모습이 어떠한지 보여준다. 그림 8-18은 2개의 법칙이 어떻게 서로 독립적으로 작용하는지 보여준다. 그림 8-19는 법칙들이 적용되면 안 되는 상황과 이 법칙들이 서로 독립적으로 작용할 수 없는 상황을 나타낸다.

연장파동 판별의 중요성

충격파동의 흐름 내에서 연장된 파동은 충격 패턴의 모양, 관계, 형태 등을 결정하는 데 있어 가장 중요한 요인이다. 어떤 파동이 연장되었는지 알면 패턴이 어떻게 채널을 형성하고, 2번과 4번 파동 중 어떤 조정파동이 가장 복잡성 단계가 높을지 등의 풍부한 정보를 갖게 된다. 그림 8-20의 첫 번째 파동의 연장부터 시작해서, 몇 번 파동이 연장되었는지에 따라 발생하는 4개의 주요 충격파동 변형 사례를 살펴본다.

그림 8-20

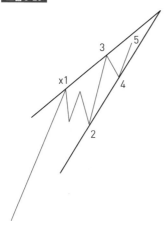

1번 파동이 가장 긴 파동일 때, 패턴은 상승하는 쐐기형으로 형성될 것이다. 위쪽에 있는 추세선은 일반적으로 1번과 3번 파동의 고점을 이어서 형성된다. 터미널 충격 패턴에서 5번 파동이 상단 추세선을 돌파하는 것과는 달리, 이 패턴은 일반적으로 상단 추세선보다 상당히 아래로 떨어져서 5번 파동이 마감된다. 1번 파동이 가장 긴 파동일 때, 2번 파동은 4번 파동보다 복잡하다.

3번 파동이 연장될 때 3개의 유의하게 다른 형태로 변형된 패턴이 존재한다. 아래에 있는 그림은 그 첫 번째 변형이고, 다음 쪽에는 나머지 2개의 변형된 패턴이 제시되어 있다.

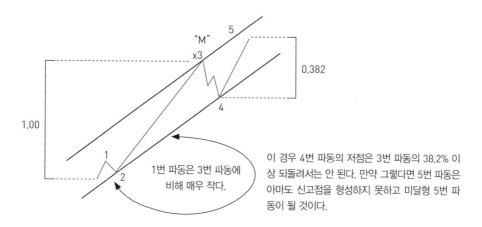

이 경우 4번 파동의 저점은 3번 파동의 38.2% 이상 되돌려서는 안 된다. 만약 그렇다면 5번 파동은 아마도 신고점을 형성하지 못하고 미달형 5번 파동이 될 것이다.

이러한 상황은 1번 파동이 연장된 3번 파동에 비해 매우 작은 경우다. 5번 파동은 일반적으로 1번 파동의 시작점에서 3번 파동의 종점까지 전체 움직임 폭의 38.2% 관계를 형성할 것이다. 만일 5번 파동이 38.2%를 초과한다면 그 파동은 지그재그이고, 처음에 1번과 2번 파동이라고 생각했던 부분은 아마도 이전 패턴의 한 부분일 것이다. 또 가능성은 낮지만, 그들이 "M" 지점까지 상승하는 과정에서 본래 숨겨진 파동인데 우연히 드러난 부분일 수 있다(536쪽 '숨겨진 파동' 참고).

그림 8-20 (계속)

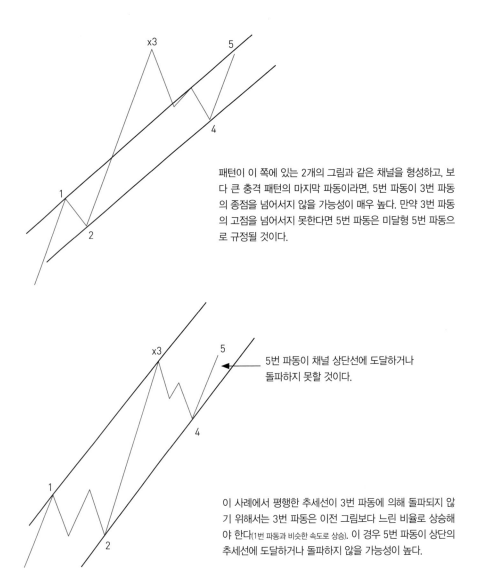

패턴이 이 쪽에 있는 2개의 그림과 같은 채널을 형성하고, 보다 큰 충격 패턴의 마지막 파동이라면, 5번 파동이 3번 파동의 종점을 넘어서지 않을 가능성이 매우 높다. 만약 3번 파동의 고점을 넘어서지 못한다면 5번 파동은 미달형 5번 파동으로 규정될 것이다.

5번 파동이 채널 상단선에 도달하거나 돌파하지 못할 것이다.

이 사례에서 평행한 추세선이 3번 파동에 의해 돌파되지 않기 위해서는 3번 파동은 이전 그림보다 느린 비율로 상승해야 한다(1번 파동과 비슷한 속도로 상승). 이 경우 5번 파동이 상단의 추세선에 도달하거나 돌파하지 않을 가능성이 높다.

그림 8-20 (계속)

5번 파동은 연장되었을 때 종종 상단의 추세선을 돌파하는데, 이것은 '거짓 돌파(false break)'로, 결과적으로 빠르게 전체 5번 파동의 61.8~95% 정도 되돌린다.

5번 파동이 가장 긴 파동일 때, 1번과 3번 파동은 보통 시간상으로 같거나 61.8%의 비율로 관계가 있을 것이다. 3번 파동은 1번 파동보다 살짝 더 길어야 하지만, 1번 파동의 고점에 1번 파동 길이의 161.8%를 추가한 길이를 넘으면 안 된다. 일반적으로 1번과 3번 파동은 내부적으로 가격 측면에서 161.8%의 비율 관계를 형성한다.

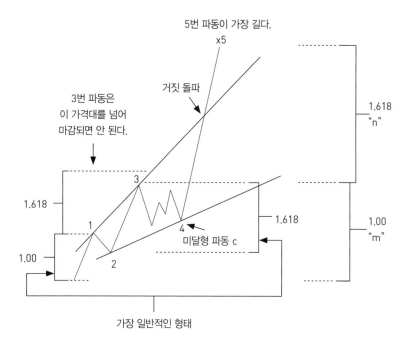

가장 일반적인 형태

연장된 5번 파동은 일반적으로 패턴의 시작점에서 3번 파동의 고점까지 측정된 전체 파동의 상승폭의 161.8%가 될 것이다. 그림에서는 "m"과 "n"의 외부적 관계를 나타낸다. 때때로 5번 파동은 4번 파동의 종점에 "m"과 같은 길이, 또는 "m"의 길이의 161.8%를 더한 길이로 내부 비율관계가 형성되기도 한다. 가능성이 낮기는 하지만 5번 파동이 "m"의 100% 또는 261.8%가 되기도 한다.

4번 파동은 5번 파동이 연장될 경우, 2번 파동보다 더 복잡성이 높고 시간도 많이 소요된다. 5번 파동이 연장될 때 4번 파동에서 나타나는 1가지 이상한 점은, 4번 파동이 보통 40~61.8% 정도의 상당히 큰 폭으로 되돌린다는 점이다. 4번 파동은 큰 폭의 되돌림에 대한 반작용으로 일반적으로 미달형 파동 c로 마감되거나(위의 그림 참고) 무제한 삼각형을 포함하는 복합 조정으로 마감되어 4번 파동의 저점 위에서 종점이 나올 것이다.

파동 매김의 시작점 찾기

패턴의 복잡성이 첫 번째 단계(Level-1)를 넘어설 정도로 증가하면, 충격 패턴 내에 있는 추세파동은 그 자체가 충격 폴리파동으로 발전하기 시작한다. 일반적으로 2단계(Level-2)를 넘어서는 복잡성을 가진 파동의 움직임을 판독하는 것은 어려운 일이다. 그렇기 때문에 충격파동의 흐름이 언제 종료될 것인지를 파악하려면 채널 기법, 피보나치 비율 등 이 책에서 다루는 다양한 법칙을 철저히 적용시켜야 한다. 적절한 분석을 위해서는 충격 패턴이 어떻게 시작하고 끝나는지, 그리고 이런 패턴이 다른 패턴들과 어떻게 결합되는지 알아야 한다. 이것을 위해 먼저 작은 충격 패턴을 정확하게 그려야 한다.

시장의 가격 움직임을 처음 분석하고자 할 때, 장기간의 가격 차트를 가지고 분석하고 싶은 유혹을 느낄 것이다. 이렇게 할 경우 일반적으로 많이 하는 실수, 즉 파동을 중요한 고점이나 저점에서부터 매기기 시작하는 것(그림 8-21)으로 인해 시장의 위치를 잘못 해석하기 쉽다. 중요한 기점에서 분석을 시작한다면 미래에 어떤 일이 일어날 것인가에 대해 정확하게 예측하는 데 많은 어려움이 따른다. 믿거나 말거나지만 대부분의 큰 엘리어트 패턴은 차트의 최고점이나 최저점에서 끝나지 않는다. 이것은 엘리어트 파동이론에 내재된 핵심적이고 고유한 부분이지만 종종 잘못 이해되기도 한다. 필자는 이것이 엘리어트 파동이론의 고유한 부분이라고 했는데, 그것은 다른 대부분의 기법들에서는 최고가

그림 8-21a

잘못된 해석

경험이 부족한 분석가라면 원으로 표시된 저점에서 분석을 시작해 상승 움직임에 대해 그림 8-21a에 표시한 것처럼 기호를 붙일 수 있다. 몇 가지 이유로 이것은 잘못된 파동 분석이다.

1. 2번과 4번 파동 모두 강세를 나타낸다. 이것은 파동 변화의 법칙과 충돌한다.
2. 2번 파동은 1번 파동의 61.8%를 초과해 되돌리는데, 그것은 불규칙 조정이 나타내는 강세 신호와 모순된다.
3. 3번과 5번 파동은 가격의 범위가 너무나 유사하다. 이것은 연장의 법칙과 상충된다.
4. 결과적으로 분석이 시작되는 최저점은 하락 파동의 종점이 아니다.

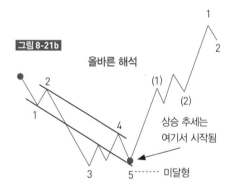

그림 8-21b

올바른 해석

상승 추세는 여기서 시작됨

미달형

만약 시장의 가격 움직임을 분석하는 것이 처음이라면, 중요한 고점이나 저점에서 파동을 매기기 시작하는 흔한 실수로 시장 움직임을 잘못 해석하기 쉽다. 믿지 않을 수 있지만 대부분의 큰 엘리어트 패턴은 시장에서 나타난 고점이나 저점에서 마감되지 않는다.

그림 8-21b는 가격 움직임에 대한 올바른 해석을 나타낸다. 5번 파동이 미달형이기 때문에 상승 파동은 가격상 최저점 위에서 매기기 시작한다.

나 최저가를 형성한 가격이나 시각을 향후 시장을 분석하는 데 중요한 분기점으로 생각하기 때문이다. 종종 엘리어트 파동이론에서는 특정한 계산을 할 때 최고점보다 낮은 가격대나 최저점보다 높은 가격대를 실제 고점이나 저점보다 중요하게 다룬다. 패턴이 고점이나 저점을 형성한 후에 마감되는 경우가 있기 때문에 많은 엘리어트 파동이론 전문가들은 엘리어트 파동이론을 장기 차트에 적용시키는 데 어려움을 겪는다.

만약 엘리어트 패턴의 끝이 아닌 지점에서 세기 시작한다면 그 분석은 한동안 길을 잃게 될 것이다. 결국 잘못을 인식하고 적절하게 수정해야 할 것이다. 불행하게도 잘못이 확인되었을 때, 시장 움직임은 마감되어가고 부정확한 가정에 따른 매매로 인해 이미 얼마간의 손실을 봤을 것이다. 이 모든 것이 엘리어트 패턴의 끝이 아닌 시각적으로 중요한 고점이나 저점에서 파동을 세기 시작했기 때문에 나타난 결과다.

엘리어트 패턴을 더 높은 등급의 패턴과 결합할수록 차트상 최고가보다 낮은 가격 또는 최저가보다 높은 가격에서 패턴이 끝날 가능성은 높아진다(그림 8-21b). 이러한 현상은 왜 나타나는가? 중요한 추세의 마지막에서는 시장은 모멘텀을 잃기 시작한다. 이렇게 모멘텀이 상실되면 시장은 종종 패턴의 끝에서 신고가나 신저가를 형성하지 못하게 된다. 모멘텀의 상실은 일반적으로 다음 4가지 중 하나의 형태로 구현된다.*

Ⓐ 충격 패턴은 미달형 5번 파동을 포함한다.
Ⓑ 플랫 패턴은 미달형 파동 c로 마감된다.
Ⓒ 복잡하거나 잘 나타나지 않는 형태는 수렴형 무제한 삼각형으로 마무리된다.
Ⓓ 충격파동이 터미널 패턴으로 마감된다.

위의 4개 중 3개(Ⓐ, Ⓑ, Ⓒ)에 해당될 경우 항상 차트의 신고가나 신저가가 엘

---

* 다음에 열거된 각각의 상황들은 그림 8-23에 동일한 알파벳에 그림으로 표현되어 있다.

그림 8-23

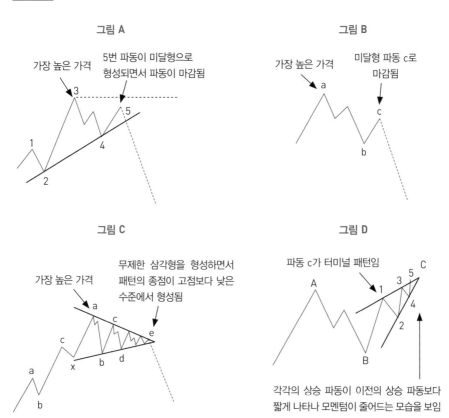

그림 A

가장 높은 가격

5번 파동이 미달형으로
형성되면서 파동이 마감됨

3

1

2

4

5

그림 B

가장 높은 가격

미달형 파동 c로
마감됨

a

b

c

그림 C

가장 높은 가격

무제한 삼각형을 형성하면서
패턴의 종점이 고점보다 낮은
수준에서 형성됨

a

c

c

x

b

d

e

a

b

그림 D

파동 c가 터미널 패턴임

A

B

1

2

3

4

5

C

각각의 상승 파동이 이전의 상승 파동보다
짧게 나타나 모멘텀이 줄어드는 모습을 보임

리어트 패턴의 끝이 아닌 모습을 보인다. 5번 파동이 내부 파동으로 분화될 경우, 5번 파동이 위의 시나리오 Ⓐ, Ⓑ, Ⓒ 중 하나의 상황으로 모멘텀을 상실한다면, 터미널 패턴은 최고점보다 낮거나 최저점보다 높은 수준에서 파동이 마감될 수 있다.

만일 패턴이 완전히 되돌려지고 시장에서 형성된 최고점이 엘리어트 패턴의 종점이 아니라면, 패턴의 종료 시점은 고점이 형성되기 이전이 아니라 형성된

그림 8-24a

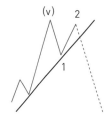

이 그림을 잘못 해석할 경우, 2번 파동이 1번 파동의 거의 대부분, 즉 61.8%를 초과해 되돌리는 것으로 보기 쉽다. 실제로 2번 파동이 1번 파동을 61.8%를 초과해 되돌리는 것은, 2번 파동의 종료를 더 낮은 단계의 파동을 기준으로 적용하더라도 극히 드물게 나타나는 현상이다.

그림 8-24b

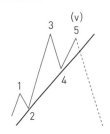

그림 8-24b가 그림 8-24a보다 옳다는 것을 어떻게 증명할 수 있는가? 그림 8-24a에서 2번 파동이 1번 파동을 되돌린 비율은 너무 높다. 강한 3번 파동이 나오기 위해서는 2번 파동의 파동 c가 파동 a의 종점을 넘어서지 않으면서 2번 파동이 내부 파동으로 분화되어야 한다. 그림 8-24a에서 점선의 길이를 볼 때, 2번 파동은 내부 파동으로 분화되지 않았다. 한편 그림 8-24b에서와 같이, 미달형 5번 파동이 나타난 이후의 시장 움직임은 미달형 파동이 나타낸 추세의 약화 때문에 강한 역추세파동을 만들어낸다. 강한 하락세(점선으로 표시될 부분)가 나타났고, 충격 패턴이 급속히 되돌려졌기 때문에 5번 파동이 미달형으로 진행되었다는 시나리오가 옳은 것으로 확인된다(그림 8-24b).

이후에 나타날 것이다. 항상 중요한 고점이나 저점이 형성되고 조정이 있을 후에 나타나는 두 번째 강한 파동(spike)의 발생을 주의 깊게 살펴야 한다. 이것은 엘리어트 패턴이 고점이나 저점을 형성한 후에 마감된다는 경고 신호일 수 있다. 또한 중요한 고점이 형성 부근 및 직후에 상당 기간 횡보국면이 진행될 때 주의해야 한다. 이 경우 횡보의 패턴은 고점과 저점을 형성한 후에 추세를 마감하는 무제한 삼각형일 수 있다.

적절치 못한 지점에서 파동을 매기기 시작하면 엘리어트 파동이론 법칙을 잘못 적용하게 될 수 있다. 그림 8-24a와 24b를 보면 그런 현상이 어떻게 일어나는지 알 수 있다. 대부분의 애널리스트들이 범하는 다른 잘못된 결론은 시장

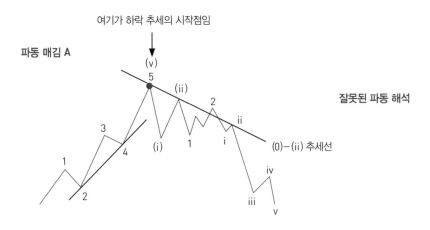

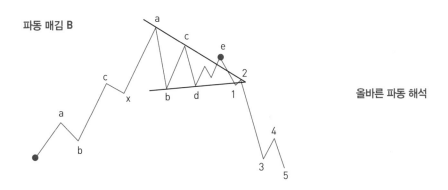

이 3번 파동이 연장된 충격파동의 중심부에 도달하는 과정에서 1번과 2번 파동에서 복잡성 등급이 줄어드는 것으로 해석하는 파동과 관련이 있다(그림 8-25).

A의 파동을 매기는 과정에서 많은 중요한 논리와 법칙의 오류가 발생하는데, 그 오류들은 다음과 같다.

① 1번, 3번, 5번 파동의 길이는 모두 비슷하다(충격파동이기 위해서 연장 필요).

② 2번 파동과 4번 파동은 서로 변화하는 모습이 보이지 않는다(파동 변화의 법칙 적용되지 않음).

③ 하락 과정에서 파동 2는 형성 기간과 되돌림 비율이 파동 (ii)보다 크다. 이것은 시장이 점차로 약해지기보다는 오히려 강해지고 있는 것을 보인다(3번 파동이 하락하는 충격파동의 경우 파동의 중심부로 진행되면서 시장은 약해지는 모습을 보여야 한다).

④ 0-(ii) 추세선은 2번 파동에 의해 이탈되었고, 이는 파동 (ii)가 종료되지 않았거나 파동에 대한 해석이 잘못되었다는 뜻이다.

파동 매김 B는 위의 시장 움직임에 대해 파동기호를 매기는 올바른 방법을 보여준다. 삼각형 꼭짓점이 완전히 끝날 때까지는 시장이 본격적으로 하락하기 시작한 것이 아니라는 점에 유의해야 한다. 이것이 무제한 삼각형이 나타나는 전형적인 모습이다.

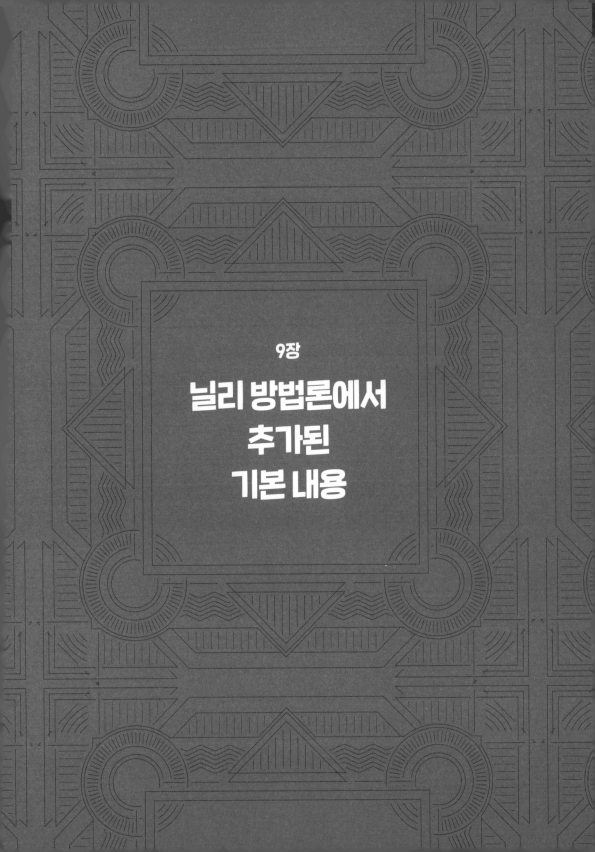

9장

닐리 방법론에서
추가된
기본 내용

9장의 효용성에 대해

이 책의 서두에서 언급했던 바와 같이, 닐리 방법론에서 추가한 많은 내용을 이 책의 적절한 부분에 통합해 소개했다. 사실상 3장에서 논의된 기법들은 모두 필자가 수년 간 파동이론의 원격 강의를 진행하는 동안 개발한 것들이다. 단계적으로 진행되는 객관적인 분석 과정은 『엘리어트 파동이론 마스터』의 핵심이다. 모노파동, 폴리파동, 복잡성, 집약 등 새로우면서 더욱 의미를 파악하기 쉬운 많은 용어를 새로 만들어내거나 재정의함으로써 해당 주제에 대해 보다 정확한 의사소통을 할 수 있게 되었다. 진행기호(Progress Label)와 논리법칙(Logic Rule), 새로운 형태의 삼각형 등의 개념과 함께 그 자체의 독특한 법칙, 그리고 삼각형 움직임의 계량화에서의 중요한 발전 등이 모두 엘리어트 파동이론에 새롭게 부가된 개념이며, 이것들이 닐리의 방법론을 구성한다. 나아가 9장에 있는 모든 법칙은 위의 목록에 속하는 것들이다.

이어서 논의될 법칙들은 현 시점까지 설명한 것들만큼 중요하지는 않지만, 패턴 해석에 대한 신뢰 수준을 높이는 데 매우 유용할 법칙들이다. 이러한 보다 미세한 법칙들을 이용한다면 다양한 가능성 중에서 어느 것이 가장 높은 확률을 보일지 결정하는 데 도움이 되는 경우가 많을 것이다.

추세선의 접점들

이 법칙은 충격파동과 복합 조정파동의 움직임을 재빨리 구별하는 데 도움이 될 것이다. 이 법칙은 '5개의 내부 파동으로 이루어진 패턴, 즉 같은 등급에서 추세선에 대한 접점이 6개 나올 수 있는 경우에 2개의 반대편 추세선에 동시에 닿을 수 있는 접점은 총 4개뿐이다.'라는 것이다(그림 9-1). 이 법칙은 추세 충격 패턴 및 터미널 충격 패턴, 삼각형 패턴에 모두 적용될 수 있는데, 충격 패턴과 삼각형 패턴 둘 다 5개의 부분으로 이루어져 있기 때문이다.*

이 법칙을 어떻게 하면 가장 유용하게 활용할 수 있을까? 오랜 기간 동안 패턴이 복잡한 폴리파동, 멀티파동, 매크로파동 등급에서 전개될 때 평행하는 추세선에서 4번 이상의 접점이 존재한다면, 이것은 충격파동이 아니라 조정파동의 움직임이 있다는 강한 신호다. 일반적으로 조정 패턴은 이중이나 삼중 지그재그 또는 이중 또는 삼중 조합이 될 것이다. 가끔 가다가 충격 패턴에서 2개의 수렴하거나 확장 또는 평행한 추세선을 따라 4개 이상의 접점도 나타날 수는 있지만, 이런 모든 접점들이 같은 등급인 것은 아니다. 그 법칙은 같은 등급의 파동에만 적용된다는 점을 항상 기억해야 한다.

이 법칙은 다른 표준 조정 패턴(Standard corrective patterns)에도 적용된다. 모든 표준 조정은 4개의 접점이 있을 수 있다. 그런데 4개 중 3개만 평행한 추세선에 접해야 한다. 만약 삼각형을 제외한 어떤 표준 조정파동(삼각형 제외)에서 같은 등급의 파동이 평행한 채널 내에서 4개의 접점이 형성되면, 그 조정이 복합 비표준형(Complex, Non-Standard formation) 조정 패턴의 일부가 될 것이라는 신뢰성 있는 신호가 된다. 이 법칙은 지그재그가 형성될 때 가장 유용하다(그림 9-2).

---

* 이 법칙은 삼각형(5장 282쪽)에서 부분적으로 다룬 바 있다.

그림 9-1

무제한 삼각형 패턴이 형성될 때는 때때로 '접점의 법칙'을
적용하는데 있어 재량적 접근이 필요할 수 있다.

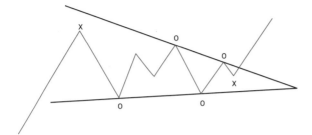

4개의 점은 서로 반대편 추세
선에 접하고 있는데, x는 접점
을 형성하지 않는다.

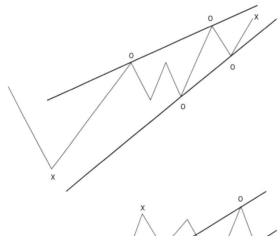

이 그림에서 충격파동을 구성
하는 6개의 모든 점 중 상하 추
세선에 접하는 점은 4개뿐이
다. x는 추세선에 접하지 않는
2개의 점을 나타낸다.

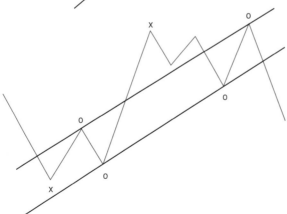

이 그림에서도 평행한 추세선에
접한 같은 등급의 점은 4개뿐이
다. 어느 추세선에도 접하지 않
은 2개의 점은 x로 표시했다.

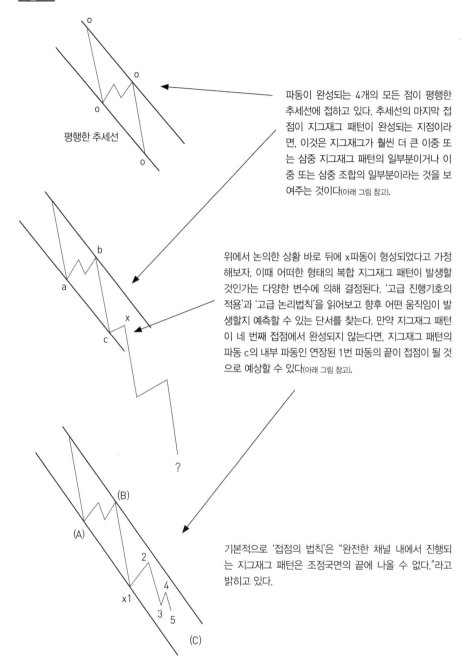

그림 9-2

파동이 완성되는 4개의 모든 점이 평행한 추세선에 접하고 있다. 추세선의 마지막 접점이 지그재그 패턴이 완성되는 지점이라면, 이것은 지그재그가 훨씬 더 큰 이중 또는 삼중 지그재그 패턴의 일부분이거나 이중 또는 삼중 조합의 일부분이라는 것을 보여주는 것이다(아래 그림 참고).

위에서 논의한 상황 바로 뒤에 x파동이 형성되었다고 가정해보자. 이때 어떠한 형태의 복합 지그재그 패턴이 발생할 것인가는 다양한 변수에 의해 결정된다. '고급 진행기호의 적용'과 '고급 논리법칙'을 읽어보고 향후 어떤 움직임이 발생할지 예측할 수 있는 단서를 찾는다. 만약 지그재그 패턴이 네 번째 접점에서 완성되지 않는다면, 지그재그 패턴의 파동 c의 내부 파동인 연장된 1번 파동의 끝이 접점이 될 것으로 예상할 수 있다(아래 그림 참고).

기본적으로 '접점의 법칙'은 "완전한 채널 내에서 진행되는 지그재그 패턴은 조정국면의 끝에 나올 수 없다."라고 밝히고 있다.

시간 법칙

시간은 파동 패턴을 정확하게 찾아내는 데 중요한 기능을 한다. 엘리어트는 충격 패턴의 연장되지 않은 2개의 파동이 종종 같은 기간에 걸쳐 형성된다는 것을 발견했다. 또한 지그재그에서 파동 a와 c가 시간상 같은 길이를 갖는 경향이 있다는 사실도 확인했다. 몇 년간의 관찰로 필자는 분석 과정을 향상시킬 수 있는 시간과 관련된 추가적인 방법들이 다수 존재한다는 것을 발견했다.

가장 단순하게 보자면 시간 법칙은 다음과 같다. "동일한 등급에 있는 어떤 3개의 인접파동도 모두 같은 기간에 걸쳐 형성되지 않는다는 것이다."(그림 9-3)

관찰 결과 어떤 파동 흐름에서 3개의 인접한 패턴은 다음 중 1가지 방식으로 시간상 관계를 형성한다.

Ⓐ 만약 어떤 패턴의 첫 번째 2개의 내부 파동이 같은 기간에 걸쳐 형성되었다면, 세 번째 파동은 앞에 형성된 다른 두 파동이 각각 형성되는 데 소요된 기간에 비해 훨씬 길거나 짧은 시간이 소요될 것이다. 세 번째 파동은 앞의 2개의 파동을 합친 것과 같은 기간이 소요되는 경우가 종종 있다.

Ⓑ 만일 두 번째 내부 파동이 첫 번째 파동에 비해 훨씬 긴 기간에 형성되었다면, 세 번째 내부 파동은 첫 번째 파동과 비슷하거나 61.8% 또는 161.8%의 비율 관계를 가질 것이다.

Ⓒ 만약 3개의 파동 모두 다른 시간 동안 형성되었다면, 그들은 피보나치 비율의 관계를 형성할 것이다.

그림 9-4에서 위의 법칙들은 플랫의 형성에 어떻게 영향을 미치는지 그 예

그림 9-3

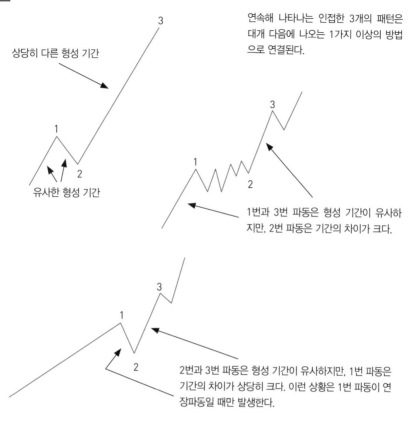

상당히 다른 형성 기간

3

1

2

유사한 형성 기간

연속해 나타나는 인접한 3개의 패턴은
대개 다음에 나오는 1가지 이상의 방법
으로 연결된다.

3

1

2

1번과 3번 파동은 형성 기간이 유사하
지만, 2번 파동은 기간의 차이가 크다.

3

1

2

2번과 3번 파동은 형성 기간이 유사하지만, 1번 파동은
기간의 차이가 상당히 크다. 이런 상황은 1번 파동이 연
장파동일 때만 발생한다.

를 볼 수 있을 것이다.

시간 법칙의 적용

만약 2개의 인접한 패턴이 같은 시간에 걸쳐 형성되고 그 후에 이어지는 파
동 역시 같은 시간 동안 형성된다면, 단순 폴리파동 이상의 어떤 파동이라 하더
라도, 세 번째 파동이 아직 끝나지 않았거나 혹은 3개의 파동이 모두 같은 등급
에 속하지 않을 것이라고 확실히 예측할 수 있다(그림 9-5).

그림 9-4

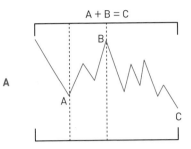

A

조정 패턴의 마지막 파동인 파동 c가 연장되거나 터미널 패턴이라면 파동 a나 b는 비슷한 기간에 걸쳐 형성되고 마지막 파동(파동 c)은 훨씬 긴 기간에 걸쳐 형성되는 경우가 많다. 이 그림에서는 유사한 파동들이 형성된 기간의 합(A+B)과 긴 파동(C)의 형성 기간이 같다.

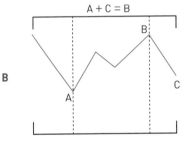

B

플랫파동의 가장 전형적인 사례로, 여기에서는 파동 a와 c가 같은 형성 기간을 가지는 반면 파동 b는 훨씬 길다.

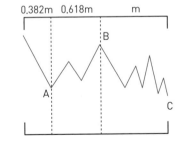

C

만약 두 파동의 형성 기간이 같지 않다면, 모든 파동은 61.8% 또는 38.2%의 비율 관계를 형성할 것이다.

그림 9-5

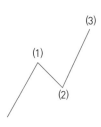

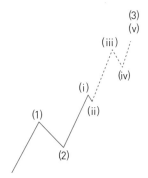

오류 사례

여기에서는 모든 움직임이 동일한 형성 기간을 가지고 있다. 이는 사실상 세 번째 파동이 더 큰 상승 파동의 일부분이라는 사실을 추정할 수 있게 한다.

가능성이 높은 경우

이러한 해석은 동일한 등급에서 차례차례 발생하는 3개의 파동이 동일한 기간에 걸쳐 형성되는 경우의 문제를 해결해준다. 세 번째 하위파동인 파동 (i)은 더 낮은 등급의 패턴이며, 따라서 단지 2개의 인접한 파동에서만 동일한 시간이 소요된다.

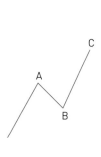

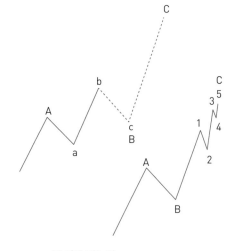

또 다른 오류의 사례

첫 번째 그림과 같은 이유로 이러한 움직임은 동일한 등급의 모든 파동이 동일한 형성 기간을 가졌기 때문에 지그재그의 a-b-c가 될 수 없다.

또 다른 가능성

이 그림이 올바르게 해석되었다면, 시장은 강세 조정(좌측)이나 파동 c가 세분되는 경우(우측)로 보는 것이 바람직하다.

독립성의 법칙

독립성의 법칙은 이 책에서 이미 소개되었거나 소개될 엘리어트 파동이론 상의 모든 법칙에 적용된다. 모든 엘리어트의 법칙과 가이드라인, 그리고 닐리 의 새로운 방법론은 적용하기 충분할 정도로 상세한 가격 움직임이 제시되어 있다면, 각자 모든 파동의 패턴 분석에 개별 개체로 적용해야 한다. 다시 말해 어떤 특정한 원칙들이 항상 동시에 나란히 적용된다고 생각하는 습관을 들이면 안 된다는 것이다. 예를 들어 대부분의 엘리어트 파동이론가들은 연장과 내부 파동으로의 분화를 비슷한 말로 이해한다. 일반적으로 2개의 개념은 같은 패턴 에서 같은 시기에 나타나지만 항상 그런 것은 아니다. 각각의 법칙, 즉 연장의 법칙과 파동 분화의 법칙은 별개로 간주되어야 한다. 그들이 동시에 같은 움직 임에 나타날 수도 있다. 그렇지 않다고 하더라도 이미 매겨진 파동의 타당성을 의심할 필요는 없을 것이다.

동시적 발생

이 원칙은 책에서 제시된 다른 모든 법칙을 공고히 하기 위해 필요하다. '동 시적 발생(Simultaneous Occurrence)'이라는 개념을 정의하자면, 신뢰성 높은 해 석을 위해서는 특정한 시장 상황에 적용 가능한 모든 엘리어트의 법칙이 '동시 적으로' 나타나야 한다는 의미다. 이 법칙을 적용하려면 '예비적 분석'에서 설 명된 법칙과 기법으로 시작해서 '중간적 관찰'을 거쳐 '핵심 고려사항' 등으로 지속적으로 이어져야 한다. 만일 여러분의 차트에 있는 패턴과 일반적으로 관 련 있는 어떤 법칙이 나타나지 않는다면, 다른 어떤 패턴이 전개되는 과정일 것이다. 모든 또는 대부분의 적용될 수 있는 변수들을 만족하도록 파동을 매기는 것을 최선의 해석으로 간주해야 한다. 패턴 완성 이후의 움직임 역시 최상의 결정 방안을 찾기 위해 필요한 조사 과정의 일부분이라는 점을 잊지 말아야 할 것이다.

법칙의 예외

양상 1

때때로 시장의 중요한 변곡점이나 일반적이지 않은 상황에서는 적절한 패턴을 형성하는 데 있어 중요한 법칙 중에 적용되지 않거나 따르지 않는 것이 있을 수도 있다. 중요한 법칙은 3장에서부터 5장의 '충격파동 적용 시 고려사항' 직전까지 기술되어 있다. '일반적이지 않음'을 입증하는 상황은 다음과 같다.

① 멀티파동이나 그보다 큰 패턴의 끝
② 5번 파동이나 티미널(diagonal triangle로 대각 삼각형을 말함) 패턴의 파동 c
③ 수렴형 또는 확산형 삼각형, 또는 그것으로 마감되는 움직임

지금까지 언급되지는 않았지만, 삼각형과 티미널 패턴은 시간, 가격, 채널, 진행기호, 피보나치 비율 등 사실상 모든 법칙과 상황과 조건에 있어 예외가 된다. 중요한 법칙이 위배될 경우 그 패턴은 삼각형이나 티미널 패턴과 관련되어 있을 수 있다.

만약 관찰 중인 시장 움직임에서 중요한 법칙이 나타나지 않을 때, 법칙이 적용되지 않을 수 있는 상황이라는 증거가 있다면 기존의 해석을 받아들일 수

있다. 법칙이 적용되지 않을 수 있다는 것을 입증할 수 있는 근거는 위의 3가지 조건 중 하나가 될 것이다. 5장의 '충격파동 적용 시 고려사항'까지 논의된 법칙들이 극히 중요한 이유는 이 중 2개의 중요한 법칙이 동시적으로 위배될 수 있다는 가능성을 배제하고 있다는 점이다. 만약 2개 이상의 중요한 원칙이 위배되었다면 파동 매김은 제거되어야 한다.

양상 2

예외 법칙의 다른 양상은 다음과 같다. "법칙의 위배는 특별한 이유 때문에 발생하고, 이 특별한 이유가 또 다른 원칙을 만든다."

다음은 이러한 양상이 발생하는 2가지 사례를 제시한 것이다.

① 충격파동의 2-4 추세선은 3번 파동에 의해서는 절대로 이탈되지 않고, 5번 파동에 의해서 이탈되는 일도 거의 발생하지 않는다. 만약 5번 파동에 의해 2-4 추세선이 이탈되었다면, 그것은 '시장이 터미널 충격 패턴을 형성하고 있는 것'이라는 법칙을 활성화하는 것이다. 터미널 패턴은 실제 2-4 추세선 이탈에 대한 타당한 이유가 된다.

② 삼각형 패턴을 돌파한 파동이 삼각형의 꼭짓점이 위치한 시간대에 도달했을 때도 상승이나 하락을 멈추지 않는다면, 시장은 터미널 패턴을 형성하고 있는 것이거나 이전의 삼각형이 무제한 삼각형인 것이다.

구조적 무결성 유지의 필요성

구조는 진행기호에 따른 시나리오로 결합하는 데 있어 핵심적인 고려사항이다. 세부적인 부분까지 매우 주의를 기울이고, 과거의 파동 구조에 대해 지속적으로 고려해야만 일관성 있게 정확한 시장 움직임의 해석이 가능해진다. 더 큰 패턴에서 각각의 내부 파동을 적절하게 주의를 기울여 세분화하고, 올바르게 ":3"이나 ":5" 등의 충격파동과 조정파동으로 분류하지 않는다면 분석은 더 어려워질 수 있다. 설령 시장이 어떤 패턴을 형성하고 있는지 현재로서는 명확하지 않더라도, 과거의 움직임에 기반해 입증 가능한 가격파동의 구조를 확인하는 것은 필수적인 일이다. 결국 형성 중인 엘리어트 패턴의 형태는 명확하게 드러날 것이다. 그것은 보통 패턴의 유형에 대한 결론에 근접할 때 나타난다.

구조의 고정

신뢰성 있는 엘리어트 파동을 규명하고 나서, 그리고 집약 과정을 진행시키면서, 주가 움직임에 대한 단순화된 구조(:5 또는 :3)는 이후에도 당분간 변화하지 않는다는 것은 매우 중요한 사실이다. 집약된 패턴을 변화시키면 심각한 오류를 범할 수 있다. 일반적으로 적절하게 집약된 패턴의 구조를 변화시켜서는 절대 안 된다. 종종 여러분은 믿고 싶은 대로 파동 진행을 해석하기 위해 이와 같은 행동을 하고 싶은 유혹에 빠질 수도 있겠지만, 절대 그렇게 하면 안 된다.

엘리어트 파동이론가나 특히 일반 대중 사이에서 존재하는 일반적인 믿음과는 반대로, 패턴이 형성되는 구조는 현재의 의견에 맞추기 위한 애널리스트의 변덕이나 시장의 기본 지표, 기술적 지표 등에 따라 변화되어서는 안 된다. 파동의 패턴들은 순수하게 객장에서 일어나는 매수와 매도 주문의 결과에 기반해 진행된다. 기본적 분석, 기술적 분석, 점성술, 거래량, 미결제 약정, 강세 심리 등을 분석하는 전국 각지의 트레이더들은 이런 매수 및 매도 주문들을 객장으로 보낸다. 시장은 매도와 매수의 주문이 발생하지 않고서는 움직일 수 없기 때문에, 매수와 매도 주문이 일치할 때 수요와 공급에 따른 '공식적인' 가격 수준이 결정된다. 이는 가격의 움직임이 시장에 영향을 미치는 모든 외부 변수를 반영한 순수한 결과이고, 따라서 미래 시장의 성과에 대한 최선의 지표라는 점에 대해서는 논박의 여지가 없다.

시장에서 거래가 이루어지는 가격은 우연히 형성되는 것이 아니다. 매매는 매수자와 매도자 양측 모두를 만족시키기 때문에 발생한다. 파동들은 매수와 매도 거래의 발생을 연속적으로 연결하면서 나타나는 부산물로서, 사건들에 대한 연속적인 표현이다. 무슨 일이 발생할 것 같다는 느낌에 맞추기 위해 패턴의 구조를 변화시키거나, 시장의 위치에 대해 혼란을 느낀다는 이유로 이전에 성립된 파동 매김의 구조를 바꾸는 것은 매우 형편없는 논리라 할 수 있다. 여러분이 이렇게 되어야 할 것이라고 '믿는' 대로, 혹은 패턴을 더 빨리 종결하기 위해 이전의 파동 구조를 변화시키는 것은 대부분 잘못된 해석으로 귀결된다.

파동 원칙에 따르면 가격 방향의 변화에 대한 강한 자신감은 시장이 파동의 마지막 내부 파동을 끝낼 때만 가질 수 있다. 파동의 중요한 종료 지점에서 다음 파동의 종료 지점 사이를 지속적으로 추적하기 위한 유일한 방법은 다음과 같다.

① 모든 단일 모노파동의 종점에 점을 찍어라(여러분이 더 숙련되면 이 과정은 생략할 수도 있다).
② 되돌림 법칙을 학습하고 논리적 사전 구성법칙을 이용해서 각각의 변곡점마다 적절한 구조기호를 배치한다.
③ 인접 모노파동 중에서 표준 또는 비표준 엘리어트 파동 흐름에 일치하는

그룹 구조 조합을 찾는다.

④ 파동 흐름이 일단 확인되면 5장에 있는 '충격파동'과 '조정파동' 중 적절한 절로 이동한다.

⑤ 모든 필수적인 법칙을 살펴보고 일반적인 형태의 범주 구분에 적용한다.

⑥ 진행기호를 파동 패턴에 표시하고 '조건부 법칙' 절의 내용에 따라 분석을 계속한다.

⑦ 고급 진행기호의 적용, 고급 논리법칙하에서 적용 가능한 모든 원칙과 가이드라인을 점검해 파동의 움직임에서 변화의 법칙, 피보나치 비율 등 미세한 법칙들이 지켜졌는지 확인한다. 만일 이러한 움직임의 존재가 확인된다면 다음 단계로 넘어간다.

⑧ ":3" 또는 ":5"의 기본 구조로 패턴을 집약한다(7장 '집약' 참고).

⑨ 만일 모노파동에 한정해서 분석을 진행하고 있다면, 집약된 패턴의 복잡성을 1단계로 높이고 ":5" 또는 ":3"에 밑줄로 표시한다. 만약 모노파동의 단계를 넘어서서 분석을 진행하고 있다면, 7장의 '복잡성' 절에서 논의한 기법을 활용해 구조의 복잡성 단계를 적절한 수준까지 높인다.

⑩ 집약과 복잡성 단계 정리가 끝나면 모든 과정이 재차 시작된다. ② 단계로 돌아가서 새롭게 집약된 패턴이 집약된 패턴 주위의 모노파동 또는 그보다 높은 등급의 파동에 영향을 미치거나 변화시키는지 확인한다.* 그다음 ③ 단계로 진행하거나 다른 조치를 취한다. 하나의 구조기호로 표시된 여러 집약된 패턴이 생길 때까지 ② 단계로 돌아가는 과정을 계속한다.

---

* 이것은 재평가 과정을 의미하는 것이다. 7장 328쪽 참고

모노파동 그룹을 집약하는 과정에서 그랬던 것처럼, 이러한 단일 구조기호들은 결국 동일한 파동 흐름을 형성할 것이다. 유일한 차이라면 각각의 구조흐름이 모노파동이 아니라 폴리파동 또는 그 이상 등급의 파동을 나타낸다는 점이다. 이 책 전반에 걸쳐 지금까지 논의된 모든 법칙은 별도의 주의 표시가 된 파동 외에는 더 복잡한 패턴을 분석할 때도 단순한 패턴의 형성에서 적용된 것과 동일하게 적용될 것이다. 집약된 파동을 다룰 때는 모노파동의 구조기호를 다룰 때와 똑같이 하면 된다. 조합된 파동을 찾아서 '유사성의 법칙' 등을 적용한다. 더 복잡한 패턴을 다룰 때 유일하게 추가로 필요한 과정은 '복합 폴리파동과 멀티파동의 구성'에 나오는 법칙을 확인하고 그 법칙을 따른다는 것이다.

집약된 구조기호는 원래의 모노파동 차트보다 긴 시간 범위를 포함하는 차트에 표시되어야 한다. 장기 차트에 집약된 각각의 폴리파동에 대해 하나의 구조기호를 기입한 후에는, 각각의 모노파동 구조를 더 이상 신경 쓰지 않도록 한다.

파동이론은 상대적인 현상을 다룬다. 패턴이 얼마나 복잡한지 단순한지는 중요하지 않다. 중요한 것은 패턴의 성격이 충격파동인지 조정파동인지다. 그것을 통해 시장 움직임을 어떻게 다루고, 결합하고 해석하며, 거래할 수 있을지 알게 될 것이다.

시장이 파동 흐름의 끝에 도달할 때까지 적용할 수 있는 적절한 진행기호를 추정하는 것은 말 그대로 추정일 뿐이다. 매매를 통해 수익을 내기 위해서는 파동 패턴의 진행기호를 알 필요가 없다. 추세를 따라 매매하는 것은 엘리어트 파동이론의 관점에서는 충격파동(":5")의 방향을 따라 매매하는 것이다. 적어도

3개 또는 5개의 구조기호가 발생하기 전까지는 엘리어트 패턴을 완성하는 것은 불가능하며, 따라서 실제로 진행되고 있는 패턴의 이름에 완전히 확신하는 것도 불가능하다.

결론적으로 시장의 미래 움직임에 대해 어떠한 선입견에 사로잡혀서는 안된다. 시장을 객관적으로 분석하는 유일한 방법은 사전에 결정된 파동 구조를 유지하면서 식별 가능한 파동 흐름이 완성되고 패턴이 모든 중요한 기준을 만족할 때 그것들을 결합하는 것뿐이다. 계속 추정하느라 시간을 낭비하지 말고, 현재 시장의 흐름이라고 생각하는 방향으로 매매하도록 한다.

진행기호의 유연성(패턴의 확장)

이 책의 앞부분에서 진행기호 대신 구조를 다룬 이유가 이제는 명확해졌을 것이다. 그럼에도 불구하고 구조가 주된 관심사가 되어야 하는 이유는 여전히 분명하지 않을 수 있다. 이전 절에서 언급한 바와 같이, 구조기호는 파동 패턴의 첫 단계가 아닌 최종 단계다. 언급되지 않은 것은 '진행기호들이 패턴을 명확히 하는 목적을 달성한 후에는 조금 더 큰 그림을 명확하게 하는 데 별 도움이 되지 않는다.'라는 점이다.

일단 패턴이 완성되면 집약(7장) 과정을 거쳐 보다 큰 파동을 기본 구조로 줄일 필요가 있다. 이런 기본 구조는 패턴을 다른 집약된 파동들과 함께 더 큰 파동으로 통합하는 데 필요하다. 이미 집약된 패턴에서 각각의 하위 파동에 대한 진행기호에 대한 정보는 더 이상 가치가 없다. 장기 차트에서 집약된 하위 파동들이 어떻게 보다 큰 파동 흐름의 부분이 되는지 확인하려면 집약된 패턴의 기본 구조를 사용해야 한다.

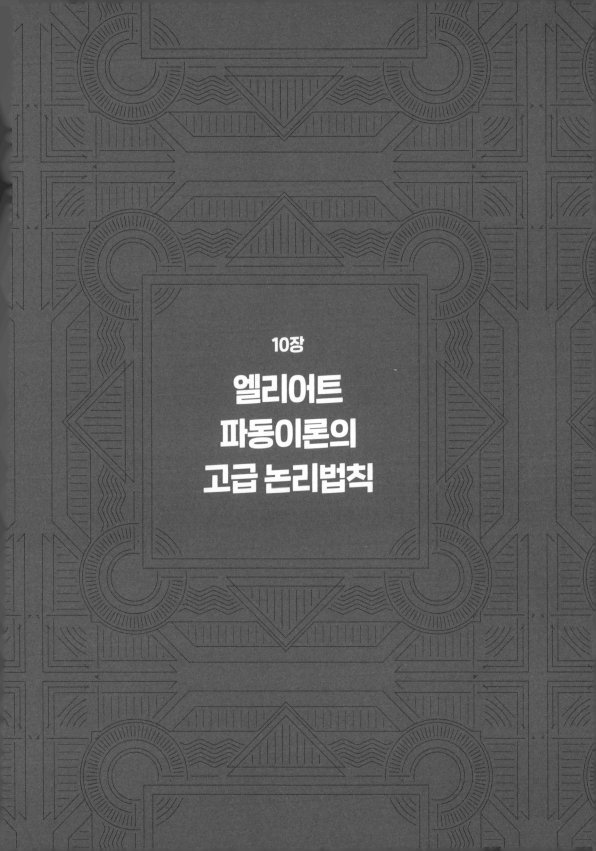

10장

엘리어트
파동이론의
고급 논리법칙

논리법칙을 시장 움직임에 적용하는 이유

파동 해석의 타당성을 담보하기 위해서 마지막으로 고려할 중요한 사항은 시장이 논리법칙에 따라 움직였는지를 점검하는 것이다. 많은 사람들은 엘리어트 파동이론을 적용하는 데 있어서 이 부분을 완전히 간과한다. 논리법칙은 필자가 엘리어트 파동이론의 관점에서 5년 이상의 기간 동안 시장을 치열하게 관찰하고 연구한 결과 발견한 것이다. 논리법칙의 핵심은 패턴이 형성된 이후의 시장 움직임은 바로 전에 마감된 패턴에 의해 예상할 수 있었던 특정한 모양을 따라야 한다는 것이다.

예를 들면 터미널 충격 패턴이 완성된 후에는 되돌림이 매우 강하게 나타나야 하고, 터미널 충격 패턴이 형성된 기간의 50% 내 시간 동안 전부 되돌려져야 한다. 이 법칙에 위배된다면 현재 진행되는 파동에 대한 해석에 중요한 오류가 있는 것이다. 만약 터미널 패턴을 발견했다고 판단했지만, 그 이후에 위에서 기술한 바와 같은 되돌림이 나타나지 않았다면, 파동 배열상 예상되었던 터미널 패턴은 존재하지 않았던 것이다.

조금 넓은 견지에서 본다면, 논리법칙들은 분리된 엘리어트 패턴을 논리적이고 일관성 있게 결합하는 것과 관련이 있다. 논리 체계를 구성하는 대부분의 법칙들은 각각의 조정 패턴과 그것의 변형이 내포하는 힘의 강도로 인한 영향력을 중심으로 만들어진 것이다. 다음 쪽에 있는 세력 순위표에서는 패턴이 내포하는 의미가 시장 움직임의 정확한 해석에 결정적인 역할을 하는 다수의 상황을 나타내고 있다.

패턴의 의미

Mastering Elliott Wave

　모든 엘리어트 패턴은 특정한 양의 힘(Power)을 의미하며, 이 힘을 미래의 시장 행동에 전달한다. 게다가 많은 패턴들이 다음 패턴이 달성해야 하는 최소한의 가격 수준 및 패턴이 형성되는 데 소요될 최소 시간 등 패턴 이후의 시장 행동을 요한다.

　다음에 나오는 세력 순위표에 있는 각각의 조정 패턴은 패턴이 가진 힘의 순위에 따라 나열했다. 힘의 순위는 해당 패턴이 갖고 있을 것이라고 생각되는 힘의 정도가 강한지 약한지를 나타낸다. -3에서 +3까지의 수리적인 척도를 사용했을 때 가장 낮은 점수를 받았다면, 이것은 시장의 상승 잠재력을 저해하는 시장 움직임이다. 패턴이 +3의 순위를 받았다면 시장이 상승세를 이어가는 데 매우 도움이 되는 것을 나타낸다. 동일한 힘의 등급을 가지고 있는 두 조정 패턴 사이의 미묘한 힘의 차이를 결정하기 위해 해야 할 일은 다음과 같다. 등급이 양수일 때는 중립에서 더 멀리 떨어져 있는 조정파동이 더 강한 파동이다. 등급이 음수라면 중립에서 더 멀리 떨어져 있는 것이 더 약한 조정파동이 된다.

세력 순위표

세력 순위		상승으로 패턴이 완성된 경우		하락으로 패턴이 완성된 경우	구조
1	삼중 지그재그	+3		−3	
2	삼중 조합	+3		−3	
3	삼중 플랫	+3		−3	비표준형 구조 (범주 1)
4	이중 지그재그	+2		−2	
5	이중 조합	+2		−2	
6	이중 플랫	+2		−2	
7	연장된 지그재그	+1	(삼각형=0)	−1	
8	연장된 플랫	+1	(삼각형=0)	−1	
9	지그재그	0		0	
10	미달형 파동 B	0		0	
11	일반형	0		0	표준형 구조
12	미달형 파동 C	−1	(삼각형=0)	+1	
13	불규칙 패턴	−1	(삼각형=0)	+1	
14	불규칙 미달형	−2	(삼각형=0)	+2	
15	이중 조정	−2		+2	
16	삼중 조정	−2		+2	
17	강세조정	−3		+3	비표준형 구조 (범주 2)
18	이중 강세조정	−3		+3	
19	삼중 강세조정	−3		+3	

세력 수준에 따른 되돌림

조정 패턴의 '힘'에 대해 이해하는 것은 논리적의 통합 과정에서 극히 중요하다. 이것을 통해 조정파동이 다음 패턴에서 완전히 되돌려질지, 되돌려져야 하느지, 되돌려질 수도 있는지, 되돌려지면 안 되는지, 되돌려지지 않을지 등에 대해 정확한 아이디어를 얻을 수 있다. 어떤 조정 패턴은 움직임을 종료하기에는 너무 약하거나 너무 강하다. 상승으로 마감하면서 +1에서 +3까지의 힘 등급을 가진 패턴은 동일한 등급의 다음 파동에 의해서 완전히 되돌려지면 안 된다.*

패턴의 세력 등급은 형성되고 있는 모든 패턴을 완전히 집약했을 때만 올바르게 적용할 수 있다는 사실을 깨달아야 한다. 파동을 집약함으로써 허용 가능한 범위에서 가장 크게 형성되는 파동에 도달할 수 있다. 패턴이 집약되어 있을 때 세력 등급이 신뢰성 있는 영향을 미치게 될 것이다. 예를 들어 이중 지그재그가 최근에 마감되었다고 가정해보자. 이중 지그재그가 보다 큰 패턴의 첫 번째 파동부터 마지막에서 두 번째 파동까지 어느 지점이든 나타났다면, 세력 등급은 신뢰성이 있을 것이다. 이들 지점 중 어떤 위치에서든 집약 과정을 통해 완결된 이중 지그재그는 별도의 패턴으로 나타나게 된다. 그러나 만약 이중 지그재그가 터미널 충격 패턴 등 보다 복잡한 형태의 패턴 마지막 부분에 나타났다면, 완성된 가장 큰 패턴이 이중 지그재그가 아닌 터미널 충격 패턴이기 때문에 이중 지그재그의 세력 등급은 신뢰성이 없어신다. 다시 말하면 어떤 패턴이 더 큰 패턴의 마지막 부분일 때, 더 작은 패턴은 중요치 않고 가장 큰 패턴의 힘의 등급만을 고려하면 된다는 것이다.

---

* 경고: 필자가 경험한 바로는, 삼각형과 터미널 패턴에서 내부 파동이 가진 의미는 다음 파동에까지 이어지지 않는다. 물론 모든 파동 형성의 법칙에는 하나의 예외가 있다. 이것은 만약 이중 지그재그가 삼각형이나 터미널에 하나의 완전한 내부 파동을 구성하고 있다면, 그것은 이어지는 '동급의' 내부 파동에 의해 완전히 되돌려질 수 있다는 것을 의미한다. 게다가 그다음 움직임은 이중 지그재그에 비해 더 단순할 수도 있다. 이런 현상의 결과로서 중요한 원칙이 도출될 수 있다. 만약 (+1, +2, +3) 또는 (-1, -2, -3)의 힘 등급을 보유한 패턴이 0에 더 가까운 힘의 등급을 가진 같은 복잡성 등급의 패턴에 의해 완전히 되돌려진다면, 시장은 삼각형 패턴 또는 터미널 패턴(확산형, 수렴형, 1번·3번·5번 파동의 연장 등 모든 변형 파동)이 형성 중이라는 신호를 보내고 있는 것이다.

힘의 등급의 절대값이 클수록 그 움직임이 완전히 되돌려질 가능성은 낮다. 각각의 세력 수준의 등급에 따라 가능한 예상 되돌림 비율은 다음과 같다.

① (0) 등급은 어떠한 특정한 되돌림 비율도 의미하지 않기 때문에 사실상 이전 패턴의 0%부터 100% 이상까지 어떠한 수준의 되돌림도 가능하다.
② (+1, -1) 등급은 다음 마감된 동급의 파동에 의한 되돌림 비율이 90% 이상 이루어질 수 없다.
③ (+2, -2) 등급에서는 80% 이하의 되돌림 비율만이 나타날 수 있다.
④ (+3, -3) 등급에서는 60~70% 수준으로 가장 적게 되돌려진다.

아래에 나열된 것들은 모두 삼각형을 제외한 엘리어트 조정 패턴이며, 삼각형 패턴은 차후에 설명할 것이다. 위에서 제시한 조정파동들의 차트에서 마지막 부분이 상승으로 마감할 경우에, 19번 패턴이 가장 약한 파동으로 간주되고, 1번 패턴은 가장 강한 파동으로 간주된다. 조정파동의 마지막 부분이 하락으로 마감했다면 반대가 될 것이다.

다음 소제목하에서는 각각의 엘리어트 패턴에 대한 '특별한 상황'에서의 주의사항이 제시되어 있다. 이들 가이드라인은 완전히 신뢰성 있는 엘리어트 파동 패턴으로 가격 움직임을 견고히 하도록 도와줄 것이다.

모든 조정파동들
(삼각형 제외)

시장에서 가장 큰 가격상 움직임은 조정파동 이후에 나타난다. 이런 이유로 조정파동의 의미를 이해하는 것이 충격파동의 의미를 이해하는 것보다 더 중요하다.

삼중 지그재그(Triple Zigzag)

이것은 발생할 수 있는 조정파동 중에서 가장 강한 파동이다. 만약 파동이 아래로 향한다면 시장이 현재 매우 약하다는 것을 나타낸다. 파동이 상승하고 있다면 현재 시장은 매우 강한 것이다. 삼중 지그재그는 잘 나타나지 않지만 일단 발생하면 일반적으로 터미널 패턴 또는 삼각형 패턴의 가장 긴 부분을 차지한다. 터미널 패턴의 한 부분일 경우 이것은 분명 연장된 부분 일 것이다. 시장의 위치에 따라 터미널 패턴이 발생할 수 없다면 유일한 대안은 삼중 지그재그가 삼각형의 가장 큰 부분이 되는 것이다. 만약 플랫이나 수렴형 삼각형의 한 부분이라면, 삼중 지그재그는 결코 바로 뒤에 나오는 같은 등급의 파동에 의해 완전히 되돌려질 수 없을 것이다.

삼중 조합(Triple Combination)

이 패턴은 지그재그, 플랫(연장된 플랫이 자주 나타난다), 그리고 삼각형이 결합된 것일 수 있다. 이 범주에 들어가는 패턴은 거의 항상 삼각형으로 마감된다. 2개의 x파동 중 어느 것이든 삼각형이 될 수 있지만 반드시 그래야 하는 것은 아니다. 첫 번째 2개의 조정파동(전체 파동을 시작하는 패턴과 첫 번째 x파동 직후에 나타나는 패턴)은 삼각형이 되어서는 안 된다. 삼각형에서 삼중 조합이 나타날 경우, 이것은 삼각형의 내부 파동 중 가격상 등락폭이 가장 클 것이고, 아마도 소요 시간이라는 면에서도 가장 큰 부분이 될 것이다. 이런 패턴이 나타날 수 있는 다른 유일한 패턴은 터미널 충격파동이다. 삼중 조합이 연장된 5번 파동인 터미널 패턴에 나타날 때 삼중 조합 패턴이 완전히 되돌려져야 하는 유일한 경우인데, 이때 되돌리는 파동은 삼중 조합보다 복잡성 등급이 더 높은 파동이다.

삼중 플랫(Tripe Flat)

삼중 플랫이 5번 파동이 연장된 터미널 패턴의 마지막 내부 파동이 아니라면 삼중 플랫 뒤에 나오는 패턴은 완전히 되돌려져서는 안 된다. 그런 경우에도 되돌림 패턴은 한 단계 높은 등급의 파동이어야 한다. 그것들은 같은 등급의 다음 파동에 의해서 완전히 되돌려질 수 없다. 이런 패턴들은 매우 희귀하기 때문에 여러분도 보지 못할 가능성이 높다. 이것은 단지 설명의 완결성을 위해 여기에 소개하는 것이다.

이중 지그재그(Double Zigzag)

이 패턴은 5번 파동이 연장된 터미널 패턴의 마지막 부분이 아닌 경우 다음 파동에 의해 완전히 되돌려질 수 없다.

이중 조합(Double Combination)

삼중 조합과 같이 이중 조합은 거의 항상 삼각형으로 마감되거나, 보다 단순한 수준의 패턴(복잡성 1단계 패턴)에서는 미달형 파동 c로 마감된다. 이 패턴은 보다 큰 패턴(터미널 충격 패턴에서 1번, 3번, 5번 파동이 연장된 경우)의 마지막 내부 파동이 될 경우에는 완전히 되돌려질 수 있지만 일반적으로는 완전히 되돌려지지 않는다. 만약 x파동 이후에 나타나는 조정파동이 '심각한' 미달형 파동 c 또는 강세 삼각형(Running Triangle)이라면 전체 조정파동이 완전히 되돌려질 수 있다.

이중 플랫(Double Flat)

이것은 그리 흔한 패턴은 아니지만 종종 나타난다. 이중 플랫은 아마도 '심각한' 미달형 파동 c로 마감되거나 보다 큰 패턴(터미널 충격 패턴 등)의 마지막 파동이 되지 않는 한 다음 파동에서 완전히 되돌려지지 않을 것이다. 이런 패턴들 이후의 움직임은 이중 지그재그 이후보다 조금 빠르게 진행되어야 한다.

연장된 지그재그(Elongated Zigzag)

필자에 의해 명명된 연장된 지그재그 패턴은 거의 항상 삼각형과 터미널 충격 패턴에서만 나타나는 패턴이다. 일반적으로 그런 패턴은 하나의 완전한 내부 파동을 구성할 것이다. 이것은 수렴형 삼각형에서(파동 e 제외) 모든 파동이 될 수 있고, 확산형 삼각형에서(파동 a 제외)도 마찬가지다. 이것은 바로 다음에 이어지는 같은 수준의 파동에 의해서 완전히 되돌려져서는 안 된다.

연장된 플랫(Elongated Flat)

이것은 가장 재미있지만 왜곡된 엘리어트 패턴 중 하나다. 필자는 이 패턴이 대부분 삼각형에서만 발생한다는 점을 발견했다. 이것은 때때로 터미널 충격 패턴에서도 나타난다. 삼각형에서 이패턴은 거의 항상 하나의 전체 내부 파동을 형성한다. 만약 전체 내부 파동이 아니면 삼각형의 전체 내부 파동인 복합 조정의 한 단계 낮은 수준의 파동이 될 것이다.

지그재그(Zigzag)

이것은 전체 패턴 중 3위 안에 드는 가장 일반적인 패턴이다. 단순 지그재그 패턴이 되기 위해서는 파동 c가 파동 a의 61.8%보다 작아서는 안 되고 161.8%보다 커서도 안 된다.

파동 c가 가장 길 경우

여기에 제시된 3가지 지그재그 중 파동 c가 하락 중이라면 가장 약한 힘을 가지고 있고, 상승 중이라면 가장 강한 힘을 가진 패턴이다. 이 파동은 다음 파동이 같은 수준일 경우 더 복잡하고 많은 시간을 소비하거나, 지그재그가 조정 국면을 마감하지 않는다면 완전히 되돌려질 수 없다.

파동 c가 같을 경우

이 패턴은 완전히 되돌려질 수도 있고 그렇지 않을 수도 있다. 가장 자주 발생하는 조정파동 중 하나다. 사실상 이 패턴 이후에 어떤 파동도 나타날 수 있다.

파동 c가 짧을 경우

이 패턴은 이후에 x파동이 나타나지 않는 경우 거의 항상 완전히 되돌려진다. 이것은 다음에 어떤 패턴이 이어질지에 대해 어떤 단서도 제공하지 않는다.

미달형 파동 b(B-Failure)

엘리어트 파동이론에 따르면 파동 b가 미달형인 것은 가장 중립적인 패턴이다. 실제로 이 패턴이 나타난 후에는 어떤 것도 이어질 수 있기 때문에 특별히 기대되는 파동은 존재하지 않는다.

일반형(Common)

이것 역시 매우 중립적인 패턴이다. 사실상 조정파동이 나타날 수 있는 모든 위치에서 발생 가능하다. 이것은 향후 시장 움직임에 대해 특별히 의미하는 바는 없지만 지그재그에 비해 단연코 강한 힘을 갖는다.

불규칙 패턴(Irregular)

많은 독자들이 믿는 것과는 달리, 이 패턴은 실제로 평범하지 않고 자주 나타나지도 않는다. 이것은 자기 모순적인 상태를 만든다. 왜냐하면 파동 b가 파동 a의 시작점을 넘어서면 이것은 한 단계 높은 수준의 추세의 힘을 나타내기 때문이다. 파동 c가 다시 되돌려 파동 b의 끝을 넘어선다면, 이것은 파동 b에 의해 나타난 힘을 무력화시켜 비논리적인 상황이 연출된다. 이런 움직임은 터미널 패턴이나 삼각형 패턴에서는 받아들일 수 있지만 플랫에서는 그렇지 않다.

미달형 파동c(C-Failure)

이 패턴은 같은 수준의 다음 파동에 의해 완전히 되돌려져야 한다. 만약 미달형 파동 c 패턴이 조정파동의 마지막 파동이라면, 이어지는 충격파동은 같은 수준과 방향을 가진 이전 충격파동보다 크게 나타난다. 만약 미달형 파동 c가 보다 큰 조정파동의 마지막이 아니라면, 이후의 파동은 이중 강세조정의 x파동이거나, 가능성은 낮지만 강세조정의 파동 b여야 한다.

불규칙 미달형(Irregular Failure)

이 패턴은 완전히 되돌려져야 한다. 이후에 나열된 패턴들은 그들이 형성하는 방향과 반대되는 세력(Power)이 존재함을 나타낸다. 일반적으로 이 패턴은 2번 파동으로 나타나고 이후에는 연장된 3번 파동이 나타난다. 보통 불규칙 미달형 이후에 나타난 충격파동은 이전의 충격파동에 비해 1.618배 크다.

이중 조정(Double Three)

일반적으로 조정파동의 길이가 길수록 이후에 나타나는 움직임은 더 강하다. 이중 조정은 2번 파동보다는 파동 b에서 더 잘 나타난다. 왜냐하면 만약 두 번째 파동이 복합 조정(비표준형)이라면 3번 파동은 연장된 파동일 가능성이 높기 때문이다. 연장파동의 내재된 힘은 2번 파동이 형성되는 데 영향을 미칠 것이다. 일반적으로 이 힘은 2번 파동에서 형성될 수 있는 이중 플랫을 3번 파동의 연장파동이 진행하는 방향대로 늘려, 이중 강세조정을 만들어 단순한 이중 플랫과 다른 형태를 구성한다.

파동 c의 가격 움직임은 연장된 3번 파동만큼 크지 않다. 파동 c에 내재된 힘이 없기 때문에 이중 조정에 대한 늘림 효과가 나타나지 않고, 결국 이중 조정은 강세(Running) 패턴으로 진행되지 못한다.

이중 강세조정은 한 단계 높은 단위 패턴의 추세에 대한 힘이 매우 강하다는 것을 의미한다. 따라서 이것은 5번 파동이 연장되는 경우 그 직전의 4번 파동에서만 볼 수 있다. 이중 조정 이후에 나타나는 충격파동은 최소한 이전 충격파동의 161.8%를 넘어서야 한다.

삼중 조정(Triple Three)

삼중 조정은 실제로 존재하지 않는 현상이다. 만약 이것이 관찰된다면, 이어지는 충격파동은 적어도 이전 충격파동의 261.8%를 넘어서야 한다. 거의 예외 없이 이중 조정과 삼중 조정은 마지막 파동과 반대 방향으로 소폭 기울어지는 경향이 있다.

강세조정(Running Correction)

강세조정 이후의 움직임은 충격 패턴이 연장된 파동이거나 플랫 또는 지그재그의 연장된 파동 c여야 한다. 강세조정이 완성된 후에는 충격파동이 시작되어야 한다. 그것은 보다 복잡한 이중 또는 삼중 조정을 형성해서는 안 된다. 강세조정 이후에 나타나는 충격파동은 이전 충격파동에 비해 161.8% 이상이고, 종종 261.8%거나 그것을 넘어서기도 한다.

이중 강세조정(Double Three Running Correction)

이것은 다른 것들에 비해 혼란스럽고 논란의 대상이 되는 패턴이다. 특히 가장 재미있는 부분은 이중 플랫 강세조정은 실제로 정확하게 해석되지 않는다는 점이다. 그것들이 형성되는 동안 어떤 엘리어트 파동이론가들은 1번과 2번 파동이 진행되는 것으로 해석한다. 어떤 사람들은 이것을 터미널 충격 패턴으로 해석할 것이다. 어떤 사람들은 이것을 이중 지그재그와 같이 복잡한 조정이라고 부를 것이다. 이런 오류 없이 정확하게 해석하는 데 가장 중요한 단서는 파동의 구조(:3 또는 :5)다.

애널리스트들은 파동의 구조를 철저히 따르지 않고 간과하는 경향이 있다. 그들은 때때로 파동을 해석하는 데 있어 확실한 구조적인 증거 없이 일반적인 모양만을 가지고 판단한다. 이렇게 게으른 사람들을 좌절시키기 위해, 다른 패턴과 모양이 비슷해 판단에 결정적인 오류를 일으키는 패턴들이 존재한다. 다행스럽게도 세심하게 관찰한다면 정확한 해석이 가능하다. 이 패턴에 대한 잘못된 해석을 피하는 다른 방법은 채널을 분석하는 것이다(491쪽).

이중 강세조정 이후에는 충격파동이 이어진다. 이러한 충격파동은 이전 충격파동의 161.8%를 넘어서야 하고, 261.8%를 넘어서는 것이 보통이다. 기본적으로 이 패턴이 나타나는 유일한 위치는 2번 파동이다. 나아가 이 형태는 대부분 삼각형으로 마감된다.

삼중 강세조정(Triple Three Running Correction)

이 형태는 매우 드문 패턴인데 그럴 만한 이유가 있다. 이중 강세조정에 의해 축적된 힘이 매우 강하기 때문에 시장이 횡보국면을 이어가는 것을 기대하는 것은 비현실적이다. 시장에서 조정국면이 삼중 조정 이상으로 진행되지 않는 것을 기억해야 한다. 결국 필자의 고객 중 한 명이 지적한 바와 같이 시장은 무한정 x파동으로 이어질 수 없다. 만약 삼중 플랫의 강세조정을 본다면, 이후의 충격파동은 그전 충격파동의 261.8%를 넘어설 것으로 기대할 수 있다.

삼각형

삼각형의 일반적이지 않은 성격으로 인해 그것을 설명하기 위한 범주가 만들어졌다(무제한 삼각형이라는 범주는 필자가 만든 것이다).

수렴형 삼각형

수렴형 삼각형 뒤에 나타나는 분출은 삼각형의 형태에 따라 크기와 진행 기간이 다르게 형성된다. 삼각형의 전체 방향이 파동 b의 방향으로 진행되지 않는다면, 수렴형 삼각형 이후의 분출은 삼각형을 형성하는 동안에 만들어진 고점이나 저점을 돌파해야 한다. 미세한 형태 차이에 따라 수렴형 삼각형은 4번 파동이나 파동 b(제한 삼각형), x파동 또는 복합 조정의 마지막 부분(427쪽 '무제한 삼각형' 참고) 등이 될 수 있다.

삼각형은 시장에서 중요한 지지와 저항대를 형성한다. 일단 삼각형이 완성되면, 꼭짓점에 해당하는 가격 수준은 상승에 대한 저항대 또는 하락에 대한 지지대로 작용한다. 시장이 이런 장벽을 돌파하면 그 이후의 흐름은 매우 강하게 형성될 것이다. 삼각형에 의해 형성된 중요한 지지 또는 저항은 거의 항상 피보나치 비율을 찾는 데 있어 중요한 지점이 되고, 특히 삼각형이 지그재그의 파동 b일 때 더욱 그렇다.

삼각형의 꼭짓점에서 형성된 지지 또는 저항은 두세 번 정도의 이탈 시점까지는 유효하다. 만약 시장이 꼭짓점에서 형성된 가격 수준을 3번 이상 오르거나 내리면 그 꼭짓점의 중요도가 떨어진다는 것을 나타낸다.

1. 제한 삼각형

대부분의 조정파동이 나타내는 의미가 이전의 충격파동이나 조정파동에 큰 영향을 받는 것과 달리 제한 삼각형은 스스로를 규정하는 성격을 갖는다. 제한 삼각형 이후에 나타나는 움직임은 삼각형을 형성하는 과정에서 만들어진 수렴되는 추세선에 의해 형성된 꼭짓점의 위치와 가장 긴 삼각형의 내부 파동의 길이에 영향을 받는다. 이 2개의 요인으로 시간과 가격 면에서 제한 삼각형의 타당성을 확인할 수 있다. 만약 분석된 삼각형이 진정 수렴형 삼각형이면, 분출이 있고 난 후에 다시 돌파 지점으로 되돌리고 일반적으로 그것을 넘어설 것이다.

삼각형을 둘러싼 추세선의 기울기에 따라 분출의 수준은 삼각형의 가장 긴 내부 파동의 261.8% 수준 정도로 길거나 75% 수준으로 작을 수 있다. 분출은 시간상으로 삼각형을 둘러싸고 있는 추세선들의 접점인 꼭짓점이 형성되는 시점에 마감된다. 만약 모든 지표가 삼각형이 파동 b이거나 4번 파동이라는 것을 나타내지만, 분출 이후에 돌파 지점으로 되돌리지 않거나 넘어서지 않고 처음 분출 과정에서 나타났던 고점이나 저점을 넘어선다면, 그것은 터미널 삼각형이 형성되고 있거나(2가지 상황에 모두 적용된다), x파동이 진행 중인(삼각형이 파동 b인 경우에 적용된다) 것이다.

파동 b인 제한 삼각형을 다룰 때, 분출 이후 반전 과정에서 삼각형의 꼭짓점이 형성된 가격대를 돌파하지 않는다면 아마도 삼각형 돌파 이후 x파동이 진행 중일 것이다.

수평형 삼각형

삼각형을 돌파하는 분출은 삼각형의 가장 긴 내부 파동의 길이의 25% 수준의 오차 범위 내에서 같게 형성된다. 이러한 삼각형은 일반적인 시장 상황을 나타낸다.

불규칙 삼각형

이런 패턴들에서 파동 b가 파동 a의 시작점을 넘어서기 때문에, 불규칙 삼각형 패턴이 수평형 삼각형보다 강한 힘을 응축하고 있다는 의미다. 이런 형태에서 분출은 삼각형의 가장 긴 내부 파동의 161.8% 수준에서 형성된다.

강세 삼각형

이것은 가장 강한 삼각형 패턴이다. 분출은 가장 긴 내부 파동의 261.8%에 달한다. 삼각형의 기울기가 상승세를 나타내고 있을 경우 시장 상황은 이례적으로 강하고, 하락세를 나타내고 있을 경우는 매우 약하다.

2. 무제한 삼각형

무제한 삼각형은 삼각형 형성 이후의 시장 움직임에 대해 가격이나 시간상의 특정한 제한을 두지 않는다. 패턴이 향후 시장 흐름에 대해 의미하는 바를 찾는 유일한 방법은 조정 이전의 움직임을 연구하는 것이다. 만약 조정파동이 삼각형으로 마감된다면, 이것은 조정파동이 복합 조정(이중 또는 삼중 패턴) 형태라는 의미다. 이런 패턴 이후에 나타나는 같은 수준의 충격파동은 최소한 이전 충격파동과 같은 길이를 갖는다.

무제한 삼각형에서 분출의 길이는 일반적으로 삼각형의 폭보다 길게 나타나는 경향이 있다. 그렇지만 분출 초기에는 삼각형의 폭만큼 움직이고 되돌려 일반적인 삼각형 이후의 행동과 유사한 모습을 보인다. 두 삼각형의 차이점은 그 이후에 나타난다. 제한 삼각형 부분에서 언급한 바와 같이 분출 이후에 삼각형의 꼭짓점 수준까지 되돌리거나 이탈하는 모습을 보여야 한다. 무제한 삼각형에서는 되돌림 과정에서 삼각형의 꼭짓점 수준에 도달하지 않고 다시 상승해 최초 분출 당시에 형성했던 고점을 넘어선다. 제한 삼각형과 무제한 삼각형의 중요한 차이는 무제한 삼각형에서의 분출은 삼각형 꼭짓점이 완성되는 시점에 마감되지 않는다는 점이다.

확산형 삼각형

확산형 패턴의 재미있는 특성은 이것이 기본적으로 수렴형 삼각형과 반대의 성격을 가지고 있다는 점이다. 분출의 폭은 삼각형에서 가장 긴 내부 파동의 길이보다 짧아야 한다. 만약 이 패턴이 파동 b에서 나타난다면 파동 c가 미달형인 패턴으로 마감될 것이 분명하다. 심지어 확산형 삼각형이 보다 큰 패턴의 마지막 파동이더라도, 다음 움직임이 삼각형의 파동 e를 완전히 되돌릴 가능성은 낮다. 만약 파동 e를 완전히 되돌리더라도 그 시간은 파동 e보다 길게 형성되어야 한다.

1. 제한 삼각형

다양한 형태의 확산형 삼각형들 사이에는 큰 차이가 존재하지 않는다. 제한과 무제한 삼각형은 4번 파동 또는 파동 b에서 나타나는 것과 그 외의 것들을 구분하기 위해 존재한다. 이 패턴이 갖는 유일한 신뢰성 있는 함의는 이것이 완전히 되돌려져서는 안 된다는 것이다.

2. 무제한 삼각형

이 형태는 x파동 또는 복합 조정에서 첫 번째 또는 마지막 국면에서 나타나는 확산형 삼각형이다. 이것의 가장 일반적인 발생 위치는 복합 조정의 첫 번째 국면이다. 그런 상태에서 같은 수준의 다음 파동에서 이것은 완전히 되돌려지지 않을 것이다. 만약 이것이 복합 조정의 마지막 국면에 나타난다면 이것은 완전히 되돌려져야 할 것이다.

충격파동

Mastering Elliott Wave

패턴에 내재된 미래의 움직임은 충격파동에 대해 연구할 때는 그다지 유용하지 않다. 충격 패턴 이후에 예측할 만한 움직임은 같은 수준의 조정파동이 얼마나 충격 패턴을 되돌릴 것인가에 대한 것뿐이다. 충격파동 이후에 어떤 형태의 조정이 진행될 것인가를 예측하기는 매우 어렵다. 다음에 나열된 내용들은 충격파동 이후의 움직임에 대한 것으로 대부분 되돌림 수준에 대한 예측의 활용 방안에 대한 것들이다.

추세 방향의 파동

추세 충격파동이 마감된 후에 그것이 보다 큰 패턴의 5번 파동이거나 파동 c가 아니라면 완전히 되돌려져서는 안 된다. 만약 추세 방향의 충격파동이 파동 a이거나 보다 큰 패턴의 1번 또는 3번 파동이라면 이후의 조정 과정에서 충격 파동의 61.8% 이상 되돌려서는 안 된다.

만약 이전 충격 패턴에 대한 되돌림 수준이 61.8%를 넘고, 이전의 충격 패턴이 한 단계 높은 수준의 패턴의 1번 파동이라면, 1번 파동보다 많은 시간을 소비하고 파동 c가 미달형인 조정파동이 2번 파동으로 나타날 것을 예측할 수 있다. 만약 마감된 충격파동이 한 단계 높은 수준의 패턴의 3번 파동이고 3번 파동이 4번 파동에 의해 61.8% 또는 그보다 조금 높은 수준까지 되돌려졌다면, 5번 파동이 미달형으로 나타날 것을 예상할 수 있다. 만약 4번 파동이 진행되는 과정에서 3번 파동에 대한 심각한 되돌림 수준에서 반등하고, 3번 파동의 61.8% 또는 그보다 낮은 되돌림 수준에서 마감될 경우, 4번 파동이 2번 파동보다 복잡하고 많은 시간을 소비하며, 3번 파동이 1번 파동의 261.8%를 넘어서지 않는다면, 5번 파동이 연장될 가능성이 있다.

1번 파동의 연장

충격 패턴의 내부 파동 중 1번 파동이 연장되었다면 이후의 조정은 연장된 1번 파동의 내부 파동 중 4번 파동이 끝나는 수준까지 되돌려야 한다. 만약 충격파동이 보다 큰 충격파동의 1번 파동이거나 5번 파동일 경우, 시장은 직전 충격파동의 내부 파동 중 2번 파동이 존재하는 가격대 또는 그 아래 수준까지 떨어진다.

3번 파동의 연장

충격파동의 내부 파동 중 3번 파동이 연장된다면, 그 충격파동은 최소한 내부 파동 중 4번 파동이 존재하는 가격대(4번 파동의 고점에서 저점 사이)까지 되돌려진다. 만약 3번 파동이 연장된 충격 패턴이 보다 큰 패턴의 5번 파동이라면 보다 큰 충격 패턴은 61.8% 이상 되돌려져야 한다. 만약 3번 파동이 연장된 충격 패턴이 한 단위 큰 충격파동의 1번 파동이거나 3번 파동이라면 그 패턴은 61.8% 이하로 되돌려진다.

5번 파동의 연장

5번 파동이 연장된 것은 아무리 큰 파동의 부분일지라도 다음에 나타나는 같은 수준의 파동에 의해 61.8% 이상 되돌려져야 하는 유일한 경우다. 5번 파동이 연장된 경우 5번 파동이 조정파동인 c파동의 마지막 파동이 아닌 한 같은 수준의 다음 파동에 의해 완전히 되돌려져서는 안 된다. 5번 파동이 연장된 충격파동은 한 단위 높은 수준의 다음 파동으로도 완전히 되돌려지지 않은 몇 안 되는 파동 중 하나다.

터미널 패턴

터미널 충격파동 이후의 시장 움직임은 터미널 패턴이 형성된 시간의 50% 또는 그보다 짧은 기간 동안 전체 패턴을 완전히 되돌린다. 일반적으로 25% 정도의 시간 동안 완전히 되돌려진다. 터미널 패턴은 항상 보다 큰 형태의 패턴을 마감하고, 그것에 의해 형성된 고점이나 저점은 터미널 패턴을 형성하는 데 소요된 시간의 2배 또는 그 이상에 걸쳐 깨지지 않는다. 만약 터미널 패턴이 보다 큰 터미널 패턴의 5번 파동이라면 일반적으로 그 큰 터미널 패턴도 완전히 되돌려질 것이다.

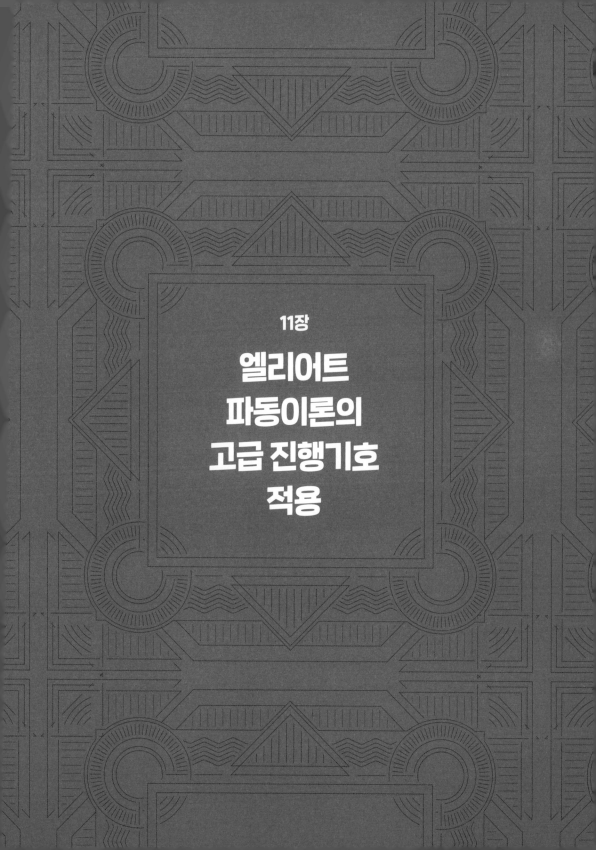

11장

엘리어트
파동이론의
고급 진행기호
적용

11장의 효용성에 대해

엘리어트 파동이론을 이용해 때때로 미래 가격 움직임을 매우 정확하게 예측할 수 있는 이유는 특정한 상황에서 특정한 어떤 형태의 움직임이 나타날 수 있는지 그렇지 않은지에 대해 매우 엄격한 제한을 두기 때문이다. 이 장에서 제공되는 정보들을 이용하면 시장의 현재 위치에 대해 보다 분명하게 이해할 수 있고, 향후의 움직임을 예측하는 데 도움을 받을 수 있을 것이다. 또한 이 장은 각 패턴의 사전적인 움직임과 사후적인 움직임이 기술되어 있어 패턴들을 연결하는 데 도움이 될 것이다. 엘리어트 파동이론에 있어 이 영역은 모든 분석에 대한 기본적인 측면들(되돌림, 구조기호, 채널, 파동 변화, 피보나치 비율 등)이 고려된 이후에 다뤄져야 한다.

고유한 성격을 가지고 있는 각각의 진행기호들 ————————

진행기호를 적절하게 적용하기 위해서는 시장 움직임에 대한 광범위한 이해가 필요하다. 시장 움직임에 대해 진행기호를 붙일 때 그것은 당시의 시장 상황이 해당 진행기호가 의미하는 특정한 시간, 가격, 구조, 복잡성, 거래량, 속도, 모멘텀 등의 조건을 충족시켰다는 뜻이다. 이것들은 당연히 초보자들이 이해하기 어렵다. 진행기호를 부여하기 위해서는 얼마나 되돌릴 것인가를 살피는 것이상의 심도 깊은 이해가 분명히 필요하다.

가격 움직임에 대해 정확한 진행기호를 부여하기 위해서는 각각의 엘리어트 패턴의 미세한 함의와 세부적인 차이에 대해서도 정확하게 알아야 한다. 시장이 조정파동 또는 충격파동 중심부에 도달했을 때 기본적인 시장구조에 대한 정확한 이해가 더욱 중요하다. 왜냐하면 이런 시점에는 하나의 시나리오로 귀결되는 진행기호로 제한하기가 어려운 경우가 자주 있기 때문이다.

추세나 조정파동의 성격에 기반해서 모노파동을 그리는 원리에 대해 이해하고, 모노파동에 대해서 구조기호를 매겨 나갈 수 있고, 시장 움직임을 대략적으로 표준적인 엘리어트 패턴과 연결 지을 수 있을 때, 비로소 '고급 진행기호 적용'에 대해 공부할 준비가 된 것이다. 진행기호들은 파동을 매기는 데 있어 마지막으로 고려할 사항이다. 진행기호를 적절하게 적용하기 위해서는 때때로 상당한 분량의 미묘하지만 핵심적인 차이를 구분하는 기준을 기술한 목록을 살펴야 한다. 이 목록을 활용하면 추세와 조정파동을 조합해 보다 큰 엘리어트 패턴으로 적절하게 결합하는 과정을 보다 공고하게 할 수 있을 것이다.

각각의 진행기호는 고유한 성격을 가지고 있기 때문에, 노련한 엘리어트 파동이론가는 현재의 시장구조에 대해 판단하고 미래 움직임을 예측할 수 있다. 그들은 시장 움직임에 대해 파동의 법칙을 적용하고, 파동이론의 법칙에 따른 파동들의 발생 순서를 이용해 미래 시장의 움직임에 대한 청사진(road map)을 구할 수 있다.[*]

---

[*] 만약 당신이 진행기호를 처음 접한다면, 각각의 기호들이 가지고 있는 의미를 이해하게 된 뒤에야 왜 지금까지 엘리어트 파동에 있어서 이 부분이 논의될 수 없었는지 명확히 알 수 있을 것이다.

이후에 소개되는 내용들은 차트상 파동 구조를 진행기호로 가능한 빠르고 정확하게 전환하는 데 도움이 되도록 구성되었다. 실시간 시장의 움직임을 통해 항상 고려해야 하는 각 진행기호의 특성에 대한 점검 목록이 다음 절에 제시되어 있다. 각각의 목록에는 이전과 이후의 시장 움직임에 대한 진행기호의 함의에 따른 특성들이 나열되어 있다. 이런 목록들 이면에 있는 개념들을 이해해야 한다. 그것들은 시장 움직임에 대한 연역적이고 귀납적인 논리적 추론에 기반한 것들이다. 일단 개념들을 이해한다면, 엘리어트 파동에 의한 가격 움직임의 상호 작용에 대해 논리적으로 설명할 수 있기 때문에 이 장의 전체 내용을 암기한 것과 같은 효과가 있을 것이다.

이전에 시도되지 않았던 것을 시도하는 것이라 각각의 진행기호는 해당되는 엘리어트 패턴 아래에 나열되었다. 이 목록을 통해 엘리어트 파동이론은 너무 많은 가능성을 열어두고 너무 많은 예외가 존재해 실제로 사용할 수 없다는 투자자들의 잘못된 믿음이 변화되기를 바란다. 실제로 그 믿음은 잘못되었지만 현재까지는 그러한 잘못된 믿음을 불식시킬 수 있는 자료가 존재하지 않았다.

충격 패턴

충격파동은 특정한 진행기호상의 위치에서만 나타난다. 2, 4, b, d, e, x파동은 결코 충격 패턴이 될 수 없다.

추세 방향의 파동

1번 파동이 연장된 경우

연장된 1번 파동 이후에 나타나는 2번 파동은 1번 파동의 38.2% 이상 되돌릴 수 없다. 2번 파동이 지그재그 패턴일 가능성은 낮다. 만약 연장된 1번 파동이 발생한 후에 지그재그 패턴이 나타난다면 그것은 2번 파동이 완성된 것이 아니라 플랫조정의 파동 a가 마감되었을 가능성이 높다(즉 2번 파동은 플랫조정의 형태라고 할 수 있다). 2번 파동은 강세조정이 될 수 없다. 5번 파동은 3개의 충격 파동(1번, 3번, 5번 파동) 중에서 가장 짧은 파동이어야 한다. 2번 파동은 4번 파동보다 복잡하고 많은 시간을 소비할 가능성이 매우 높으며, 2번 파동은 5개의 전체 내부 파동 중에서 가장 복잡하고 긴 시간을 소비할 가능성이 높다. 만약 패턴이 폴리파동을 초과하는 등급이라면 1번 파동(3개의 충격 패턴 중 가장 복잡한 부분)이 내부 파동으로 분화된 패턴일 가능성이 매우 높다. 만약 1번 파동이 내부 파동으로 분화되지 않은 패턴이라면, 3번 파동이 분화될 것이다.

1번 파동이 연장되지 않은 경우

2번 파동은 1번 파동의 99%까지 되돌릴 수 있다. 만약 2번 파동이 1번 파동의 99% 수준까지 되돌리고, 1번 파동이 폴리파동이나 그보다 더 높은 등급의 파동이라면 2번 파동은 파동 a, b, c로 세분되고, 파동 c는 미달형 파동이 될 것이다(1번 파동이 내부 파동으로 나눠지지 않더라도 2번 파동은 내부 파동으로 분화될 수 있다).

만약 연장된 상승이나 하락이 진행된 후에 첫 번째 1번 파동이 나타난다면, 1번 파동이 끝나는 지점은 특정되지 않는다. 만약 1번 파동이 보다 높은 등급의 3번 파동 또는 5번 파동의 1번 파동이라면, 1번 파동은 한 단계 높은 등급인 이전 충격파동의 종료 지점에 도달하거나 넘어서야 한다. 3번 파동은 1번 파동보다 길이가 길어야 한다. 만약 패턴의 복잡성 등급이 1(Level-1)보다 높다면, 3번 파동 또는 5번 파동은 내부 파동이 존재하는 파동이지만 1번 파동은 그렇지 않을 것이다. 이것은 1번 파동이 하위 파동으로 나눠질 수 없다는 뜻이 아니라, 3번 파동 또는 5번 파동이 1번 파동에 비해 더 세부적으로 나눠진다는 의미다.

2번 파동

만약 1번 파동이 충격파동 중 가장 긴 파동일 경우 두 번째 파동은 첫 번째 파동의 38.2% 이상 되돌릴 수 없다. 만약 첫 번째 파동이 가장 긴 파동이 아니라면, 2번 파동의 저점은 1번 파동의 최대 99%까지 되돌릴 수 있다. 만약 1번 파동이 폴리파동이거나 더 높은 등급이라면 2번 파동은 폴리파동이나 더 높은 등급의 파동으로 분할될 수 있어야 한다. 만약 2번 파동이 분화되고, 2번 파동의 파동 a가 1번 파동의 61.8% 이상으로 되돌려진다면 전체적인 조정은 반드시 이중 미달형이나 미달형 파동 c로 귀결되어야 하고, 미달형 파동 c는 1번 파동의 61.8% 또는 그보다 낮은 되돌림 수준에서 나타난다.

3번 파동이 연장된 경우

파동이 연장된다면 3번 파동에서 나타날 가능성이 가장 높다. 만약 3번 파동이 내부 파동으로 나눠진다면, 3번 파동의 세 번째 파동도 연장될 가능성이 높다. 같은 차트에서 3번 파동의 2번 파동이 형성되지 않고 2번 파동이 완성되자마자 3번 파동이 연장된다면 2번 파동의 세력 등급(Power Level)은 1 또는 그보다 높아야 한다. 만약 3번 파동이 폴리파동이라면, 3번 파동의 2번 파동은 보다 작은 2번 파동과 구조상 비슷한 모습일 것이다. 이런 특별한 조건하에서 작은 2번 파동은 큰 2번 파동에 비해 길이가 짧고, 형성 기간도 짧고, 1번 파동에 대한 되돌림 비율도 작아야 한다. 0-2 추세선 역시 작은 2번 파동조정에 의해서 이탈되어서도 안 된다. 3번 파동이 연장된다면 5번 파동은 미달형 패턴이 나타날 수 있다는 점을 항상 염두에 두어야 한다.

3번 파동이 연장되지 않은 경우

3번 파동이 3개의 충격파동 중에 가장 긴 파동이 아니라면, 5번 파동이나 1번 파동 중 하나는 3번 파동보다 가격 측면에서 짧은 파동일 것이다. 만약 3번 파동이 1번 파동보다 짧다면, 1번 파동은 연장파동이고 5번 파동이 3번 파동보다 짧을 것이다. 만약 5번 파동이 연장되었다면, 1번 파동이 3번 파동보다 짧을 것이다. 1번 파동이 연장되면, 3번 파동은 1번 파동이 마감된 지점에서 61.8% 이상 상승(하락 추세에서는 하락)해서는 안 된다.

4번 파동

만약 5번 파동이 연장된다면, 4번 파동은 보다 복잡해야 하고, 많은 시간을 소비해야 하고, 2번 파동에 비해 복잡성 등급이 높을 가능성이 높다. 만약 1번 파동이 연장된다면, 4번 파동은 가격, 시간, 구조에 있어 2번 파동보다 단순하게 형성될 것이다. 만약 5번 파동이 연장된다면, 4번 파동은 2번 파동이 1번 파동을 되돌린 비율보다 더 높은 비율로 3번 파동을 되돌려야 한다. 5번 파동이 연장될 경우 4번 파동은 3번 파동의 50~61.8% 정도 되돌리는 경우가 많다. 만약 5번 파동이 미달형 파동이 된다면, 4번 파동은 가장 복잡한 패턴이 되어야 하고 3번 파동의 38.2% 이상 되돌려야 한다(61.8% 되돌리는 것도 가능하다).

5번 파동이 연장된 경우

5번 파동의 길이는 4번 파동의 종점을 기준으로 1번 파동의 시작점에서 3번 파동의 종점까지 상승폭 이상이어야 한다. 연장된 5번 파동의 최대 상승폭은 3번 파동의 종점을 기점으로 0에서 3번 파동의 종점까지 상승폭의 261.8%를 넘어설 수 없다. 2번 파동과 4번 파동에 대해 고려할 때, 4번 파동이 소요 시간과 움직임의 폭이 가장 커야 하고 가장 복잡한 구조를 가져야 한다. 1번 파동이 가장 가파른 기울기를 형성해야 하고, 그다음이 3번 파동이고, 5번 파동의 기울기가 가장 완만해야 한다. 연장된 5번 파동은 전체 충격 패턴이 조정파동의 파동 c이거나 보다 큰 등급의 5번 파동이 연장된 충격파동의 마지막 파동일 경우를 제외하고 완전히 되돌려질 수 없다.

5번 파동이 연장되지 않은 경우

5번 파동은 다음 조정국면에서 100% 또는 그 이상 되돌려져야 한다. 만약

1번 파동이 연장되었고 1번 파동이 연장된 전체 충격파동이 한 단계 높은 등급의 파동의 1번 파동이거나 파동 a인 것으로 결론 났다면, 5번 파동 이후의 조정은 2번 파동이 위치한 가격대에 도달해야 한다. 만약 전체 충격파동이 한 단계 높은 등급의 파동의 3번 파동이라면, 5번 파동 이후의 조정은 4번 파동이 존재하는 수준에서 멈춰야 한다.

미달형 5번 파동

일반적인 원칙에 따르면 5번 파동이 미달형으로 나타나는 것은 3번 파동이 연장될 경우에만 가능하다. 4번 파동은 2개의 조정파동 중에서 가장 복잡한 파동이어야 한다. 4번 파동은 2번 파동이 1번 파동을 되돌리는 것보다 더 많이 3번 파동을 되돌려야 한다. 거의 항상 1번 파동과 5번 파동은 가격과 시간상으로 서로 같게 형성될 것이다. 매우 드문 경우에 1번 파동과 5번 파동은 시간과 가격상으로 2가지 측면 모두 또는 1가지 측면에서 61.8%의 비율을 형성할 것이다. 충격 패턴에서 다음 중 하나의 경우에 해당할 때만 5번 파동이 미달형으로 나타난다.

① 충격 패턴(미달형 5번 파동을 포함히는)이 보다 큰 충격파동의 5번 파동일 경우(그림 11-1)

② 충격 패턴(미달형 5번 파동을 포함하는)이 한 단계 높은 등급의 패턴의 파동 c일 경우(그림 11-2)

③ 극히 드문 경우에 미달형 5번 파동을 포함한 충격파동이 보다 등급이 높은 충격파동의 3번 파동을 볼 수 있다.

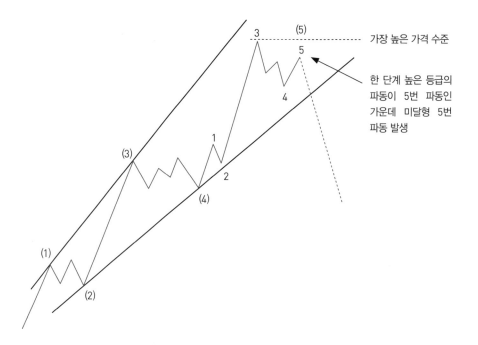

그림 11-1

3　　(5)　　　········ 가장 높은 가격 수준
　　5

한 단계 높은 등급의
파동이 5번 파동인
가운데 미달형 5번
파동 발생

4

1

(3)

2

(4)

(1)

(2)

그림 11-2

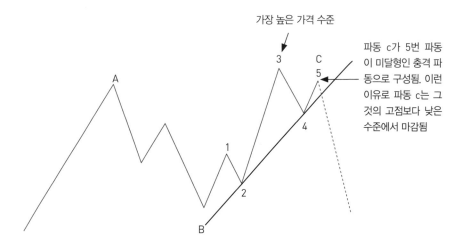

가장 높은 가격 수준

3　　C
　　5

파동 c가 5번 파동
이 미달형인 충격 파
동으로 구성됨. 이런
이유로 파동 c는 그
것의 고점보다 낮은
수준에서 마감됨

A

4

1

2

B

이런 상황이 발생하면 시장이 매우 중요한 고점이나 저점을 형성하는 것으로 볼 필요가 있다. 여기서 '중요한'이라는 것은 물론 상대적인 개념이다. 이런 경우 고점 또는 저점을 형성하는 파동의 등급은 멀티파동 이상일 것이다. 이때 보다 높은 등급의 5번 파동 역시 미달형 파동이 되어야 하고, 5번 파동의 고점이나 저점이 3번 파동 내부의 미달형 5번 파동의 위치에 비해 상승 시 낮고, 하락 시 높아야 한다. 3번 파동의 내부 파동 중 끝부분에 있는 5번 파동이 미달형인 것은 역추세 방향의 힘이 비정상적으로 강하다는 것을 의미한다. 이와 같은 현상이 발생한 경우 장기 고점이나 저점이 형성된다.

물론 이런 상황이 완전히 배제될 수는 없지만, 필자는 3번 파동의 내부 파동 중 5번 파동에서 미달형 패턴이 나온 것을 본 적은 없다. 논리적인 추론과 장기 파동의 일반적인 움직임을 고려하면, 이런 상황에서 위와 같은 결론을 가정하는 것은 타당하다고 생각된다.

터미널 패턴

엘리어트는 이런 형태의 패턴을 '대각 삼각형(Diagonal Triangle)'이라고 불렀다. 대각 삼각형과 수평형 삼각형(Horizontal Triangle)을 잘못 연관 짓는 오류를 피하기 위해 필자는 이 패턴의 이름을 다시 지어야 한다고 생각했다. 그 새로운 이름은 '터미널 충격파동(Terminal Impulse)'으로 패턴의 개념과 성격을 보다 잘 표현하는 이름일 것이다. 예전에 쓰던 용어에 익숙한 독자들에게는 죄송스럽지만, 필자는 이 주제에 대해 독자들이 전혀 접하지 못한 아이디어로 접근해야만 했다. 새로운 용어를 사용하면 독자들은 현재 시장 상황에 대해 보다 잘 이해하고 보다 큰 틀에서의 위치를 정확하게 잡을 수 있을 것이다. 터미널과 삼각형 패턴은 같은 구조흐름(Structure Series)으로 구성되어 있기 때문에 그들은 유사한 움직임을 보일 수 있다. 결정적인 차이는 터미널 패턴은 충격파동의 필수 구성 법칙을 따른다는 점이다. 수평형 삼각형들은 이런 모든 법칙들을 지킬 수 없다(터미널 패턴과 그것의 변형에 대한 그림은 5장 265~266쪽 참고).

1번 파동이 연장된 경우

터미널 패턴에서 1번 파동이 연장되는 것은 가장 일반적인 형태다. 1번 파동의 종점을 기준으로 2번 파동은 1번 파동의 61.8% 이상 되돌려서는 안 된다. 3번 파동은 1번 파동의 38.2%보다 길어야 하고 61.8%를 크게 넘으면 안 된다. 5번 파동은 3번 파동보다 작아야 하고, 3번 파동의 38.2~61.8%의 크기가 될 가능성이 높다. 4번 파동은 일반적으로 가격상 2번 파동의 61.8%이고, 시간상 2번 파동과 비슷하거나 61.8%의 비율로 진행될 것이다. 2번 파동의 저점에서 4번 파동의 저점을 이은 추세선은 명확하고 쉽게 판별 가능할 것이다. 2-4 추세선을 일시적으로 이탈할 수 있는 유일한 경우는 5번 파동이 연장된 플랫이거나, 파동 c가 미달형인 조정파동이거나, 수평형 삼각형이거나, 파동 c가 터미널 패턴인 경우다.

1번 파동이 연장되지 않은 경우

2번 파동은 1번 파동의 99%까지 되돌릴 수 있다. 1번 파동이 연장되지 않을 경우, 터미널 패턴은 충격 패턴의 5번 파동이 아니라 조정 패턴의 파동 c(삼각형의 파동 c인 경우 제외)일 가능성이 높다.

2번 파동

1번 파동이 연장된다면 2번 파동은 1번 파동의 61.8% 아래에서 마감돼서는 안 된다. 만약 1번 파동이 연장되지 않는다면 2번 파동은 1번 파동의 99%까지 되돌릴 수 있다. 만약 1번 파동이 연장된다면 2번 파동은 4번 파동에 비해 더 많은 시간과 가격 변동폭이 나타날 것이고, 2개의 조정파동 중 가장 복잡한 파동이 될 것이다.

3번 파동이 연장된 경우

이것은 가장 발생하기 어려운 패턴이다. 3번 파동이 터미널 패턴에서 연장될 경우 이것은 1번 파동에 비해 그다지 길게 형성될 수 없다. 2번 파동은 1번 파동의 61.8% 이상 되돌려져야 하고, 4번 파동은 3번 파동의 38.2% 또는 그보다 작은 수준으로 되돌려져야 한다. 2-4 추세선은 일반적인 경우와 같은 역할을 할 것이다. 1번과 5번 파동의 종점을 연결한 추세선은 3번 파동이 돌파하게 될 것이다. 5번 파동은 3번 파동의 61.8%를 넘어서는 안 된다. 아마도 이 패턴은 충격 패턴의 5번 파동에서는 보기 어렵고, 조정 패턴의 파동 c에서만 볼 수 있을 것이다.

3번 파동이 연장되지 않은 경우

만약 3번 파동이 연장되지 않는다면 1번 파동이 연장되었을 가능성이 매우 높다. 만약 1번 파동이 연장된다면, 3번 파동은 1번 파동의 61.8%보다 그다지 크게 형성되지 않고, 5번 파동은 3번 파동의 61.8%보다 의미 있게 클 수 없다. 만약 1번 파동이 3번 파동보다 작다면(그렇지만 61.8%보다는 큰 경우), 아마도 5번 파동이 연장될 것이다. 이 경우 4번 파동은 1번 파동과 겹치게 되고, 4번 파동이 2번 파동에 비해 가격 또는 가격과 시간 모두에 더 길게 나타날 것이다. 4번 파동의 종점에서 측정된 5번 파동의 길이는 1번 파동의 시작점에서 3번 파동의 종점까지의 길이 이상이어야 한다. 3번 파동의 고점에서부터 길이를 잴 경우 5번 파동의 길이는 1번 파동에서 3번 파동 종점까지 길이의 161.8%를 넘어서는 안 된다.

4번 파동

5번 파동이 연장되지 않는다면 4번 파동은 3번 파동의 61.8% 이상 되돌려서는 안 되고, 그렇다 하더라도 매우 드문 사례다. 만약 5번 파동이 연장된다면 4번 파동은 2번 파동보다 시간과 가격상 더 크게 형성되고 더 많은 세부 파동으로 나눠진다. 2번 파동과 4번 파동은 가격 면에서 또는 가격과 시간 모두에 대해 61.8%의 관계로 형성될 가능성이 높다.

5번 파동이 연장된 경우

이런 형태는 터미널 패턴이 보다 큰 충격 패턴의 5번 파동을 구성하고 그 5번 파동이 연장된 경우이거나, 터미널 패턴이 수평 삼각형을 제외한 조정파동의 파동 c인 경우다. 이 패턴을 확산형 강세 삼각형과 구별하기 위해서는 몇 가지 중요한 특징이 보여야 한다. 확산형 강세 삼각형과 달리 터미널 패턴은 한 단계 높은 등급의 추세파동이 상승할 경우 패턴의 기울기가 위로 향해야 하고, 1번, 3번, 5번 파동의 고점이 높아져야 하고, 2번, 4번 파동의 저점 역시 높아져야 한다(하락 추세에서는 반대로 적용된다). 확산형 강세 삼각형에서 첫 번째 내부 파동은 두 번째 파동에 비해 짧아야 한다. 5번 파동이 연장된 터미널 패턴의 5번 파동은 1번 파동과 3번 파동의 합의 100% 이상이고, 3번 파동은 1번 파동의 161.8%를 초과해서는 안 된다. 4번 파동은 3번 파동의 절반 이상을 되돌려야 하고 99%(그러나 이렇게까지 되돌릴 가능성은 매우 낮다)까지 되돌릴 수 있다.

5번 파동이 연장되지 않은 경우

만약 5번 파동이 연장되지 않는다면, 5번 파동은 3번 파동의 61.8%를 넘어서는 안 된다. 5번 파동은 3개의 충격파동 중에서 가장 높은 수준의 복잡성을 가져서는 안 된다. 5번 파동은 1번과 3번 파동의 종점을 이은 추세선을 돌파할 것이다. 2-4 추세선은 명확해야 하고, 5번 파동이 삼각형인 경우를 제외하고 5번 파동이 완성되기 전까지 이탈되지 않을 것이다. 4번 파동은 2번 파동에 비해 형성 시간이나 움직임 폭이 작아야 한다.

조정 패턴

Mastering Elliott Wave

각각의 절에서 같은 말이 반복되는 것을 피하기 위해 어떤 조정파동도 추세와 같은 방향을 형성하는 충격파동을 나타내는 '진행기호의 위치(1번, 3번, 5번 파동, 지그재그에서 파동 a와 c, 플랫에서 파동 c)'에서 나타날 수 없다는 것을 다시 강조한다. 조정 패턴에 대한 내용은 다음에 나오는 플랫조정에 관한 것으로부터 시작된다.

플랫

플랫은 패턴들 간의 미세한 힘의 차이에 따라 다양한 형태로 나타난다. 넓은 의미에서 플랫에 해당되는 패턴들을 같은 구조흐름(3-3-5)으로 구성된다(2개의 조정파동이 이어진 후 세 번째 파동은 충격파동으로 구성되는 경우). 이전에 이미 플랫 패턴이 되기 위한 최소한의 조건과 최대한의 한계에 대해 언급한 바 있다. 이 절에서는 각 상황이 내포하는 특정한 의미에 대해 보다 자세하게 다룰 것이다.

플랫 파동 내에서의 변형은 파동 a에 대한 파동 b의 되돌림 비율이 100% 이상인가 또는 이하인가에 따라 결정된다. 파동 a에 대해 파동 b가 크게 나타날수록, 파동 c가 파동 b를 되돌리는 수준은 낮아지고, 파동 a와 파동 c가 유사하게 형성될 것이다. 파동 a에 대해 파동 b의 되돌림 수준이 낮을수록 파동 c가 크게 형성될 것이다. 그림 11-3의 3개의 그림에서 파동 b가 파동 a를 되돌리는 61.8~100%의 정도에 따라 파동 c가 진행되는 양상을 볼 수 있다(이것들은 파동 b가 파동 a를 되돌리는 수준에 따른 파동 b와 파동 c의 비율에 대한 최소한의 필요조건이라는 점을 명심하라).

미달형 파동 b

이 용어는 파동 a가 조정파동이고 파동 b가 파동 a의 61.8~81%를 되돌리는 경우에 사용된다(그림 11-4).

파동 b가 파동 a를 81% 이상 되돌리지 못하는 것은 시장이 일시적인 약세국면임을 나타낸다. 파동 b가 그렇게 약하다면 파동 c가 파동 b를 61.8% 이상으로 되돌릴 것을 예상할 수 있다.

미달형 파동 b는 거의 항상 파동 a가 이중 지그재그이거나 이중 조합인 경우

그림 11-3

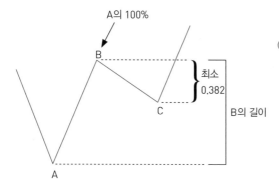

A의 100%

B

최소
0.382

C

B의 길이

A

최소한의 필요조건

(파동 b의 길이에 대한 파동 c의 길이)

이 쪽에 있는 모든 그림에서 파동 b
가 파동 a를 적게 되돌릴수록 파동 c
는 길이가 증가하고 긴 시간에 걸쳐
형성된다.

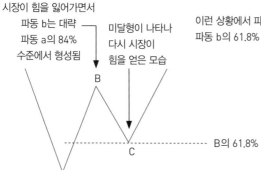

시장이 힘을 잃어가면서
파동 b는 대략
파동 a의 84%
수준에서 형성됨

미달형이 나타나
다시 시장이
힘을 얻은 모습

이런 상황에서 파동 c는
파동 b의 61.8% 이상으로 형성된다.

B

A

C

B의 61.8%

파동 c의 기울기는 약해지는 파동 b
에서 힘을 얻을수록 강해진다. 파동 c
는 여기에 표시된 것보다 길 수 있다.
여기서의 그림은 최소한의 허용 가능
한 한계를 보이기 위한 것이다.

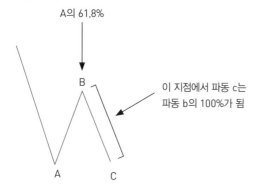

A의 61.8%

B

이 지점에서 파동 c는
파동 b의 100%가 됨

A

C

파동 b가 파동 a의 61.8% 또는 그 이하로
되돌린 경우, 파동 c는 반드시 파동 b를 전
부 되돌려야 한다. 이는 파동 c가 파동 a의
저점에 도달해야 한다는 의미는 아니다. 파
동 a가 그것의 저점 위에서 마감될 수 있다
는 것을 기억해야 한다.

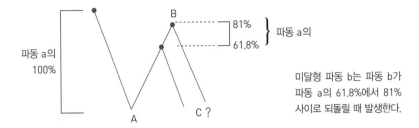

그림 11-4

파동 a의
100%

파동 a의

81%
61.8%

미달형 파동 b는 파동 b가
파동 a의 61.8%에서 81%
사이로 되돌릴 때 발생한다.

B

A

C ?

에 나타난다(이 패턴은 삼각형으로 마감된다). 이런 경우 파동 b는 파동 a의 61.8%에서 81% 되돌린다. 파동 b가 미달형인 패턴에서 나타나는 파동 c는 파동 b를 전부 되돌려야 하고, 그렇지 않다면 그 패턴은 이중 미달형으로 분류된다. 이때 파동 a, b, c 사이에 가격상 특정한 피보나치 비율 관계가 나타날 필요는 없지만, 파동 a와 c는 61.8%의 비율이 형성될 수 있다. 파동 a와 b는 각 파동이 진행된 시간을 기준으로 가능한 범위 내에서 시간, 구조, 복잡성 등급에 있어 다른 모습을 보여야 한다. 이 패턴은 다음과 같은 위치에서 나타날 수 있다.

• 2번, 4번 파동과 파동 a, b의 어느 곳이든 가능
• 수평형 삼각형의 파동 c, d, e
• 드물게 나타나는 강세 이중 플랫의 한 부분

미달형 파동 c

미달형 파동 c는 파동 c가 파동 b를 완전히 되돌리지 못하는 경우를 의미한다. 항상 그런 것은 아니지만 일반적으로 파동 b가 파동 a의 전부 또는 대부분을 되돌리는 경우에 나타난다. 미달형 파동 c는 플랫조정과 반대되는 방향의

그림 11-5

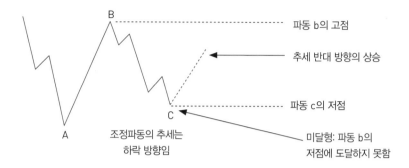

힘이 강하다는 신호다(그림 11-5).

미달형 파동 c가 나타날 때, 파동 c는 조정파동의 내부 파동 중에서 형성 기간이 가장 짧은 패턴이어서는 안 되고, 3개의 내부 파동 중에서 가장 긴 기간에 걸쳐 형성되는 경우가 매우 나주 나타난다. 파동 c가 파동 a 또는 파동 b와 형성 시간이 같은 경우도 존재한다(그림 11-6).

미달형 파동 c가 나타날 경우, 이것은 터미널 패턴인 경우가 많다. 터미널 충격파동은 파동 c의 길이를 제한하는 가운데 시간을 보낼 수 있는 훌륭한 대안이다(그림 11-7).

파동 b를 61.8% 이하로 되돌리는 미달형 파동 c가 나타나는 것은 매우 특이한 경우다. 이런 현상이 나타날 경우 파동 b가 가장 긴 시간에 걸쳐 형성되고, 파동 a와 파동 c가 비슷한 시간에 걸쳐 형성되어야 한다(그림 11-8).

미달형 파동 c가 나타날 경우, 파동 b는 파동 a에 비해 보다 완전하게 내부 파동으로 나눠져야 한다. 일반적으로 이것은 이중 지그재그를 형성한다. 파동 c는 파동 a의 61.8%거나, 파동 a의 시작점에서 61.8% 되돌린 수준에서 마감돼

그림 11-6

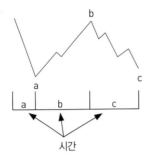

시간

시간 측면에서 파동 a는
가장 짧은 패턴이다.

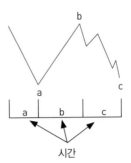

시간

파동 b와 c는 같은 시간에 걸쳐
형성되었다.

그림 11-7

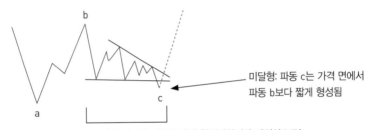

미달형: 파동 c는 가격 면에서
파동 b보다 짧게 형성됨

파동 c는 긴 기간에 걸쳐 형성되었지만 가격상으로는
방향성을 나타내지 못했다.

그림 11-8

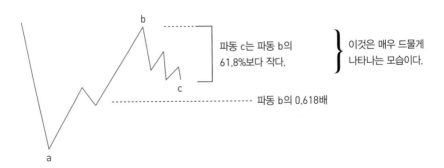

파동 c는 파동 b의
61.8%보다 작다.

이것은 매우 드물게
나타나는 모습이다.

파동 b의 0.618배

야 한다. 파동 b는 파동 a의 고점을 넘어서는 안 된다. 만약 그런 일이 발생하면, 불규칙 미달형을 나타낸다. 파동 c는 물론 충격파동이어야 한다. 이 패턴은 다음과 같은 위치에서 나타날 수 있다.

- 2번 파동, 4번 파동, 파동 a, 파동 b 중 모든 파동
- 터미널 충격 패턴의 5번 파동

일반형

그림 11-9는 플랫 패턴의 전형적인 형태를 나타낸다. 일반형 패턴에서 모든 내부 파동은 거의 같은 수준의 가격 움직임을 나타낸다.

일반형은 조정 패턴이 필요한 시기 중 아무 때나 나타날 수 있다. 파동 b는 파동 a의 100%를 넘어서는 안 되지만 파동 a의 81% 이상 되돌려야 하고, 파동 c는 파동 b를 완전히 되돌려야 한다. 파동 c는 파동 a의 끝부분을 살짝 넘어서야 하지만 10~20%를 벗어나면 안 된다. 이것은 대단히 강한 패턴은 아니지만 지그재그보다는 강세를 나타낸다.

시간과 구조, 복잡성 등급 등의 변화는 가장 중요하게 고려해야 할 사항이

그림 11-9

또는

수직적인 가격 움직임에서 모든 내부 파동이 거의 같은 수준으로 형성된다.

다. 파동 b는 대부분 3개의 파동이 형성되는 가운데 가장 많은 시간 동안 진행되는 부분이고, 파동 a에 비해 복잡성 등급이 높다. 파동 c는 충격파동이어야 한다. 이 패턴은 다음과 같은 위치에서 나타난다.

- 2번, 4번 파동, 파동 a와 b
- 수평형 삼각형의 파동 c, d, e
- 드물게 나타나는 강세 이중 플랫의 한 부분

이중 미달형

이것은 파동 b가 파동 a의 81% 이상 되돌리지 않고, 파동 c가 파동 b의 전부를 되돌리는 데 실패하는 경우로 자주 나타나지 않는 패턴이다(그림 11-10). 일반적으로 파동 a가 이중 조합이고, 이후에 파동 b가 강한 지그재그로 형성되는 경우에 나타난다. 파동 c는 파동 b를 완전히 되돌리지 못할 것이다. 다른 가능성은 파동 a가 삼중 조합이고, 파동 b가 이중 지그재그이거나 이중 조합인 경우다. 이 경우 파동 c가 파동 b를 완전히 되돌리지 못할 것이다(그 이유는 10장 '고급 논리법칙'에 잘 설명되어 있다). 더 자세한 부분은 그림 11-11을 참조하라.

플랫의 파동 a를 통해 이중 미달형 패턴의 형성 여부를 파악하는 데 도움을 받을 수 있다. 이것은 일반적으로 파동 a가 수평형 삼각형으로 마감되는 이중 조합인 경우 나타난다(그림 11-12).

일반적으로 이 패턴은 지속적으로 수렴되기 때문에 수평형 삼각형과 유사한 모습을 보일 것이다. 파동 b가 미달형 패턴인지 수평형 삼각형인지를 구분하기 위해서는 가격 움직임을 면밀히 관찰해야 한다. 파동 b가 미달형 패턴에서 파동 c는 충격파동이다. 수평형 삼각형에서 파동 c는 조정파동이다. 실제로는 예

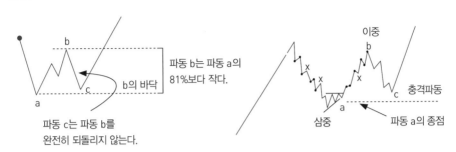

그림 11-10

파동 b는 파동 a의 81%보다 작다.

b의 바닥

파동 c는 파동 b를 완전히 되돌리지 않는다.

그림 11-11

이중

삼중

충격파동

파동 a의 종점

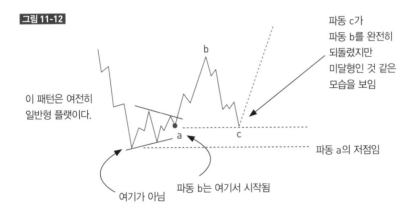

그림 11-12

이 패턴은 여전히 일반형 플랫이다.

파동 c가 파동 b를 완전히 되돌렸지만 미달형인 것 같은 모습을 보임

파동 a의 저점임

여기가 아님

파동 b는 여기서 시작됨

외 없이 이런 패턴이 나타나는 가운데 형성된 파동 a는 이중 지그재그이거나 이중 조합일 것이다(패턴이 무제한 삼각형으로 마감됨). 파동 c는 일반적으로 파동 a의 61.8%거나 파동 a의 시작점에서 파동 a의 61.8% 차감한 위치에서 마감될 것이다. 이런 패턴이 나타날 수 있는 위치는 다음과 같다.

- 2번, 4번 파동
- (불규칙 플랫 또는 삼각형 패턴의) 파동 a

- (지그재그, 일반형 플랫, 연장된 플랫의) 파동 b
- 드물게 나타나는 강세 이중 플랫의 첫 번째 조정파동

연장형

연장된 패턴은 플랫 패턴의 모든 일반적인 법칙이 적용되는 가운데 다음의 기준들이 추가된다.

① 파동 c는 파동 b의 138.2%보다 길어야 한다(161.8%를 넘어서는 것이 바람직하다. 그림 11-13).
② 파동 a와 파동 b는 가격 또는 가격과 시간상 비슷한 모습을 보여야 하지만(파동 변화의 법칙이 중요한 영향을 미치지 않는 드문 경우다), 파동 c는 시간과 가격 모두 나머지 2개의 파동보다 크게 형성되어야 한다(그림 11-14).

필자는 연장된 패턴이 특수한 상황에서만 나타난다는 것을 발견했다. 이런 패턴들은 (사실상 예외 없이) 삼각형 하나의 내부 파동 전체 또는 삼각형의 내부 파동의 한 부분으로 나타난다(그림 11-15).

이런 패턴들이 특별히 삼각형에서만 나타나는 이유는 삼각형이 움직이는 특성이 있기 때문이다. 삼각형이 형성되는 초기 시점에는 시장의 변동성이 매우 크다. 시장은 한동안 추세를 따라 움직이지만 갑자기 매수와 매도의 공방이 나타나면서 반대 방향으로 진행한다(그림 11-16에서 이런 개념을 그림으로 표시했다).

연장된 플랫은 삼각형이 형성될 수 있다는 매우 중요한 예비 신호다. 일단 이런 패턴이 관찰되면 삼각형 패턴이 완성되기까지 매매하지 않는 것이 바람직하다. 이런 패턴을 형성하기 위해 파동 a와 b는 가격 측면(파동 b는 파동 a의 61.8%

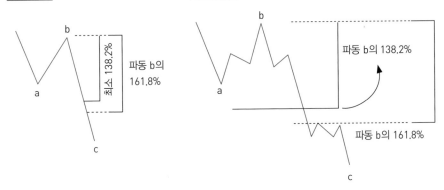

그림 11-13

b의 161.8%
파동 b의 161.8%
최소 138.2%
파동 b의
161.8%
a
c

그림 11-13 (좀 더 복잡한 형태)

b
파동 b의 138.2%
a
파동 b의 161.8%
c

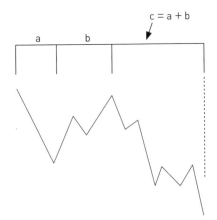

그림 11-14

c = a + b

a　　　b

매우 자주 연장된 패턴에서 파동 c는
파동 a와 파동 b가 형성된 시간을
합친 것과 같은 기간에 걸쳐 형성된다.

이상 되돌려야 한다)에서 비슷하게 나타나야 하고, 일반적으로 소요되는 시간 역시
유사한(61.8%의 비율로 진행될 수 있다) 가운데 파동 c의 움직임은 두 파동에 비해
매우 길게 나타나야 한다. 이런 파동이 나타나는 시점은 다음과 같다.

- 터미널 충격파동의 1번, 3번 또는 5번 파동
- 수평 삼각형의 파동 a, b, c 또는 d

그림 11-15

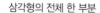

삼각형의 전체 한 부분

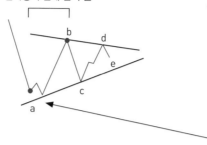

파동 b가 수평형 삼각형의 5개 부분 중 한 부분을 모두 형성한다.

파동 b는 2개의 원으로 표시된 지점 사이의 움직임이다. 이것은 연장된 플랫이다.

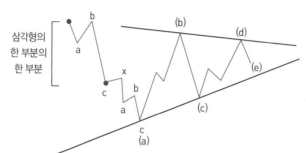

삼각형의
한 부분의
한 부분

원으로 표시된 부분 사이의 움직임은 연장된 패턴으로, 삼각형의 한 부분 내부에서 형성된다. 다른 말로 하자면 연장된 파동은 삼각형보다 한 단계 낮은 등급의 파동이다.

그림 11-16

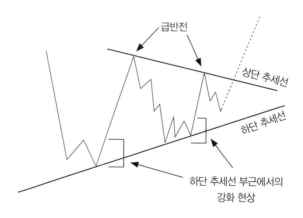

급반전

상단 추세선

하단 추세선

하단 추세선 부근에서의
강화 현상

- 확산형 수평 삼각형의 파동 e: 가능성은 낮지만 파동 e는 확산형 터미널 충격파동의 5번 파동일 수 있다.
- 터미널 충격파동 또는 수평형 삼각형의 내부 파동 중 하나인 이중 플랫의 첫 번째 조정파동일 수 있다.

불규칙 파동

이것은 정의하고 인식하기 가장 쉬운 패턴 중 하나다. 어떤 독자들은 이 말을 듣고 놀랄 수도 있지만, 제대로 작성된 차트를 보면 이 패턴은 그리 자주 나타나지 않는다. 다음은 이 패턴을 규정하는 조건들이다. 최소한의 요구사항은 다음과 같다.

그림 11-17

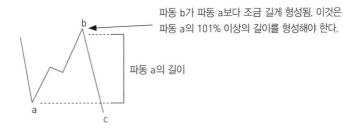

파동 b가 파동 a보다 조금 길게 형성됨. 이것은 파동 a의 101% 이상의 길이를 형성해야 한다.

파동 a의 길이

그림 11-18

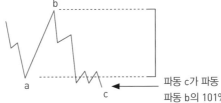

파동 c가 파동 b보다 조금 길게 형성됨. 이것은 파동 b의 101% 이상의 길이를 형성해야 한다.

① 파동 b는 파동 a의 101% 이상이어야 한다(그림 11-17).
② 파동 c는 파동 b의 101% 이상이어야 한다(그림 11-18).

파동 b가 길어지면서(파동 a에 비해), 파동 c가 파동 b보다 길게 형성될 가능성은 크게 줄어든다. 불규칙 패턴은 다음의 법칙을 따라야 한다. 최대한의 한계는 다음과 같다.

① 파동 b는 파동 a 길이의 138.2%를 넘어서서는 안 된다. 만약 그렇다면 그 패턴은 아마도 불규칙 패턴이 아니라 불규칙 미달형 패턴일 것이다. 다시 말해 파동 c는 파동 b를 완전히 되돌리지 못할 것이다. 만약 파동 b가 파동 a의 138.2%를 넘어선다면 파동 c는 파동 b를 완전히 되돌리지 못할 것이다. 그 경우에 패턴은 불규칙 미달형 패턴으로 규정되어야 한다(그림 11-19 참고).
② 불규칙 조정에서 파동 b는 파동 a에 비해 더 세분화된 내부 파동으로 나뉘져야 한다(그림 11-19).

그림 11-19

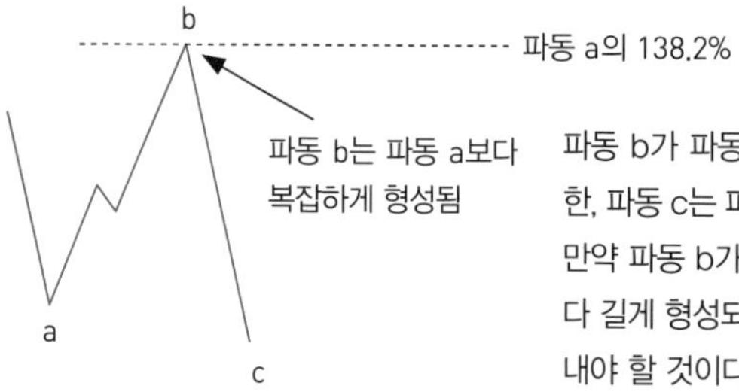

파동 b는 파동 a보다 복잡하게 형성됨

파동 a의 138.2%

파동 b가 파동 a의 123.6%를 넘어서지 않는 한, 파동 c는 파동 a의 종점을 넘어설 수 있다. 만약 파동 b가 더 길다면, 파동 c는 파동 b보다 길게 형성되기 위해서 보다 고된 시간을 보내야 할 것이다(결국 파동 a의 종점을 넘어선다).

파동 b는 거의 항상 지그재그(가능성이 낮지만 조정파동의 조합일 수 있다)인 반면, 파동 a는 일반적으로 플랫의 한 형태다. 파동 c는 반드시 충격파동이어야 한다. 만약 파동 c가 조정파동이라면, 확산형 삼각형 또는 파동 c가 크게 형성된 수렴형 삼각형이 진행 중인 것이다. 이 패턴은 다음의 경우에 나타날 수 있다.

- 2번, 4번 파동, 파동 a, b
- 수평형 삼각형에서 파동 c, d, e

불규칙 미달형

이 패턴은 파동 b가 파동 a의 138.2%를 넘어설 경우에 발생할 확률이 매우 높아진다(그림 11-20). 파동 b가 길어지면서 파동 a와 파동 c는 더 비슷하게 된다(그림 11-21). 이 패턴은 패턴 형성 이후의 시장 움직임이 강하다는 의미를 갖는다. 파동 b는 가격 면에서 파동 a보다 길게 나타나야 한다. 파동 c는 파동 b를 완전히 되돌려서는 안 된다. 파동 c는 일반적으로 시간과 가격 면에서 파동 a와 같거나 피보나치 비율로 형성될 것이다. 이 패턴은 다음과 같은 진행기호에서 나타난다.

- 2번, 4번 파동(연장파동 발생 이전)
- 파동 b(플랫의 연장된 파동 c 이전)
- 파동 b(파동 c가 파동 a의 161.8% 이상인 지그재그)

강세조정 패턴

강세조정 패턴은 가장 강력한 표준 조정으로, 이 패턴이 나타난 후의 움직임

그림 11-20

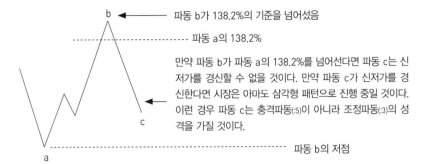

파동 b가 138.2%의 기준을 넘어섰음

─── 파동 a의 138.2%

만약 파동 b가 파동 a의 138.2%를 넘어선다면 파동 c는 신저가를 경신할 수 없을 것이다. 만약 파동 c가 신저가를 경신한다면 시장은 아마도 삼각형 패턴으로 진행 중일 것이다. 이런 경우 파동 c는 충격파동(:5)이 아니라 조정파동(:3)의 성격을 가질 것이다.

─── 파동 b의 저점

그림 11-21

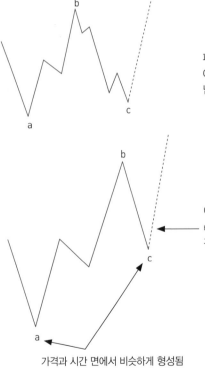

파동 c는 여전히 시간과 가격 면에서 파동 a에 비해 길게 형성되었지만 파동 a의 종점을 넘어서지 않는다.

여기서 파동 b가 매우 크게 형성되어(파동 a에 비해) 파동 c는 짧아지고, 파동 c는 파동 a와 시간과 가격 면에서 매우 유사한 모습을 보인다.

가격과 시간 면에서 비슷하게 형성됨

에 대해 일정한 제한이 따른다. 강세조정 후의 상승(또는 하락) 움직임은 강세조정 이전의 움직임보다 빠르게 진행되어야 한다(같은 등급의 파동에 대해서 적용된다). 강세조정 바로 다음에 나타나는 움직임은 완성된 엘리어트 패턴에서 항상 가장 긴 부분이어야 한다. 강세조정은 다음과 같은 상황에서 나타난다.

- 2번 파동(연장된 3번 파동이 나타나기 바로 직전)
- 4번 파동(연장된 5번 파동이 나타나기 바로 직전), 이것은 드문 사례임
- 파동 b(연장된 파동 c 바로 앞에 나타나고 여기서 파동 a, b, c가 삼각형 하나의 내부 파동이거나 삼각형 하나의 내부 파동이 복합 조정의 한 부분인 경우)
- 파동 b(등급이 한 단계 높은 삼각형의 한 부분인 지그재그)
- x파동(발생 가능성이 낮지만 복합 조정의 내부 파동 중 가장 긴 조정 그룹 바로 앞에서 나타날 수 있음)

강세조정에서 파동 b는 단연코 가장 긴 파동이어야 한다. 파동 a와 파동 c는 가격과 시간 면에서 같게 나타날 것이다. 파동 b는 파동 a와 특정한 비율을 형성할 필요는 없지만, 만약 그렇다면 아마도 파동 a의 261.8%일 것이다(강세조정에 대한 보다 자세한 내용은 5장을 참조하라).

지그재그

플랫과는 달리 지그재그는 많은 변형을 갖지 않는다. 그것들이 형성되기 위한 요건은 몇 개 안 되지만 그것은 반드시 지켜져야 한다. 지그재그 패턴이 형성되는 데 고려해야 할 사항은 다음의 2가지, 즉 '파동 a와 파동 c의 가격 비율

이 어떻게 되는가'와 '파동 a에 비해 파동 c가 얼마나 세분화되는가'이다. 다음의 그림은 실제로 지그재그 패턴을 형성하기 위해 필요한 원칙들이 적용되는 것을 보여주기 위한 것들이다(그림 11-22).

파동 a

파동 a는 충격파동의 구조를 가지고 있어야 하고, 파동 b에 의해 61.8% 이상 되돌려져서는 안 된다. 만약 파동 a가 충격파동이라는 확신이 있지만 파동 b가 파동 a의 61.8% 이상 되돌린다면, 그것은 파동 b의 한 단계 낮은 등급의 파동 a일 가능성이 높고, 이 경우 파동 b의 파동 c는 미달형으로 진행될 것이다. 만약 파동 b의 일부분이 파동 a의 81% 또는 그 이상 되돌린다면 파동 a에 대해 다시 분석해야 할 것이다. 이 경우 숨겨진 파동 법칙에 해당될 수도 있는데, 충격파동으로 보이는 파동 a가 조정파동인 이중 지그재그 또는 이중 조합으로 해석하는 것이 바람직하다.

파동 b

파동 b는 반드시 조정파동이어야 하고 파동 b의 종점을 기준으로 파동 a의 61.8% 이상 되돌려져서는 안 된다. 파동 b가 포함된 지그재그가 삼각형의 일부가 아니라면 이것은 강세조정이어서는 안 된다. 만약 파동 b라고 생각했던 것이 강세조정이라면, 그것은 충격파동의 2번 파동일 가능성이 높다. 파동 b에는 이중 또는 삼중 지그재그, 강세 이중 또는 삼중 플랫 또는 그들의 조합인 경우를 제외하면 거의 모든 조정 패턴이 사용될 수 있다. 만약 지그재그 내부에서 충격파동인 파동 a가 나타난 후에 이런 패턴 중에 하나가 형성되는 것이 관찰됐다면, 그 복합 파동은 파동 b 전체가 아니라 파동 b의 한 부분일 것이다.

그림 11-22

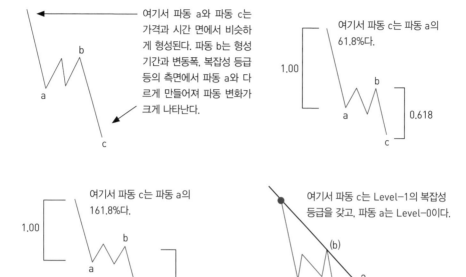

여기서 파동 a와 파동 c는 가격과 시간 면에서 비슷하게 형성된다. 파동 b는 형성 기간과 변동폭, 복잡성 등급 등의 측면에서 파동 a와 다르게 만들어져 파동 변화가 크게 나타난다.

여기서 파동 c는 파동 a의 61.8%다.

여기서 파동 c는 파동 a의 161.8%다.

여기서 파동 c는 Level-1의 복잡성 등급을 갖고, 파동 a는 Level-0이다.

파동 c

파동 c를 포함하는 지그재그가 삼각형의 한 부분이 아닐 때, 파동 c의 길이는 파동 a의 61.8%에서 161.8% 사이에 존재해야 한다. 만약 전체 지그재그가 보다 높은 등급의 삼각형의 한 부분이라면, 파동 c는 이런 한계를 넘어설 수 있지만 반드시 그래야 하는 것은 아니다. 만약 파동 c가 한계를 넘어서면, 한두 단계 높은 등급의 파동에서 삼각형 패턴이 진행 중이라는 신호다.

삼각형

몇 년간 실시간으로 시장을 분석하고 매매를 하면서 삼각형에 관한 엘리어트 파동이론의 원칙들은 삼각형의 추세선들이 수렴하는 과정에서 나타나는 모든 횡보국면의 현상을 설명할 정도로 자세히 기술되지 않았다는 것을 알게 되었다. 일반적으로 수렴형과 확산형으로 나뉘는 삼각형에 대해서도 추가적인 하위 범주로의 구분이 필요하다는 것도 분명해졌다. 필자는 첫 번째 하위 범주에 대해서 제한 삼각형(Limiting Triangles)이라고 부른다. 이런 파동들은 엘리어트가 기술한 잘 알려진 형태로, 파동 b 또는 4번 파동을 구성한다. 이 파동의 이름이 내포하는 바와 같이 이 삼각형들은 삼각형 패턴 형성 이후의 시장 움직임에 대해 일정하게 제한하는 성격을 갖는다.

또 다른 삼각형의 하위 범주는 무제한 삼각형(Non-Limiting)이다. 이것은 파동이 진행되는 과정에서 일반적으로 발생하지 않는 위치에서 발생하는 잘 알려지지 않은 형태의 패턴이다. 무제한 삼각형은 패턴 발생 이후의 시장 움직임에 대해 상대적으로 작은 제한을 두고 있다. 이런 삼각형의 형태는 제한 삼각형과 약간의 차이를 보인다. 어떤 형태의 삼각형이 형성 중인지 적절하게 파악하기 위해서는 세심한 관찰이 필요하다. 2가지 형태 모두 다음 몇 쪽에 걸쳐 논의될 것이다.

이후에 소개될 법칙들은 삼각형에 관한 것이다. 대부분의 법칙들은 폴리파동을 염두에 두고 만들었지만, 폴리파동의 움직임을 판독하는 것을 배우는 일이 전체 이론의 근간이기 때문에, 그 법칙들은 멀티와 매크로파동에서도 적용될 수 있다.

다음을 염두에 두자. 어떤 상황에서도 파동 d는 삼각형 패턴의 내부 파동 중 가장 큰 파동이 되지 않는다. 어떤 상황에서도 삼각형 안에 존재하는 같은 등급의 3개 삼각형의 길이가 같을 수 없다(같은 수 없다는 것은 5% 이상 차이가 난다는 의미). 확산형 삼각형에서 같은 등급의 내부 파동 5개의 되돌림 중 4개는 이전 파동은 100% 또는 그 이상으로 되돌려야 하고, 5개 중 1개 정도는 완전히 되돌려지지 않을 수 있다. 수렴형 삼각형에서 파동 e를 제외한 어떠한 내부 파동도 그 자체가 수렴형 삼각형이 될 수 없다. 이후의 설명 과정에서 파동 a, b, c, d가 어떤 조정 패턴도 가능하다고 언급하면, 그것은 조정 패턴이 삼각형인 경우를 제외하고 하는 말이다(그렇지 않다면 다른 설명이 있을 것이다).

수렴형 삼각형 ————————————————

수렴형 삼각형은 삼각형에서 가장 일반적인 형태다. 그들은 크게 2개의 범주, 제한 삼각형과 무제한 삼각형으로 구분되는데, 각각의 범주는 다시 몇 개의 변형으로 구분된다.

1. 제한 삼각형

엘리어트 파동이론을 마스터하기 위해서는 제한 삼각형과 무제한 삼각형의 구성 방식 차이를 반드시 이해해야 한다. 모든 제한 삼각형은 매우 비슷한 구조를 가지고 있다. 가장 중요한 특징은 삼각형의 마지막에 위치한 파동 e가 꼭짓점에 도달하기 전에 마감된다는 점이다(그림 11-23).

제한 삼각형에서 필자가 발견한 다른 요인은 시간에 대한 것이다. 그것은 삼각형 꼭짓점에서 파동 e까지의 시간이 삼각형이 시작되어 파동 e까지 걸린 시간의 20~40% 수준이라는 점이다(그림 11-24).

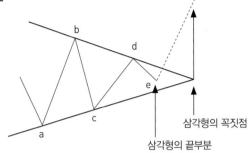

그림 11-23

삼각형의 꼭짓점

삼각형의 끝부분

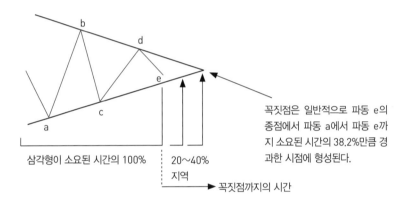

그림 11-24

삼각형이 소요된 시간의 100%

20~40% 지역

꼭짓점까지의 시간

꼭짓점은 일반적으로 파동 e의 종점에서 파동 a에서 파동 e까지 소요된 시간의 38.2%만큼 경과한 시점에 형성된다.

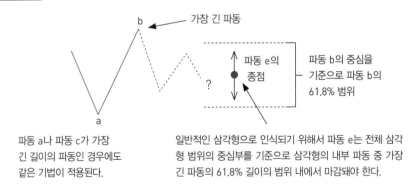

그림 11-25

가장 긴 파동

파동 e의 종점

파동 b의 중심을 기준으로 파동 b의 61.8% 범위

파동 a나 파동 c가 가장 긴 길이의 파동인 경우에도 같은 기법이 적용된다.

일반적인 삼각형으로 인식되기 위해서 파동 e는 전체 삼각형 범위의 중심부를 기준으로 삼각형의 내부 파동 중 가장 긴 파동의 61.8% 길이의 범위 내에서 마감돼야 한다.

가장 가능성이 높은 시점은 삼각형이 완성된 후 그것이 형성된 시간의 38.2% 후라고 할 수 있다. 앞에서 언급한 것처럼 삼각형이 완성된 후에는 소위 '돌파(thrust)' 과정이 진행된다. 돌파의 정도는 삼각형의 형태를 분류하는 데 매우 중요한 요인이다. 제한 삼각형에서 삼각형 돌파의 수준은 삼각형의 가장 긴 내부 파동과 같은 길이로 형성되고 약 25%의 오차 범위가 허용된다. 매우 드문 경우이거나 삼각형이 특수한(abnormal) 경우에만 돌파의 폭이 위에서 제시한 한계를 넘어선다. 특수한 경우는 삼각형이 그림 11-25에서 제시된 조건을 따르지 않는 경우에 발생한다. 이렇게 특수한 경우는 삼각형이 중요한 고점이나 저점이 형성되기 전의 파동 b 또는 4번 파동의 마지막 부분일 때다.

수렴형 제한 삼각형은 단지 2개의 진행기호가 발생하는 시점에서만 나타난다. 그것은 4번 파동이거나 파동 b인 경우다. 이런 것들은 가장 잘 알려진 형태이고 엘리어트가 발견한 것들이다. 그렇지만 엘리어트가 발견하지 못한 다른 형태의 삼각형들도 있다. 바로 다음에 소개되는 것들은 다양한 형태의 수렴형 제한 삼각형들이다. 이후에는 보다 덜 알려진 확산형과 무제한 삼각형의 세계에 대해 알아볼 것이다.

수평형 삼각형

파동 e를 제외하고 각각의 내부 파동의 길이는 이전 내부 파동의 38.2% 이상이어야 한다. 파동 b는 파동 a의 261.8% 미만이어야 하고, 파동 c는 파동 b의 161.8%를 초과할 수 없다. 파동 d는 파동 c보다 짧아야 하고, 파동 e는 파동 d보다 짧아야 한다.

파동 a: 파동 a는 가격 측면에서 가장 긴 내부 파동일 필요는 없지만 패턴에서 가장 짧은 부분이어서도 안 된다. 만약 파동 a가 가장 긴 부분이 아니라면, 파동 b는 거의 확실히 가장 긴 부분일 것이다. 그래도 파동 a는 파동 b의 50%보다 커야 한다. 만약 파동 a가 파동 b보다 작다면 대부분 파동 a가 플랫인 가운데 파동 b가 지그재그일 것이고, 만약 파동 a가 단순 지그재그라면 파동 b는 대부분 복합 조정 패턴(이중 지그재그나 이중 조합, 강세 이중 플랫은 가능하지만 삼중 지그재그나 삼중 조합이 나타날 가능성은 매우 낮다)일 것이다.

파동 b: 만약 파동 b가 파동 a보다 작다면 모든 다른 내부 파동은 이전 부분보다 작아야 한다. 만약 파동 b가 파동 a보다 크다면, 파동 c가 파동 b보다 조금 크게 형성된 가운데 수렴형 삼각형이 형성될 수 있지만 발생 가능성이 매우 낮은 패턴이다. 만약 파동 c가 파동 b보다 크다면 파동 d는 반드시 파동 c보다 작아야 한다. 그렇지 않다면 확산형 삼각형의 영역으로 진행되는 것이고, 그에 해당하는 관점으로 해석해야 한다. 다른 말로 하자면 삼각형 내부 파동 중 한 부분이 이후에 형성되는 부분에 비해 작을 수도 있지만, 나머지 모든 부분은 바로 전에 형성된 내부 파동보다 작아야 한다고 할 수 있다. 그렇지 않다면 시장은 수렴형 수평형 삼각형을 형성하지 않는 것이다. 아마도 이것은 다른 형태의 삼각형일 것이다. 파동 b는 파동 a의 38.2% 미만이거나 261.8%를 초과해서는 안 된다. 향후 진행되는 논의 과정에서 예외가 있을 수 있지만 그것이 발생하는 경우는 매우 드물기 때문에 앞서 제시한 원칙들을 무시하지 않도록 주의해야 한다.

파동 c: 파동 c는 수렴형 수평형 제한 삼각형에서 이전 파동(파동 b)에 비해 크게 형성될 수도 있는 마지막 파동이다. 이것은 매우 드물게 발생하는 현상이지만 완전히 불가능한 것은 아니다. 만약 파동 c가 가장 큰 움직임을 보인다면 추세선은 파동 c와 e의 종점을 이어서 그려질 것이다.

파동 d: 파동 d는 반드시 파동 c에 비해 짧아야 하지만 파동 c의 38.2%를 초과해야 한다. 이것은 파동 c에 비해 더 많은 시간이 소요될 수 있지만 복잡성 등급이 높아서는 안 된다(복잡성 등급이 같거나 한 단계 낮은 것만이 허용된다).

파동 e: 파동 e는 가격 변동폭이 파동 d보다 짧아야 한다. 시간 면에서 파동 d보다 길 수도 있고 짧을 수도 있지만 패턴 내에서 가장 긴 시간 동안 진행되는 조정파동은 될 수 없다.

불규칙 삼각형

불규칙 삼각형은 패턴의 파동 b의 특성으로 규정되는데, 파동 b는 가격 면에서 파동 a보다 길어야 한다. 파동 b 이후에는 삼각형 패턴이 마감되기 전까지 모든 부분이 이전의 파동에 비해 짧게 나타나야 한다.

파동 a: 드문 예외를 제외하면 파동 a의 형성 기간이 파동 b보다 짧아야 한다. 파동 b는 가격 면에서 파동 a의 161.8%를 넘어서는 안 된다. 파동 c는 파동 b와 반대 방향으로 진행되면서 파동 b의 가격 범위 내에서 움직여야 하고, 파동 e도 파동 b의 범위에서 형성되도록 충분히 파동 b를 되돌려야 한다. 파동 a는 삼중 지그재그나 연장된 플랫을 제외하고 어떤 조정 패턴이라도 될 수도 있다. 혼란을 피하기 위해 다시 강조하건대, 삼각형의 a, b, c, d 패턴 중 어느 것도 그 자신이 삼각형 패턴이어서는 안 된다. 그렇지만 파동 e는 삼각형의 내부 파동 중 예외적으로 유일하게 작은 삼각형이 될 수 있는 파동이다.

파동 b: 파동 b는 파동 a보다 길어야 한다. 그래도 파동 b가 파동 a의 161.8% 보다 클 가능성은 낮고, 파동 a의 261.8%보다는 작아야 한다. 만약 파동 a가 내부 파동으로 나눠지지 않는다면 파동 b는 지그재그가 될 가능성이 가장 높다. 만약 파동 a가 내부 파동으로 나눠져 지그재그를 형성한다면 아마도 파동 b는 이중 지그재그로 구성될 것이다. 만약 파동 a가 플랫이라면 아마도 파동 b는 단순 지그재그일 것이다. 파동 b는 이전의 충격파동의 61.8%를 넘어서는 안 된다. 파동 b는 플랫과 지그재그 패턴 중 어떤 것도 될 수 있다. 이것은 이중 또는 삼중 파동 혹은 조합 등의 어떤 복합 조정도 될 수 있다.

파동 c: 파동 c는 파동 b에 비해 짧아야 하지만, 파동 b의 38.2% 이상 되돌려야 한다. 파동 c의 저점은 파동 a가 형성된 가격 범위 내에 존재할 것이다. 만약 파동 b가 이중 지그재그라면 파동 c는 지그재그 또는 파동 c가 연장된 플랫이어야 한다. 만약 파동 b가 지그재그라면 파동 c는 플랫이거나 모노파동일 것이다.

파동 d: 파동 d는 파동 c보다 짧아야 한다. 이것은 파동 c보다 많은 시간을 소비할 수 있고, 파동 c의 38.2% 이상 되돌려야 한다. 파동 d는 파동 c와 다른 패턴을 형성한다면 어떤 조정파동도 가능하다.

파동 e: 파동 c는 파동 d보다 짧아야 하고, 파동 e가 가격 면에서 삼각형 내부 파동 중 가장 작은 파동이 될 가능성이 매우 높다. 이것은 파동 d를 특정한 수준까지 되돌려야 한다는 제약은 없지만 최소한 한 틱(tick)이라도 파동 d와 반대 방향으로 움직여야 하고, 파동 d가 형성된 범위 내에서 마감되어야 한다.

삼각형에서 다른 4개의 부분(파동 a, b, c, d)과 달리 파동 e는 그것 스스로 삼각형이 될 수 있지만, 파동 e에서 삼각형이 나타나는 것은 제한 삼각형의 끝부분보다는 무제한 삼각형의 끝부분이 보다 일반적이다. 파동 e의 종료 지점은 한 단계 높은 등급의 파동으로 피보나치 비율상 매우 중요한 가격대에서 형성될 것이다. 만약 한 단계 높은 등급의 패턴이 지그재그라면(이것은 파동 b가 삼각형 패턴임을 의미한다), 파동 e의 종점은 지그재그 패턴의 시작점에서 계산할 때 전체 움직임 폭의 61.8%에서 형성될 것이다. 만약 한 등급 위의 패턴이 플랫이라면 파동 e의 종점은 플랫의 파동 a의 61.8% 되돌림 수준에서 형성될 것이다. 만약 삼각형이 충격 패턴의 네 번째 파동이라면 파동 e의 종점은 삼각형의 파동 a의 38.2%나 61.8% 수준에서 형성될 것이다.

강세 삼각형

강세 삼각형은 파동 b와 d의 움직임을 통해 파악된다. 파동 b는 파동 a보다 길고, 파동 d는 파동 c보다 길 것이다. 이런 형태의 삼각형에 대한 돌파 정도는 일반적인 경우에 비해 길게 나타난다. 이것은 삼각형 패턴 내에서 가장 긴 내부 파동의 길이의 161.8%를 넘어서지만 261.8%를 초과하지 않는다. 이런 형태의 삼각형이 발생했을 때, 중요한 상승이나 하락의 종점이 임박했음을 나타내는 경우가 많다. 만약 삼각형에 대한 돌파가 200% 이상이라면 중요한 고점이나 저점이 나타날 것에 대해 보다 강한 확신을 가져도 된다.

파동 a: 파동 a는 파동 b의 38.2% 이상이어야 한다. 파동 a는 모노파동이거나 플랫일 것이다. 만약 파동 a가 지그재그라면 파동 b는 이중 또는 삼중 지그재그일 필요가 있다. 이런 형태의 삼각형에서 파동 a는 이중 또는 삼중 지그재그 이거나 삼각형이거나 파동 c가 연장된 플랫일 수는 없다. 파동 a가 형성되는 가장 일반적인 형태의 조정은 모노파동이거나 파동 c가 연장된 플랫을 제외한 플랫일 것이다. 만약 충격파동이 삼각형 패턴 직전에 존재했다면 파동 a는 이전 패턴의 61.8% 이상 되돌려서는 안 된다. 그것은 약세를 나타내고, 강세 삼각형에 내포된 힘과 모순된 모습이기 때문이다. 이전에 충격 패턴이 존재한다면 일반적으로 파동 a는 이전의 충격 패턴의 38.2% 이상을 되돌리지 않을 것이다.

파동 b: 강세 삼각형인 파동 b 앞에 충격 패턴인 파동 a가 있다면 강세 삼각형의 내부 파동인 파동 b는 파동 a의 261.8%를 넘으면 안 된다. 삼각형의 모든 부분이 모노파동이 아니라면 파동 b는 지그재그, 이중 지그재그, 또는 드물긴 하지만 삼중 지그재그여야 한다. 파동 b는 삼각형의 가장 큰 부분이어야 하고, 그래서 파동 c는 파동 b를 완전히 되돌릴 수 없다. 만약 파동 a가 플랫이라면 파동 b는 파동 a보다 짧은 시간에 걸쳐 형성될 것이다. 만약 파동 a가 모노파동을 포함한 다른 것이라면 파동 b는 보다 긴 시간에 걸쳐 형성될 것이다.

파동 c: 파동 c는 파동 b에 비해 반드시 짧아야 한다. 파동 c는 이중 지그재그 또는 이중 조합보다 복잡한 파동이 될 수 없다. 또한 삼중 지그재그가 될 수 없다. 파동 c의 종점은 파동 a가 형성된 가격대에서 형성될 가능성이 매우 높다.

파동 d: 파동 d는 파동 c보다 가격 면에서 큰 파동이어야 한다. 물론 이것은 파동 d가 파동 b의 종점을 넘어서야 한다는 의미다. 파동 d가 삼중 지그재그여서

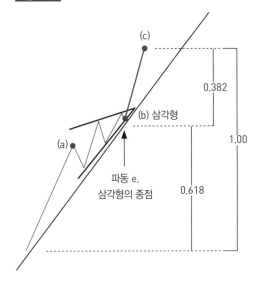

그림 11-26

0.382

(c)

(b) 삼각형

(a)

파동 e.
삼각형의 종점

1.00

0.618

돌파한 폭이 삼각형의 내부 파동 중 가장 긴 파동보다 길다는 점에 주목해야 한다. 삼각형의 가장 긴 내부 파동인 파동 b의 약 161.8% 수준으로 돌파가 나타난다. 이것은 러닝 삼각형이 나타나는 일반적인 형태다.

는 안 된다. 사실상 다른 어떤 조정파동도 될 수 있다. 파동 d가 파동 e에 의해 완전히 되돌려져서는 안 된다. 파동 e 이후에 나타날 수 있는 강한 움직임 때문에, 파동 e의 종점은 파동 d의 61.8% 이상 되돌리는 수준에서 나타나면 안 된다. 만약 파동 e의 일부가 파동 d의 61.8% 이상 되돌린다면, 파동 e는 파동 c가 미달형인 플랫으로 진행되거나, 드문 경우지만 파동 e는 수렴되는 두 선의 꼭 짓점까지 도달하지 않는 한 수렴형 삼각형이 될 수도 있다(제한 수평형 삼각형의 구성에 대한 논의를 보라).

파동 e: 파동 e는 가격 면에서 파동 d보다 작아야 한다. 이것은 파동 d보다 긴 시간이 걸릴 수도 있고, 특히 삼각형인 경우에는 보다 큰 삼각형의 꼭짓점에 도 달하는 정도까지 조정이 이어지지 않는 한 파동 e가 형성되는 시간은 길 수 있다(수평형 삼각형의 구성 변수를 보라). 만약 강세 삼각형이 보다 큰 조정파동의 파동

b라면, 파동 e는 보다 큰 조정파동의 전체 부분의 61.8% 또는 38.2% 수준에서 형성되는 것이 보통이다(그림11-26).

2. 무제한 삼각형

무제한 삼각형(파동 b와 4번 파동에 나타나지 않는 삼각형)은 필자가 발견한 가장 중요한 부분 중 하나다. 복합 조정을 적절하게 분석하기 위해서는 무제한 삼각형이 형성되는 방법을 반드시 이해해야 한다. 나아가 이중 또는 삼중 조합의 부분인 삼각형을 4번 파동 또는 파동 b로 착각하는 것을 막을 수 있다. 무제한 삼각형은 복합 조정의 마지막 부분(모든 형태의 이중 그리고 삼중 조합), x파동들 또는 보다 큰 삼각형의 파동 e, 터미널 충격파동의 5번 파동으로 나타난다. 무제한 삼각형의 출현에 대한 가장 신뢰성 있는 신호는 시장이 수렴하는 추세선들의 꼭짓점에 도달하는 경우다(그림 11-27). 이런 조건은 파동 e가 무제한 삼각형인 가운데 보다 높은 등급의 삼각형이 무제한 삼각형인 경우에 가장 잘 적용된다. 일반적으로 무제한 삼각형이 제한 삼각형에 비해 식별하기 수월하다. 이것은 무제한 삼각형에서 횡보 기간이 길게 소요되어 사람들이 삼각형의 형성 여부를 인지하기 쉽기 때문이다. 하지만 돌파가 발생할 경우 그 폭이 삼각형에서 형성된 가장 긴 내부 파동의 길이와 같을지 더 길지 또는 상승 방향으로 돌파할지 하락 방향으로 진행될지에 대해서는 다시 판단해야 한다.

엘리어트가 본래 제시한 파동이론의 가이드라인으로 인해 많은 학습자들이 무제한 삼각형이 발생할 때 시장에 대해서 잘못된 판단을 하게 된다. 엘리어트는 파동 b와 4번 파동 이외의 위치에서 나타날 수 있는 삼각형에 대해 기술한 바 없다. 이로 인해 투자자들이 파동이론을 실전에 적용할 때 위험에 빠지기도 한다. 그들은 모든 삼각형이 4번 파동이거나 파동 b라고 가정한다. 파동 b와

그림 11-27

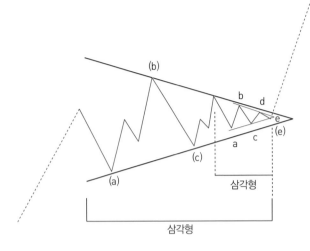

'돌파'는 삼각형의 폭보다 크게 나타난다. 이런 삼각형 이후에 나타나는 돌파의 수준은 기본적으로 제한이 없다.

4번 파동 이후의 돌파는 삼각형의 가장 긴 내부 파동보다 그다지 멀리 진행되지 않는다는 것을 기억해야 한다. 무제한 삼각형에는 이런 법칙이 적용되지 않는다. 이런 이유로 진행된 삼각형이 파동 b 또는 4번 파동인 삼각형이라고 가정하고, 돌파의 종점을 찾을 경우 실제로 무제한 삼각형 형성 이후의 돌파라면 예상된 목표치를 크게 넘어서는 상승을 경험하게 된다.

제한 삼각형에서 각각의 범주에 따라 적용되었던 모든 원칙은 같은 형태의 무제한 삼각형에서도 적용된다. 예를 들면 불규칙 제한 삼각형에서 각각의 내부 파동에 대한 구성은 불규칙 무제한 삼각형에서도 적용될 것이다. 단지 몇 가지의 추가적인 특성이 언급될 필요가 있는데, 그것들은 진행기호에 따라 다음과 같이 정리할 수 있다.

파동 a: 이 패턴들에서 파동 a는 거의 항상 삼각형 패턴에서 가장 강한 모습을 보인다(그것은 가장 짧은 기간에 형성되면서 가격 움직임의 폭이 가장 크게 형성된다). 일반적으로 파동 a는 상당히 긴 기간 동안 진행되는 시장 움직임에서 가장 역동적인 부분이 될 것이다. 이런 현상이 나타나는 이유는 무제한 삼각형들이 충격 패턴이 아닌 조정 패턴을 되돌리는 과정에서 나타나기 때문이다. 충격 패턴보다 조정 패턴을 되돌릴 때 강한 조정이 나타나는 것은 논리적이고 쉽게 이해할 수 있는 현상이다. 만약 파동 a가 역동적이라면 파동 b는 보다 복잡하고 느리게 진행되는 파동이 될 것이다.

파동 e: 무제한 삼각형의 마지막 부분인 파동 e는 그 자체가 무제한 삼각형이 되는 경향이 강하다. 이는 보다 큰 삼각형의 마지막 부분이 삼각형이 된다는 의미다. 이렇게 하는 것이 보다 큰 삼각형의 추세선으로 형성되는 꼭짓점으로 시장이 수렴하는 과정에서 나타날 수 있는 가장 이상적인 모습이다.

무제한 삼각형의 3가지 형태 중에서 수평형 삼각형이 시장에서 가장 자주 발견할 수 있는 패턴이다. 삼각형이 어떤 형태로 만들어지고, 돌파 이전과 이후의 움직임이 어떠해야 하는가에 대해 자세한 설명을 원한다면 5장과 10장의 삼각형 부분의 설명을 참고하면 될 것이다.

주목하자. x파동인 경우를 제외한 모든 무제한 삼각형은 보다 큰 조정파동의 마지막 파동이 되어야 한다. 만약 x파동이 아닌 가운데 무제한 삼각형이 나타나는 모든 경우에는 보다 큰 파동 전체를 :3으로 집약할 수 있다.

무제한 삼각형이 나타나는 일반적인 상황과 이례적인 국면은 다음과 같다.

① 수평형 삼각형의 파동 e(그림 11-27)
② 이중 또는 삼중 조정의 마지막 조정국면(그림 11-28)

그림 11-28

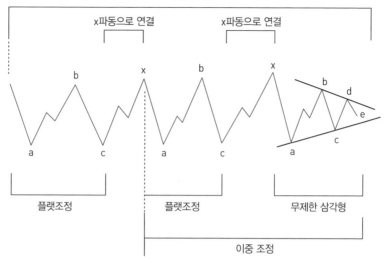

삼중 조정

x파동으로 연결   x파동으로 연결

플랫조정   플랫조정   무제한 삼각형

이중 조정

이중 조정파동은 여기서부터 시작된다

그림 11-29

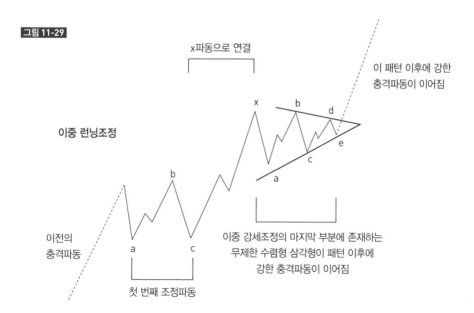

x파동으로 연결

이 패턴 이후에 강한
충격파동이 이어짐

이중 런닝조정

이전의
충격파동

첫 번째 조정파동

이중 강세조정의 마지막 부분에 존재하는
무제한 수렴형 삼각형이 패턴 이후에
강한 충격파동이 이어짐

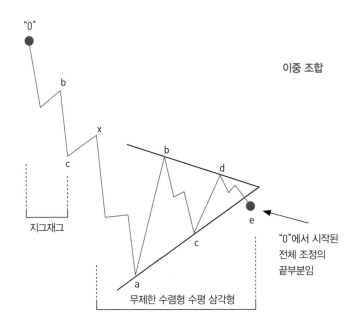

그림 11-30

"0"

이중 조합

b

x

c

b

d

지그재그

a

c

e

무제한 수렴형 수평 삼각형

"0"에서 시작된
전체 조정의
끝부분임

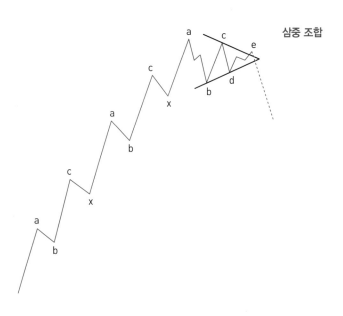

삼중 조합

a

c

e

c

b

d

a

x

b

a

b

c

x

a

b

c

x

a

b

그림 11-31

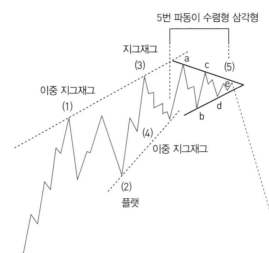

5번 파동이 수렴형 삼각형

지그재그
(3)

이중 지그재그
(1)

(4)

이중 지그재그

플랫
(2)

터미널 충격파동

4번 파동은 1번 파동의 고점 아래로 떨어진다(1번, 4번 파동이 겹친다). 2번 파동과 4번 파동은 다방면에서 변화가 나타난다. 1번, 3번, 5번 파동도 변화한다.

○ 2-4 추세선이 이탈된다고 파동 매김이 잘못되었다고 생각해서는 안 된다. 삼각형이 형성되는 과정에서 2-4, 0-2, 또는 0-x 추세선에 대한 거짓 이탈이 나타난다는 점을 잊지 말아야 한다.

그림 11-32

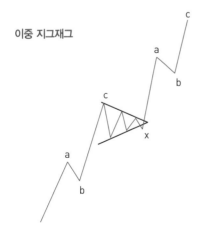

이중 지그재그

x파동에서 무제한 삼각형이 나타나는 것은 이런 형태의 파동이 보다 큰 조정 패턴을 마감하지 않는 유일한 사례이다. 이 사례에서 무제한 삼각형은 패턴의 중간 부분에 나타났다.

③ 강세 이중 조정의 마지막 조정국면으로 발생 빈도가 가장 높지만 속기 쉬운 부분(그림 11-29)

④ 이중 또는 삼중 조합의 마지막 조정국면(그림 11-30)

⑤ 터미널 충격 패턴의 5번 파동(그림 11-31)

⑥ 복합 조정의 x파동(그림 11-32)

눈치챘는지 모르겠지만 1~5번까지 기술된 상황은 패턴을 마감하는 경우에 나타나는 삼각형을 의미한다. 6번은 패턴이 진행되는 중간에 무제한 삼각형이 발생할 수 있는 유일한 경우다.

확산형 삼각형

엘리어트 파동이론의 모든 패턴 중에서, 확산형 삼각형이 진행될 때 매매 환경은 가장 위험하다고 할 수 있다. 추세 없이 상하 대칭인 수렴형 삼각형보다 더 나쁜 점은 시장이 돌파되는 것 같은 착각에 빠지게 만든다는 점이다. 그것은 반전 후에 반대편에 있는 박스권 등의 지지나 저항을 돌파하는 경우를 의미한다. '휩소(whipsawed)'라는 말은 아마도 이런 시장을 경험한 트레이더에 의해 만들어졌을 것이다.

이 패턴을 잘못 해석할 경우 매매하는 데 심각한 고통을 받을 수 있다. 불행하게도 이런 패턴들이 형성되는 것을 예측할 수 있는 방법은 없다. 그렇지만 이 책에서 소개된 모든 법칙과 기법을 철저하게 적용한다면 어떤 패턴이 형성 중인지 알 수 없기 때문에 시장에서 한 발 떨어져 있을 수 있다. 확실한 패턴 형태가 나타나지 않았다는 것은 포지션에 진입해서는 안 된다는 강한 신호이기 때문이다.

지난 8년간 필자는 확산형 삼각형을 거의 본 적이 없기 때문에, 그들의 성격에 대한 구체적이고 분명한 성격을 특정하는 것은 쉽지 않았다. 따라서 각각의 파동에 대해 구체적으로 설명하기보다는 일반적인 사항을 정리했다.

더 진행하기 전에, 당신의 패턴에 대한 가정이 옳은지 확인하기 위해서 파동 그룹들을 이런 일반적인 기준과 비교하기 위해서 확산형 삼각형의 경계가 되는 모든 중요한 조건을 확인할 필요가 있다.

① 파동 a 또는 파동 b가 삼각형의 가장 작은 내부 파동이 된다.

② 파동 e는 분출의 형태를 보이면서 다른 파동에 비해 형성 시간이나 가격 기준으로 월등하게 큰 파동이 된다.

③ 수렴형 삼각형이 보다 큰 삼각형의 파동 e가 될 수 있는 것과 같은 이유와 방식으로, 확산형 삼각형은 보다 큰 확산형 삼각형의 파동 e가 될 수 있다.

④ 일반적인 경우처럼, 확산형 삼각형의 보다 큰 각각의 파동이 전개되면서 단순 시간과 복잡성 관점에서 단순파동에서 복합파동으로의 진행에 대해 주의를 기울여야 한다.

⑤ 삼각형 패턴 형성 이후에 나타나는 패턴(파동 c 또는 5번 파동)은 파동 e를 완전히 되돌려서는 안 된다.

⑥ 확산형 삼각형에서 가장 특이한 부분은 수렴형 삼각형에서는 전형적으로 나타나는 많은 피보나치 비율이 적용되지 않는다는 점이다. 일반적으로 하나의 관계만이 발견될 수 있고, 그 관계를 발견하기 위해서는 일정한 노력이 필요하다. 다음의 소제목에 기술된 내용은 각 패턴에서 일반적으로 발생할 것으로 예상되는 관계를 정리한 것이다. 만약 제시된 관계가

존재하지 않는다면, 그것은 필자가 연구하는 과정에서 그 관계를 발견할 수 없었기 때문일 것이다.

믿지 않을 수 있지만 피보나치 비율이 존재하지 않는다면 확산형 삼각형에 대한 신뢰성이 높다고 할 수 있을 것이다. 5개의 인접한 모든 파동(또는 1개 정도의 파동을 제외하고)이 피보나치 비율을 형성하지 않는 것은 매우 어려운 일이다. 활용 가능한 정보를 기준으로 볼 때, 확산형 삼각형의 내부 파동을 형성하는 모노파동 또는 그 이상의 그룹 간에 2개 이상의 피보나치 비율이 발견된다면 현재 진행 중인 파동은 확산형 삼각형이 아닌 것으로 판단하는 것이 옳을 것이다.

⑦ 확산형 삼각형은 연장된 1번, 3번, 5번 파동 또는 연장된 파동 c 등 강한 패턴 직전에 발생할 수 없다. 그들은 이중 또는 삼중 또는 조합인 강세 조정파동의 마지막 파동이 될 수 없다. 이것은 지그재그의 파동 b가 될 수 없고, 어떤 패턴의 x파동이 될 수 없다.

⑧ 패턴을 정확하게 보기 위해 추세선을 그릴 때, 일반적으로 b-d 추세선을 사용하고, 반대의 추세선은 파동 a와 파동 c를 이어서 그린다.

1. 제한 삼각형

확산형 제한 삼각형은 4번 파동이나 파동 b에서 발생할 수 있다. 만약 파동 b라면 그것은 플랫파동의 한 부분일 수밖에 없다. 이 삼각형은 지그재그의 파동 b, 복합 조정의 x파동, 보다 큰 삼각형의 파동 b가 되는 것은 불가능해 보인다. 2개의 가능한 진행기호 중에서 파동 b인 확산형 삼각형이 같은 구조의 4번 파동인 경우보다 훨씬 더 일반적이다.

확산형 삼각형의 꼭짓점은 추세선이 벌어지기 때문에 삼각형 시작점 이전에 형성된다. 그것의 위치는 전체 삼각형과 관련이 있는데, 제한 삼각형 여부를 판단하는 데 있어서 매우 중요한 역할을 한다. 다음은 그것에 대한 내용이다.

① 파동 a의 시작점에서 파동 e의 종점까지의 소요 시간을 측정하라.
② 형성 기간의 20%를 파동 a 시작점에서 뒤로 붙여라. 만약 꼭짓점이 그 기간 이전에 발생한다면 삼각형은 제한 삼각형의 성격을 갖는다. 달리 말하면 그것은 4번 파동이거나 파동 b일 것이고, 삼각형 돌파의 수준은 제한적일 것이다. 그것은 파동 e의 길이보다 짧아야 한다.

다음은 제한 삼각형의 모든 변형에서 발생해야 하는 일반적인 구성법칙들이다.

① 파동 a와 e는 일반적으로 161.8%의 관계를 갖는다(물론 파동 e가 둘 중에 긴 파동이다).
② 파동 a 또는 파동 b가 삼각형에서 가장 짧은 내부 파동일 것이다.
③ 파동 b 또는 파동 d만이 이전 파동을 넘어서지 못할 수 있다.

수평형 삼각형

확산형 제한 수평형 삼각형을 구별 짓는 특징들은 다음과 같다.

① 파동 a가 삼각형에서 가장 작은 부분이다.
② 파동 a가 형성된 후에 각 파동들은 이전 파동보다 조금 길게 형성되고, 그렇게 되면 미달형이 존재하지 않는 것이다.

③ 삼각형의 내부 파동 중 파동 e가 가장 역동적이고, 복잡하고, 긴 시간에 걸쳐 형성되는 파동이어야 한다.

④ 내부 파동들 간의 피보나치 비율 중 유일하게 신뢰할 만한 관계는 파동 a와 e 사이에서 나타난다. 파동 e는 파동 a의 161.8%로 형성되는 경향이 있고, 파동 e가 매우 폭발적일 경우에는 261.8%를 형성하기도 한다.

불규칙 삼각형

불규칙 확산형 삼각형은 가장 일반적인 확산형 삼각형의 변형이다. 특징은 파동 b가 파동 a의 시작점을 넘어서지 못하는 것이다. 만약 파동 b가 미달형이라면, 파동 a와 e는 161.8%의 관계를 가질 것이다.

강세 삼각형

이것은 두 번째로 자주 발생하는 확산형 제한 삼각형이다. 이것은 파동 d가 파동 c의 시작점을 넘어서지 못하는 경우에 형성된다. 만약 파동 d가 미달형이면, 그 패턴은 조금은 위나 아래로 기울어진 모습을 보일 것이다. 역시 파동 a와 e는 261.8%의 관계를 가질 것이다(앞에 나온 모든 확산형 삼각형의 패턴에 대한 그림은 292쪽에 정리되어 있다).

2. 무제한 삼각형

무제한 삼각형은 기본적으로 제한 삼각형에서 규정한 모든 원칙을 따라야 한다. 단지 몇 가지 차이점이 있는데 그것은 다음과 같다.

① 무제한 삼각형의 내부 파동 간에는 어떠한 피보나치 비율상의 관계도 성

립되지 않을 가능성이 높다. 만약 관계가 있다면 파동 a와 파동 e일 것이고, 파동 e는 파동 a의 261.8%가 될 것이다.

② 확산형 삼각형의 꼭짓점은 제한 삼각형보다 무제한 삼각형에서 파동 a의 시작점과 가깝게 형성되어야 한다. 다음은 무제한 삼각형 형성 여부를 확인하기 위해 필요한 기준들이다.

- 파동 a가 시작한 지점에서 파동 e가 마감된 시점까지 형성 시간을 측정한다. 그것의 20%를 계산한다.

- 그 시간을 파동 a의 시작점에서 뒤로 연결한다. 만약 꼭짓점이 파동 a에서 20% 기간 내에 존재하면 그것은 무제한 삼각형이다.

12장

닐리에 의해
새롭게 확장된
고급 이론

패턴 형성에 있어
채널의 중요성

———————————————— Mastering Elliott Wave

많은 사람들이 의사결정 과정에서 채널의 중요성에 대해 크게 잘못 이해하거나 무시하는 경향이 있다. 대부분의 애널리스트들조차 채널에 대해 거의 관심을 기울이지 않거나 파동이론에 있어서 중요하지 않은 도구로 여기는 듯하다. 채널은 패턴이 형성되는 데 가장 중요한 필수적으로 고려해야 하는 요인 중하나다. 채널을 이용한 분석만으로도 주가 움직임이 조정파동인지 충격파동인지를 판단하는 것이 가능할 때가 많다. 채널은 시장 움직임이 끝난 시점 또는 끝나려고 하는 시점을 확인하는 데 결정적 역할을 한다. 또한 채널은 시장이 어떤 형태의 패턴을 형성하고 있는지, 충격 패턴의 어떤 부분이 연장될 것인지를 판단하는 데 큰 도움이 된다. 채널은 2번 파동과 4번 파동의 종점을 찾아내는 데 꼭 필요하다. 채널에 대해 적절하게 사용한다면 당시에 시장이 터미널 충격파동을 형성하고 있는지, 때로는 미리 아는 것도 가능하다. 채널은 시장이 삼각형 패턴을 형성하는 시점에도 신뢰할 만한 단서를 제공할 수 있다. 다른 관점에서 보면 시장 움직임을 통해 가정된 2-4 또는 0-b 추세선이 실제로 존재하는 것임을 알 수 있고, 이를 통해 시장에 대한 해석을 입증할 수 있다. 5장의 '중점 고려사항'에서 충격 패턴의 2번과 4번 파동에 대해서 채널에 대한 몇 가지 개념을 소개한 바 있다. 충격 패턴에 대한 채널을 그릴 때는 추가적으로 고려할 몇 가지 사항이 있고, 이제 그것들에 대해 논의할 것이다.

2번 파동

만약 충격 폴리파동(또는 그보다 높은 등급의 파동)을 발견했고, 그것이 보다 큰 충격 패턴의 1번 파동이라고 생각된다면 다음의 채널에 대한 법칙들이 적용될 수 있다(그림 12-1, 1번 파동이 상승이라고 가정). 1번 파동의 반대 방향으로 조정 폴리파동이 완성되고 다시 상승 전환되었다면(그림 12-1의 그림 A), 2번 파동이라고 생각된 조정파동의 저점과 "0"을 이어 추세선을 그려라(그림 12-1의 그림 B). "0-2" 추세선이 이탈되기 전까지는 2번 파동이 마감되었고, 정확하게 추세선에 닿은 부분에서 완성되었다고 가정할 수 있다.

만약 3번 파동이라고 예상된 파동이 1번 파동의 61.8%에 해당되는 수준만큼 상승하지 않은 가운데 추세선을 이탈하거나, 두 번째 하락에서 1번 파동의 고점과 추세선을 하회한다면 2번 파동이 계속 진행 중인 것으로 확신할 수 있다(그림 12-1의 그림 C). 왜냐하면 만약 2번 파동 마감 후 상승 파동이 진행 중인 가운데 원래 0-2 추세선을 상회할 수 있는 힘이 없다면, 그것은 충격파동의 성격을 갖는다고 보기 어렵고 결국 3번 파동의 일부가 될 수 없기 때문이다. 일단 3번 파동이 완성되었다면, 4번 파동이 0-2 추세선을 하회하는 것은 가능하지만 반드시 그래야 하는 것은 아니다. 앞서 논의한 적절한 충격파동 형성의 조건들도 지켜져야 한다.

강세 이중 조정의 발견(2번 파동)

강세 이중 조정 패턴(Running Double Three)은 그것이 확인된 후에는 충격 패턴을 해석하는 데 중요한 영향을 미치지 않는다. 그것들이 형성되는 과정에서 채널의 중요성에 대해 이해하지 못한다면, 강세 이중 조정 패턴이 끝난 후에 형성되는 큰 움직임을 놓칠 수 있다. 강세 이중 조정은 파악하기 어려운 패턴이

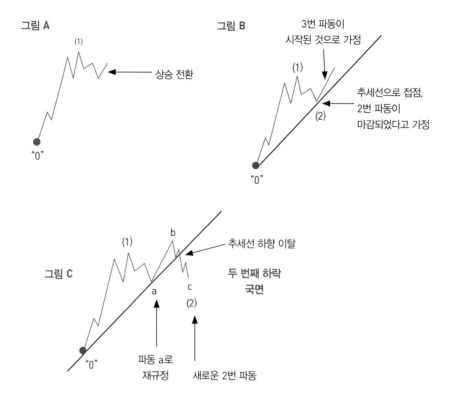

그림 12-1

그림 A

(1)

상승 전환

"0"

그림 B

3번 파동이
시작된 것으로 가정

(1)

추세선으로 접점,
2번 파동이
마감되었다고 가정

(2)

"0"

그림 C

(1)

b

추세선 하향 이탈

두 번째 하락
국면

a   c
       (2)

"0"

파동 a로
재규정

새로운 2번 파동

아니다. 문제는 대부분의 사람들이 강세 이중 조정이 자주 나타나는 패턴이 아니라고 생각한다는 점이다. 필자의 경험으로 볼 대, 강세조정은 충격 패턴 내에서 매우 자주 나타나고 사람들이 (1)-(2), 1-2, i-ii 등으로 혼돈하는 패턴과 매우 다른 양상을 나타낸다. 채널을 그리는 것은 이런 복잡한 패턴들을 인식하는데 결정적인 도움이 된다.

이때 '2번 파동'에서 설명한 3번 파동의 어떤 부분도 진정한 0-2 추세선을 하회해서는 안 된다는 개념이 중요한 근거가 된다. 처음에 2번 파동이라고 생각

그림 12-2

3번 파동이 마감되기 전에 0-2 추세선을 이탈
하는 것은 상승 과정이 본래 조정파동이라는 것
을 나타내며, 이 상승 파동은 3번 파동이라고 할
수 없다.

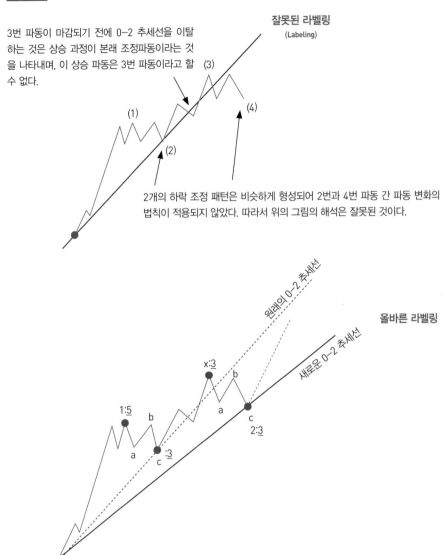

잘못된 라벨링
(Labeling)

(1)

(3)

(4)

(2)

2개의 하락 조정 패턴은 비슷하게 형성되어 2번과 4번 파동 간 파동 변화의
법칙이 적용되지 않았다. 따라서 위의 그림의 해석은 잘못된 것이다.

원래의 0-2 추세선

올바른 라벨링

x:3

새로운 0-2 추세선

b

1:5

a

b

a

c :3

c

2:3

했던 파동이 끝나고 상승한 후에 조정국면에서 0-2 추세선을 이탈하고, 추세선 이탈 이전의 상승이 3번 파동이라고 하기에는 부족할 정도로 강하지 않거나 그 상승이 조정파동 내에서 나타나는 상승이라면, 시장은 강세 이중 조정 패턴이 진행 중인 것이다(그림 12-2).

이런 파동 흐름이 5번 파동을 앞두고 있는 1번, 2번, 3번, 4번 파동으로 해석하기 어려운 이유는, 2번과 4번 파동이라고 가정된 파동 사이에 파동의 변화가 나타나지 않았기 때문이다.

4번 파동

그림 12-3은 엘리어트 파동이론에서 가장 잘 알려진 추세선인 2-4 추세선을 나타낸다. 0-2 추세선과 유사한 개념으로, 3번 파동 또는 5번 파동 중 어떤 부분도 5번 파동이 터미널 패턴이 아닌 한 2-4 추세선을 이탈할 수 없다(그림 12-3의 그림 A를 보라).

일단 5번 파동이 완성되면, 시장은 즉시 2-4 추세선을 이탈하고(5번 파동이 형성된 시간 또는 그보다 짧은 시간에 걸쳐) 5번 파동의 대부분 또는 전부를 되돌린다. 그림 12-3의 그림 B는 그 과정 나타내고 있다. 만약 시장이 이런 기준에 부합되지 않는다면, 2-4 추세선이 잘못 그려졌거나(2번, 4번 파동이 당신이 가정한 것과 다른 경우), 5번 파동이 터미널 패턴을 형성하고 있는 것이다(그림 12-3의 그림 C).

만약 3번 파동의 종점을 넘어서기 전에 2-4 추세선이라고 가정된 추세선을 이탈하고, 이전 파동의 마지막 부분에서 시장이 강한 반작용을 나타내지 않는다면 4번 파동은 여전히 진행 중인 것이다(그림 12-4a). 만약 3번 파동의 고점을 넘어서지 않은 가운데 2-4 추세선이 강하게 붕괴되었다면 미달형 5번 파동이 나타난 것이다(그림 12-4b). 5번 파동이 미달형인 것이 증명되기 위해서는 전체

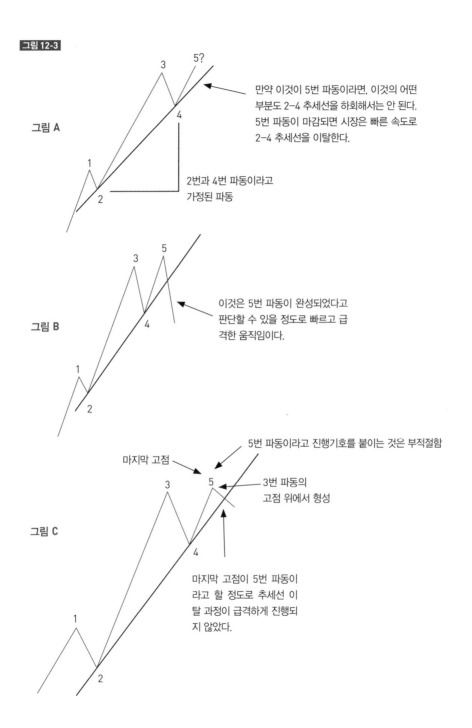

그림 12-3

그림 A

만약 이것이 5번 파동이라면, 이것의 어떤
부분도 2-4 추세선을 하회해서는 안 된다.
5번 파동이 마감되면 시장은 빠른 속도로
2-4 추세선을 이탈한다.

2번과 4번 파동이라고
가정된 파동

그림 B

이것은 5번 파동이 완성되었다고
판단할 수 있을 정도로 빠르고 급
격한 움직임이다.

5번 파동이라고 진행기호를 붙이는 것은 부적절함

마지막 고점

3번 파동의
고점 위에서 형성

그림 C

마지막 고점이 5번 파동이
라고 할 정도로 추세선 이
탈 과정이 급격하게 진행되
지 않았다.

그림 12-4a

가정된 5번 파동이 미달형으로 형성

잘못된 파동 분석

추세선 이탈 과정이 충분히 의미 있는 모습을 보이지 않는다. 5번 파동이 미달형으로 나타난 경우 전체 충격파동을 자신이 형성된 것보다 짧은 시간에 걸쳐 완전히 되돌려야 한다.

5번 파동이 미달형인 경우 최소 하락 목표치

"0"

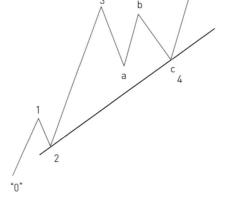

올바른 파동 분석

"0"

그림 12-4b

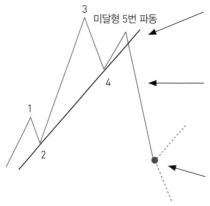

미달형 5번 파동

3번 파동의 고점 아래

마지막 충격파동보다 한 단계 높은 등급의 충격파동이 자신이 형성된 기간보다 짧은 시간 동안 완전히 되돌려진다면 5번 파동이 미달형이라는 것이 증명된다.

여기서 시장은 반등해서 이전 고점대 부근에 도달할 수 있지만, 이전 충격파동 전체가 형성된 기간의 2배의 시간이 경과하기까지 미달형 5번 파동의 고점을 넘어설 수 없다.

충격 패턴이 자신이 형성된 것보다 짧은 시간에 걸쳐 완전히 되돌려져야 한다. 그 이후에 시장은 잠시 동안 방향성 없이 움직이거나 기존의 방향대로 움직인다. 미달형 5번 파동의 고점을 다시 넘어서는 데는 최소한 전체 충격파동(1-5)이 진행된 시간의 2배 이상이 소요되고, 일반적으로는 신고가(또는 하락 추세에서는 신저가)를 경신하는 데 더 많은 시간을 필요로 한다.

파동 b

파동 b의 종점은 2번 파동과 비슷한 방식으로 찾을 수 있지만, 파동 b 이후에 나타나는 충격파동(파동 c)이 대부분 파동 a의 161.8%를 넘어서지 못하고 때때로 파동 b가 삼각형이 될 수 있다는 점에서 작은 차이가 발생한다. 이런 개념을 보다 잘 이해하기 위해서 그림 12-5를 보라.

만약 파동 b가 삼각형이라면 패턴에 대해서 2가지 형태의 채널을 그릴 수 있을 것이다. 그림 12-5의 그림 A에서 0-B 추세선은 삼각형의 파동 e가 아니라 파동 c를 기준으로 그려진다. 파동 e를 기준으로 그려질 경우 파동 c에 의한 추세선 이탈이 나타나고 이것은 용인될 수 없다.

만약 파동 b가 삼각형이라면 0-B 추세선이 삼각형의 파동 c를 지나도록 그릴 경우 파동 e가 일시적으로 추세선을 이탈하고 바로 되돌리는 경우가 자주 나타난다(그림 12-5의 그림 B). 이것은 엘리어트 파동이론에서 말하는 소위 거짓 돌파다. 이 거짓 돌파는 매우 단기간(상대적인 관점으로)에 걸쳐 형성되어야 하고, 파동 e의 종점이 파동 c의 시작점을 넘어서는 안 된다. 이 거짓 돌파가 있은 후에는 추세선을 다시 그릴 수 있지만, 반드시 그래야 하는 것은 아니다. 보다 큰 파동 C는 터미널 패턴인 경우를 제외하면 그것이 마감될 때까지 0-B 추세선을 이탈하지 않을 것이다.

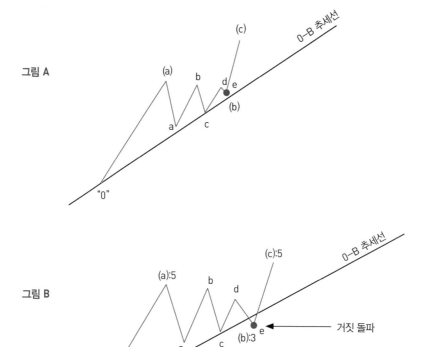

그림 12-5

그림 A

(c)
0-B 추세선
(a)
b
d e
a
c
(b)
"0"

그림 B

(c):5
0-B 추세선
(a):5
b
d
a
c (b):3 e
거짓 돌파
"0"

삼각형

삼각형을 많이 접하고 나면 종종 삼각형이 형성되는 초기에도 삼각형이라는 것을 알 수 있고, 때로는 파동 A가 마감된 직후에도 삼각형을 확실히 인지할 수 있다. 삼각형을 판독하는 기법 중 몇 가지는 이미 논의되었다. 이후에는 삼각형이 형성되는 것을 예측할 수 있는 추가적인 기법들이 소개될 것이다.

시장이 지그재그 패턴을 형성하면서 상승하는 것으로 가정하는 가운데, 0-B

라고 생각되는 추세선을 그었다고 가정하자(그림 12-6). 시장이 상승하기 시작했지만 바로 하락 전환하고 파동 c가 형성되기 위해서 필요한 최소한의 시간과 가격을 충족시키지 못한 상황에서 추세선을 이탈한다. 만약 주가가 추세선을 이탈했지만 추세선상의 마지막 접점(처음에 파동 b의 종점이라고 생각했던 가격)을 돌파하지 못하고 다시 상승 방향으로 전환된다면, 그것은 삼각형이 형성되고 있다는 의미다(그림 12-7). 만약 시장에서 2번의 거짓 이탈 나타낸다면 삼각형 패턴이 사실상 확인되었다고 볼 수 있다(그림 12-8).

삼각형 패턴이 형성될 경우 시장에 유의한 추세선이 존재하지 않는 것처럼 움직인다. 이미 시장에서 의미 있는 추세선으로 확인된 추세선이 삼각형이 형성될 때는 마치 그것이 없는 것과 같은 패턴의 움직임을 자주 보인다. 삼각형의 내부 파동들은 강하지 않은 움직임을 보이면서 소폭으로 추세선을 이탈한다(그림 12-9). 이것은 삼각형 패턴이 진행 중이라는 다른 중요한 '조기 경보'다. 일시적으로 추세선을 이탈하고 등락을 거듭할 경우 파동 b가 삼각형이라는 것을 확신할 수 없지만 한 단계 또는 다른 등급에서 삼각형이 발생 중이라는 것을 사실상 보증하는 것이다.

그림 12-6

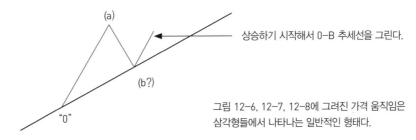

상승하기 시작해서 0-B 추세선을 그린다.

그림 12-6, 12-7, 12-8에 그려진 가격 움직임은
삼각형들에서 나타나는 일반적인 형태다.

그림 12-7

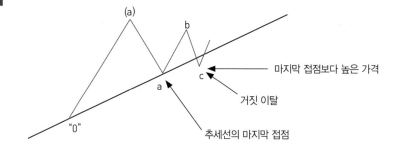

마지막 접점보다 높은 가격

거짓 이탈

추세선의 마지막 접점

그림 12-8

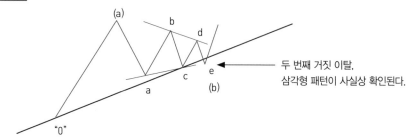

두 번째 거짓 이탈,
삼각형 패턴이 사실상 확인된다.

그림 12-9

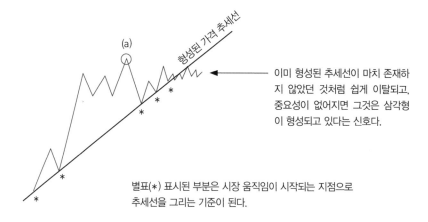

이미 형성된 추세선이 마치 존재하
지 않았던 것처럼 쉽게 이탈되고,
중요성이 없어지면 그것은 삼각형
이 형성되고 있다는 신호다.

별표(*) 표시된 부분은 시장 움직임이 시작되는 지점으로
추세선을 그리는 기준이 된다.

터미널 패턴

추세선을 이용해서 터미널 충격파동을 발견하는 것은 삼각형 패턴을 파악하는 과정과 유사하다. 그림 12-10의 그림 A는 터미널이 형성되고 있을 때 일반적으로 발생하는 모습이다. 2-4 추세선을 이탈하는 과정에서 시장이 어떻게 움직이는지 보라. 이것은 추세 이탈이 '특별한 사건이 되지 않는(non-eventful)' 훌륭한 사례다. 이 사례에서 하위 파동으로 나눠지는 것은 연장된 3번 파동이 아니라 터미널 패턴을 형성하고 있는 5번 파동이다. 이것이 연장 법칙에서 설명

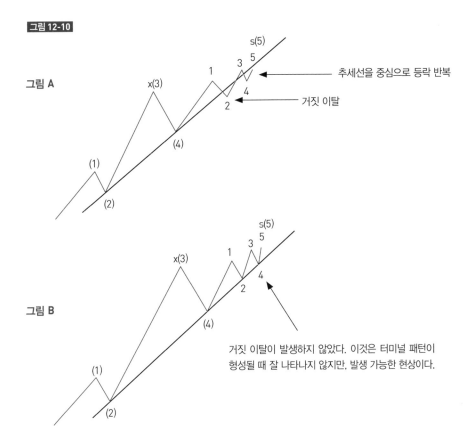

그림 12-10

그림 A

추세선을 중심으로 등락 반복

거짓 이탈

그림 B

거짓 이탈이 발생하지 않았다. 이것은 터미널 패턴이 형성될 때 잘 나타나지 않지만, 발생 가능한 현상이다.

한 '하위 파동 독립성의 법칙'이다(402쪽). 연장된 3번 파동은 "x"라고 표시하고, 하위 파동으로 세분화되는 5번 파동은 "s"라고 표시한다.

터미널 패턴이 형성되는 동안 그것의 한 부분은 일반적으로 2-4 추세선을 하향 이탈할 것이다. 일시적으로 2-4 추세선을 이탈하면서 조기 경보를 내지 않는 터미널 패턴은 드물지만, 완전히 불가능한 현상은 아니다(그림 12-10의 그림 B).

중요한 점이 있다. 파동이론을 활용하면 특정한 파동이 언제 마감되었는지 예측할 수 있지만, 그러한 가정을 확인하기 위해서는 특정 패턴 이후에 필수적으로 나타나는 반작용을 확인하는 과정이 반드시 필요하다. 그림 12-10에서 5번 파동을 확인하기 위해서는 5번 파동 발생 후 되돌림 과정에서 4번 파동의 저점에 도달해야 한다. 만약 이런 현상이 나타나지 않는다면 분석은 잘못된 것이다. 그림 12-10에서 4번 파동은 최소한의 하락 목표로, 99%의 확률로 그것은 1번 파동의 시작점이나 그 아래까지 하락할 것이다.

실제 2-4 추세선

충격 패턴의 5번 파동이 완성되었을 때, 정확하게 그린 2-4 추세선은 단기간에 붕괴되어야 한다. 여기서 '단기간'이라는 말은 상대적인 의미다. 다시 여기서 '상대적'이라는 말의 의미를 확인하기 위해서는 5번 파동이 형성된 시간을 파악해야 한다. 만약 5번 파동이 끝난 후에 2-4 추세선을 이탈하기까지 5번 파동이 형성된 시간과 같거나 그보다 짧은 시간이 소요되었다면, 그 이탈은 일반적인 움직임을 따르는 것이고 5번 파동 완성이 확인되는 것이다. 추세선을 이탈하는 데 5번 파동보다 많은 시간이 소요된다면, 5번 파동이 터미널 패턴으로 진행되고 있거나 2-4 추세선이 잘못 그려졌거나 4번 파동이 마감되지 않았을 것이다.

그림 12-11

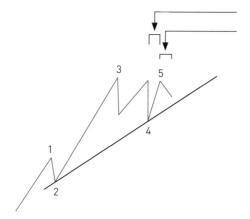

5번 파동을 형성하는 과정에서 소요된 시간이 2-4 추세선에 도달하는 시간보다 짧다. 4번과 5번 파동이 모두 마감되었다는 것이 확인되기 위해서는 5번 파동이 끝난 후에 2-4 추세선에 도달하는 데까지 걸리는 시간이 5번 파동이 형성되는 데 소요된 시간과 같거나 짧아야 한다. 만약 더 많은 시간이 걸린다면 5번 파동이 세부 파동으로 나눠지거나 4번 파동이 마감되지 않은 것이다.

아마도 전반적인 시장 해석이 잘못되었을 것이다. 실제로 어떤 상황이든 시장에서 충격 패턴은 마감되지 않은 것이다(그림 12-11).

채널을 통한
충격 패턴의 확인

Mastering Elliott Wave

충격 패턴 채널이 형성되는 다양한 형태를 이해하면, 어떤 패턴이 연장될 것인가를 판단하는 데 채널을 유용하게 사용할 수 있다. 어떤 파동이 연장될 것인가를 빨리 판단할수록 추세 방향으로 매매하기 쉬울 것이다. 이후에 소개할 설명과 그림을 통해 각각의 충격 패턴이 어떤 식으로 채널을 형성하고 움직이는

지 분명히 알 수 있을 것이다.

1번 파동이 연장된 경우

1번 파동이 연장될 때, 패턴의 채널은 터미널 파동의 그것과 유사하다(그림 12-12). 5번 파동은 상단 추세선에 도달해서는 안 된다. 그것은 일반적으로 상단 추세선 아래 존재하지만, 경우에 따라서 2번 파동이 매우 크면, 상단 추세선을 넘어서는 것도 가능하다.

그림 12-12

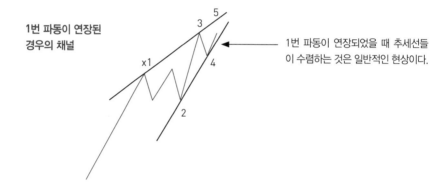

1번 파동이 연장된 경우의 채널

1번 파동이 연장되었을 때 추세선들이 수렴하는 것은 일반적인 현상이다.

3번 파동이 연장된 경우

3번 파동이 연장될 때 채널을 형성하는 양상은 몇 가지가 존재한다. 추세선을 그리기 위해 어떤 점을 사용하더라도, 2개의 추세선은 항상 평행하거나 거의 평행에 가까워야 한다(그림 12-13). 그림 중에서 2개의 조정파동(2번 파동과 4번 파동) 중 어느 것이 더 복잡한가를 확인하라. 여기에 그려진 것들은 3번 파동이 연장된 경우에 일반적으로 나타날 수 있는 모습들이다.

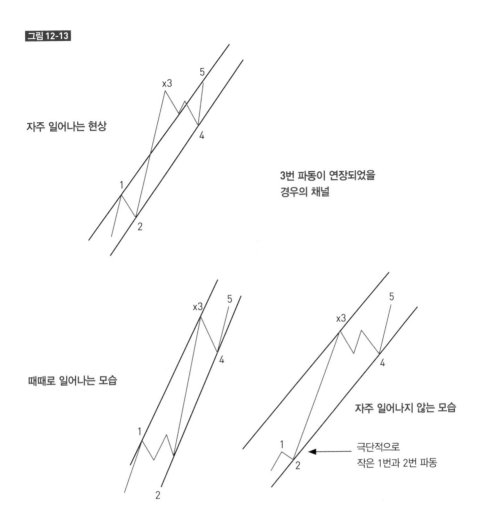

그림 12-13

자주 일어나는 현상

3번 파동이 연장되었을
경우의 채널

때때로 일어나는 모습

자주 일어나지 않는 모습

극단적으로
작은 1번과 2번 파동

5번 파동이 연장된 경우

5번 파동이 연장되는 경우에 채널을 그리는 방식은 1가지밖에 존재하지 않는다(그림 12-14). 이것은 기본적으로 1번 파동이 연장된 것과 반대의 모습을 보인다. 그것의 채널은 확성기 모양으로 확산되는 모습을 보인다.

그림 12-14

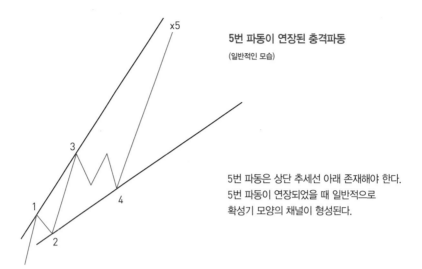

5번 파동이 연장된 충격파동

(일반적인 모습)

5번 파동은 상단 추세선 아래 존재해야 한다.
5번 파동이 연장되었을 때 일반적으로
확성기 모양의 채널이 형성된다.

그림 12-15

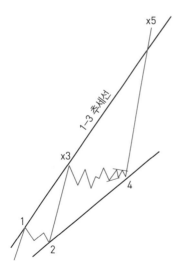

매우 드문 이중 연장 충격파동

(거의 발생하지 않음)

이중 연장이 나타날 때 5번 파동은 일반적으로 1-3 추
세선을 넘어선다. 이것이 이중 연장이라고 불리는 이유
는 3번 파동이 1번 파동의 161.8% 이상이고, 5번 파동
이 3번 파동의 161.8% 이상이기 때문이다.

이중 연장

극히 드물게 나타나기 때문에 이 패턴을 다루는 것이 쉽지 않지만, 이 주제를 완전히 설명하기 위해서 여기에 포함시켰다. 경험에 따르면 이중 연장에서 채널이 그려지는 모습은 그림 12-15와 같다.

채널을 이용한 조정파동의 확인

Mastering Elliott Wave

플랫

플랫과 관련된 패턴을 차트에서 파악하기 위해서는 모든 채널선이 플랫의 시작점인 파동 a의 고점과 저점을 중심으로 평행하게 그려져야 한다. 그림 12-16a에서 모든 플랫 패턴은 이런 형태로 그려졌다. 조정파동의 채널을 통해 어떤 형태의 플랫이 만들어지고 있는지 미리 구분하는 방법을 익히려면 이에 관한 연구가 필수적이다.

플랫에서 지지와 저항을 찾기 위해 채널선은 다르게 그려져야 한다. 플랫의 추세선은 파동 a의 시작점을 지나 파동 b의 종점을 통과하게 된다(그림 12-16b). 그것과 평행한 선을 파동 a의 끝부분을 지나게 그어 파동 c의 잠재적인 지지대를 찾는다. 만약 플랫의 파동 b가 파동 a의 끝부분을 큰 폭으로 돌파하더라도 (그림 12-16b의 ⑧ 강세조정) 위의 법칙에 기반해 추세선을 그린다. 그림 12-16a에

그림 12-16a

① 일반형

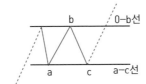

② 연장형

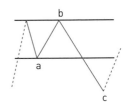

③ 미달형 파동 c

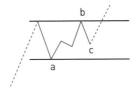

② 미달형 파동 b

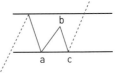

⑤ 매우 드문
이중 미달형 파동

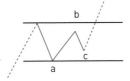

⑥ 불규칙 파동

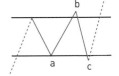

⑦ 불규칙
미달형 파동

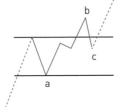

⑧ 러닝파동

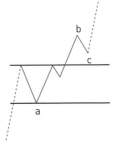

그림 12-16b

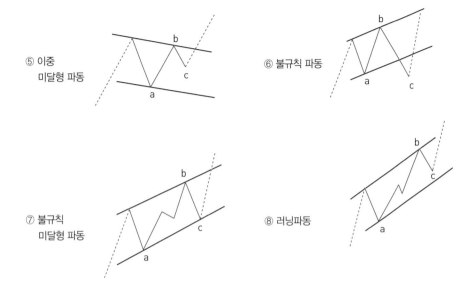

⑤ 이중
   미달형 파동

⑥ 불규칙 파동

⑦ 불규칙
   미달형 파동

⑧ 러닝파동

있는 그림 중에서 4개(그림 ⑤, ⑥, ⑦, ⑧)는 실제 시장에서 플랫의 변형에 따라 다르게 적용되는 것을 보이기 위해 그림 12-16b에서 재구성되었다.

플랫 채널의 함의

플랫 채널이 형성되는 모양을 통해 단기적인 시장 강도의 미묘한 차이에 대한 단서를 구할 수 있고, 조정이 끝난 후에 시장이 얼마나 상승할지 또는 하락할지를 알 수 있다. 조정파동에 대한 채널을 그리면서 얻을 수 있는 단서는 파동 a에 대한 파동 b의 길이를 통해 구할 수 있다. 파동 b가 길수록 파동 c가 끝난 후에 형성되는 움직임이 폭발적일 가능성이 더 높다. 파동 a에 비해 파동 b가 작을수록, 플랫이 더 큰 조정파동의 파동 a가 되거나 이후에 x파동이 나오고 다른 표준적인 조정파동이 이어질 가능성이 커진다. 만약 플랫이 완전한 채널

그림 12-16c 채널의 모양에 따른 각 파동의 의미

파동 a에 비해 약간 짧은 파동 b는 일시적으로 시장이 약세라는 것을 나타낸다.

⑤ 이중
  미달형 파동

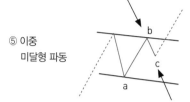

파동 c가 반대편 추세선을 쉽게 제거하는 능력은 처음에 파동 b를 통해 발현된 매도세가 상쇄되었다는 것을 의미한다.

파동 a에 대한 파동 b의 길이로 볼 때 시장은 강세국면에 있다. 이후의 상승은 파동 a 직전의 상승 파동보다 크게 나타나야 한다.

⑦ 불규칙
  미달형 파동

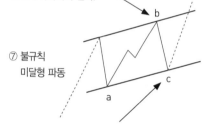

파동 c가 진행되는 과정에서 반대편 추세선에 도달하는 것은 파동 b에서 형성된 강세 흐름을 상쇄하지 않지만, 이후에 x파동이 이어지면서 전체 조정파동이 보다 큰 복합 조정파동의 한 부분이 될 수 있다는 것을 의미한다. 이 개념은 지그재그를 설명하는 부분에서 보다 자세히 다뤄질 것이다.

② 연장파동

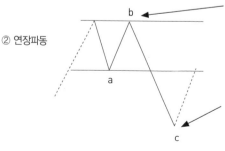

파동 b에서 신고점이 형성된 것은 상승 추세로의 힘이 강화되는 것을 의미한다.

⑥ 불규칙 파동

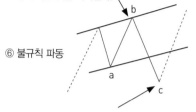

처음에 파동 b를 통해서 나타난 상승 방향의 힘이 파동 c가 반대편 추세선을 큰 폭으로 이탈하면서 무력화되었다.

이것은 표준 조정에서 나타날 수 있는 파동 b 중 가장 강력하다. 이 패턴 이후에 나타나는 움직임은 파동 b보다 훨씬 크고, 파동 a 이전에 나타난 파동의 161.8% 이상으로 형성된다.

⑧ 러닝파동

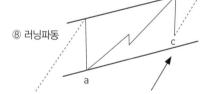

파동 c는 강한 상승 추세를 이어가는 역할을 한다. 중요한 점은 파동 c가 파동 a의 61.8% 이상으로 형성되어야 한다는 것이다. 만약 그보다 작다면 파동 b가 완성되지 않았을 가능성이 높다.

파동 b가 파동 a의 고점과 같은 수준에서 마감된다면 이것은 상대적으로 중립적인 시장 환경을 나타낸다. 하지만 파동 b가 파동 a와 유사한 시간에 걸쳐 형성된다면 파동 c가 연장되어 나타날 수도 있다.

극단적으로 길게 형성된 파동 c는 시장이 약해지고 있다는 것을 경고하고, 같은 수준인 다음 파동에 의해 파동 c가 완전히 되돌려지지 않을 수 있다는 점을 나타낸다. 연장된 패턴은 시장이 삼각형을 형성하고 있을 수 있다는 가능성을 내포한다.

을 형성(파동 a의 길이가 파동 c의 길이와 같음)한다면 아마도 이후에 x파동이 나타나면서 복합 조정의 한 부분이 될 것이다(그림 12-16c ⑦ 불규칙 미달형). 그림 12-16c는 플랫과 관련해 다양한 채널 형태에 따른 함의를 나타낸다.

지그재그

지그재그의 변형은 많지 않지만, 지그재그가 채널을 형성하는 방법은 크게 3가지가 존재한다(그림 12-17). 그림 A와 B는 일반적인 지그재그의 채널을 보여준다. 그림 A와 B의 어떤 것도 조정국면의 마지막 패턴이 될 수 있다. 만약 지

그림 12-17

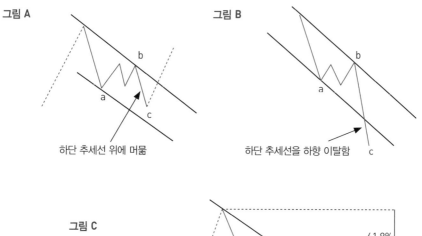

그림 A

하단 추세선 위에 머묾

그림 B

하단 추세선을 하향 이탈함

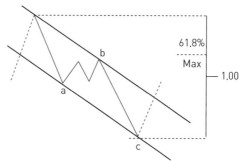

그림 C

지그재그가 추세선에 도달하면서 진행되면 이것은 보다 복잡한 복합 조정의 한 부분일 것이다. 다음에 이어지는 파동이 전체 지그재그 파동을 61.8% 이상 되돌리지 않는다면 그것은 x파동일 것이다.

61.8%

Max

1.00

그림 12-18

가장 일반적인 모습

그림 A

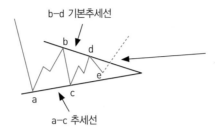

b-d 기본추세선

이 선이 돌파되는 것은 삼각형 패턴이
완성되었다는 것을 의미한다.

a-c 추세선

자주 발생하는 모습

그림 B

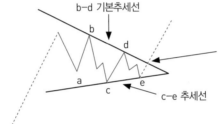

b-d 기본추세선

이 선이 돌파되는 것은 삼각형 패턴이
완성되었다는 것을 의미한다.

c-e 추세선

드문 현상

그림 C

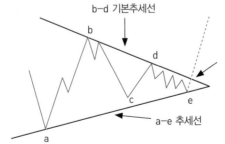

b-d 기본추세선

이 선이 돌파되는 것은 삼각형 패턴이
완성되었다는 것을 의미한다.

a-e 추세선

그재그 채널이 그림 C와 같은 형태를 보인다면, 지그재그가 하락 조정의 마지막 파동일 가능성은 매우 낮다. 그것은 이중 또는 삼중 조정 패턴의 한 부분이 될 것이다. 만약 지그재그가 그림 C와 같은 채널을 형성한다면 직후에 나타나는 파동은 지그재그를 완전히 되돌리지 못할 것이다. 만약 그 파동이 지그재그의 61.8% 이하로 되돌린다면, 그것은 x파동이 될 것이다. x파동은 2개의 표준적인 엘리어트 조정 패턴을 연결하는 역할을 할 것이다.

삼각형

삼각형은 충격파동과 같이 기본 추세선을 가지고 있다. 삼각형의 기본 추세선은 b-d 추세선이다. 어떤 삼각형의 변형이 진행되더라도 이것은 항상 적용되어야 한다. 추세선이 이탈되었을 때 삼각형 패턴이 마감된 것을 알 수 있다. 삼각형에서 기본 추세선과 반대편에 있는 추세선은 다른 3가지 방법으로 그려질 수 있다(그림 12-18). 가장 일반적인 것이 a-c 추세선(그림 A)이고, 그다음이 c-e 추세선(그림 B), 마지막으로 a-e 추세선(그림 C)이다.

복합 패턴들

필자가 수년에 걸쳐 개발한 모든 채널의 법칙과 그것들이 제공하는 단서들은 표준적인 엘리어트 패턴 내에서 신뢰성이 더 높다. 시장이 보다 복잡하게 비표준적인 형태로 진행된다면 세부적인 법칙들은 정의하기가 보다 어렵지만, 필자가 발견한 다음의 법칙들은 신뢰할 수 있다. 일반적으로 기본 추세선은 0과 패턴의 x파동 또는 파동 b를 거쳐 진행될 것이다. 만약 파동 b가 x파동에 비해 많은 시간을 소비한다면 채널은 파동 b를 사용해서 그려질 것이다. 만약 x파동이 가장 큰 조정파동이라면 추세선은 0에서 첫 번째 x파동을 지나서 그려질 것이다.

다음 내용은 복합 조정의 각각의 범주에 적용되는 법칙들을 정리한 것이다.

이중과 삼중 지그재그

다른 엘리어트 패턴과 달리 이중 또는 삼중 지그재그는 이상적으로 채널을 그릴 수 있는 환경을 제공한다. 2개의 평평한 채널선 사이에 모든 상승과 하락 파동이 존재한다(그림 12-19). 이것은 충격 패턴과 이중 또는 삼중 지그재그(이것들은 자주 충격 패턴으로 오인된다)의 중요한 차이점이다.

이중과 삼중 조합(지그재그로 시작)

이중과 삼중 지그재그처럼 일반적으로 이중과 삼중 조합은 마지막 조정국면의 완성이 가까워질 때까지 2개의 평행선을 따라 안정적인 채널이 형성될 것이

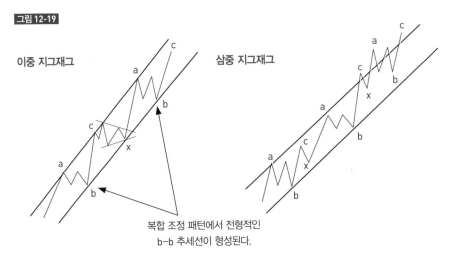

그림 12-19

이중 지그재그

삼중 지그재그

복합 조정 패턴에서 전형적인
b-b 추세선이 형성된다.

2개의 평행한 추세선 사이에서 여러 개의 상승과 하락 파동이 적절하게 포함된
경우는 일반적으로 이중 또는 삼중 지그재그일 가능성이 높다.

다. 이전에 언급된 바와 같이 대부분의 이중과 삼중 조합은 삼각형으로 마감된다. 이전의 논의를 통해 알 수 있듯이 삼각형은 채널이 진행되는 데 문제를 발생시킨다. 따라서 이중 또는 삼중 조합의 마지막 조정국면이 삼각형인 경우, 삼각형이 완전히 마감되기 전에 적어도 하나 이상의 '거짓' 이탈이 발생할 것이다. 그림 12-20에서 몇 가지 사례를 볼 수 있다.

그림 12-20

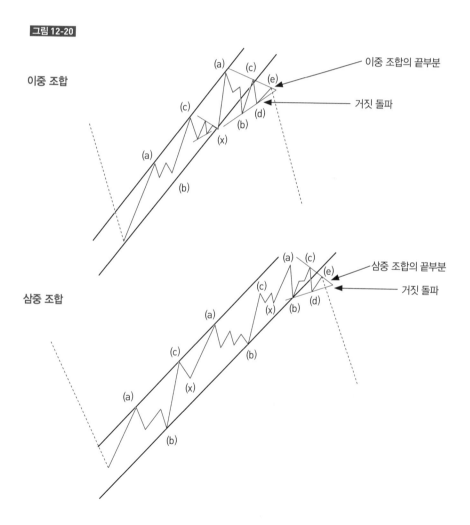

이중과 삼중 플랫

이중 또는 삼중 플랫의 x파동들은 거의 항상 파동 a, b, c에 비해 작기 때문에 채널은 각 플랫 패턴의 파동 b를 이용해 그려진다(그림 12-21). 추세선이 제대로 그려졌다면 기본 추세선이 이탈될 때 패턴은 마감된다. 이런 복합 조정의 마지막에는 파동 c가 미달형인 패턴이 나타날 가능성이 높다.

이중과 삼중 조합(플랫으로 시작)

이런 패턴은 많은 변형이 존재하기 때문에 모든 패턴에서 잘 적용되는 채널

그림 12-21

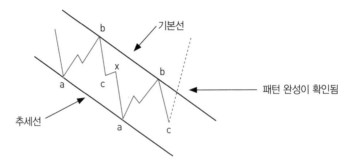

이중 플랫

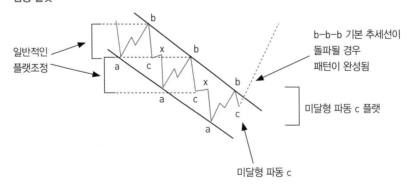

삼중 플랫

구성 기법을 만드는 것은 어렵다. 파동 b의 종점들을 포함한 기본 추세선이 항상 파동 a의 종점들을 포함한 추세선보다 신뢰성이 높을 것이다. 최선의 접근 방법은 파동 b의 기본선을 중요한 채널로 활용하고 파동 a의 종점들을 이은 선이 깨끗한 추세선이 되지 않을 수 있다는 점을 인정하는 것이다. 그림 12-22의 그림 A에서 추세선은 만족스럽지만 그림 B에서 추세선은 그 기능을 그림 A만큼 잘 하지 못하고 있다.

그림 12-22

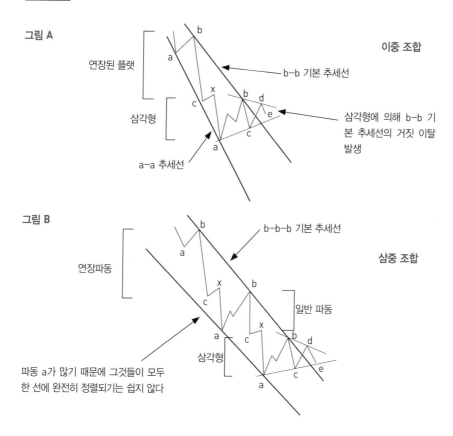

그림 A

연장된 플랫

삼각형

a-a 추세선

이중 조합

b-b 기본 추세선

삼각형에 의해 b-b 기본 추세선의 거짓 이탈 발생

그림 B

연장파동

파동 a가 많기 때문에 그것들이 모두 한 선에 완전히 정렬되기는 쉽지 않다

삼각형

b-b-b 기본 추세선

삼중 조합

일반 파동

파동 마감 확인

각각의 엘리어트 파동의 시작과 마감 위치를 판단하는 데 어려움을 겪을 때, 대각 채널선을 사용하면, 신뢰성 있게 엘리어트 파동을 셀 때 이용할 수 있는 지점을 찾는 데 도움이 될 것이다. 그림 12-24를 통해 이 기법을 적용하는 방법을 이해할 수 있을 것이다.

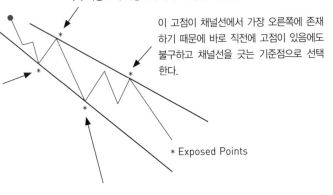

그림 12-24

첫 번째 중요한 지점을 형성하고 반등했기 때문에 이것은 파동 b이거나 파동 b의 파동 a이거나 x파동임에 틀림없다.

이 고점이 채널선에서 가장 오른쪽에 존재하기 때문에 바로 직전에 고점이 있음에도 불구하고 채널선을 긋는 기준점으로 선택한다.

여기가 이전 패턴이 끝난 후에 형성된 첫 번째 저점(채널선에 닿으면서 하락하는)이기 때문에 1번 파동 또는 파동 a가 여기서 끝나야 한다. 고점에서 3개의 내부 파동을 형성하면서 하락했기 때문에 파동 a로 판단하는 것이 바람직하다.

* Exposed Points

여기에 부여될 파동기호는 이전 고점에서 부여된 기호에 따라 결정된다. 이 저점은 파동 c가 될 수 있고, 파동 b의 한 부분이 될 수도 있고, 다음에 나오는 복합 조정의 파동 a가 될 수도 있다.

* 표시된 부분은 약간 기울어져 평행하는(또는 평행에 가까운) 채널선을 통해 가장 잘 드러난 부분이다. 이 채널선들은 연구하고자 하는 기간 내의 시장 움직임을 모두 포함하고 있어야 한다. 나아가 이 채널선들은 적어도 2개 이상의 최우측이나 좌측에 존재하는 고점과 저점을 이어서 만들어야 한다. 그림에서 표시된 부분은 해당 부분에 진행기호가 표시될 것으로 예상되는 각각의 마디들을 중심으로 선정한 것이다(그림에서 최고점은 이전 엘리어트 패턴이 마감된 것으로 확인된 지점이다).

고급 피보나치 비율

Mastering Elliott Wave

피보나치 비율상 중요한 2가지 범주가 있다. 첫 번째는 가장 일반적인 것으로 필자는 이것은 내부적인 관계라고 명명했다. 내부적인 관계는 표준적인 엘리어트 패턴에서 자주 발견된다. 시장이 피보나치 비율을 형성하는 다른 방법인 외부적인 비율로 이것은 일반적이지 않은 패턴이 형성될 때 잘 나타난다. 일반적이지 않은 패턴은 비표준 복합 조정과 터미널 또는 미달형 패턴들이다. 각각의 형태는 이후에 예를 통해 설명할 것이고, 일반적으로 그것들이 발생하는 지점도 알려줄 것이다.

내부적인 관계

내부적인 관계는 파동이 시작하거나 끝나는 수준에 대해 고려하지 않은 가운데 각 파동의 가격상의 길이를 비교하는 것이다(그림 12-25). 이러한 가격상의 범위는 보통 부분적으로 겹쳐서 나타난다. 이것은 한 파동이 형성하는 가격대에서 다른 파동의 가격대 역시 부분적으로 형성되는 것을 의미한다. 충격 패턴의 관계는 몇 개의 예외를 제외하고는 대부분 내부적인 관계로 이뤄진다. 환경에 따라 조정파동의 관계는 내부적, 외부적으로 모두 형성될 수 있다. 다음의 내용은 충격 패턴에서 가장 일반적으로 발생하는 모든 내부적인 관계를 나타낸 것이다.

그림 12-25 내부적인 관계

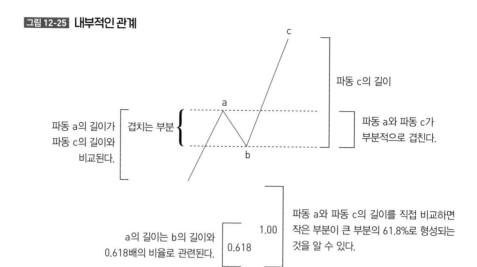

충격 패턴

1번 파동이 연장된 경우

　1번 파동이 충격파동 중 가장 긴 파동일 때, 3번 파동은 1번 파동의 61.8%를 넘어서는 안 된다. 3번 파동이 1번 파동의 61.8%라면(파동 변화의 법칙이 적용되어), 5번 파동은 일반적으로 3번 파동의 38.2%일 것이다. 만약 3번 파동이 1번 파동의 38.2%라면 5번 파동은 일반적으로 3번 파동의 61.8%일 것이다. 이것들이 1번 파동이 연장되었을 때 나타날 수 있는 모든 내부적인 관계다(그림 12-26).

3번 파동이 연장된 경우

　충격파동 내에서 3번 파동이 연장될 때, 1번 파동은 3번 파동과 61.8%의 관계를 가져서는 안 된다. 그것은 3번 파동의 38.2%일 수 있지만 내부적으로 전혀 관계가 없을 수도 있다(그림 12-27). 3번 파동이 가장 긴 파동일 때, 1번 파동

그림 12-26

3번 파동의 38.2%

3번 파동,
1번 파동의
0.618

1.00

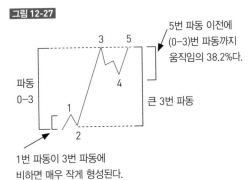

그림 12-27

5번 파동 이전에
(0-3)번 파동까지
움직임의 38.2%다.

파동
0-3

큰 3번 파동

1번 파동이 3번 파동에
비하면 매우 작게 형성된다.

과 5번 파동은 가격 면에서 거의 같거나 61.8% 또는 38.2%의 관계를 가질 것이다(가장 일반적인 관계부터 순차적 나열). 만약 4번 파동이 복합 조정이라면 5번 파동은 1번 파동과 같거나 그것보다 길어야 한다. 만약 2번 파동이 복합 조정이라면 5번 파동은 1번 파동과 같거나 그것보다 짧아야 한다. 만약 1번 파동이 3번 파동보다 극단적으로 작다면, 5번 파동은 1번 파동의 시작점에서 3번 파동의 끝부분까지 이동한 길이의 38.2%일 것이다(그림 12-27). 3번 파동이 연장될 경우 5번 파동은 3번 파동의 61.8%보다 작아야 한다.

5번 파동이 연장된 경우

5번 파동이 연장되었을 때 나타날 수 있는 1번 파동과 3번 파동의 유일한 내부적인 관계는 3번 파동이 1번 파동의 161.8%인 경우다. 만약 그것들이 피보나치 비율의 관계를 형성하지 않는다면 3번 파동은 1번 파동의 100%보다 크고 261.8%보다 작아야 한다. 만약 연장된 5번 파동이 1번, 3번 파동과 내부적으로 관련이 있다면, 5번 파동의 길이는 4번 파동의 마지막 지점에서 계산할 때 1번 파동의 시작점에서 3번 파동의 끝부분까지 길이의 161.8%로 형성될 것이다(그림 12-28). 5번 파동은 최소한 1번에서 3번 파동까지 길이의 100%와 3번

그림 12-28

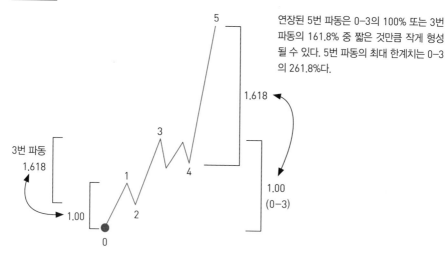

연장된 5번 파동은 0-3의 100% 또는 3번
파동의 161.8% 중 짧은 것만큼 작게 형성
될 수 있다. 5번 파동의 최대 한계치는 0-3
의 261.8%다.

파동의 161.8% 중에서 짧은 것보다 길 것이다. 연장된 5번 파동은 1번 파동에
서 3번 파동까지 길이의 261.8% 정도까지 될 수 있지만, 그것은 최대한의 한계
다(그림 12-28). 지금까지의 논의사항은 모두 내부적인 관계의 가능성에 대한 것
임을 기억하라. 1번, 3번, 5번 파동들이 충격 패턴에서 다른 방식으로 상호 관
계가 나타날 수 있지만, 이런 관계는 외부적인 관계의 범주에 해당한다. 일반적
인 현상은 아니지만 충격 또는 조정 패턴의 내부 파동들 간에 특별한 관계가 형
성되지 않을 수도 있다.

조정파동

2번 파동과 4번 파동

2번 파동이 충격 패턴이 진행되는 가운데 가장 큰 가격 조정이라면, 4번 파

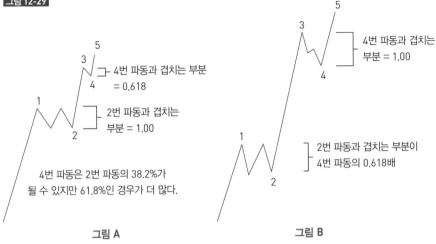

그림 12-29

5
3
4
— 4번 파동과 겹치는 부분
= 0.618

1
2
2번 파동과 겹치는 부분 = 1.00

4번 파동은 2번 파동의 38.2%가
될 수 있지만 61.8%인 경우가 더 많다.

그림 A

5
3
4
4번 파동과 겹치는
부분 = 1.00

1
2
2번 파동과 겹치는 부분이
4번 파동의 0.618배

그림 B

동은 2번 파동이 형성된 가격폭의 61.8%일 가능성이 높다(그림 12-29의 그림 A). 다음으로 가능성이 높은 비율은 38.2%다. 만약 4번 파동이 충격 패턴이 진행되는 과정에서 가장 큰 조정이라면, 2번 파동은 4번 파동의 61.8%거나 가능성은 낮지만 38.2%일 수도 있다(그림 12-29의 그림 B).

파동 a와 파동 b

2번, 4번 파동과는 달리 파동 a, b는 반대 방향으로 움직인다. 많은 사람들이 일반적으로 믿고 있는 바와 달리 피보나치 비율은 반대 방향으로 진행되는 관계보다 같은 방향으로 진행되는 관계에서 더 신뢰성이 높다. 따라서 파동 a와 b 사이에는 일관성 있게 신뢰할 수 있는 관계가 존재하지 않는다. 파동 a와 b의 비율은 대부분 파동 a의 구조를 결정하는 데 사용된다(3장의 '되돌림 법칙'과 '사전 구성법칙'을 보라).

지그재그에서 파동 c

파동 a와 관련해서 파동 c의 내부적인 길이의 '한계'는 파동 a의 161.8%다 (520쪽의 그림 12-25). 만약 파동 c의 길이가 파동 a와 관련해서 내부적, 외부적으로 최대한의 한계(외부적인 관계는 파동 c와 지그재그를 말함)를 벗어난다면 지그재그는 연장된 것이고, 전체 지그재그는 삼각형의 한 부분으로 인식되어야 한다. 이것은 삼각형의 한 내부 파동이 되거나 삼각형의 한 내부 파동인 복합 패턴의 일부가 될 것이다.

그림 12-30

그림 A

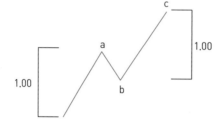

지그재그에서 파동 a와 파동 c가 같은 길이를 형성하는 것은 매우 일반적인 구성이다.

그림 B

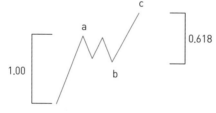

만약 파동 c가 파동 a의 61.8%보다 짧다면 지그재그는 삼각형의 한 부분일 가능성이 높다. 파동 c가 파동 a의 61.8%보다 짧은 지그재그는 잘 나타나지 않는다.

그림 12-31

만약 파동 c가 파동 a의 138.2%보다 크다면 시장은 연장된 플랫을 형성 중인 것이다.

파동 c는 파동 a와 길이가 같을 수 있고, 그것은 매우 일반적인 현상이다(그림 12-30의 그림 A). 파동 c는 내부적 관계를 기준으로 파동 a의 61.8%보다 작을 수 없다. 만약 그렇다면 그것은 아마도 파동 b가 매우 작은 삼각형으로 진행되었기 때문일 것이다. 이 경우 아마도 지그재그는 삼각형의 한 내부 파동이 되거나 삼각형의 한 내부 파동인 복합 패턴의 일부가 될 것이다(그림 12-30의 그림 B).

플랫에서 파동 c

플랫에서 파동 c는 파동 a의 138.2%를 넘어서는 안 된다(그림 12-31). 만약 파동 c가 파동 a의 138.2%를 넘어선다면, 그것은 연장된 플랫의 범주에 들어간

그림 12-32

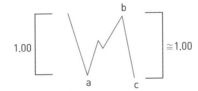

플랫에서 파동 a와 파동 c가 형성되는 관계 중 가장 일반적인 것이다.

그림 12-33

그림 A

파동 c가 미달형으로 나타나는 것은 반대 방향의 힘이 강하다는 의미다.

그림 B

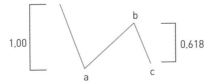

다. 플랫에서 파동 a와 파동 c의 길이가 거의 같은 것이 가장 일반적인 관계다 (그림 12-32). 그다음으로 가장 빈도가 높은 것은 61.8%의 관계. 이것은 기본 적으로 2가지 방향으로 나타날 수 있는데, 하나는 미달형 파동 c(그림 12-33의 그

그림 12-34

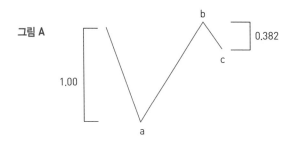

그림 A

1.00

0.382

파동 c가 파동 a의 38.2%가 되기 위해서 파동 b는 파동 a의 고점을 넘어서는 안 된다. 만약 파동 b가 파동 a보다 크다면, 파동 a의 고점에서 시작된 38.2%의 하락은 전체 조정파동이 아니라 파동 b의 한 부분이 되는 것이다.
이것은 극심한 미달형 파동 c라고 불린다. 이런 패턴이 나타나면 파동 c가 완성된 후에 보다 빠른 반등 상승 국면이 나타날 것이다.

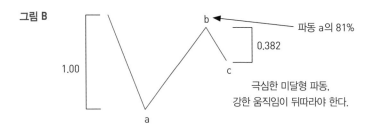

그림 B

1.00

0.382

파동 a의 81%

극심한 미달형 파동,
강한 움직임이 뒤따라야 한다.

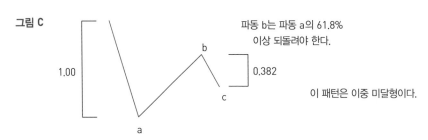

그림 C

1.00

0.382

파동 b는 파동 a의 61.8%
이상 되돌려야 한다.

이 패턴은 이중 미달형이다.

극심한 미달형 파동 c 이후에 강한 움직임이 나타난다.

림 A)이고, 다른 하나는 미달형 파동 b(그림 12-33의 그림 B)다. 파동 a와 파동 c의 최소한의 내부적인 관계는 38.2%다. 이것은 매우 드물게 나타나는데, 필자는 이런 현상을 '극심한(severe)' 미달형이라고 부른다. 이것은 일반적으로 3가지 형태로 나타난다. 하나는 파동 b가 파동 a를 대부분 되돌리는 경우(100% 정도 되돌리지만 넘어서지 않는 경우. 그림 12-34의 그림 A)고, 다른 하나는 파동 b가 파동 a를 81% 되돌리는 경우(그림 12-34의 그림 B)다. 극심한 미달형이 나타나기 위해서는 파동 b는 최소한 파동 a의 61.8% 이상 되돌려야 한다(그림 12-34의 그림 C). 3가지 경우에서 그림 A가 가장 일반적이고, 그림 B는 그다음으로 빈도가 높고, 그림 C는 가장 가능성이 낮다.

삼각형에서 파동 c

삼각형에서 파동 c는 일반적으로 파동 a와 61.8%의 관계를 형성하지만, 그렇지 않다고 해서 삼각형일 가능성을 배제해서는 안 된다(그림 12-35). 만약 파동 b가 파동 a보다 길다면 파동 c는 파동 b의 61.8%가 될 것이다(그림 12-36). 삼각

그림 12-35

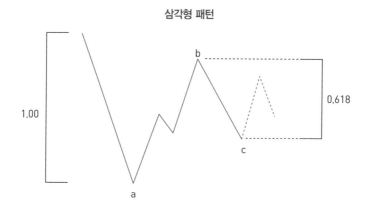

삼각형 패턴

1.00

0.618

b

c

a

그림 12-36

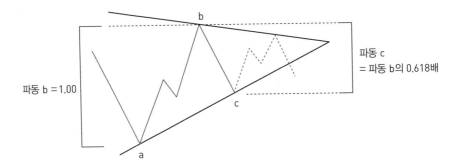

파동 b = 1.00

파동 c
= 파동 b의 0.618배

그림 12-37

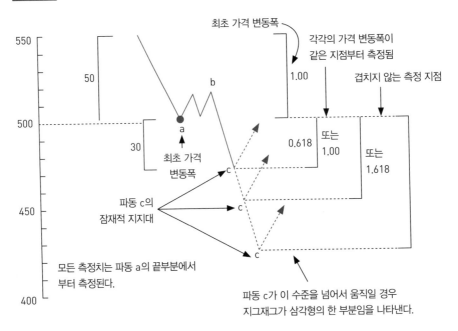

형 패턴은 엘리어트 패턴 중에서 가장 일반적이고 다양한 형태를 가지고 있어 혼란스럽게 한다는 점을 유념하라. 시장이 수렴되는 과정에서 가운데 5개의 내부 파동이 존재하고, 적어도 2개 이상의 피보나치 비율의 관계가 2개의 내부 파동 사이에서 존재한다면 삼각형 파동일 가능성이 높다(추가 법칙은 5장 참고).

파동 d

파동 d는 삼각형에서만 발생한다. 이것은 일반적으로 파동 b와 61.8%의 관계를 가진다. 파동 d는 사실상 삼각형의 다른 어떤 내부 파동과도 61.8% 또는 38.2%의 관계를 가질 수 있다.

파동 e

파동 e는 일반적으로 파동 d와 61.8% 또는 38.2%의 관계를 가진다. 그것은 보다 큰 파동과 38.2%의 관계를 가질 수도 있다. 만약 이것이 파동 a와 관계를 가진다면 그것은 아마도 파동 b가 파동 a보다 크기 때문일 것이다.

외부적인 관계

내부적인 관계와 달리 외부적인 관계는 겹치는 부분은 제외하고 접하는 가격을 기준으로 계산한다. 예를 들면 파동 a는 50포인트의 길이를 갖고, 500 수준에서 마감될 수 있다. 만약 파동 c가 외부적으로 파동 a와 관계가 있다면 500 수준에서 파동 a의 61.8%, 100%, 161.8% 등의 값을 계산해 빼거나 더할 것이다(그림 12-37). 여기서는 파동 a와 파동 c의 비율을 직접적으로 계산하는 것이 아니다. 파동 a의 길이를 잰 후에 파동 a의 저점에서부터 파동 a의 피보나치 비율에 따른 낙폭을 계산해 분석하고 있는 파동이 파동 a와 갖는 관계를 판단하는 것이다. 다른 말로 하자면 외부적인 관계는 하나의 가격 움직임을 사용해 그것을 기준으로 피보나치 비율을 계산하고, 이 값을 연구하고 있는 패턴 내에서 하나의 파동의 종점을 기준으로 계산된 값을 더하거나 빼서 그 관계를 규정하는 것이다. 이런 가격대는 잠재적으로 지지나 저항으로 작용할 것이다. 만약 시장이 이런 가격대 중 하나에서 멈추거나 반전한다면 그 가격대의 중요성이 확인된 것이다.

충격파동

1번 파동이 연장된 경우

3번 파동은 연장된 1번 파동의 61.8%보다 길 수 없기 때문에, 1번 파동이 연장된 경우에는 외부적인 관계에 대해 많은 가능성들이 존재하지는 않는다. 그

그림 12-38

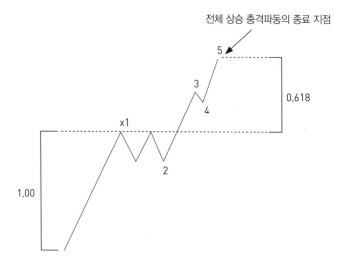

림 12-38에서와 같이 1번 파동의 61.8%를 1번 파동의 고점에서 투사하면 다음 상승 과정의 저항대를 구할 수 있다. 2번 파동이 1번 파동 중 얼마큼을 되돌리더라도 3번 파동은 이 가격대에 도달할 수 없을 것이다. 유일한 결론은 그 지점에서 전체 상승 충격파동이 마감되는 것이다(그림 12-38). 만약 첫 번째 파동이 연장된 가운데 외부적인 관계를 형성한다면 61.8%의 저항이 가장 일반적이다. 전체 상승 파동이 1번 파동 길이의 38.2% 위에서 마감될 수도 있지만, 이것은 실현 가능성이 낮고 시장의 매도 압력이 매우 높은 것을 나타낸다. 외부적인 관계가 38.2%로 형성된다면 전체 충격 패턴이 보다 큰 패턴의 마지막 파동일 가능성이 높다.

3번 파동이 연장된 경우

3번 파동이 연장되는 패턴 내에서는 신뢰할 만한 외부적인 관계가 존재하지

그림 12-39

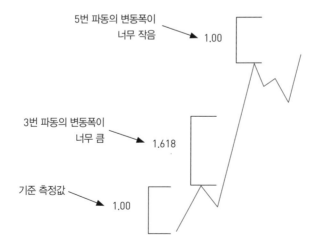

않는다. 왜냐하면 일반적인 피보나치 비율의 관계를 기준으로 하면 시장의 변곡점은 너무 가깝거나 멀리 있기 때문이다(그림 12-39).

5번 파동이 연장된 경우

5번 파동이 연장되었을 때 외부적인 관계는 내부적인 관계에 비해 더 잘 적용된다. 5번 파동이 연장된 패턴에서 외부적인 관계가 형성될 수 있는 상황은 2가지다.

첫 번째, 3번 파동은 1번 파동의 끝부분에서 161.8% 수준에 존재하는 가격대에서 멈출 수 있다(그림 12-40의 그림 A). 외부적인 관계가 형성되면 이러한 관계가 될 가능성이 가장 높다. 다음으로 가능성이 높은 것은 1번 파동의 끝부분에서 100% 위에 형성되는 것이다(그림 12-40의 그림 B). 만약 3번 파동이 161.8% 수준을 넘어선다면 그것은 연장된 파동일 가능성이 높고, 5번 파동은 3번 파동보다 짧을 것이다.

그림 12-40

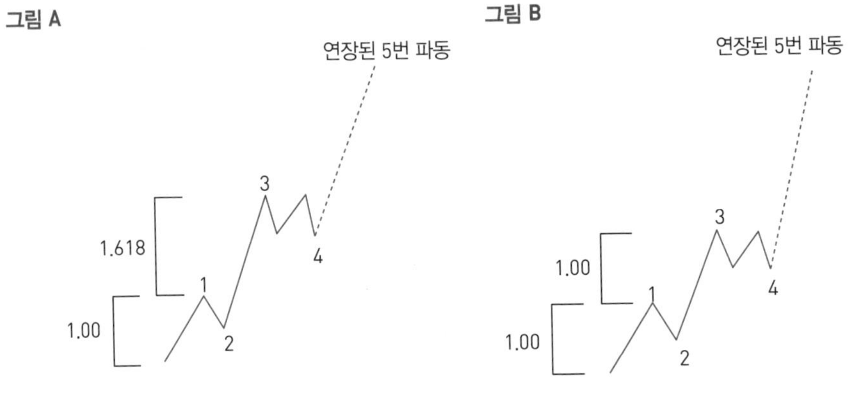

그림 A

연장된 5번 파동

1.618

1.00

그림 B

연장된 5번 파동

1.00

1.00

그림 12-41

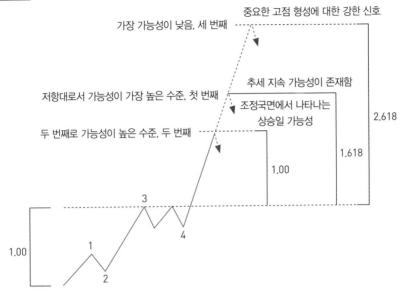

두 번째, 5번 파동은 3번 파동의 고점이 100%, 161.8%, 261.8% 위에서 멈출 수 있다(그림 12-41). 161.8% 수준은 5번 파동이 연장된 경우 가장 가능성이 높은 수준이다. 100% 수준은 그다음으로 가능성이 높은 수준이고, 261.8% 수준은 시장이 보다 높은 등급의 장기 상승(또는 하락) 파동이 마감되는 경우에만 가능한 모습이다. 그림 12-41에서 각각의 수준에 따라 내포하는 의미가 기술되어 있다.

조정파동

이중, 삼중 지그재그와 조합

보다 복잡한 조정 과정에서 많은 경우 첫 번째 외부적인 관계로 형성된 지지 또는 저항 수준에서 반등(또는 반락)한 후에 다시 반전해 그 수준을 이탈할 수 있

그림 12-42

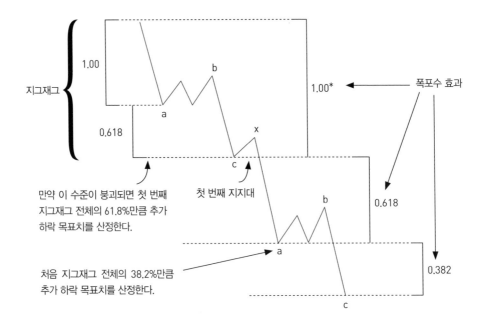

다. 이 경우 거의 항상 당시까지 변동폭의 61.8%만큼 지지(저항)대를 돌파하고 더 움직이게 된다. 만약 세 번째 하락이 있다면 그것은 본래 지지(저항)대까지 움직인 폭의 38.2%를 기록할 것이다. 이런 현상을 필자는 '폭포수 효과(waterfall effect)'라고 부른다(그림 12-42).

복합 패턴의 첫 번째 지그재그 패턴에서 파동 a와 c 사이에 외부적인 관계를 갖는 모습이 자주 나타난다. 이후에 첫 번째 지그재그 전체의 변동폭을 이후의 지지와 저항의 수준을 판단할 때 기준으로 활용해야 한다. 여기서 기준이 되는 전체 변동폭은 그림 12-42에서 큰 1.00 숫자 옆에 별표로 표시된다.

이러한 폭포수 효과는 대부분 지그재그로 시작되는 이중 지그재그 패턴이나 복합 패턴에서 가장 많이 발견되었다. 이 개념을 삼중 지그재그 조합에 적용할 때, 패턴을 두 그룹으로 나눠 따로따로 분석하면 된다. 다시 말해 첫 번째 2개의 조정 패턴을 하나의 이중 지그재그라고 가정하고 이 개념을 적용하라. 그리고 두 번째 2개의 지그재그에 대해서도 같은 분석 기법을 사용한다(중간에 나타나는 조정파동은 분석 과정에서 2번 사용된다). 모든 같은 법칙을 그림 12-42에서 논의된 바와 같이 적용될 것이다.

이중, 삼중 플랫과 조합

이중 플랫과 조합 패턴에서 외부적인 관계는 앞서 설명한 것과 달리 폭포수

그림 12-43

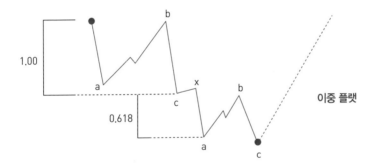

이중 플랫

그림 12-44

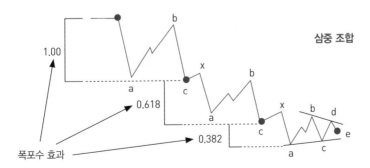

삼중 조합

효과를 만들지 못할 것이다. 일반적으로 하나의 외부적인 지지와 저항 수준에서 시장의 하락 또는 상승 흐름이 멈출 것이다(그림 12-43). 삼중 플랫 또는 조합 패턴은 그림 12-44와 같이 폭포수 효과를 나타낼 것이다.

숨겨진 파동

Mastering Elliott Wave

사용 가능한 가격 데이터들이 모노파동에서 폴리파동으로 진행되는 사이에 존재할 때, 엘리어트의 저작에서 전혀 다뤄지지 않았던 '숨겨진 파동'이라는 개념이 나타난다. 이런 현상을 잘 이해하지 못하면 단기적인 시장 흐름을 가늠하는 데 있어 큰 문제를 일으킬 수 있다. 파동이 숨겨졌다면 이것은 거의 항상 모노파동이고, 폴리파동이거나 그 이상의 파동은 결코 아니다. 운 좋게도 파동이 가격 데이터에 나타나지 않을 때도 파동의 함의를 종합할 때 나타나는 비논리성과 숨겨진 파동을 포함했을 때 발견되는 특이한 움직임을 통해 간접적으로 숨겨진 파동의 존재를 파악할 수 있다.

언제 어디서 발생하는가?

숨겨진 파동은 폴리파동의 단위에서만 발생하고, 멀티파동이나 그보다 높은 등급에서는 발생하지 않는다. 그들은 충격 폴리파동에서 발생할 수 있지만 비표준적인 복합 조정 폴리파동에서 발생할 가능성이 더 높다. 표준적인 엘리어트 조정파동은 숨겨진 파동을 포함할 수 없다. 시장이 중요한 추세의 변화를 준비하는 시점에서 숨겨진 파동이 종종 발생한다.

어떻게 발생하는가?

모든 엘리어트 패턴이 적절하게 형성되기 위해서는 적절하게 구성된 최소한의 모노파동이 필요하다. 충격 패턴은 4개의 파동만으로 형성될 수 없고, 최소한 5개의 파동을 포함해야 한다. 조정파동은 최소한 3개의 모노파동으로 구성된다. 보다 분명히 말하면 특정한 수의 모노파동을 만들기 위해서는 특정한 수의 데이터 포인트가 있어야 한다. 파동 변화의 법칙이나 시간적인 관계, 파동 균등의 법칙 등을 고려하면 엘리어트 패턴상의 폴리파동이 되기 위해 필요한 최소한의 데이터 포인트의 수를 계산할 수 있다.

다음의 목록은 숨겨진 파동 없이 완전한 패턴이 형성되기 위해 필요한 최소한의 데이터 숫자들의 목록이다. 최소한의 데이터 포인트를 가지고 있다고 해서 패턴 내에 숨겨진 파동이 존재할 가능성이 없다는 뜻은 아니고, 단지 가능성이 줄어들 뿐이다. 당신이 파동을 해석한 내용이 옳다는 전제하에 필요한 숫자의 데이터 포인트보다 적은 수가 존재할 경우 숨겨진 파동이 존재하는 것이다. 최소한 필요한 데이터 포인트의 숫자의 2배 또는 그 이상을 포함하는 폴리파동은 숨겨진 파동을 포함한 파동일 가능성에 대해서 고려되어서는 안 된다. 다음의 폴리파동 패턴 목록은 시작점을 포함해서 나열된 패턴을 형성하는 데 필요한 최소한의 데이터 포인트를 나타낸다(그림 12-45).

그림 12-45

시작점

이 그림은 4개의 데이터를 연결해서 만들어졌다. '폴리파동 패턴' 목록에는 시작점이 포함되어 있다. 패턴을 형성하는 데이터 숫자를 셀 때는 시작점을 포함해야 한다.

그림 12-46

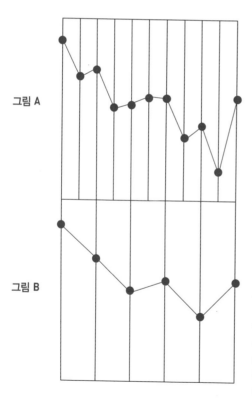

그림 A

그림 B

이중 지그재그

그림 A에서 9개의 데이터 포인트가 이중 지그재그를 형성했다(10번째 데이터는 이중 지그재그가 마감되었다는 것을 확인한다). 만약 가격 움직임을 측정하는 시간 단위가 10개가 아닌 그 절반이 된다면 이중 지그재그는 단순 지그재그와 같은 모양을 나타낼 것이다(그림 B를 보라).

단순 지그재그

그림 A와 같은 데이터를 분석할 때 2개마다 1개씩의 데이터 포인트를 기준으로 분석하면 패턴의 미세한 부분이 줄어들고 단순화되는 것을 발견할 수 있다. 데이터 포인트들의 숫자를 줄이게 되면 실제 시장에서 발생하는 움직임을 왜곡해 복합 조정을 단순 지그재그로 보이게 할 수 있다. 운이 좋게도 그렇게 데이터 포인트가 심하게 줄면 다른 패턴이 형성되지만, 엘리어트 패턴은 확인 가능하다. 2개의 그림 사이에 사용 가능한 데이터 포인트가 줄어들 경우 숨겨진 파동이 존재하게 된다. 그렇게 숨겨진 파동이 존재하더라도 부자연스런 파동의 움직임으로 인해 그것을 유추해낼 수 있다.

폴리파동 패턴

① 충격파동 − 8

② 지그재그 − 5

③ 플랫 − 5

④ 삼각형 − 8

⑤ 이중 플랫과 지그재그 − 10

⑥ 삼각형으로 마감되는 이중 조정파동 − 13

⑦ 삼중 플랫과 지그재그 − 15

⑧ 삼각형으로 마감되는 삼중 조정파동 − 18

어떤 패턴이 숨겨진 파동을 포함하기 위해서는 필요한 정확한 모노파동 숫자보다 조금 모자라는 수준의 데이터 포인트를 포함해야 한다. 정확히 몇 개가 되어야 하는가? 그것은 특정한 양이 아닌 일정한 범위로 규정된다. 패턴이 형성되는 데 최소한 필요한 것의 50%라면 숨겨진 파동이 존재할 가능성이 거의 없고, 2배일 경우도 마찬가지다. 왜냐하면 최소 수량의 절반인 경우에는 그 패턴이 너무 간단해서 모노파동이거나 보다 단순한 조정 패턴이 될 것이기 때문이다(예를 들면 이중 지그재그는 심각한 시간상의 제약이 존재할 경우 단순 지그재그로 보일 것이다. 그림 12-46). 최소 수량의 2배인 경우 숨겨진 파동이 존재하기에는 너무나 복잡하게 될 것이다.

이런 논의 과정을 통해 알 수 있는 숨겨진 파동이 존재하기 위해서 필요한 데이터 포인트의 범위는 '최소 필요 수량의 절반에서 1을 더한 숫자'와 '최소 필요 수량에서 2배에서 1을 뺀 숫자 사이'다. 최소 필요 데이터보다 작은 데이터 포인트를 가지고 있고, 그것의 절반보다 많다면 숨겨진 파동이 존재하거나 현재까지 진행된 파동 계산이 잘못된 것이다. 최소 필요량보다 데이터가 많아질수록 숨겨진 파동이 존재하지 않을 가능성은 기하급수적으로 증가한다. 일단 데이터 포인트의 숫자가 최소 필요량의 2배를 넘어선다면 숨겨진 파동이 존재할 가능성은 거의 없다.

왜 발생하는가?

숨겨진 파동이 나타나는 양상을 알았다면 '왜 시장이 엘리어트 패턴을 형성하는 데 충분한 데이터 포인트를 갖지 못하는 것일까?' 하는 의문이 들 것이다. 모든 분석적인 연구는 일정한 범위를 정하고 진행되어야 한다. 어떤 분석을 하고자 할 때 어떤 시장을 대상으로 할 것인지, 어느 시점부터 분석에 들어갈 것인지, 어떤 시간 단위의 차트를 사용할 것인지, 어떤 종류의 데이터를 사용할 것인지 등에 대해 결정해야 한다. 부동산, 금리, 농산물 등에 대해서는 연간 데이터를 사용할 수 있다. 주간 또는 일간 등에 대해서 단기적 관점으로 연구할 때는 일간이나 주간 데이터가 필요할 것이다. 어떤 기간을 선택하더라도 관찰할 수 있는 시장의 범위와 당신이 분석에 투여할 수 있는 시간의 한계는 존재할 것이다.

어떤 기간을 분석 단위로 설정하더라도, 가격 움직임을 보다 복잡하게 나타내는 그보다 짧은 단위의 가격 데이터가 존재할 것이다. 보다 짧은 기간의 차트상에서 패턴이 마감될 때, 다음으로 큰 시간 단위의 차트상에서 같은 패턴이 완전히 마감되기 위해 필요한 충분한 데이터가 존재할 수도 있고, 그렇지 않을 수도 있다. 단기 차트상의 복잡성을 보다 긴 시간 단위의 차트상에서 표현할 때, 데이터 수가 모자란다면 같은 움직임을 단순화시켜 표현하거나 모노파동 또는

'숨겨진 파동'을 사용하지 않을 수 없다. 단순화된 표현의 사례는 복합 패턴이 단순 패턴으로 변화하는 것이다(이중 지그재그를 단순 지그재그로 표현. 그림 12-46). 또는 한 차트와 그보다 시간 단위가 높은 차트 사이에 너무 많은 시간상의 갭이 존재한다면, 단기 차트에서 복잡한 패턴은 장기 차트에서는 모노파동으로 나타날 것이다. 만약 시간상의 차이가 작다면 '숨겨진 파동'은 반드시 나타날 것이다.

이론적인 사례로서 런던 금시장의 오전/오후 가격(London Gold am/pm fixes)을 장기 데이터로 선정하고, 지속적으로 거래되는 국제 금시장(International

그림 12-47

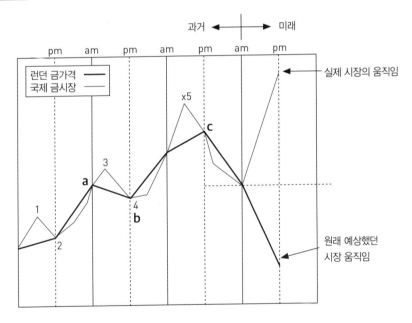

굵은 선으로 나타낸 부분은 런던 금시장의 가격을 나타낸다. 가는 선은 지속적으로 거래되는 금현물시장을 나타낸다. 금현물시장은 충격 파동을 나타내는 데 반해 런던 금시장은 지그재그 패턴을 나타낸다.

Gold Markets)을 단기 데이터로 선정했다. 런던 금시장(London Fixes, 필자의 생각으로는 금 가격을 가장 잘 나타내는 데이터임)은 하루에 2개의 평균 데이터를 제공한다. 국제 현물시장(International Cash Market)에서는 초단기 엘리어트 패턴이 형성되는 것을 관찰할 수 있다.

그림 12-47에는 2개의 그림이 있다. 하나는 오전/오후에 발표되는 평균 금 가격(am/pm Gold Fix)이고 다른 하나는 장중 현물 금시장의 데이터다. 가는 실선은 며칠에 걸친 국제 금시장 데이터다. 각각의 점은 하루의 중간과 마감 시간으로 런던 금시장에서 데이터를 제공하는 시간을 나타낸다. 굵은 실선은 런던 금시장에서 하루에 2번 제공된 데이터를 실선으로 이은 것이다. 쉽게 볼 수 있듯이 국제 금시장은 3일에 걸쳐 충격 패턴을 나타낸다. 런던 데이터는 거의 완전한 지그재그를 형성한다. 바로 숨겨진 파동이 나타날 수 있는 상황이다.

런던 금시장의 그림을 볼 때는 상승 조정이 일어나고 있기 때문에 시장이 곧 하락할 것이라고 생각하게 될 것이다. 그러나 지그재그 이후의 시장 움직임을 통해 그 해석이 잘못되었다는 것이 증명될 것이다. 만약 다음에 이어지는 '파동 착시 현상'을 공부한다면 적어도 사후적으로라도 지그재그를 강세 패턴으로 올바르게 재구성할 수 있을 것이다.

어떤 패턴에서 나타날 가능성이 높나?

숨겨진 파동을 포함하고 있을 가능성이 가장 높은 패턴은 복합 조정 폴리파동이다(x파동을 포함하는 조정파동). 사실상 예외 없이 이런 패턴 중에서 숨겨지는 파동은 x파동이다(자세한 설명은 '파동 착시 현상'을 참조하라). 이것은 x파동이 거의 항상 이런 패턴들 내부의 조정파동들 중에서 가장 작은 파동이기 때문이다. 따라서 조정파동의 시간 단위의 변화로 사라질 수 있는 가능성이 가장 높은 파동이다. 그보다 자주 일어나지는 않지만, 1번 또는 5번 파동이 연장된 충격 폴리파동에서 작은 조정파동이 숨겨질 수 있다. 5번 파동이 연장되면 2번 파동이 숨겨지고(그림 12-47), 1번 파동이 연장되면 4번 파동이 숨겨질 것이다.

파동 착시 현상

Mastering Elliott Wave

파동 착시 현상(Emulation)은 파동 분석에 상당한 어려움을 준다. 이 현상은 충격파동을 조정파동으로 또는 조정파동을 충격파동으로 오인하게 만드는 경우를 말한다. 당연히 분석 과정에서 심각한 문제를 발생시킨다. 이렇게 경계를 넘어서는 어려움이 있지만 그것을 보상하는 2가지 특성도 있다. 하나는 파동 착시 현상이 폴리파동이 진행되는 단기 가격 움직임에서만 발생한다는 점이고, 다른 하나는 예민한 애널리스트라면 감지할 수 있는 사전 경계 신호를 거의 항상 발생시킨다는 점이다.

시장이 진행되는 초기 단계에서 모노파동에서 폴리파동으로 전환될 때, 시장은 때때로 불안정한 모습을 보인다. 이런 기간은 자주 나타나지 않지만 다루는 법을 배워야만 아는 정말로 속기 쉬운 기간이다. 한 패턴이 다른 패턴으로 착시되는 현상이 나타난다면 그것은 일반적으로 그 패턴이 숨겨진 파동을 포함하고 있다는 것을 의미한다. 시장이 모든 것을 보여주고 있는지 그렇지 않은지 확신할 수 있어야 할 것이다. 숨겨진 파동이라는 말은 보이지 않은 시장 움직임을 의미한다. 이 절을 이어서 공부하기 전에 반드시 숨겨진 파동이라는 개념을 이해하고 있어야 한다(536쪽).

다음의 여러 패턴들은 일반적인 분석가라면 다른 엘리어트 패턴으로 보일 패턴들이다. 이런 패턴들에서 숨겨진 파동이 나타날 수 있지만 그들은 여전히 자신들만 인식 가능한 모양과 움직임을 보인다.

이중 미달형

대부분의 다른 파동 착시 현상과 달리 이중 미달형에서는 패턴이 형성되는 기간이나 완성된 직후까지만 혼란을 겪게 될 것이다. 많은 다른 패턴들은 시장을 면밀하게 관찰하지 않는 한 상당 기간 시장을 잘못 해석하게 한다. 그림 12-48에서 볼 수 있듯이 이중 미달형은 일시적으로만 삼각형 패턴이 형성되고 있다는 오해를 불러일으킬 것이다. 파동 d가 파동 a의 고점을 넘어섰을 때, 조정이 마감되었고 시장은 삼각형을 형성하지 않았다는 것이 확인된다. 매우 작은

그림 12-48

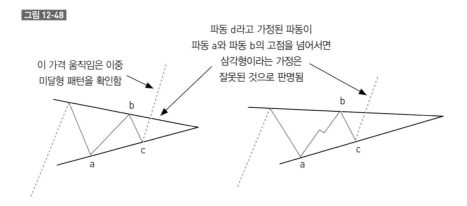

이 가격 움직임은 이중 미달형 패턴을 확인함

파동 d라고 가정된 파동이 파동 a와 파동 b의 고점을 넘어서면 삼각형이라는 가정은 잘못된 것으로 판명됨

그림 12-49

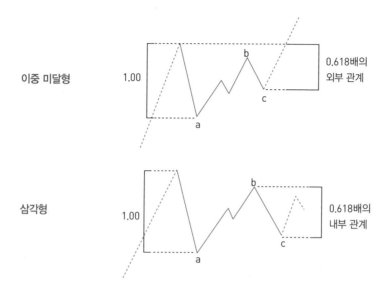

이중 미달형　　1.00　　　　　　b　　　　0.618배의
　　　　　　　　　　　　　　　　　　　c　　　외부 관계
　　　　　　　　　　　　a

삼각형　　　1.00　　　　　　b　　　　0.618배의
　　　　　　　　　　　　　　　　　c　　　내부 관계
　　　　　　　　　　　　a

단서지만 이 패턴이 형성되는 과정에서 그것을 알 수 있는 방법은 피보나치 비율을 적용하는 것이다. 삼각형에서 파동 a와 c는 내부적으로 61.8%의 관계를 갖는다. 이중 미달형에서 c는 일반적으로 파동 a의 길이를 기준으로 외부적인 관계 측면에서 중요한 가격 수준에 도달하게 된다(그림 12-49).

이중 플랫

이 패턴에서 숨겨진 x파동이 존재하는 경우, 3번 파동이 연장된 충격 패턴으로 오인되기 쉽다(그림 12-50의 그림 A). 단기 패턴에서 x파동은 일반적으로 조정 파동의 내부 파동 중에 가장 작은 파동이기 때문에 숨겨질 가능성이 매우 높다. 그 패턴이 실제로 조정 패턴이라는 중요한 단서는 3가지다.

첫 번째, 2번 파동으로 추정된 파동이 1번 파동을 61.8% 이상 되돌리는 경우

그림 12-50

그림 A

그림 B

잘못된 해석
가정된 파동 매김

올바른 해석
실제 파동 매김

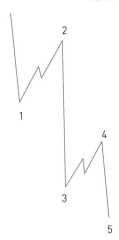

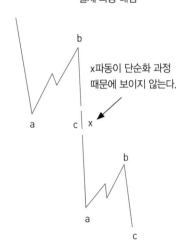

x파동이 단순화 과정
때문에 보이지 않는다.

잘못된 해석
가정된 파동 매김

올바른 해석
실제 파동 매김

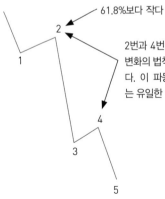

61.8%보다 작다

2번과 4번 파동 사이에 파동
변화의 법칙이 나타나지 않았
다. 이 파동이 조정파동이라
는 유일한 선행 단서다.

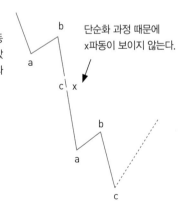

단순화 과정 때문에
x파동이 보이지 않는다.

그림 12-52

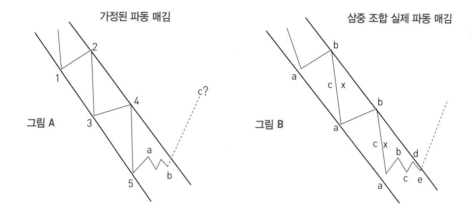

가정된 파동 매김

삼중 조합 실제 파동 매김

그림 A

그림 B

충격 패턴이 형성되는 데 필요한 조건을 만족시키지 못해 이 패턴은 조정파동이 틀림 없다. 그림 B에서 각각의 x파동은 실제로 보이지 않기 때문에 숨겨진 파동으로 분류된다. 이중, 삼중 지그재그와 조합은 충격 패턴과 유사한 모습을 보이는 유일한 조정파동이다. 따라서 만약 어떤 패턴이 충격파동과 비슷한 모양을 보이지만 중요한 충격 패턴의 요건을 충족시키지 못한다면, 그 패턴은 x파동을 포함하는 복합 조정으로 분류되어야 할 것이다.

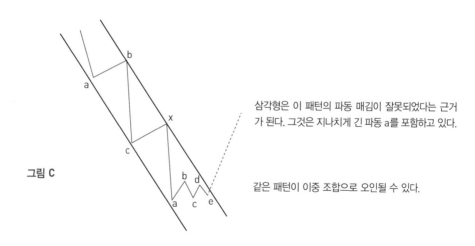

삼각형은 이 패턴의 파동 매김이 잘못되었다는 근거가 된다. 그것은 지나치게 긴 파동 a를 포함하고 있다.

그림 C

같은 패턴이 이중 조합으로 오인될 수 있다.

다(그림 12-50의 그림 A). 이것은 1번 파동이 충격파동(:5)이기보다는 조정파동(:3)이라는 것을 나타낸다(그림으로 표시되지 않았지만, 2번 파동의 일부분이 1번 파동의 61.8% 이상 되돌리는 것은 가능하나 61.8% 이상 되돌리는 수준에서 마감되는 것은 불가능하다).

두 번째, 그림 12-50의 그림 A에서 볼 수 있는 바와 같이 2번과 4번 파동 간에 시간, 가격, 구조 면에서 변화가 나타나지 않는다는 점이다. 만약 2번과 4번 파동 간에 어떤 종류의 변화도 나타나지 않는다면 패턴의 모양이 어떻든 그것은 충격파동이 아니다.

세 번째, 피보나치 비율을 근거로 연장된 3번 파동으로 인식되는 파동이 1번 파동으로 추정되는 파동의 161.8%거나 그것보다 작은 경우다. 이것은 물론 3번 파동이 연장되지 않았다는 의미이고, 이 경우 충격 패턴이 되기 위해서는 5번 파동이 더 큰 파동이어야 한다는 것을 말해준다.

만약 그림 12-50의 그림 A와 같은 상황에서 위에서 언급한 것과 같은 현상이 발견된다면, 3번 파동과 유사한 모양을 가진 가장 긴 파동을 반으로 나누고, 중간 부분에 숨겨진 파동이 존재한다고 가정해야 한다(그림 12-50의 그림 B). 패턴이 마감된 후에 그것은 ":3"으로 집약되어야 한다.

이중과 삼중 지그재그

이중 플랫과 이중 지그재그의 가장 큰 차이는 첫 번째 지그재그에서의 파동 b가 파동 a의 61.8% 이상을 되돌리지 않는다는 점이다. 파동 착시 현상이라는 관점에서 볼 때, 진정한 2번 파동은 1번 파동의 61.8% 이상 되돌리는 수준에서 끝나서는 안 되기 때문에 이중 플랫을 찾아내는 것은 어렵지 않다. 이중 플랫과 같이 2번과 4번 파동으로 가정된 파동 간의 변화가 나타나지 않을 것이고, 그것은 실제로 조정파동이라는 것을 알려주는 유일한 조기 경보다. 피보나치 비율상으로도 연장된 3번 파동으로 인식된 파동이 1번 파동의 161.8%거나 그보다 작다면 그것 역시 단서를 제공할 것이다. 5번 파동이 연장되지 않는다면 이것은 실제로 나타날 수 없는 패턴이다. 시장이 이중 지그재그를 61.8% 이상 되돌리기 전까지는 다음 단서는 나타나지 않을 것이다(그것은 충격 패턴이라고 생각되었던 파동이 실제로는 조정파동이라는 의미다).

경험이 적은 엘리어트 파동이론가들에게 삼중 지그재그나 조합은 충격 패턴으로 보이기 쉽다. x파동이 숨겨진 삼중 지그재그는 문제가 되지 않는데, 그것은 삼중 지그재그가 오인될 경우 이중 지그재그로 보이기 때문이다(그림 12-52의 그림 C). 이중과 삼중 지그재그는 거의 같은 함의를 가지고 있기 때문에 큰 추세에서 볼 때, 다른 것으로 오인되더라도 별문제가 되지 않는다.

다음은 그림 12-52의 그림 A가 신뢰성 있는 충격 패턴을 형성하지 못하는 이유들이다.

① 삼중 지그재그나 조합은 충격 패턴이라고 하기에는 매우 안정적인 채널을 형성할 것이다(충격 패턴의 '채널'을 보라). 파동 진행 과정에서 그림 12-52의 그림 A와 같은 채널을 형성한다면 복합 조정이 진행 중이라는 중요한 신호다.

② 하락하는 파동들의 길이와 소요 시간이 너무 비슷해 연장된 파동이 존재하지 않는 듯한데, 충격 패턴에서는 연장된 파동이 반드시 나와야 한다.

③ 5번 파동이라고 생각된 파동이 마감되고 충분히 빠른 시간 내에 2-4 추세선이 이탈되지 않았다(2-4 추세선을 보라).

④ 2번과 4번 파동 모두 약세를 나타내 파동 변화의 법칙에 위배된다.

그림 12-53

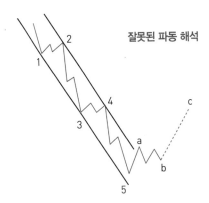
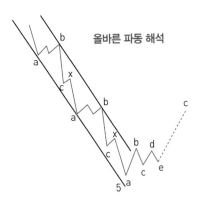

x파동이 숨겨지지 않은 삼중 지그재그를 잘못 해석하는 것은 애널리스트의 직무 유기에 가깝다(그림 12-53). 충격파동으로 파동을 잘못 해석하는 과정에서 나타나는 문제는 명확히 보인다. 3번과 5번 파동은 분명히 지그재그이고 충격 파동이 아닌 것이다. 시장이 터미널 패턴을 형성하지 않는다면 3개의 내부 파동으로 충격파동의 내부 파동인 충격 패턴이 형성되는 것은 불가능하다. 채널이 형성되는 양상('터미널 패턴'의 채널을 보라)을 볼 때, 이것은 분명 터미널 패턴도 아니고 역시 충격 패턴도 아니다.

1번 파동이 연장된 경우

충격 패턴에서 숨겨진 파동이 존재할 때, 결과적으로 가격 움직임은 거의 항상 지그재그 조정과 같은 모습을 보인다. 이런 이유로 충격 패턴이 마감되기 전에 그것을 감지하는 것은 매우 어렵다.

첫 번째 파동이 연장될 때 2번 파동은 거의 항상 가장 복잡하고 많은 시간을

그림 12-54

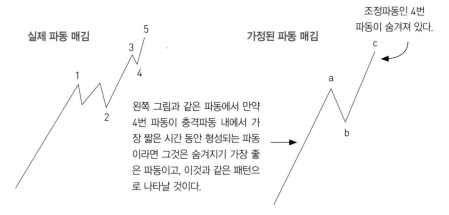

실제 파동 매김

1 3 5
2 4

왼쪽 그림과 같은 파동에서 만약 4번 파동이 충격파동 내에서 가장 짧은 시간 동안 형성되는 파동이라면 그것은 숨겨지기 가장 좋은 파동이고, 이것과 같은 패턴으로 나타날 것이다.

가정된 파동 매김

조정파동인 4번 파동이 숨겨져 있다.

a c
b

그림 12-54에서 복합 2번 파동과 그림 12-55에서 복합 4번 파동을 보라. 2개의 파동 모두 파동 형성에 사용되는 데이터가 줄어들면서 모노파동들로 나타난다.

그림 12-55

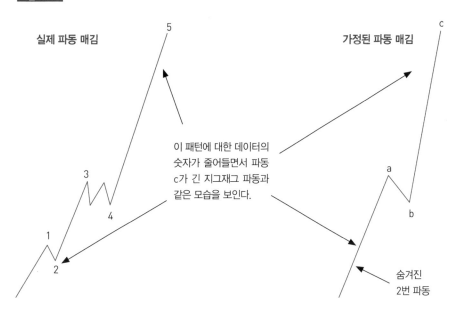

실제 파동 매김

5
3
1 4
2

이 패턴에 대한 데이터의 숫자가 줄어들면서 파동 c가 긴 지그재그 파동과 같은 모습을 보인다.

가정된 파동 매김

c
a
b

숨겨진 2번 파동

소비하는 패턴이 되어야 한다. 짧은 기간에 걸쳐 데이터 포인트로 형성된 폴리 파동이 숨겨진 파동을 포함한 것으로 의심될 때, 4번 파동이 나타나지 않을 수 있다. 그 경우 패턴은 파동 c가 파동 a와 같거나 그보다 짧은 지그재그와 같은 모습을 보일 것이다(그림 12-54). 그런 패턴은 마감되기 전까지는 숨겨진 파동을 포함하고 있다는 것을 증명할 수 없다.

5번 파동이 연장된 경우

5번 파동이 연장될 때 2번 파동은 가장 작은 파동이기 때문에 시간적 요인으로 인해 보이지 않을 가능성이 가장 높은 파동이다. 2번 파동이 숨겨진 가운데 5번 파동이 연장된다면 파동 c가 파동 a와 같거나 긴 지그재그의 모양을 보일 것이다(그림 12-55).

가능성의 확장

Mastering Elliott Wave

이것은 필자에 의해 처음으로 개발된 완전히 새로운 개념으로, 파동 해석의 결과가 여러 개 존재할 때 하나를 선택하는 데 큰 도움이 될 것이다. 가격 움직임을 다루고 있을 때, 형성되는 엘리어트 패턴이 명확하고 다른 신뢰할 만한 대안이 존재하지 않을 때도 있다. 다른 경우에는 많은 가능성들이 존재해 애널리스트가 매우 혼란스러울 수 있다.

놀랍게 들릴 수 있지만 이런 혼란의 상태 역시 시장의 포지션을 그려내는 데 도움이 되도록 이용할 수 있다. 구체적으로는 안 되더라도 최소한 개괄적으로는 그렇다. 그중에는 필자가 '반대 논리(Reverse Logic)'라고 부른 과정도 포함된다. 쉽게 설명해보자. 같은 시계열 데이터 내에서 하나 이상의 완전하게 받아들일 수 있는 파동 해석이 존재한다면 시장은 조정 또는 충격 패턴의 중심부에 근접한 것이다. 선택 가능한 시나리오가 많을수록 보다 큰 엘리어트 패턴의 중심부에 도달했을 가능성이 높다고 할 수 있다(파동 b의 파동 b 또는 3번 파동의 3번 파동 또는 비표준 복합 조정의 x파동).

그렇다면 어떻게 반대 논리의 법칙을 유용하게 사용할 것인가? 시장이 많은 가능성을 보여주는 지점에 도달할 때마다, 자동으로 시장이 어떤 패턴의 중간 지점에 있다고 가정하라. 이런 지식을 통해 패턴의 마감 시점이 임박했다는 가능성을 보이는 모든 패턴을 배제할 수 있다. 만약 시장이 파동 b, 3번 파동, x파동(각 형태의 엘리어트 패턴의 중심 부분)을 완성하고 있다고 가정하면 가능한 해석 중에서 하나만 남게 될 것이다.

추가로 이 법칙은 매매하는 데서도 중요한 의미가 있다. 만약 포지션에 진입할 기회를 찾고 있을 때 많은 다른 해석의 여지들이 존재한다면, 매매 선택지가 하나로 줄어들기 전에는 매매하지 마라. 분명하게 말해서 너무 많은 선택지들이 존재한다면 시장에서 형성된 패턴은 아직까지 진행 중인 것이다. 그런 가운데 포지션에 들어간다면 기대수익보다는 위험이 커진다. 그런 상황에서 수익을 획득하는 유일한 방법은 파동 해석이 명확해질 때까지 추세 추종형 기법을 적용하는 것뿐이다. 이 법칙의 다른 긍정적인 측면은 이미 포지션에 들어가 있을 때 발현된다. 만약 파동에 대한 논리적인 해석을 통해 하나의 결론을 내렸을 때 포지션에 들어가 이미 이익이 발생한 상황이라면, 시장 해석에 대한 여러 가지 가능성들이 부각된다고 서둘러 포지션을 청산하지 마라. 그것은 중요한 고점이나 저점을 형성하기 전까지 시장이 추가적으로 더 움직일 폭이 있다는 신호이기 때문이다.

부분적인
파동 진행의 변화

Mastering Elliott Wave

만약 상당 기간 동안 시장을 적절하게 추적해 변곡점들을 성공적으로 잡아낸 후 갑자기 예상하지 못한 시장 움직임이 일어난다고 해서 현재까지 진행한 시장 해석을 버려야 하는 것은 아니다. 정확하게 미래 가격의 행보를 보여준 파동 계산은 단지 구조에 기반한 것이더라도 올바른 요인들이 일부 존재한다. 이럴 때 파동 계산을 변경하는 데 있어서 가장 중요하게 고려해야 할 것은 변화를 최소한으로 줄이는 것이다. 만약 소폭의 변화로 올바른 결론이 나지 않는다면 보다 큰 폭의 변화가 이뤄져야 한다.

어떻게 파동 계산을 최소한으로 변화시킬 것인가? 파동 계산을 수정하는 데 들어가는 시간 중 가장 많은 부분을 차지하는 것은 패턴의 확장 때문이다('진행 기호의 유연성'을 참조하라). 충격 또는 조정 패턴의 끝부분이라고 생각했던 파동이 보다 복잡한 조정 또는 충격 패턴의 파동 a이거나 1번 파동이었다. 이런 사실을 통해 파동을 수정하는 과정을 매우 쉽게 진행할 수 있다. 차트상 최근의 모노파동에서 그 모노파동에 부여된 파동기호가 무엇이든 간에 그것을 한 단계 낮은 등급으로 바꿔 인식하라. 그 기호를 이용해 모노파동이 보다 큰 조정 또는 충격 패턴의 파동 a이거나 1번 파동이라고 가정하라(둘 중에서 현재 상황에 더 적절한 것을 선택한다). 같은 논리가 모노파동보다 큰 등급의 파동이 진행되는 과정에서도 적용되어야 한다.

예를 들어 강세장의 마지막 파동이라고 생각되는 큰 충격파동을 관찰하고 있다고 하자. 조정 이후에 다시 신고가를 경신한다. 신고가는 강세장이 끝나지 않았다는 것을 의미한다. 그렇다면 이전에 진행기호를 붙인 것을 어떻게 할 것인가? 처음에 5번 파동의 끝부분이라고 표시했던 파동이 같은 등급의 1번 파동이 되는 것이다. 즉 5번 파동의 등급은 한 단계 낮아지는 것이다. 만약 조정파동을 다룬다면, 처음에 조정파동의 끝부분이라고 생각했던 파동이 보다 큰 조정 패턴의 낮은 등급의 파동 a가 될 것이다.

엘리어트 파동이론 마스터

초판 1쇄 발행 2022년 5월 19일
초판 5쇄 발행 2024년 7월 18일

지은이 글렌 닐리
옮긴이 정인지
펴낸곳 원앤원북스
펴낸이 오운영
경영총괄 박종명
편집 최윤정 김형욱 이광민
디자인 윤지예 이영재
마케팅 문준영 이지은 박미애
디지털콘텐츠 안태정
등록번호 제2018-000146호(2018년 1월 23일)
주소 04091 서울시 마포구 토정로 222 한국출판콘텐츠센터 319호 (신수동)
전화 (02)719-7735 | **팩스** (02)719-7736
이메일 onobooks2018@naver.com | **블로그** blog.naver.com/onobooks2018
값 30,000원
ISBN 979-11-7043-307-1 03320